Norbert Thom · Adrian Ritz · Reto Steiner
(Herausgeber)

Effektive Schulführung

⋮ Haupt

Die Schriftenreihe «Public Management» wird herausgegeben von Prof. Dr. Kuno Schedler, Universität St. Gallen

Norbert Thom · Adrian Ritz · Reto Steiner
(Herausgeber)

Effektive Schulführung

Chancen und Gefahren des Public Managements
im Bildungswesen

2., durchgesehene Auflage

Haupt Verlag
Bern · Stuttgart · Wien

Norbert Thom, Prof. Dr. rer. pol., Dr. h. c., Ordinarius für Betriebswirtschaftslehre und Direktor des Instituts für Organisation und Personal (IOP) der Universität Bern

Adrian Ritz, Dr. rer. oec., Dozent am Kompetenzzentrum für Public Management (KPM) der Universität Bern

Reto Steiner, Dr. rer. oec., Dozent am Kompetenzzentrum für Public Management (KPM) der Universität Bern

Internetadressen der Herausgeber:

www.iop.unibe.ch
www.kpm.unibe.ch

1. Auflage: 2002
2. Auflage: 2006

Bibliografische Information der *Deutschen Bibliothek*

Die Deutsche Bibliothek verzeichnet diese Publikation in der Deutschen Nationalbibliografie; detaillierte bibliografische Daten sind im Internet über http://dnb.ddb.de abrufbar.

ISBN 3-258-06878-X

Alle Rechte vorbehalten
Copyright © 2002 by Haupt Berne
Jede Art der Vervielfältigung ohne Genehmigung des Verlages ist unzulässig
Umschlaggestaltung: Atelier Mühlberg, Basel
Dieses Papier ist umweltverträglich, weil chlorfrei hergestellt
Printed in Switzerland

www.haupt.ch

Einführung in die Thematik

Wie unterscheidet sich eine „gute Schule" von einer „weniger guten Schule"? Diese Fragestellung beschäftigt sowohl Praktikerinnen und Praktiker als auch Wissenschafterinnen und Wissenschafter, welche sich mit erziehungswissenschaftlichen Fragen auseinandersetzen. Die Diskussion geht auf Michael Rutter und andere Forscher zurück, welche Ende der 1970er Jahre anhand von empirischen Untersuchungen Merkmale von „guten Schulen" identifizierten und den Begriff prägten.

Bei der Analyse der seither von verschiedenen Forscherinnen und Forschern publizierten Studien fällt auf, dass sowohl die konkrete Lern- und Lebenssituation im Schulzimmer als auch die Führung der gesamten Schule einen entscheidenden Einfluss auf die Wirksamkeit einer Schule haben. So hat etwa die Bertelsmann-Stiftung 1996 die Bildungseinrichtungen verschiedener Länder evaluiert und als ein wesentliches Erfolgskriterium einer Schule ein „innovatives Führungssystem" identifiziert.

Die Diskussion um die „gute Schule" ist heute aktueller denn je. Zu Beginn des 21. Jahrhunderts befinden sich viele Schulsysteme in der Schweiz und in Europa im Umbruch. Die Einführung von Qualitätssystemen, die Neugliederung der Sekundarstufe II und die Etablierung von geleiteten Volksschulen in der Schweiz zeugen als einige Beispiele von der Innovationskraft des Bildungssystems im Bereich der Schulführung. Mancherorts macht sich aber auch Skepsis gegenüber diesen Veränderungen bemerkbar. Ein Hauptgrund für diese Entwicklung könnte sein, dass die meisten bislang umgesetzten Reformen „Pilotcharakter" haben und grosse Unsicherheit bei der Umsetzung herrscht. Die Behörden, Schulleitungen und Lehrkräfte assoziieren die Reformen vor allem mit grossem zeitlichem Engagement. Zudem buhlen viele unterschiedliche Reformkonzepte um die Gunst der Schulen, über die Auswirkungen der einzelnen Reformvorschläge können aber nur beschränkt Aussagen gemacht werden, da sie bislang kaum evaluiert wurden.

Dieses Buch will den aktuellen Stand der Diskussion von Reformen im Bereich der *Schulführung* (des Managements von Schulen) aufzeigen und anhand von konkreten Beispielen die Umsetzungsmöglichkeiten skizzieren. Der Band stellt die einzelne Schule ins Zentrum der Betrachtung und zeigt Ansätze auf, wie eine Schule *effektiv* geführt werden kann. Unter effektiver Führung soll eine Führung verstanden werden, welche eine möglichst umfassende Erreichung der Ziele einer Schule ermöglicht.

Namhafte Autorinnen und Autoren aus Wissenschaft und Praxis geben gestützt auf ihre Erfahrungen konkrete Handlungsempfehlungen. Ziel dieses Buches ist es nicht, einseitige Modeströmungen aufzuzeigen, sondern jeder Beitrag hat die Leitidee einer „guten Schule" vor Augen. Es soll eine Schule sein, welche die Bedürfnisse der einzelnen Anspruchsgruppen des Bildungssystems aufgreift und ernst nimmt. Im Mittelpunkt sollen die Wirkungen stehen, welche die Schule durch ihr Handeln auslöst.

Das Buch ist in vier Teile gegliedert. Der erste Teil führt in die Kernelemente von Public Management an Schulen ein und gibt einen ersten generellen Einblick in die Thematik. Norbert Thom und Adrian Ritz stellen dar, welche Rolle das Innovations-, Organisations- und Personalmanagement beim Wandel zu einer effektiven Schulführung spielen. Rolf Dubs geht anschliessend auf die finanziellen Aspekte einer geführten Schule ein. Er erklärt die Anwendungsmöglichkeiten von Finanzautonomie, Globalhaushalt und Globalbudget an Schulen. Kuno Schedler schliesst den ersten Teil, indem er Betrachtungen über die Produkte und die möglichen „Kunden" einer Schule anstellt.

Im zweiten Teil des Buches liegt der Schwerpunkt auf dem Qualitätsmanagement an Schulen. Anton Strittmatter beurteilt aus einer kritischen Warte den aktuellen Stand der Diskussion. Esther Schönberger-Schleicher schildert anschliessend die Erfahrungen ihrer Schule mit dem Qualitätsmanagement auf der Sekundarstufe II. Der Artikel von Adrian Ritz verbindet nachher die Qualitätsentwicklung mit den Ansätzen der wirkungsorientierten Verwaltungsführung und zeigt dies am konkreten Beispiel der Elternbefragung auf Volksschulstufe auf. Ein breiteres Verständnis von Qualitätsmanagement hat David H. Hargreaves. Er fordert im letzten Beitrag mit Nachdruck, dass an den Schulen die Wissensgenerierung und die Wissensverbreitung einen grösseren Stellenwert einnehmen sollten. Nur so sei es möglich, die Qualität der Schulen längerfristig zu steigern.

Der dritte Teil des Buches befasst sich mit dem Personalmanagement und der Rolle der Organisation. Reto Steiner und Adrian Ritz versuchen die stark emotional geprägte Diskussion um die Beurteilung und Entlöhnung von Lehrkräften zu versachlichen und entwickeln ein umfassendes Anreizsystem für Lehrkräfte, das dem aktuellen Stand der Motivationsforschung Rechnung trägt. Christoph Buerkli, Anton Strittmatter und Reto Steiner erläutern im darauf folgenden Artikel, wie das in der Schweiz verbreitete formative Qualitätsevaluations-System (FQS) mit einer lohnwirksamen Qualifikation gekoppelt werden kann und wo die Grenzen eines solchen Vorgehens liegen. Robert J. Zaugg und Adrian Blum fokussieren auf die Arbeitsbewertung und Beanspruchungsanalyse von Schulleitungsmitgliedern und vertiefen, wie diese methodisch adäquat durchgeführt werden können. Schliesslich entwerfen Rahel Bodor-Hurni und Adrian Ritz im letzten Beitrag dieses Kapitels eine Vorgehensweise zur Schaffung von wirkungsorientierten Schulleitungsstrukturen anhand eines Fallbeispiels auf der Sekundar-stufe II.

Monika Pätzmann trägt im letzten Teil des Buches dazu bei, das im Buch diskutierte und durch die Lektüre erworbene Wissen zu festigen. Im Rahmen eines umfassenden Fallbeispiels können die Leserinnen und Leser des Buches eine Schule auf dem Weg in die Teilautonomie begleiten. Anhand von Aufgaben müssen sie die Schulleitung bei Fragen in den Themenbereichen Organisationsentwicklung, New Public Management, Mitarbeiterführung und Qualitätsmanagement unterstützen. Das Fallbeispiel ist eine didaktisch wertvolle Hilfe für Behördenmitglieder, Schulleitungen und Lehrkräfte, welche sich mit dieser Thematik intensiver auseinandersetzen wollen.

Ein besonderer Dank geht an alle Teilnehmerinnen und Teilnehmer von zwei praxisorientierten Weiterbildungsseminaren zum Thema Schulführung an der Universität Bern, welche die Herausgeber dieses Buches in den Jahren 1999 und 2000 konzipierten und leiteten. Die engagierten Diskussionen im Rahmen dieser Seminare haben dazu beigetragen, dieses Buch wissenschaftlich fundiert, aber dennoch praxisorientiert zu verfassen.

Die Herausgabe des Buches war nur möglich durch das enorme Engagement von Andrea Probst. Sie koordinierte die Manuskripterstellung, nahm umsichtig redaktionelle Bearbeitungen vor, stand im laufenden Kontakt mit der Autorenschaft und übernahm die Qualitätskontrolle für das Gesamtwerk. Wir möchten ihr ganz herzlich für den grossen Einsatz und ihre Sorgfalt danken. Für die Korrekturarbeiten und sprachliche Glättung des Textes sei Vera Friedli, Anja Habegger und Adina Levin ebenfalls ein grosser Dank ausgesprochen.

Bern, im Januar 2002   Norbert Thom, Adrian Ritz und Reto Steiner

Zur 2. Auflage

Aufgrund der weiterhin aktuellen Thematik dieses Buches in Wissenschaft und Praxis kommt es nun zu unserer Freude zu einer 2., aktualisierten Auflage, in der wir die notwendigen Anpassungen vorgenommen haben. Wir freuen uns sehr über das anhaltende Interesse.

Bern, im Januar 2006   Norbert Thom, Adrian Ritz und Reto Steiner

Inhaltsverzeichnis

Einführung in die Thematik V
Inhaltsverzeichnis..IX
Abkürzungsverzeichnis XI

Teil 1: Kernelemente von Public Management an Schulen

Innovation, Organisation und Personal als Merkmale einer effektiven
Schulführung... 3
Norbert Thom und Adrian Ritz

Finanzautonomie, Globalhaushalt und Globalbudget an Schulen 37
Rolf Dubs

Produktdefinition und Kundenorientierung an der Schule 65
Kuno Schedler

Teil 2: Qualität und Wissensmanagement

Qualitätsmanagement und Evaluation an Schulen 89
Anton Strittmatter

Qualitätsmanagement im Rahmen der Wirkungsorientierten
Verwaltungsführung an der Kantonsschule Sursee 113
Esther Schönberger-Schleicher

Qualitätsentwicklung: Konzeptionelle Überlegungen am Beispiel
der Elternbefragung der Primarschule Aarberg... 135
Adrian Ritz

Die wissensgenerierende Schule 175
David H. Hargreaves

Teil 3: Personalmanagement und Organisation

Beurteilung und Entlöhnung von Lehrpersonen 207
Reto Steiner und Adrian Ritz

Formatives Qualitätsevaluations-System (FQS) und lohnwirksame
Qualifikation 239
Christoph Buerkli, Anton Strittmatter und Reto Steiner

Arbeitsbewertung und Beanspruchungsanalyse von Schulleitungen 263
Robert J. Zaugg und Adrian Blum

Wirkungsorientierte Führungsstrukturen zur Umsetzung von
New Public Management an Schulen 291
Rahel Bodor-Hurni und Adrian Ritz

Teil 4: Fallbeispiel

Schritte in die schulische Teilautonomie 319
Monika Pätzmann

Verzeichnis der Herausgeber 387
Verzeichnis der Autorinnen und Autoren 389

Abkürzungsverzeichnis

a. M.	am Main
ABB	Asea Brown Boveri
Abb.	Abbildung
Abs.	Absatz
AG	Aktiengesellschaft
AGYM	Ausschuss Gymnasium der Erziehungsdirektorenkonferenz
Art.	Artikel
Aufl.	Auflage
AZUBIS	Auszubildende
BERA	British Educational Research Association
BBT	Bundesamt für Berufsbildung und Technologie
BMS	Berufsmittelschule
Bsp.	Beispiel
bspw.	beispielsweise
bzw.	beziehungsweise
ca.	circa
CH	Schweiz
CHE	Centrum für Hochschulentwicklung
CORECHED	Schweizerische Koordinationskonferenz Bildungsforschung
Corp.	Corporation
DC	District of Columbia
d. h.	das heisst
DfEE	Department for Education and Employment
Dipl.	Diplom(ierte/r)
Diss.	Dissertation
DMS	Diplommittelschule
DL	Dienstleistung(en)
Dr.	Doktor
Dres.	Doctores
e. V.	eingetragener Verein
Ed./Eds.	Editor/Editors
EDK	Erziehungsdirektorenkonferenz
EFQM	European Foundation for Quality Management
EKD	Erziehungs- und Kulturdirektion
EPA	Eidgenössisches Personalamt
ERZ	Erziehungsdirektion
ESRC	Economic and Social Sciences Research Council
et al.	et alii (und andere)
etc.	et cetera (und so weiter)

evtl.	eventuell
f.	folgende
ff.	fortfolgende
FLAG	Führen mit Leistungsauftrag und Globalbudget
FQS	Formative(s) Qualitätsevaluations-System(e)
FQS®	Fördernde Qualitätsevaluation für Schulen
FV	Fachvorstände
GmbH	Gesellschaft mit beschränkter Haftung
h. c.	honoris causa
hrsg. v.	herausgegeben von
Hrsg.	Herausgeber
HSG	Hochschule St. Gallen
i. d. R.	in der Regel
i. S.	im Sinne
IKT	Informations- und Kommunikationstechnologien
IEDK	Innerschweizer Erziehungsdirektorenkonferenz
IFF	Interuniversitäres Institut für interdisziplinäre Forschung und Fortbildung
IFF-HSG	Institut für Finanzwirtschaft und Finanzrecht an der Universität St. Gallen
IIMT	International Institute of Management in Telecommunications
inkl.	inklusive
IOP	Institut für Organisation und Personal der Universität Bern
I O P	Innovations-, Organisations- und Personalmanagement
IPMJ	International Public Management Journal
IPMN	International Public Management Network
ISO	International Organization for Standardization
IT	Informationstechnologie
Jg.	Jahrgang
KAB	Kantonales Amt für Berufsbildung
Kap.	Kapitel
KBB	Kommission Berufsbildung
KBS	Kaufmännische Berufsschule
KSS	Kantonsschule Sursee
KZU	Kantonsschule Zürcher Unterland
KV	Kaufmännischer Verband
LB	Leitbild
LCH	Dachverband Schweizer Lehrerinnen und Lehrer
LEA	Local Education Authorities
Lebo	Leistungsbonus
Lebo+	Leistungsbonussystem mit formativer Komponente der Kantonsschule Olten
lic.	licentiatus oder licentiata
LQS	Lohnwirksame(s) Qualifikationssystem(e)

LSW	Landesinstitut für Schule und Weiterbildung
m. E.	meines Erachtens
MA	Massachusetts
mag. rer. pol.	magister oder magistra rerum politicarum
MAG	Mitarbeitergespräch(e)
MAR	Maturitätsanerkennungsreglement
max.	maximal
MBA	Master of Business Administration
mind.	mindestens
MbO	Management by Objectives
mult.	multiplex
MUT	Moralischer Urteilstest
No.	Number
NPM	New Public Management
Nr.	Nummer
NWEDK	Nordwestschweizerische Erziehungsdirektorenkonferenz
NZZ	Neue Zürcher Zeitung
o. J.	ohne Jahr
o. Jg.	ohne Jahrgang
OBB	Oberbayern
OE	Organisationsentwicklung
OECD	Organisation for Economic Co-Operation and Development
OfSTED	Office for Standards in Education
Org.	Organisation
PA LCH	Pädagogische Arbeitsstelle des Dachverbandes der Schweizer Lehrerinnen und Lehrer
PD	Produktdokumentation
phil. hist.	philosophisch-historisch
Prof.	Professor
ProMes	Productivity Measurement
PUMA	Public Management
PV	Produktgruppenverantwortlicher
Q	Qualität
QM	Qualitäts-Management
QCA	Qualifications and Curriculum Authority
QES	Qualitätsentwicklung in Schulen
2Q	Qualität und Qualifizierung
REFA	Reichsausschuss für Arbeitszeitermittlung (seit 1924), Reichsausschuss für Arbeitsstudien (seit 1936), Verband für Arbeitsstudien und Betriebsorganisation e. V. (seit 1948)
rer. pol.	rerum politicarum
resp.	respektive
S.	Seite(n)
SchuB	Schulentwicklungsberatung

SERVQUAL	Multiple-Item Scale for Measuring Consumer Perception of Service Quality
SEVAL	Schweizerische Evaluationsgesellschaft
SGO	Schweizerische Gesellschaft für Organisation
SGVW	Schweizerische Gesellschaft für Verwaltungswissenschaften
SIZ	Schweizerisches Informatik-Zertifikat
SLZ	Schweizer Lehrerinnen- und Lehrer-Zeitung
SMK	Schweizerische Maturitätskommission
sog.	so genannte(r/s)
Sp.	Spalte(n)
SPSS	Statistiksoftware SPSS
SRK	Schweizerisches Rotes Kreuz
TTA	Teacher Training Agency
TQM	Total Quality Management
u. a.	und andere/unter anderem (anderen)
u. ä.	und ähnliche(s)
u. U.	unter Umständen
USA	United States of America
usw.	und so weiter
UTB	Uni-Taschenbücher
v. a.	vor allem
vgl.	vergleiche
Vol.	Volume
VPOD	Verband des Personals Öffentlicher Dienste
vs.	versus
WB	Weiterbildung
WBZ	Weiterbildungszentrale
wif	Wirkungsorientierte Verwaltungsführung im Kanton Zürich
WiF!	Wirkungsorientierte Verwaltungsführung
WoV	Wirkungsorientierte Verwaltungsführung
WOV	Wirkungsorientierte Verwaltung
z. B.	zum Beispiel
z. K.	zur Kenntnisnahme
z. T.	zum Teil
zit. n.	zitiert nach

Teil 1
Kernelemente von Public Management an Schulen

Innovation, Organisation und Personal als Merkmale einer effektiven Schulführung

Norbert Thom und Adrian Ritz

1	Wohin führt die Reformdiskussion?..4
2	Fragestellungen an die Schulführung der Zukunft 4
	2.1 Strategie-, Struktur- und Kulturwandel 5
	2.2 Das IOP-Modell zur Bewältigung des Strategie-, Struktur- und Kulturwandels 6
3	Innovationen als Triebfeder der entwicklungsorientierten Schule 10
	3.1 Schulen im Zeitalter einer „wissensintensiven" Gesellschaft...........10
	3.2 Komplexität und Konfliktgehalt von Innovationen..........................13
	3.3 Arten von Innovationen innerhalb der Schule 14
	3.4 Innovationsinstrumente im Schulalltag 16
4	Organisatorische Gestaltung im Bildungssystem 17
	4.1 Aufgabenkoordination auf der politischen Steuerungsebene 17
	4.2 Anforderungen an die Gestaltung der Schulstruktur 20
	4.3 Stärkung organisatorischer Prozesse auf der Volksschulstufe..........21
	4.4 Abbau der Separabilität auf Sekundarstufe 23
5	Personalführung in der Schule 25
	5.1 Lehrer- und Lehrerinnenzentriertes Personalmanagement................26
	5.2 Auswahl, Entwicklung und Freistellung von Lehrpersonen..............28
6	Fazit..33
	Literaturverzeichnis..34

1 Wohin führt die Reformdiskussion?

Der Reformdiskussion im Bildungsbereich fehlt es in den letzten Jahren nicht an Inhalten und Modernisierungszielen, die längerfristig eine gute und zweckmässige Schulentwicklung versprechen. Von der Neugestaltung bisheriger Schulmodelle, Lehrplandiskussionen, neuen Qualitätsansätzen bis hin zum Frühenglisch reicht das weite Spektrum umzusetzender Reformvorschläge. Die grundsätzliche Ausrichtung und für den vorliegenden Artikel relevanten Stossrichtungen der Bildungsreformen lassen sich in Kürze wie folgt zusammenfassen:

- Neugestaltung der *Aufsichtsorgane und Aufsichtsinstrumente*
- Einrichtung professionalisierter *Schulleitungsstrukturen*
- Entwicklung von stufengerechten Instrumentarien des *Qualitätsmanagements*
- Übergang von der Unterrichtskultur zur *Lernkultur*
- Beurteilung und Entwicklung der *Lehrkräfte*

Es liesse sich noch eine Reihe weiterer Reformziele auflisten, doch im vorliegenden Artikel soll gezielt auf die oben genannten Inhalte eingegangen werden. Dazu verwenden die Autoren das von ihnen entwickelte IOP-Führungsmodell, welches eine integrative Sicht unterschiedlicher Reformaspekte und dadurch auch eine gemeinsame Ausrichtung der vielen Projekte fördern soll.

Grundlage der in diesem Artikel erläuterten Überlegungen bildet das Verständnis, wonach die obligatorische Schulbildung ein öffentliches Gut mit gleichen Zugangschancen für alle darstellt, bei dem die Massnahmen zur Qualitäts-, Effizienz- und Effektivitätssteigerung sowohl auf die administrativen als auch auf die pädagogischen Entwicklungsziele ausgerichtet werden müssen.

2 Fragestellungen an die Schulführung der Zukunft

Ausgehend von den in Abschnitt 1 dargestellten Stossrichtungen der Schulentwicklung und der diesem Text zu Grunde liegenden Führungskonzeption lassen sich unterschiedliche Fragestellungen an die Schulführung formulieren, die im

Folgenden anhand eines modellbasierten Ansatzes (IOP-Modell) erläutert werden (vgl. Thom/Ritz 2004).

2.1 Strategie-, Struktur- und Kulturwandel

In erster Linie geht es um die Frage nach den grundsätzlichen Zielen einer Schule und ihrer Aktivitäten. Was soll die Schule überhaupt tun? Welche Aufgaben sollen von anderen Institutionen des Bildungswesens erfüllt werden? Welche pädagogischen Ziele stehen im Vordergrund? Unter welchen Gesichtspunkten sollen diese erreicht werden? Solche Fragestellungen gehören zur Strategiebildung und -festlegung. Daneben werden diejenigen Aufgabenbereiche angesprochen, welche den generellen Orientierungsrahmen einer Bildungseinrichtung bestimmen, damit das Handeln aller beteiligten und betroffenen Personen einer Schule auf zukünftige Problemlösungen ausgerichtet werden kann. Wir bezeichnen im Folgenden die Veränderungen in diesem Bereich als *Strategiewandel*.

Verändern sich die Ziele einer Schule, dann hat das im optimalen Fall auch eine Veränderung der organisatorischen Regeln (z. B. Pflichtenhefte, Aufgaben-, Kompetenz- und Verantwortungsprofile) der Institution zur Folge. Wer hat welche Verantwortung hinsichtlich der zu erreichenden Ziele? Wie unterstützen die Arbeitsabläufe die anvisierten Ziele am besten? Welche Steuerungs- und Kontrollinstrumente sind dazu notwendig? Beziehungsweise gibt es Widersprüche, Zielkonflikte oder Überlagerungen zwischen den verschiedenen Handlungsstrategien zur Erreichung der strategischen Ziele und wie lassen sich diese möglichst vermeiden? Veränderungen bei den Strukturen, Prozessen, Instrumenten oder institutionellen Regeln werden im Folgenden dem *Strukturwandel* zugeordnet.

Eine dritte Kategorie von Fragestellungen an die zukünftige Schulführung umfasst die zentralen Wertgrundlagen und Verhaltensweisen, die zur Erreichung der strategischen Ziele notwendig sind. Welche Werte bilden das Fundament einer Schule im Hinblick auf die Ziele der Institution? Mit welchen Mitteln und Massnahmen fördert die Institution solche Werthaltungen? In welche Richtung müssen sich die Werte und Verhaltensweisen der am Bildungsprozess Beteiligten ändern, um die Ziele erreichen zu können? Fördern wir Einstellungen oder pflegen wir Werte, die den intendierten Zielen entgegenlaufen? Die bewusste oder unbewusste Veränderung der Werthaltungen von Personen und somit auch der Bildungsinstitution wird als *Kulturwandel* bezeichnet.

Die Autoren vertreten die Ansicht, dass nur die integrierte Sicht und der vollständige Einbezug der Veränderung von Zielen (Strategiewandel), Instrumenten, Verfahren und Strukturen (Strukturwandel) sowie von Werten (Kulturwandel) zum Gelingen der Entwicklungsbestrebungen im Bildungswesen beitragen. Abbildung 1 stellt diesen Zusammenhang der drei Elemente des Strategie-, Struktur- und Kulturwandels schematisch dar.

Abbildung 1: Strategie-, Struktur- und Kulturwandel als Grundlage der Reformelemente

2.2 Das IOP-Modell zur Bewältigung des Strategie-, Struktur- und Kulturwandels

Das IOP-Modell regt zu einem systematischen Instrumenten- und Massnahmeneinsatz im Rahmen der Schulreformen an. Dominiert bei den New Public Management-Reformen derzeit der „Baukasten-Gedanken" im Sinne einzelner Massnahmen zur situativen Problemlösung der einzelnen Schule, geht es in diesem Artikel um einen integrativen Führungsansatz, der die Schule als gesamtes soziales System erfassen will und insofern auch Veränderungen an unterschiedlichen Ansatzpunkten erfordert.

Typisch für das Bildungssystem sind die zwei Ebenen, auf denen die Schulführung wahrgenommen wird. Zum einen die politische Steuerungsebene der Schulbehörden, zum anderen die betriebliche Steuerungsebene einer einzelnen Schule.

Der *politischen Steuerungsebene*, also der Schulbehörde, stehen die grundlegenden Entscheidungen, welche der Schule den wegweisenden Orientierungsrahmen vorgeben, zu. Dies kennzeichnet einen zielgerichteten Gestaltungsprozess, der häufig in Zusammenhang mit der Trennung von Strategie und Operation genannt wird. Die Autoren verwenden nicht eine scharfe Trennung dieser beiden Begriffe. Auch wenn strategische, also für die zukünftige Erfolgsposition der Institution relevante Entscheide meistens auf der oberen Hierarchieebene getroffen werden, wäre es falsch, dies als unverrückbarer Grundsatz zu betrachten. Anregungen der Basis sind häufig für die strategische Neuorientierung notwendig und die operative Planung ist selten so unwichtig, dass sich die oberen Hierarchieebenen nicht dafür interessieren (vgl. Steinmann/Schreyögg 2000: 149 ff.). Diese Verzahnung von politischer Planung bzw. Steuerung und operativer Verwaltungstätigkeit gehört gerade zu den typischen Merkmalen des politischen Systems. Zu den Aufgabenbereichen der politischen Steuerungsebene gehören insbesondere die Führungsfunktionen der Information, Koordination, Planung, Entscheidung, Mittelbeschaffung, der Organisation und der Konsensschaffung (vgl. Ellwein 1976: 173 ff.). Diese Steuerungsfunktionen werden aus dem englischsprachigen Raum ergänzt durch die Missions- oder auch Visionsfunktion der Führungsarbeit (vgl. Osborne/Gaebler 1992: 113 ff.). Die Kernaufgaben der politischen Steuerungsebene lauten kurz zusammengefasst:

- Die *strategische Zielbildung und Planung zur Lösung zukünftiger Probleme*
- Die *Festlegung der erwarteten Wirkungen*
- Die *Planung der Outputs* zur Erreichung der Wirkungen
- Die *Überwachung* der Umsetzung festgelegter Ziele

Die Schulbehördenmitglieder haben dafür zu sorgen, dass eine gute und auf gemeinsame Ziele abgestimmte Zusammenarbeit mit den politischen Behörden (z. B. Gemeinderat) gewährleistet ist. Denn die Leistungsvereinbarung, das Schulangebot und die Infrastruktur liegen in der Kompetenz der politischen Exekutivbehörde.

Die Ebene der einzelnen Schule wird im Modell *betriebliche Steuerungsebene* genannt. Sie ist kurz gesagt und unter Beachtung der vorherigen Erläuterungen für die konkrete Umsetzung der auf der politischen Steuerungsebene festgelegten Leistungs- und Wirkungsziele verantwortlich. Sie umfasst alle Schulen, die im Kontraktverhältnis mit der politischen Steuerungsebene stehen. Aufgrund der gegenwärtigen Bestrebungen zur Etablierung einer Schulleitungsfunktion in allen Schulen, wird diese Ebene in eine Steuerungsebene, d. h. die Schulleitung, und eine Ebene des Lehrkörpers unterteilt. Diese Schule erlangt unter dem neuen Führungsmodell öffentlicher Institutionen ein grösseres Mass an operativer Selbständigkeit bei der schulischen Aufgabenerfüllung. Welche institutionelle Rechtsform (staatliche Schule, privatrechtliche Schulen, Netzwerke oder Kooperationen) diese Einheiten besitzen, ist für die eigentliche Autonomie nicht entscheidend. „Wesentlicher ist das Ausmaß der operativen Handlungsfreiheit, die der Verwaltungseinheit zugestanden wird." (Schedler 1995: 119). Die Verantwortung für diese neue Autonomie liegt in erster Linie bei der Schulleitung. Sie hat zukünftig folgende Verantwortungsbereiche wahrzunehmen:

- *Führungs- und Förderungsverantwortung* für den Lehrkörper

- *Strategieverantwortung* im Sinne der betrieblichen (nicht politischen) Strategie- und Zielfindung für die Schule

- *Ergebnisverantwortung* für die Erreichung der vereinbarten Outputs

- *Finanzverantwortung* über die Einhaltung der Budgetvorgaben

Auf dieser Ebene verhandelt beispielsweise die Schulleitung mit der Schulbehörde über Leistungsvereinbarungen sowie Globalbudgets und erstattet periodisch Auskunft über den Mitteleinsatz und die Zielerreichung. Die Schulleitung vereinbart mit den übergeordneten Instanzen der politischen Führung in einem wechselseitigen Prozess die zu erbringenden Outputs (Leistungen) und erwarteten Outcomes (Wirkungen). Für die Outputs trägt die Schulleitung die Ergebnisverantwortung, nicht aber für die Outcomes, welche unterschiedlichen externen Einflüssen unterliegen, die im besonderen Masse von der Politik in die Zielvorgaben miteinbezogen werden müssen. Einerseits wird die Führungsfunktion des Schulleiters oder der Schulleiterin im Sinne von echter „Leadership" stark aufgewertet, andererseits gewinnt aber auch die Managementverantwortung der Schulleitung durch den Einsatz neuer Instrumentarien und Praktiken an Bedeutung. Aktives und gestaltendes Führungshandeln löst die bisher klar unterbewertete Führungsverantwortung der Schulleitungen bei der Umsetzung von politischen Vorgaben durch die einzelne Schule ab.

Immer mehr gewinnt die Erkenntnis an Bedeutung, dass solches aktives und gestaltendes Führungshandeln, das in keinem Fall mit den negativen Aspekten des hierarchischen Befehls- und Ordnungsprinzips verwechselt werden darf, die Befähigung des gesamten Schulsystems zur bestmöglichen Erfüllung der hohen Ansprüche an die heutige Schule ermöglicht (vgl. Forneck/Schriever 2001: 75 und Dubs 2001: 77).

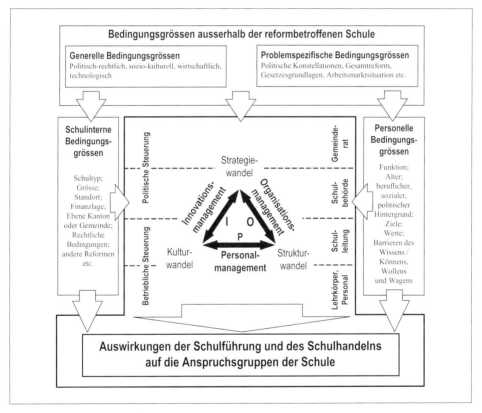

Abbildung 2: Das IOP-Modell zur Führung der Schule

Das IOP-Modell zur Führung öffentlicher Institutionen sieht spezifische Ansatzpunkte zur Problemlösung auf der jeweiligen Steuerungsebene und zur Bewältigung des Strategie-, Struktur- und Kulturwandels vor. Dieser Ansatz bezieht sich auf die drei Führungsbereiche des Innovations-, Organisations- und des Personalmanagements (I O P) und deren Massnahmen vor dem Hintergrund realer Bedingungsgrössen im externen Umfeld einer Schule oder innerhalb der Institution. Abbildung 2 fasst die Konzeption schematisch zusammen, bevor danach auf die einzelnen Führungsaspekte eingegangen wird.

3 Innovationen als Triebfeder der entwicklungsorientierten Schule

Der Begriff „Innovationsmanagement" ist erklärungsbedürftig, da Innovation aus einer bestimmten Optik schlecht mit Management vereinbar ist. Die Innovation als Resultat eines umfangreichen Prozesses mit kreativen, analytischen und handlungsorientierten Elementen ist ungenau voraussehbar, entwickelt sich oft über einen längeren, schwer kalkulierbaren Zeitraum und durch die Mitwirkung mehrerer Personen. Management als mehrheitlich technokratische und klar zielfokussierte Form der Führung widerspricht eher diesem schwer strukturierbaren und offenen Prozess. Aus diesem Grund wird hier Innovationsmanagement verstanden als die Gestaltung von Rahmenbedingungen zur Innovationsförderung in einer Institution. Das Innovationsmanagement generiert letztlich keine Innovationen, sondern fördert durch geeignete Rahmenbedingungen den komplexen Prozess der Ideenfindung, Ideenakzeptierung und Ideenrealisierung (vgl. Thom 1992 und Thom/Ritz 2004: 131 ff.).

3.1 Schulen im Zeitalter einer „wissensintensiven" Gesellschaft

Die im IOP-Modell enthaltenen Umsystemfaktoren, welche es bei der Erörterung der gegenwärtigen Reformen im Bildungsbereich zu analysieren gilt, lassen den Wandel von der Industriegesellschaft des vergangenen Jahrhunderts zu einer Wissensgesellschaft ganz deutlich erkennen. Der Stellenwert, die Geschwindigkeit, der Zugang zu sowie die Nutzung von Wissen und Informationen haben in den letzten zwei Jahrzehnten stark an Bedeutung gewonnen und werden wohl auch in Zukunft prägend bleiben. Nun gilt es aber zu bedenken, dass die gegenwärtigen Lehrkräfte, Schulleitungen, Bildungsverantwortlichen und auch die Eltern ihre eigene Schulzeit zu einer anderen Zeit erlebt haben, mehrheitlich in den Schulen der Industriegesellschaft der zweiten Hälfte des letzten Jahrhunderts.

Vier typische Merkmale von Schulorganisationen der zweiten Hälfte des letzten Jahrhunderts werden in den folgenden Abschnitten analysiert (vgl. Senge et al. 2000: 43 ff.):

1. Lehrpersonen sind Spezialisten und haben ihre Aufgabe unter Kontrolle

Schulen bestehen aus einer Vielzahl von Personen, die „ihren Job" erfüllen. Jemand ist Schulvorsteher, eine andere Aufgabenträgerin ist Lehrerin und eine dritte Person steht der Schulbehörde vor. Die Grundannahme dieser Arbeitsorganisation besteht darin, dass jeder seine Aufgabe mit spezialisierten Fertigkeiten gut erfüllt und sich daraus die gesamten einer Schule übertragenen Verantwortlichkeiten erfüllen lassen. Die Gesamtaufgabe besteht aus Einzelteilen, welche von den am Bildungsprozess beteiligten Personen wahrgenommen werden. Eine solche Form der Arbeitsteilung ist zum einen notwendig, um die Aufgaben in einem sozialen System effizient erfüllen zu können.

Zum anderen erleben aber insbesondere die Schüler und auch Eltern die Schule als ein Ganzes. Erst wenn die Schranken der Arbeitsteilung zwischen Lehrpersonen, Schulleitung, Lernenden und Erziehenden abgebaut werden, können Innovationsprozesse beginnen, die dem gesamten Bildungssystem dienen. Dies wird insbesondere durch den Wandel der damit einhergehenden Schulkultur notwendig. Das Unterrichtslernen in getrennten Einheiten weicht einer Lernkultur, die vermehrt ganzheitliche Bildungsprozesse integriert betrachtet und entsprechende Veränderungen bei der Arbeitsorganisation in Schulen erfordert („Schülerzentriertes versus lehrerzentriertes Lernen") (vgl. Forneck/Schriever 2001: 75).

Vor diesem Hintergrund ändert sich die Kontrollkultur der industrialisierten Schule von der gegenseitigen Kontrolle (Schulbehörde „kontrolliert" Schulvorsteher, Schulvorsteher „kontrolliert" Lehrkraft, Lehrkraft „kontrolliert" Lernende) zu einer stärkeren Selbstkontrolle, welche auch unter dem Aspekt des lebenslangen Lernens wichtiger wird. Dabei ist von besonderer Bedeutung, dass jedes Kontrollsystem vor dem Hintergrund der Steuerung von Prozessen („Controlling", „to control") verstanden werden muss, dessen Ziel die Balance zwischen Kontrolle und Freiraum ist. Je nach vorhandenem Ungleichgewicht drängt sich eine Verschiebung der Steuerungs- oder Kontrollintensität auf.

2. Separabilität des Wissens

Die Aufbauorganisation der Schule, die Unterrichtsgestaltung und die Bewertung der Schulleitungen erfolgen im traditionellen Bildungssystem auf der Basis einer Theorie des fragmentarischen Wissens. Mathematik, Gesang, Sprachen und viele anderer Fachbereiche stehen weitgehend losgelöst nebeneinander. Dies bringt die Vorteile der Spezialisierung mit sich, birgt aber den Nachteil einer zunehmenden Verengung des individuellen Wissens in sich. Die wissensintensive Gesellschaft erfordert in zunehmendem Masse die Fähigkeit des Systemdenkens, der Vernetzung unterschiedlicher Wissensbereiche miteinander, da die den Lernenden umgebende Realität nicht primär aus Sachen und Einzelbestandteilen, sondern vermehrt aus vielfältigen Informationen, Beziehungen und Netzwerken besteht.

Auch hier geht es nicht darum, die Fortschritte und Wichtigkeit der separierten Wissensgenerierung grundsätzlich in Frage zu stellen, sondern vielmehr auf die Lücken und Verbesserungspotenziale gegenwärtiger Bildungsprozesse hinzuweisen.

3. Schulen lehren die Wahrheit

Angesichts des zuvor beschriebenen Aspekts der Separabilität des Wissens wird die reine Wissensvermittlung unter dem Gesichtspunkt, dass die in der Schule gelehrten Wissensinhalte auch „wahr" sind, fraglich. Schüler erlernen in der Schule im schlechteren Fall Kenntnisse aus einer bestimmten Perspektive, im besseren Fall werden ihnen unterschiedliche Zugänge zum Wissen nahe gebracht, so dass ein grundsätzliches Interesse an der Materie geweckt wird und eigenständige Gedanken zu konstruktiven Problemlösungen aus individueller und gesellschaftlicher Sicht initiiert werden. D. h. im Gegensatz zu einem hierarchischen Verständnis der Wissensvermittlung, das den Experten Lehrer den an Wissen defizitären Schülern voranstellt, versucht die Schule in einer wissensintensiven Gesellschaft viel mehr den Lernprozess im Gegensatz zur Wissensvermittlung in den Mittelpunkt zu stellen. Das kann sogar zur Folge haben, dass Lehrende von Lernenden angeregt werden und gegenseitige Lernprozesse stattfinden können.

4. Individuallernen und Leistungskonkurrenz als Prämissen

Lernprozesse in Schulen stellen im Normalfall individuelle Abläufe dar. Die Klassenzimmerkultur fokussiert sehr stark auf den Einzelnen, was gegenwärtig auch vermehrt von den Erziehungsberechtigten gefordert wird. Und folglich basiert auch die Bewertung der Schulleistungen auf einer individuellen Perspektive, welche den gegenseitigen Wettbewerb fördert und den Besten belohnt. Unbestritten ist die Tatsache, dass Wettbewerb und Konkurrenz das Leistungsverhalten positiv stimulieren und steigern. Im optimalen Fall fördert also gegenseitige Konkurrenz die Individualleistung. Sie kann jedoch den Leistungsprozess und die Wissenszunahme auch hemmen, insbesondere bei weniger guten Schülern und Schülerinnen. Hier kommt dem Innovationsmanagement die zentrale Aufgabe zu, die Rahmenbedingungen so zu verändern, dass im Schulalltag eine Balance zwischen Individuallernen und sozialem Lernen möglich wird. Denn Lernfähigkeit muss nicht unbedingt eine Folge von Intelligenz sein. Der Organisationspsychologe Chris Argyris bezeichnet „Lernprozesse" bei intelligenten Personen sogar als defensive Routinen, die durch den lebenslangen Beweis der Richtigkeit des eigenen Wissens und der Abwehr gegen Unwissen entstehen (vgl. Argyris 1991: 99). Soziales Lernen in der Schule und damit einhergehend Wissensaustausch und -teilung werden in Zukunft wichtig sein, was insbesondere auch in Zusammenhang mit dem organisationalen Lernen in Berufsorganisationen verstärkt erkannt wird (vgl. Probst et al. 1997: 41 ff.).

Geht man davon aus, dass sich diese Merkmale von Schulsystemen der Industriegesellschaft in die beschriebenen Richtungen fortlaufend verändern, dann stellt sich die Frage, wie nun solche Innovationsschritte initiiert und die förderlichen Rahmenbedingungen gestaltet werden können. Die nachfolgende Systematisierung von Innovationen und deren Merkmalen soll Ansatzpunkte aufzeigen, um auf die zuvor beschriebenen veränderten Voraussetzungen der Schulentwicklung reagieren zu können.

3.2 Komplexität und Konfliktgehalt von Innovationen

Innovationen lassen sich anhand der folgenden dominanten Merkmale kennzeichnen (vgl. Thom 1997: 6 f.). Grundlegend ist der Neuigkeitsgrad. Als Mindestanforderung gilt, dass sich der betrachtete Neuerungsprozess erstmalig in der Schule vollzieht. Mit steigendem Neuigkeitsgrad (z. B. lokale Neuheit, Erstmaligkeit in der Schweiz) wachsen die Managementprobleme und Risiken bei Innovationsprozessen. Nur wenige neue Ideen werden zu Innovationen. Das Risiko des Scheiterns (die „Sterblichkeitsquote") ist hoch, weil damit oft ein soziales Risiko verbunden ist. Damit ist die Akzeptanz der Neuerung beim Zielpublikum (Lehrpersonen, Schüler oder Eltern) und in der allgemeinen Öffentlichkeit (v. a. Politik) gemeint (vgl. die Probleme bei der Einführung von Privatschulen). In aller Regel sind mit Innovationsaktivitäten arbeitsteilig mehrere Personen betraut, die unterschiedliche Merkmale (z. B. Ausbildungsgänge, Werteordnungen) aufweisen. Diese Arbeitsteiligkeit gilt als wichtige und notwendige Ursache der Komplexität von Innovationsprozessen.

Mit steigender Komplexität wächst auch die Wahrscheinlichkeit des Auftretens von Konflikten. Dies hat verschiedene Ursachen. Zunächst geht es um sachliche Auffassungsunterschiede, die bei Innovationen erwartungsgemäss auftreten und durchaus zur Erhöhung der Problemlösungsqualität beitragen können. Aus ihrer jeweiligen Position heraus können z. B. die Lehrkräfte der unterschiedlichen Fachrichtungen oder Schulstufen und die Schulkommission die Erfolgswahrscheinlichkeit einer neuen Sachlösung recht unterschiedlich beurteilen. Eine sachliche Konfliktaustragung erhöht oft die Qualität der definitiven Lösung. Wirtschaftlich weniger vorteilhaft sind die unvermeidlichen sozio-emotionellen oder wertmässig-kulturellen Konflikte. Sie entstehen beispielsweise aus Angst vor Entwertung des eigenen Know-hows, der jeweiligen beruflichen oder politischen Position, aus Rivalität um die „Ideeneigentümerschaft" oder aufgrund von Auffassungsunterschieden über die wirtschaftliche, politische oder pädagogische Vertretbarkeit von Innovationen. Diese Konflikte dürften besonders in der Übergangsphase von der Unterrichts- zur Lernkultur zunehmen, da „alte" und „neue" Auffassungen aufeinander treffen. Aus diesem Grund ist eine transparente und klare Kommunikation der für die Zukunft massgebenden kulturellen Ausrichtung durch die Schulleitung wichtig (vgl. die Ausführungen zum Kulturwandel).

3.3 Arten von Innovationen innerhalb der Schule

Die im Folgenden dargestellte Dreiteilung nach Produkt-, Verfahrens- und Sozialinnovationen soll einerseits die möglichen Ansatzpunkte für Innovationsprozesse in der Institution Schule und den andererseits besonders existierenden, bisher aber kaum wahrgenommenen Innovationsbedarf aufzeigen.

Produktinnovationen sind Neuerungen zur Erreichung des Sachziels der Schule. Es handelt sich dabei um alle Tätigkeiten und Leistungen der Schule, die extern an andere Schulen, an Eltern oder Lehrbetriebe und intern an Schüler und Schülerinnen oder an Lehrerkollegen weitergegeben werden. Neue Inhalte in den Lehrplänen, neue Ausbildungsgänge, neue Zusammenarbeitsformen mit Eltern oder die erstmalige Erstellung eines Schulleitbilds zur internen und externen Kommunikation sind typische Produktinnovationen. Solche Neuerungen sind von hoher Bedeutung für Schulen, auch wenn ein Schülerrückgang kaum auf das Innovationsniveau der Schule zurückzuführen ist und primär auf Volksschulstufe keine Auswirkungen auf die Fächerstruktur einer staatlichen Schule haben wird. Dennoch ist die gewollte erzieherische und pädagogische Einflussnahme der Schule auf die Lernenden nur möglich, wenn zeitgemässe Lerninhalte zielgruppengerecht gelehrt werden. Z. B. muss sich der Sportunterricht der neuen Trendsportart Snowboard annehmen, wenn die Lehrkräfte einen Einfluss auf die junge Sportlergeneration geltend machen wollen. Oder an den Universitäten machen sich die philosophischen Fakultäten zunehmend Gedanken über die Neustrukturierung und -ausrichtung ihrer Fächerangebote, da die stark rückläufige Anzahl Studierende einen ordentlichen Studienbetrieb in Frage stellt (vgl. Der Bund 2001a: 13). Die im Rahmen der Verwaltungsreformen der 1990er Jahre ausgelösten Produktdefinitionen bieten eine sehr gute Ausgangslage für Neuerungen im Produktbereich.

Bei *Verfahrens- oder Prozessinnovationen* handelt es sich um die Umsetzung von neuartigen Ideen im Prozess der schulischen Leistungserstellung. Die Förderung interdisziplinärer Lerneinheiten stellt eine typische Verfahrensinnovation dar, aber auch die Portfolioerstellung im Rahmen der Beurteilung von Lehrpersonen, neue administrative Abläufe (z. B. Leistungsvereinbarungsprozess) oder neue innerschulische Zusammenarbeitsformen sind Beispiele für typische Prozessinnovationen.

Als *Sozialinnovationen* werden neue Entwicklungen im Humanbereich der schulischen Institution bezeichnet. Dabei kann es sich um Neuerungen für Individuen (Personalauswahl, Personalentwicklung, Personalerhaltung usw.) handeln oder um die Realisierung neuer Ideen, welche sich auf das Beziehungsgefüge zwischen den Organisationsmitgliedern auswirken (Massnahmen der Organisationsentwicklung und neue Kooperations- und Führungsformen). Als Beispiel möge hier die Aktion eines Kantonsschulrektors in der Schweiz dienen, der den direkten Zugang vom Lehrerzimmer auf die nahe gelegene Sonnenterrasse durch bauliche Massnahmen ermöglichte, was einen sehr positiven Einfluss auf das Klima im Lehrerkollegium (beziehungsorientierte Sozialinnovation) hatte. Auch die Übertragung von Projektverantwortung an bspw. zwei Lehrkräfte nach Absolvierung einer projektrelevanten Weiterbildung dient der Innovationsgenerierung an Schulen (fachorientierte Sozialinnovation).

Zwischen den drei genannten Innovationsarten können Wechselbeziehungen bestehen, z. B. in der Weise, dass eine Produktinnovation eine Verfahrensinnovation erforderlich macht und parallel dazu eine Sozialinnovation entsteht (z. B. neues Berufsbild).

3.4 Innovationsinstrumente im Schulalltag

Damit die im vorherigen Abschnitt behandelten Innovationsarten überhaupt initiiert, nicht zuletzt auch umgesetzt werden, sind spezifische Instrumente und Gefässe notwendig. Spontane Innovationsvorstösse einzelner Personen sollen dadurch nicht verhindert werden. Ihre Fähigkeiten und insbesondere die verborgenen Innovationspotenziale weiterer Personen des Schulsystems können jedoch durch gezielte Aktivitäten gefördert werden.

Zu den *schulexternen Innovationsinstrumenten* gehört insbesondere der Einbezug von Erziehungsberechtigten mittels Befragungen (vgl. dazu den Artikel von Ritz in diesem Buch), themenbezogenen Elterngesprächen, Elternforen, schulübergreifenden Innovationsgruppen der Lehrkräfte oder der Beizug von Elternvertretern und -vertreterinnen in die Schulkommission. Auch die Integration des Schulwesens in Bevölkerungsumfragen ist empfehlenswert. Wichtig scheint den Autoren, dass Gefässe, von denen man sich eine Innovationssteigerung erhofft, thematisch klar abgegrenzt sind und nicht dem allgemeinen Gedankenaustausch dienen. Als positiver Nebeneffekt solcher Gefässe kann die verbesserte Akzeptanz und die Förderung gegenseitigen Verständnisses zwischen den beteiligten Personen resultieren, insbesondere weil die partizipative Vorgehensweise Vorurteile reduzieren und die Identifikation mit dem öffentlichen Schulbetrieb fördern kann.

Ähnliche *interne Innovationsinstrumente* im Sinne thematischer Vertiefungen von Leitbildinhalten durch die Lehrpersonen, allenfalls unter Beteiligung der Schülerschaft, existieren bereits an einigen Schulen. Schulinterne Innovationsgruppen müssen ein spezifisches Augenmerk auf den Umgang mit Innovationshindernissen legen. Die „Sterblichkeitsquote" von innovativen Vorhaben ist besonders hoch und resultiert oft aufgrund der Missachtung unterschiedlichster personeller sowie institutioneller Ängste und Widerstände. Infolgedessen sind innovationsunterstützende Instrumente wie ein gutes Projektmanagement oder die gezielte Personalentwicklung notwendig (vgl. Thom/Ritz 2004: 161 ff.).

Im Rahmen der New Public Management-Reformen haben oft die Verfahrensinnovationen einen hohen Stellenwert. Sie werden im folgenden Kapitel aus einer organisatorischen Perspektive betrachtet. Oft zu kurz kommen Sozialinnovationen, was zu einer entsprechenden Vernachlässigung des Kulturwandels führt. Deshalb wird diesem Element im IOP-Modell ein besonderer Stellenwert eingeräumt (vgl. Gliederungspunkt 2.1).

4 Organisatorische Gestaltung im Bildungssystem

Die Schule als zweckgerichtetes soziales System bedarf einer Organisationsstruktur, die den Anforderungen an dieses System entspricht. Als besonderes Merkmal der zukünftigen Schulstrukturen wird die Flexibilität in den Bereichen der schulischen Angebotsgestaltung und bei den Zusammenarbeitsformen der Lehrkräfte an Bedeutung gewinnen. D. h. die Nachteile der zuvor beschriebenen Hierarchisierung, der Spezialisierung und der Arbeitsteilung (Separabilität) müssen durch Massnahmen der organisatorischen Gestaltung verhindert werden (vgl. Thom/Ritz 2004: 181 ff.).

Zunächst wird auf die organisatorische Einbindung der unterschiedlichen Partner im Bildungswesen eingegangen und insbesondere die Funktion der Schulkommission auf der politischen Steuerungsebene hervorgehoben. Danach wird die organisatorische Gestaltung innerhalb einer Schule aufgegriffen.

4.1 Aufgabenkoordination auf der politischen Steuerungsebene

Die Institution Schule zeichnet sich durch eine besonders dichte Vernetzung mit den unterschiedlichen Anspruchsgruppen aus, da ihre Grundaufgabe in ausserordentlichem Masse personenbezogen und -prägend ist. Zusätzlich sieht sich jeder Bürger aufgrund der eigenen Ausbildung, seiner Einbindung in das lokalpolitische Gefüge und allenfalls in der Elternrolle zu Stellungnahmen bezüglich Schulpolitik und -betrieb befähigt.

Die Aufgabenkoordination auf der politischen Steuerungsebene betrifft insofern die Einbindung und Festlegung der Aufgaben, Kompetenzen und Verantwortung zwischen der Schulkommission und der einzelnen Schule sowie deren Einbettung in das weitere Umsystem (vgl. Abbildung 3). In der Abbildung kennzeichnen die ausgezogenen Pfeile primäre Aufgabenbereiche, die gestrichelten Pfeile sekundäre Aufgaben.

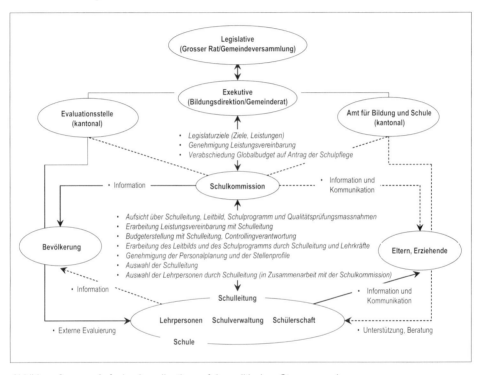

Abbildung 3: Aufgabenkoordination auf der politischen Steuerungsebene

Die vertikale Verbindung zwischen der Legislative und der Schule in Abbildung 3 stellt die zentrale Koordinationsachse im Bildungswesen dar. Die Legislative setzt die Rahmenbedingungen anhand ihrer längerfristigen politischen Planung (Legislaturplanung). Darin enthaltene Grobziele und Wirkungsziele werden von der Exekutive in Leistungsziele für die einzelne Schule oder den Schulbezirk umformuliert. Diese wichtige strategische Aufgabe gelingt oft am besten, wenn eine Person der Exekutive in der Schulkommission vertreten ist und dort die politischen Anliegen einbringt sowie konkretisiert.

Die Schulkommission als eigentliche Zwischenstufe zwischen der Exekutive und der leistungserbringenden Schule hat u. a. drei zentrale Aufgabenfelder, denen sie nachkommen muss. Erstens gilt es die Schule und deren Steuerungsinstrumente (Leitbild, Leistungsvereinbarung, Globalbudget, Leistungsprozesse) zu beaufsichtigen und teilweise mitzugestalten. Hauptsächlicher und jeweils erster Ansprechpartner ist dabei die ihr unterstellte Schulleitung. Die Zusammenarbeit zwischen der Schulleitung und der Schulkommission wird intensiviert, da die einzelne Schule aufgrund des Schulleitungsmodells (z. B. Teilautonomie) und der Führung durch Leistungsvereinbarung und Globalbudget einen grösseren Handlungsspielraum erhält. Eine bedeutende Neuerung der neuen Steuerungsinstrumente Leistungsauftrag und Globalbudget besteht in der Bündelung von Finanz- und Sachkompetenzen im Gegensatz zum früheren Ungleichgewicht einer minimalen Finanzkompetenz gegenüber einer umfassenderen Sachkompetenz.

Zweitens obliegt der Schulkommission die Informationsaufgabe gegenüber der Bevölkerung und den Erziehungsberechtigten. Eine regelmässige, aktuelle und transparente Information fördert die Akzeptanz der schulischen Aktivitäten in einer gegenüber öffentlichen Dienstleistungen kritischer eingestellten Bevölkerung. Während die Schulleitung und der Lehrkörper normalerweise die direkten Kontakte zu den Erziehungsberechtigten wahrnehmen, obliegt der Schulkommission im Speziellen die Bevölkerungsinformation. In Krisenfällen und bei ausserordentlichem Informationsbedarf wendet sie sich zusammen mit der Schulleitung an die Elternschaft.

Drittens pflegt sie den Kontakt mit der kantonalen Stelle für Schulevaluation und mit dem Bildungsamt. Im Rahmen ihrer Aufsichtsverantwortung über die Schulplanung und ihrer Aufgaben bei der Qualitätsprüfung kommt diesem Kontakt besondere Bedeutung zu. Die Mitglieder der Schulkommission benötigen vertiefte Fachkenntnisse zur Erfüllung ihrer Tätigkeitsbereiche. Wenn diese nicht vorhanden sind, bedingt dies entsprechende Einarbeitung und Weiterbildungsanstrengungen seitens der Schulkommission.

Ein vieldiskutierter und oft aus der Sicht der Lehrkräfte heikler Aufgabenbereich besteht in der strategischen Personalverantwortung der Schulkommission. Die Autoren vertreten die Ansicht, dass Personalentscheide im Bereich der Auswahl, Förderung und Freistellung von Lehrpersonen immer in Übereinstimmung mit der Schulleitung getroffen werden müssen. Die Schulleitung hat die operative

Personalverantwortung, was grundsätzlich auch die Aufgaben und Kompetenzen im Rahmen der Personalauswahl, -entwicklung und -freistellung mit einschliesst, da diese sehr grosse Auswirkungen auf das tagtägliche Geschehen in der Schule haben. In Konfliktsituationen zwischen der Schulkommission und der Schulleitung oder zwischen der Schulleitung und Lehrkräften ist es die Aufgabe der Schulkommission, eine Konfliktbereinigung mit der von ihr gewählten Schulleitung anzustreben. Eine Überstimmung der Schulleitung verursacht oft grössere Problemsituationen.

4.2 Anforderungen an die Gestaltung der Schulstruktur

Nachdem im vorherigen Abschnitt auf die Organisation und Koordination der politischen Steuerungsebene eingegangen wurde, sollen in den nächsten zwei Abschnitten mögliche Strukturalternativen innerhalb der Schule behandelt werden. Zwei entgegengesetzte, jedoch zentrale Anforderungen an die strukturelle Gestaltung von Schulen lassen sich wie folgt formulieren (vgl. Dubs 1994: 59):

1. Alles, was den Lehrplan und die Unterrichtsgestaltung der Schule betrifft, beruht im Wesentlichen auf lockeren Koppelungen. Die zeitweilige Zusammenarbeit in flexiblen Gruppen (Lehrkörper, Schülerschaft und Eltern) muss ermöglicht werden. Wichtig ist die formelle Einbindung der beteiligten Personen, damit die Mitwirkung organisatorisch verankert ist, ohne aber den Handlungs- und Entfaltungsspielraum starr zu beschränken.

2. Alles, was die administrativen Prozesse im Rahmen der schulischen Tätigkeiten betrifft, verlangt nach strafferer Organisation, damit effiziente Abläufe und möglichst wenig zeitliche Belastung der Beteiligten gesichert sind. Dies betrifft also zum einen die administrativen Belange der Schulverwaltung und die informatorischen sowie routinemässigen Abläufe innerhalb des Lehrkörpers. Zum anderen benötigen die Führungstätigkeiten einer stärkeren organisatorischen Regelung. Führung aufgrund persönlicher Autorität und Integrität („Leadership") ist ein wesentlicher Faktor, der die Schulführung erleichtert. Immer notwendig ist aber auch die organisatorisch-administrative Steuerung und Kontrolle von mehreren Fachbereichen im Hinblick auf ein gemeinsames Ziel. Dies bedingt eine angemessene formale und hierarchische Strukturierung des Schulbetriebs, damit sowohl zielorientiertes Handeln als auch Verantwortlichkeitszuordnung möglich sind.

Das IOP-Modell betont insbesondere die Flexibilisierung der Organisationsstrukturen im öffentlichen Bereich. Es stellt sich die Frage, ob die derzeitigen Schulstrukturen für eine angemessene Flexibilität hinderlich oder förderlich sind. Betrachten wir die im zweiten Gliederungspunkt beschriebenen Änderungsanforderungen an das gegenwärtige Schulsystem, dann lassen sich folgende zwei strukturrelevante Zusammenhänge erkennen. Erstens fordert die weniger unterrichtsorientierte, sondern schülerzentrierte Schulkultur eine stärkere Berücksichtigung der Ausbildungsziele, d. h. der dahinter liegenden Prozesse, welche optimale Rahmenbedingungen für die Ausbildung ermöglichen. Zweitens ist eine grössere Verknüpfung zwischen den Ausbildungsangeboten anzustreben, um die Separabilität der Schulstrukturen zu lockern. Diese Aspekte werden im Weiteren vertieft.

4.3 Stärkung organisatorischer Prozesse auf der Volksschulstufe

Die im Folgenden dargestellte Prozessstrukturierung besitzt Ähnlichkeiten mit der in vielen grösseren Schulen vorhandenen Spartenorganisation, zeigt aber auch wesentliche Unterschiede in Bezug auf die Integration und Stellung der verschiedenen schulischen Prozesse. Das Ziel dieser Organisationsstruktur liegt in der Schaffung einer möglichst reibungsfreien Aufeinanderfolge der Schulaktivitäten vom Eintritt bis zum Austritt des Schülers aus der Schule. Dieser Gedanke liegt der heute üblichen Klassenverantwortung eines Lehrers („Klassenlehrer") an Mittelschulen zu Grunde und ist besonders bei den Schulen der Unterstufe sehr weit entwickelt. Die Forderung nach mehr Fächer übergreifenden Unterrichtsmethoden sowie die stärkere Betonung der Fachkompetenzen von Lehrkräften auf der Volksschulstufe zeigen gewissen Änderungsbedarf in der Schulorganisation auf.

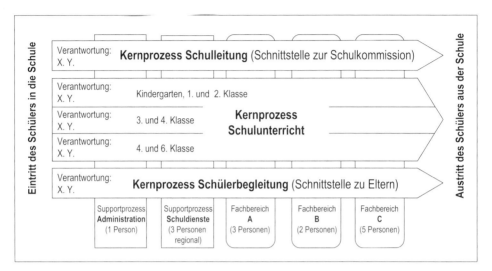

Abbildung 4: Prozessorientierte Schulorganisation auf der Volksschulstufe

Die in Abbildung 4 dargestellte Prozessorganisation besteht aus den drei Kernprozessen Leitung, Unterricht und Begleitung. Die Bildung von Kernprozessen unterliegt bestimmten Kriterien (vgl. Thom/Ritz 2004: 245 f.). Wichtig ist u. a. das Kriterium eines politikrelevanten öffentlichen Zusatznutzens: Welches sind diejenigen Kompetenzbereiche der Schule, die dem Hauptzweck der Ausbildung dienen und für welche die Politik bereit ist, öffentliche Gelder zur Verfügung zu stellen? Die Darstellung bringt zum Ausdruck, dass die Schulorganisation aus einer schülerorientierten Perspektive gestaltet werden muss. Sowohl die Aktivitäten der Schulleitung (Koordination, Kommunikation usw.), diejenigen der Unterrichtsphasen (Klassentätigkeit) als auch die Begleitung einzelner Schüler durch die Schuldienste (Logopädie, Schulpsychologie) verfolgen ein Gesamtziel: Die für die Lernenden optimale fachliche, methodische und soziale Entwicklung während der Schulzeit. Darauf gilt es alle organisatorischen Regeln auszurichten.

Lag bisher vor allem die Unterrichtsstruktur und die Zuteilung von Klassen zu Lehrpersonen im Fokus der Schulorganisation von Volksschulen, so gewinnt aus dieser veränderten Perspektive neben dem Gesamtprozess auch die kompetenzorientierte Zusammenarbeit der Lehrkräfte an Bedeutung. Dies hat auch für die Ausbildung der Lehrkräfte auf dieser Stufe Auswirkungen, indem sie die Möglichkeiten zur Schwerpunktsetzung erhalten. Betont werden muss jedoch hier, dass die vollständige Fachorientierung ganz und gar nicht das Ziel dieser Organisationsform ist. Es ergeben sich aber Möglichkeiten zur Entlastung der Lehrkräfte durch die Schwerpunktsetzung sowie zu einer den fachpädagogischen Ansprüchen gerecht werdenden Unterrichtsgestaltung. Die wichtige Schülernähe, welche auf dieser Schulstufe anzustreben ist, geht auch nicht verloren, wenn beispielsweise drei Lehrkräfte anstelle von einer Lehrkraft an der Unterrichtsgestaltung mitwirken. Die Hauptverantwortung für die Teilprozesse des Kernprozesses Unterricht liegt jedoch bei derjenigen Person, welche den höchsten Pensenanteil an einer Klasse hat. Besonders fachlich interessierte Lehrkräfte können je nach Schulgrösse auch die Verantwortung für die Entwicklung eines Fachbereichs übernehmen. Die Verantwortlichen der jeweiligen Kern- und Teilprozesse bilden die Schulleitung zusammen mit der für die Gesamtleitung verantwortlichen Lehrkraft, welche ihrerseits die Kontakte zur Bevölkerung und zur Schulkommission pflegt.

Die Teamorientierung der für eine Klasse zuständigen Lehrpersonen ist besonders wichtig, damit keine Separierung nach Fachbereichen eintritt. Aus diesem Grund stehen die Kernprozesse und nicht die Fachbereiche im Vordergrund. Im Gegensatz zur heute vorherrschenden Klassenorganisation verstärkt diese Organisationsform die Zusammenarbeit zwischen den an einem Teilprozess beteiligten Lehrkräften und soll diesen auch Perspektiven im Sinne der fachpädagogischen Entwicklung als auch der Übernahme von Leitungsaufgaben bieten.

Die Supportprozesse Administration und Schuldienste unterstützen insbesondere die Schulleitung und die Verantwortlichen der Kernprozesse. Die Schuldienste stehen den Lehrkräften im Rahmen ihrer Begleitungsaufgaben in schulpsychologischen, berufswahlspezifischen oder logopädischen Fragestellungen zur Seite und begleiten einzelne Schüler bei Bedarf persönlich.

4.4 Abbau der Separabilität auf Sekundarstufe

Im Gegensatz zur Volksschulstufe weisen die Sekundarstufen I und II aufgrund ihrer fachspezifischen Ausbildungsstruktur eine sehr starke Separabilität zwischen den Fachbereichen auf. Dies aufgrund der ähnlich gelagerten Ausbildungsgänge an den Universitäten und zur effizienten Unterrichtsgestaltung an den Schulen. Es stellt sich die Frage, ob eine stark fachorientierte Spartenorganisation genügend Flexibilität bietet, um auf die wandelnden Bedürfnisse der Schülerschaft und der Gesellschaft einzugehen. Sie neigt eher zu einer Starrheit und Abgrenzung der Fachbereiche, was die Schülerperspektive verdrängen kann.

Die in der nachfolgenden Abbildung 5 dargestellte Organisationsform richtet sich wiederum nach der Prozessperspektive und unterscheidet sich von Abbildung 4 nur unwesentlich. Die Kernprozesse sind mehr oder weniger die gleichnamigen, hingegen bestimmen die Ausbildungstypen auf einer höheren Ebene die Ausrichtung des Kernprozesses Unterricht. Die Ausbildungstypen werden dann in einem weiteren Schritt in Klassenverbände untergliedert. Ebenfalls empfiehlt sich die hierarchische Unterteilung in Verantwortliche für Ausbildungstypen, Fachbereiche und Spezialprojekte. Diese Unterteilung erlaubt auch entsprechende Förder- und Honorierungsmassnahmen für Führungs-, Fach- oder Projektlaufbahnen (vgl. hierzu den Artikel von Steiner und Ritz in diesem Buch). Ein Kernprozess Spezialprojekte empfiehlt sich einerseits, um die Mitwirkung der Lehrerschaft an Schulentwicklungsprojekten koordinieren zu können, andererseits, um schulübergreifende oder einmalige Projektaufgaben angemessen erfassen und insbesondere auch honorieren zu können.

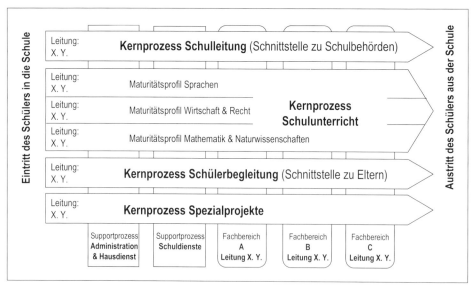

Abbildung 5: Prozessorganisation einer Mittelschule

Innovation, Organisation und Personal

Innerhalb der Maturitätsprofile wandelt sich die heute stark unterrichts- und lehrerbezogene Strukturierung in Richtung Prozessteams. D. h. der interdisziplinäre Unterricht widmet sich teilweise spezifischen Themenbereichen, die von Lehrerteams bearbeitet werden. Um die fachspezifische Ausbildung nicht zu vernachlässigen und auch eine angemessene Spezialisierung zu erreichen, soll nicht der ganze Unterricht so gestaltet werden. Es geht um die Neuausrichtung während einer gewissen Dauer und für spezifische Ausbildungsbereiche, die dem jeweiligen Maturitätsprofil eigen sind. Dies stellt zumindest in einer Umstellungsphase eine besondere Herausforderung und Belastung für die Lehrkräfte dar. Mittelfristig dürfte jedoch die Attraktivität solcher Lehrbereiche sowohl aus fachlichen als auch sozialen Gesichtspunkten zunehmen und der Aufwand reduziert sich zunehmend.

Abbildung 6 stellt eine mögliche Strukturierung solcher interdisziplinärer Unterrichtsbereiche durch zwei Teilprozesse dar, welche bspw. Staatskundeunterricht über einen begrenzten Zeitraum sowohl aus historischer, wirtschaftlicher als auch sprachlicher Perspektive betreiben und den Aufbau der Erdmasse aus geographischer, chemischer und biologischer Perspektive lehren.

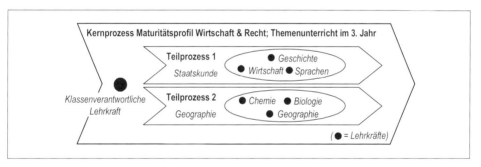

Abbildung 6:   Prozessstrukturierung innerhalb des Kernprozesses

5   Personalführung in der Schule

Das letzte Element des IOP-Führungsmodells stellen die Massnahmen im Personalbereich dar. Zwischen Struktur- und Kulturwandel eingebettet geht es primär um die Steigerung der Motivation und Qualifikation der Lehrpersonen und der Schulleitung. Welche Rolle kommt der Personalführung im Bildungsbereich heute zu? Angesichts eines zunehmenden Imageverlusts des Lehrerberufs, einer damit verbundenen Abnahme qualifizierter Bewerber und Bewerberinnen, höherer Fluktuation sowie sinkenden Bildungsbudgets wird es zukünftig eher schwieriger sein, Lehrpersonen über längere Zeit für ihre berufliche Tätigkeit motivieren und begeistern zu können (vgl. Der Bund 2001b: 17). Zudem ist die Eigenständigkeit der Lehrperson sehr gross und oft kann sich daraus ein Einzelkämpfertum entwickeln. Aus diesen Gründen besteht ein Bedarf an systematischen Massnahmen des Personalmanagements, um Lehrkräfte in ihrer Tätigkeit unterstützen und ihre Bindung an den Schulbetrieb fördern zu können. Trotz einer grossen und was die Umsetzung anbelangt zum Teil auch berechtigten Kritik an den neu eingeführten Entlöhnungs- und Beurteilungsinstrumenten der letzten Jahre, darf ihre Bedeutung im Hinblick auf eine zeitgemässe und professionelle Personalpolitik nicht verkannt werden.

In den folgenden Kapiteln sollen zwei Aspekte des Personalmanagements vertieft werden. In einem ersten Schritt wird in groben Zügen eine Gesamtkonzeption eines erweiterten Personalmanagements dargestellt, danach werden die nicht weiter in diesem Sammelwerk behandelten Teilprozesse des Personalmanagements erläutert (vgl. zum Personalmanagement auch Thom/Ritz 2004: 261 ff.).

5.1 Lehrer- und Lehrerinnenzentriertes Personalmanagement

Personalmanagement umfasst nicht nur ein Einstellungsgespräch, die Gehaltsabrechnung und die Ruhestandsansprache des Schulpräsidenten, sondern widmet sich gezielt der gesamten Arbeitsdauer einer Lehrperson und ihren jeweils spezifischen Bedürfnissen und Anforderungen an die Institution Schule als vorbildlichen Arbeitgeber. Hierfür tragen nicht nur der „Staat", also der Kanton oder die Gemeinde die Verantwortung, sondern im besonderen Masse die Mitglieder der Schulkommission und der Schulleitung. Arbeitskräfte erbringen keine Höchstleistung aufgrund ihres Arbeitsvertrags und des darin geregelten Gehalts, sondern vielmehr aufgrund ihrer konstruktiven Arbeitszufriedenheit in Bezug auf ihren Arbeitsplatz, ihrer Vorgesetzten und Kollegen, wegen vorhandener Partizipationsmöglichkeiten und aufgrund des Abwechslungsreichtums ihrer Arbeit (vgl. OECD 1997 und Thom et al. 1999: 29 ff.).

Abbildung 7 stellt dieses Verständnis von Personalführung exemplarisch dar. Die Lehrperson wird während der ganzen Anstellungsdauer und in den unterschiedlichen Prozessabschnitten bestmöglich durch personalwirtschaftliche Massnahmen unterstützt und begleitet.

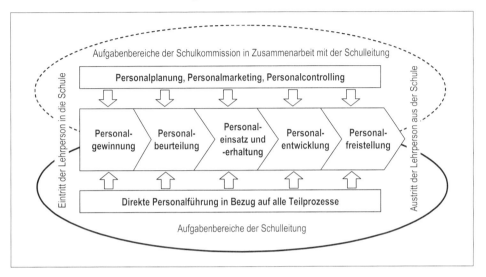

Abbildung 7: Umfassende Personalführung einer Lehrperson vom Schuleintritt bis zum -austritt

Die beiden Kreise in der Abbildung deuten auf die Koordination der Personalführungsaufgaben zwischen der Schulkommission und der Schulleitung hin. Die Hauptverantwortung für das Lehrpersonal bezüglich der direkten Personalführung trägt die Schulleitung. Sie hat ein besonderes Interesse, mit möglichst fähigen und motivierten Lehrkräften den Schulbetrieb führen zu können und benötigt insofern auch die entscheidenden Führungs- und Sanktionsmittel (vgl. Dubs 2001: 77). Die Abbildung bezieht sich ebenfalls auf die Personen der Schuladministration und der Schuldienste. Letztere sind jedoch oft für mehrere Schulen zuständig, so dass hier die direkte Personalführung durch die Schulleitung schwieriger ist und deshalb eine besondere Beachtung von Seiten der Schulkommission erfordert.

Die Schulkommission bietet gezielte Unterstützung bei Bedarf oder in Krisensituationen hinsichtlich der Gewinnung, Beurteilung, Erhaltung, Entwicklung oder Freistellung von Lehrkräften an. Am stärksten ist sie in die Personalgewinnung und -freistellung involviert, also an den Schnittstellen zum Umsystem der Schule. Hier liegt auch ihre Kernkompetenz hinsichtlich der Bevölkerungsinformation (vgl. Ausführungen zu Abbildung 3). Hauptverantwortung kommt der Schulkommission bei der Planung des Personalbedarfs, den Marketingaktivitäten zur Bearbeitung des Arbeitsmarkts und dem Controlling des Personals zu. In allen Bereichen arbeitet sie wiederum intensiv mit der Schulleitung zusammen.

Das *Personalcontrolling* betrifft die Versorgung der Schulleitung und der politischen Gremien (im Beispiel: Schulkommission und Gemeinderat) mit planungs- sowie steuerungsrelevanten Informationen. Es beinhaltet zum einen den quantitativen Aspekt der laufenden Überprüfung der Altersstruktur, der Stundenpensenentwicklung, der Fehlzeiten und der Fluktuation, aber auch die Analyse qualitativer Informationen wie Stellenprofile, Aus- und Weiterbildungsmassnahmen sowie das Leistungsverhalten der Lehrkräfte. Zur Beurteilung letzterer Aspekte nimmt der Einfluss der politischen Steuerungsebene aufgrund der vielerorts eingeführten Personalbeurteilung mittels spezifischer Beurteilungs- und Zielvereinbarungsverfahren ab. Dennoch scheint eine mit der Schulleitung abgestimmte Übernahme von Kontrollaufgaben durch die Schulkommission (Schulbesuche) immer noch sinnvoll zu sein. Sie darf aber nicht losgekoppelt von der Personalbeurteilung der Schulleitung werden und dient zu einem grossen Anteil auch der Kontaktfunktion zwischen der politischen Behörde und der Lehrperson, weniger der Leistungsbeurteilung. Es gilt anzumerken, dass viele dieser Aufgaben eine fachliche Ausbildung und somit zumindest die Befähigung von einem Mitglied der Schulkommission erfordern. Ansonsten leidet die Glaubwürdigkeit dieser Gremien stark (vgl. Dubs 2001: 77).

5.2 Auswahl, Entwicklung und Freistellung von Lehrpersonen

Die direkte Führungsverantwortung über die Lehrpersonen nehmen die Schulleitung und weitere Verantwortungsträger mit Weisungsbefugnissen (z. B. Abteilungs-, Fachbereichsleitungen) wahr. Die Schulleitung bedarf oft der Unterstützung durch weitere Führungskräfte, da besonders in grösseren Schulen der Sekundarstufe die Leitungsspannen sonst zu gross wären und eine direkte Führung verunmöglichen. Im Folgenden wird auf die Teilprozesse der Gewinnung, Entwicklung und Freistellung eingegangen, da die weiteren Prozesselemente an anderer Stelle in diesem Buch vertieft werden.

Die *Personalauswahl* stellt gleich zu Beginn des Personalprozesses eine der bedeutendsten Aufgabenbereiche der Mitarbeiterführung dar. Eine von den Verfassern durchgeführte Umfrage bei Verwaltungsreformprojekten zeigte, dass der

Personalauswahl nach den Reformprozessen die deutlich höchste Bedeutung zugeschrieben wird. Auf der anderen Seite erhielt sie bis anhin nur einen vernachlässigbaren Stellenwert (vgl. Thom/Ritz 2004: 274 f.). Die Selektion von Lehrpersonen folgt in der Schulpraxis äusserst selten einem systematischen Vorgehen unter fachkundiger Leitung. Werden Lehrkräfte in der gegenwärtigen Diskussion über das berufliche Anspruchsniveau und dessen Entlöhnung mit Kaderleuten der öffentlichen Verwaltung oder der Privatwirtschaft verglichen, dann erfordert dies zumindest ein diesen Positionen angemessenes Auswahlverfahren. Die Autoren vertreten aber nicht die Ansicht, dass besonders valide, aber auch sehr kostspielige Auswahlinstrumente wie z. B. das Assessement Center zur Anwendung kommen sollten. Auch die Auslagerung des Auswahlprozesses an spezialisierte Beratungsfirmen macht wenig Sinn, denn damit würde der wichtige Kontakt zur Schulkommission minimiert und insbesondere die Verantwortung für fehlerhafte Personalentscheide delegiert.

Damit die Personalauswahl ein Mindestmass an Validität erreicht, sind folgende zwei Aspekte hervorzuheben: (1) Die Hauptverantwortung für den Entscheid liegt bei der Schulleitung anhand von der Lehrerseite unterstützter Kriterien. Die Schulkommission trägt die Verantwortung für einen geordneten Auswahlprozess und die Berücksichtigung von Rahmenbedingungen aus der Sicht der politischen Steuerungsebene (längerfristige Personalplanungsziele, finanzielle Rahmenbedingungen usw.). (2) Es wird ein systematisches und transparentes Vorgehen gewählt. Folgende Schritte sind für ein solches Verfahren zwingend notwendig (vgl. auch Dubs 1994: 222 f.).

1. Massnahmen im Vorfeld der Personalauswahl

Im Vorfeld muss das bisherige Stellenprofil überprüft und im Bedarfsfall angepasst werden. Die Kenntnisse der Anforderungen an die zu besetzende Arbeitsstelle sind bestmöglich via austretende Lehrkraft und Lehrerkollegium zu erwerben. Zu diesem Zeitpunkt besteht für die Schulleitung eine massgebliche Möglichkeit der Einflussnahme auf die Schulentwicklung.

Die Stellenausschreibung erfolgt sowohl intern, also an den gemeindeeigenen Schulen und unter den Schulangestellten, als auch extern durch aktive Auswahlpolitik an den Universitäten, mit Hilfe der Presse, im Internet und in einschlägigen Zeitschriften. Die Stellenausschreibung muss die erwarteten Bewerbungsunterlagen (z. B. Arbeitsproben, Portfolios) genau umschreiben.

2. Prüfung der Bewerbungsunterlagen

Die Analyse des Bewerbungsschreibens und der mitgelieferten Dokumente erfolgt anhand eines umfassenden und situationsadäquaten Kriterienrasters. Ziele der Prüfung sind die Gewinnung von Informationen über Leistungsmerkmale, massgebliche Lücken im Lebenslauf, Interesse und Eignung der Person in Bezug auf die zu besetzende Stelle, Selbstpräsentation anhand der Unterlagengestaltung sowie über die Entwicklungsschritte der Person anhand des Berufsverlaufs und der mitgelieferten Arbeitsproben. Eine umfassende Checkliste zur Prüfung der Bewerbungsunterlagen enthält Thom/Ritz (2004: 286 f.).

3. Aufgebot zu Probelektion und Bewerbungsgespräch

Die aufgrund der geprüften Bewerbungsunterlagen und eingeholten Referenzen in der Endauswahl verbliebenen Personen werden für mindestens eine Probelektion mit anschliessendem Bewerbungsgespräch eingeladen. Die Probelektion sollte möglichst real eine Schullektion (Dauer, Inhalt usw.) der betreffenden Schule wiedergeben. Zur Beurteilung der Probelektion dient primär der Gesamteindruck, welcher z. B. von der Schulleitung, einem Mitglied des Kollegiums und einer fachkundigen Vertretung der Schulkommission bewertet wird.

Das anschliessende Bewerbungsgespräch kann durch dieselben Personen oder allenfalls durch ein erweitertes Gremium geführt werden. Das Bewerbungsgespräch dient nicht nur der Informationsbeschaffung über den Bewerber und die Informationsabgabe von Seiten der Schule, sondern verfolgt insbesondere auch ein Klassifikationsziel zur Ermittlung des Eignungsprofils und -potenzials des Kandidaten. Daneben dient die Gesprächssituation auch der Motivierung von überzeugenden Bewerbern, damit sie sich für die Stelle entscheiden. Aus dieser Perspektive erhält jeder Auswahlprozess auch eine starke „Gewinnungsfunktion", indem gute Bewerber diejenige Schule vorziehen, welche sich optimal auf das Gespräch vorbereitet und auch ihr Interesse an der Gewinnung guter und für die zukünftige Gestaltung der Schule wichtiger Personen erkennen lässt. Abbildung 8 enthält einen exemplarischen Ablauf und die Inhalte eines Bewerbungsinterviews mit Hinweisen auf die jeweilige Beurteilungsdimension.

Aufbau eines Bewerbungsinterviews	Beurteilung
Gesprächsbeginn	Summarische Beurteilung des Gesamteindrucks
Begrüssung, kurze informelle Unterhaltung (u. a. bezüglich der Probelektion), Bemühung um angenehme und offene Atmosphäre, Vorstellung, Skizzierung des Interviews, Abbau von Unklarheiten.	
Selbstvorstellung des Bewerbers	Nach anforderungsbezogenen Dimensionen auf 5stufiger Skala
Bewerber spricht einige Minuten über sein Erleben im Rahmen der Probelektion sowie seinen persönlichen und beruflichen Hintergrund.	
Freies Gespräch	Summarische Eindrucksbeurteilung
Interviewer stellen offene Fragen anknüpfend an die Selbstvorstellung und über die Bewerbungsunterlagen. Die Mitglieder der Schulvertretung teilen sich die Fragebereiche im Voraus auf, um Überschneidungen zu verhindern.	
Biografische Fragen	Auf 3 bis 5stufiger verhaltensverankerter Skala
Biografische (oder Erfahrungs-) Fragen werden aus (u. a. stellenbezogenen) Anforderungsanalysen abgeleitet und anforderungsbezogen aus biografischen Fragebögen übernommen.	
Realistische Tätigkeitsinformation	
Ausgewogene Information seitens des Interviewers über Arbeitsplatz, Umfeld und Institution. Überleitung zu situativen Fragen.	
Situative Fragen	Auf 5stufiger verhaltensverankerter Skala
Auf critical incident-Basis konstruierte situative Fragen werden gestellt. Prüfung wie Bewerber spontan auf bestimmte Schulsituationen und -anforderungen reagieren würde.	
Gesprächsschluss	
Fragen des Bewerbers, Zusammenfassung und weitere Vereinbarungen.	

Abbildung 8: Ablauf, Inhalte und Beurteilung des Bewerberinterviews (vgl. Thom/Ritz 2004: 288 ff. und Schuler 1996: 89)

Der informelle Teil der Bewerbungssituation sollte im Endstadium der Bewerbung durch ein gemeinsames Essen abgerundet werden.

Wichtig für die erfolgreiche Personalauswahl ist, dass ein Kandidat nicht nur eine perfekte Probelektion präsentiert, sondern aufgrund der aus Bewerbungsunterlagen, im Bewerbungsgespräch und aus den eingeholten Referenzen gewonnenen Informationen in die Schulkultur und das bestehende Kollegium passt sowie die erforderliche Eignung im Hinblick auf die zukünftige Entwicklung der Schule und ihrer Schülerschaft mitbringt.

Die *Personalentwicklung* bezeichnet aufbauend auf informatorischen Grundlagen sowohl bildungs- als auch stellenbezogene Aktivitäten zur Steigerung der Qualifikation einer Lehrperson, um die gegenwärtigen und zukünftigen Aufgaben erfüllen zu können. Die Aufgabenbereiche betreffen zum einen die zur Lehrtätigkeit gehörenden Arbeitsfelder, zum anderen aber auch die für die gesamte Schulentwicklung notwendigen Aufgabengebiete. D. h. die Personalentwicklung widmet sich der pädagogisch-didaktischen Weiterbildung als auch der organisationsorientierten Entwicklung von Lehrpersonen und stellt somit die entscheidende Schnittstelle zur Organisationsentwicklung bzw. dem organisationalen Lernen dar (vgl. Stäbler 1999: 140 ff.). Die Ausgangslage für Massnahmen der Personalentwicklung stellen die individuellen Bedürfnisse der Lehrperson und der organisatorische Bedarf auf der Basis des Stellenprofils dar. Der erforderlichen Abstimmung von Entfaltungsbedürfnissen der Lehrkraft mit den Zielen zur Erreichung des Organisationszweckes muss besonderes Augenmerk gewidmet werden. Aus- und Weiterbildungsmassnahmen sind auf die strategischen Zielsetzungen der Schule hin auszurichten.

Der *Freistellung* von Lehrpersonen kommt je nach Arbeitsmarktsituation eine unterschiedliche Bedeutung zu. Gegenwärtig zeigt sich z. B. auf der Mittelschulstufe des Kantons Berns eine Verknappung des Lehrangebots, was bereits zu Freistellungen führte. Diese organisatorisch bedingten Freistellungen müssen von verhaltensbedingten Freistellungen aufgrund disziplinarischer Verfehlungen oder untragbarer personeller Konflikte sowie personenbedingter Freistellungen wegen unzureichendem Eignungsprofil abgegrenzt werden. Erstere gilt es bestmöglich durch die längerfristige Personalplanung zu verhindern, letztere vielmehr durch die Personalselektionsentscheide. Werden Freistellungsmassnahmen unumgehbar, dann müssen die unterschiedlichen Massnahmenalternativen überprüft werden. Vor dem Hintergrund einer sozialen Härteskala sind bei schwachen Signalen einer Arbeitsangebotsverschlechterung (Schülerrückgang, Finanzkrise usw.) zuerst qualitative Veränderungen der Arbeitsgestaltung und des Arbeitsinhalts (z. B. Arbeitserweiterung durch Übernahme anderer Aufgaben ausserhalb der Lehrtätigkeit) oder Qualifikationsveränderungen (z. B. Umschulung jüngerer Lehrkräfte oder Weiterbildung älterer Lehrkräfte) vorzunehmen. Stärkere Auswirkungen auf die individuelle Situation der Lehrperson haben quantitative Massnahmen. Doch auch hier müssen bei vorhandenem Handlungsspielraum weniger harte Schritte wie die Arbeitszeitreduktion (Teilzeitarbeit bis Urlaubsplanung) vor dem indirekten (Einstellungsstopp) oder sogar direkten Personalabbau (Frühpensionierungen, Entlassungen usw.) zuerst an die Hand genommen werden. Die Personalfreistellung stellt keine Tabuzone für öffentliche Schulen dar, verlangt aber nach vorbildlichen Vorgehensweisen im Hinblick auf die Sozialverträglichkeit der Massnahmen.

6 Fazit

Dieser Artikel steht am Anfang eines Buches zu den Chancen und Gefahren von neuen Führungskonzepten im Schulwesen. Indem eine umfassende und in sich geschlossene Führungskonzeption vorgestellt wurde, soll gleich zu Beginn die Diskussionsbasis für eine schulbezogene und den institutionellen Erfordernissen der Schule gerecht werdende Führungskonzeption geschaffen werden. Das Anliegen der Autoren besteht angesichts der gegenwärtigen und positiv zu beurteilenden Einführungsphase von Schulleitungsstrukturen in der Schaffung entsprechender Führungsinstrumente zur Nutzung des gewonnenen Handlungsspielraums und zur Generierung von innovativen, möglichst eigenständigen Schulen innerhalb der politisch festgelegten Rahmenbedingungen. Die Konzeption hat auch zum Ziel, dass alle Beteiligten am Bildungsprozess die Notwendigkeit umfassender Massnahmen nachvollziehen können, die nicht nur das Qualitätsmanagement der einzelnen Schule, sondern den Wandel von Strategien, Strukturen und Kulturen betreffen. Das Ergebnis der Veränderungsprozesse ist dann eine erhöhte Qualität der Bildungsinstitution sowohl auf der politischen Ebene als auch in pädagogischer und betrieblicher Hinsicht. Die besonders wichtige Frage nach der Schaffung geeigneter Rahmenbedingungen zur Motivierung und Qualifizierung des Lehrpersonals aus personalwirtschaftlichen Gesichtspunkten wurde nur kurz angeschnitten. Das erläuterte Prozessmodell vermag hoffentlich eine Ausgangslage für diesen zukünftig wichtiger werdenden Aufgabenbereich der Schulführung zu schaffen, was sich auch in der aktuellen Literatur zur Schulentwicklung niederschlägt (vgl. Schulentwicklung 2001).

Literaturverzeichnis

Argyris, Chris (1991): Teaching Smart People how to Learn. In: Harvard Business Review, 69. Jg. 1991, Nr. 3, S. 99-109.

Der Bund (2001a): Bedrohte „Orchideenfächer". In: Der Bund, Montag 15. Oktober, 152. Jg. 2001, Nr. 240, S. 13.

Der Bund (2001b): Prestige sinkt: Männer machen sich davon. In: Der Bund, Montag 1. Oktober, 152. Jg. 2001, Nr. 228, S. 17.

Dubs, Rolf (1994): Die Führung einer Schule, Zürich 1994.

Dubs, Rolf (2001): Führung der Schule statt Hierarchisierung. In: Neue Zürcher Zeitung NZZ, Dienstag 19. Juni, 222. Jg. 2001, Nr. 139, S. 77.

Ellwein, Thomas (1976): Regieren und Verwalten – Eine kritische Einführung, Opladen 1976.

Forneck, Hermann J./Schriever, Friedericke (2001): Die individualisierte Profession. In: Neue Zürcher Zeitung NZZ, Dienstag 19. Juni, 222. Jg. 2001, Nr. 139, S. 75.

OECD (1997): Performance Pay Schemes for Public Sector Managers: An Evaluation of the Impacts, Occasional Paper No. 15, Paris 1997.

Osborne, David/Gaebler, Ted (1992): Reinventing Government, Reading, MA 1992 (11. Aufl. 1994).

Probst, Gilbert/Raub, Steffen/Romhardt, Kai (1997): Wissen managen: Wie Unternehmen ihre wertvollste Ressourcen optimal nutzen, Frankfurt a. M, Wiesbaden 1997.

Schedler, Kuno (1995): Ansätze einer wirkungsorientierten Verwaltungsführung, Bern, Stuttgart, Wien 1995 (2. Aufl. 1996).

Schulentwicklung (2001): Journal für Schulentwicklung zum Thema Personalmanagement, 5. Jg. 2001, Nr. 3.

Schuler, Heinz (1996): Psychologische Personalauswahl: Einführung in die Berufseignungsdiagnostik, Göttingen 1996.

Senge, Peter/Cambron-McCabe, Nelda/Lucas, Timothy/Smith, Bryan/Dutton, Janis/Kleiner, Art (2000): Schools that Learn – A Fifth Discipline Fieldbook for Educators, Parents, and Everyone who Cares about Education, London, Naperville 2000.

Stäbler, Samuel (1999): Die Personalentwicklung der „Lernenden Organisation": Konzeptionelle Untersuchung zur Initiierung und Förderung von Lernprozessen, Berlin 1999

Steinmann, Horst/Schreyögg, Georg (2000): Management: Grundlagen der Unternehmensführung, 5. Aufl., Wiesbaden 2000.

Thom, Norbert (1992): Innovationsmanagement. Die Orientierung 100, hrsg. v. der Schweizerischen Volksbank, Bern 1992.

Thom, Norbert (1997): Effizientes Innovationsmanagement in kleinen und mittleren Unternehmen, Bern 1997.

Thom, Norbert/Balthasar, Andreas/Rieder, Stefan/Ritz, Adrian/Furrer, Cornelia (1999): Evaluation FLAG – Phase eins: Analyse des betrieblichen Wandels. Evaluationsbericht im Rahmen der Evaluation des Projekts „Führen mit Leistungsauftrag und Globalbudget FLAG" in der schweizerischen Bundesverwaltung, Bern, Luzern 1999.

Thom, Norbert/Ritz, Adrian (2004): Public Management: Innovative Konzepte zur Führung im öffentlichen Sektor, 2. Aufl., Wiesbaden 2004 (3. Aufl. 2006).

Finanzautonomie, Globalhaushalt und Globalbudget an Schulen

Ziele, Probleme und Erfolgsvoraussetzungen

Rolf Dubs

1	Ausgangslage	38
2	Die einzelnen Schritte zur Verwirklichung eines Globalhaushaltes sowie die damit verbundenen Probleme	39
3	Die Finanzautonomie als Voraussetzung für den Globalhaushalt	42
4	Die staatlichen Zielvorgaben	43
5	Die staatliche Mittelvergabe an die einzelnen Schulen	45
	5.1 Allgemeines	45
	5.2 Der pragmatische Weg	45
	5.3 Systematische Mittelvergabemodelle	46
	5.4 Indikatoren und Benchmarks	49
6	Das System des Rechnungswesens	51
7	Das schulinterne Budgetierungsverfahren	53
8	Die Handhabung des Budgets während des Rechnungsjahres	57
9	Kontrolle und Controlling	59
10	Schlussfolgerungen	60
	Literaturverzeichnis	62

1 Ausgangslage

Gegenwärtig wird von zwei Seiten her eine stärkere Dezentralisierung des Schulwesens auf allen Stufen gefordert: Einerseits zeigt die pädagogische Forschung, dass sich Schulen mit grösseren Gestaltungsfreiräumen (teilautonome Schulen) eher zu besseren Schulen entwickeln als Schulen in zentralistisch geführten Systemen. Schulen, welche sich ein eigenes Profil geben, ein hohes Schulethos aufbauen, ein gutes Kommunikationsklima haben sowie zur Selbstentwicklung und Selbstevaluation fähig sind, weisen üblicherweise eine bessere Qualität aus. Diese vier Eigenschaften lassen sich aber nicht durch behördliche Anordnungen von oben her durchsetzen, sondern sie müssen sich von unten her in den einzelnen Schulen entwickeln. Dies gelingt aber nur, wenn die Schulen klar definierte Gestaltungsfreiräume haben (vgl. Dubs 1999). Andererseits haben die Verwaltungswissenschaften mit dem Paradigma des New Public Managements (NPM) Ansätze zur Effizienzsteigerung der staatlichen und damit auch der Schuladministration entwickelt, die ebenfalls von einer Dezentralisierung der Entscheidungen innerhalb der einzelnen Verwaltungsabteilungen ausgehen (vgl. Schedler 1995). Somit weisen sowohl pädagogische als auch verwaltungswissenschaftliche Erkenntnisse in die gleiche Richtung grösserer Gestaltungsfreiräume.

Das NPM beruht auf vier Zielvorstellungen:

(1) Die Führung eines Verwaltungsbereiches wird in eine strategische Führung, die durch die politischen und höheren Verwaltungsinstanzen wahrgenommen wird, und in eine operative Führung der unteren Verwaltungsstellen gegliedert.

Dies bedingt, dass die höheren Stellen den unteren Stellen für den operativen Bereich klare Ziele vorgeben.

(2) Die Führung erfolgt output-orientiert und nicht mehr input-orientiert, d. h. für die Aufgabenerfüllung sind die Zielvorgaben und nicht wie im traditionellen kameralistischen System Budgetvorgaben massgeblich.

Dieses Ziel lässt sich nur verwirklichen, wenn die unteren Stellen über genügend Autonomie verfügen.

(3) Mit der Autonomie und der operativen Führung werden eine klare Leistungsorientierung und die Leistungsverantwortlichkeit angestrebt.

Den höheren Instanzen fällt die Aufgabe zu, die Leistungserfüllung zu überwachen. Zu diesem Zweck führen sie ein Controlling durch, d. h. sie überprüfen ob, nicht aber wie die Zielvorgaben durch die unteren Stellen erreicht werden.

(4) Auf diese Weise sollen die staatlichen Verwaltungsstellen zu Dienstleistungsunternehmen werden und nicht mehr nur einen Teil einer staatlichen Vollzugsapparat darstellen.

Diese Vorstellungen einer grösseren Autonomie lassen sich jedoch nur verwirklichen, wenn die unteren Verwaltungsstellen eine grössere Finanzautonomie erhalten, indem sie einen Globalhaushalt mit einem Globalbudget führen. Gegenwärtig wird in ganz Europa mit Globalhaushalten mit sehr wechselvollem Erfolg experimentiert. Die überall zu beobachtenden Probleme und Misserfolge werden gegenwärtig meistens dem System angelastet. Tatsächlich dürfen aber die Irrwege und Mängel in den meisten Fällen nicht dem neuen Paradigma angelastet werden, sondern meistens liegen Implementierungsfehler vor, weil nicht erkannt wird, dass sich ein Globalhaushalt erst nach wesentlichen Anpassungen der Rechtsordnung, Veränderungen bei den Verwaltungsabläufen und Einstellungsänderungen bei den Betroffenen einführen lässt.

Ziel dieses Beitrages ist es, alle Schritte, die zur Implementierung eines Globalhaushaltes nötig sind, darzustellen, die damit verbundenen Probleme aufzuzeigen sowie praktische Lösungsvorschläge vorzulegen.

2 Die einzelnen Schritte zur Verwirklichung eines Globalhaushaltes sowie die damit verbundenen Probleme

In Abbildung 1 sind die einzelnen Schritte zur Umsetzung des Globalhaushaltes und die damit verbundenen Probleme für Schulen aufgelistet. Diese Darstellung wird ganz allgemein gehalten, so dass sie für alle Formen von Schulen gültig ist. Sie ist aber nicht vorbehaltlos auf andere staatliche Bereiche übertragbar (die Ausgestaltung des NPM ist auf den jeweiligen Verwaltungsbereich anzupassen) und in den Einzelheiten ergeben sich für verschiedene Schultypen unterschiedliche Vertiefungen und Präzisierungen.

Entscheidend für die Verwirklichung eines Globalhaushaltes ist eine Gesamtschau. Gegenwärtig versuchen Behörden oft, einen Globalhaushalt einzuführen, bevor die vielen praktischen Einzelheiten im Gesamtzusammenhang konzeptionell geordnet sind. Zwei Beispiele mögen dies zeigen: In einem Schulbezirk wurde entschieden, den Schulen für die Betriebskosten ein Globalbudget zur Verfügung zu stellen. Der Mitteilung wurden aber 20 Seiten Anweisungen für die Budgetgestaltung mit der Begründung beigefügt, die Verwaltung trage die politische Verantwortung für die Mittelverwendung. Deshalb müsse sie – wenn auch extensiv zu verstehende – Weisungen erlassen. Ein solches Vorgehen trägt kaum zur Wirksamkeitssteigerung der Schule bei, denn auf diese Weise kann die Schule ihre Autonomie nicht ausschöpfen. Weisungen, die rasch auf die Stufe operativer Eingriffe zurückfallen, waren nötig, weil die Schulbehörden nicht bereit waren, das Globalbudget mit Zielvorgaben zu verknüpfen. An vielen Orten wurde – um ein zweites Beispiel anzuführen – den einzelnen Schulen ein Globalbudget zugestanden, und sie erhielten die Gelegenheit, ihr eigenes Budget zu entwerfen. Im Verlaufe des Jahres haben sie es verändert und wurden dafür aus rechtlichen Gründen gerügt, was unmittelbar zur kritischen Anmerkung führte, dass das Globalbudget in Wirklichkeit gar keine Freiheit zur effizienzsteigernden Mittelverwendung bringe. Hätten diese Gemeinden ein Haushaltsreglement erlassen, das diese Fragen rechtlich geordnet hätte, wäre der Nutzen des Globalhaushaltes nicht schon nach einem Jahr in Frage gestellt worden.

Die Reihe solcher Beispiele liesse sich verlängern. Ihnen allen eigen ist die häufig konzeptionslose Einführung eines Aspektes des Globalhaushaltes, der nicht in einem Gesamtrahmen eingeordnet ist. Dieser Rahmen ergibt sich aus Abbildung 1.

Finanzautonomie, Globalhaushalt und Globalbudget an Schulen 41

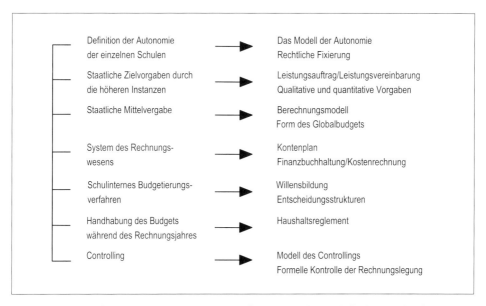

Abbildung 1: Schritte zur Verwirklichung eines Globalhaushaltes und die damit verbundenen Probleme

Erstens muss die Ausgestaltung der Autonomie für die einzelnen Schulen definiert und rechtlich fixiert sein, denn häufig lässt die Finanzhaushaltgesetzgebung die Finanzautonomie (wie immer sie auch definiert ist) gar nicht zu. Zweitens erfordert das Ziel der Wirksamkeitssteigerung Zielvorgaben, wobei festzulegen ist, in welcher Form und auf welchem Weg die Zielvorgaben ausgestaltet werden. Drittens muss geklärt sein, nach welchen Prinzipien die Mittelvergabe an die einzelnen Schulen erfolgt, und welche Form das Globalbudget hat. Viertens muss der Kontenplan angepasst werden, weil ein zu detaillierter kameralistischer Kontenplan keine Flexibilität zulässt. Dies wiederum hat Rückwirkungen auf die Finanzbuchhaltung. Zudem ist zu klären, ob mit einer Kostenrechnung wirksamkeitssteigende Massnahmen möglich werden. Fünftens muss das schulinterne Budgetierungssystem systematisiert und vor allem transparent gemacht werden, was die Entscheidungsstrukturen innerhalb einer Schule beeinflusst. Sechstens ist festzulegen, wie das Budget im Verlaufe des Rechnungsjahres zu handhaben ist (z. B. Regelungen der Kreditumlagen). Und siebtens schliesslich ist festzulegen, wie das Controllingsystem aufgebaut wird, und wer dabei welche Kompetenzen hat.

Nur wenn diese Fragen geklärt sind, lässt sich die Idee eines Globalhaushaltes im Hinblick auf eine wirksamere Mittelverwendung verwirklichen. Deshalb soll im Folgenden auf diese sieben Merkmale eingegangen werden.

3 Die Finanzautonomie als Voraussetzung für den Globalhaushalt

Die gegenwärtige Autonomiediskussion leidet etwas unter ungenauen Definitionen. Abbildung 2 zeigt eine mögliche Gliederung.

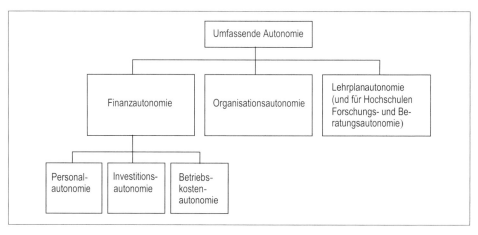

Abbildung 2: Gliederung der Autonomie

Bislang lassen sich keine wissenschaftlichen Aussagen zur Frage machen, welches die beste Form der Ausgestaltung der Autonomie für Schulen ist. Daher muss das Ausmass der Autonomie politisch diskutiert und rechtlich festgelegt werden. Gäbe man den Schulen eine umfassende Autonomie, so hätten sie in allen Fragen der finanziellen, organisatorischen, lehrplan- (sowie bei Hochschulen forschungs-) mässigen Gestaltung und Führung volle Entscheidungsfreiheit. Dies bedingte eine umfassende Privatisierung der Schulen. Für Volks- und Sekundarschulen der Stufen I und II dürfte dies vor allem aus sozialpolitischen Erwägungen eher unerwünscht sein (vgl. zur Begründung Dubs 1994). Deshalb ist für diese Stufen zu klären, wie die Autonomie zu beschränken ist, damit die mit ihr angestrebten Ziele ohne unerwünschte Nebenwirkungen erreicht werden.

Aufgrund praktischer Erfahrungen erscheint es für die hier zur Diskussion stehende Finanzautonomie zweckmässig, die Personalautonomie (Anstellung und Entlassung von Lehrkräften und weiterem Personal anhand eines Personalplans, Gehälter, Sozialleistungen) beim Staat zu belassen, während die Investitions- und Betriebskostenautonomie an die einzelnen Schulen übertragen werden kann. Neuerdings ist es aber nicht selten, dass Schulleitungen mangels persönlicher Kompetenz und Interessen auf die Investitionsautonomie verzichten und sich mit der Betriebskostenautonomie begnügen. In diesem Fall beschränkt sich aber die Finanzautonomie je nach Schulstufe auf 5 bis 12 % der gesamten Schulkosten.

An Hochschulen gehen die Autonomievorstellungen bei den Vertretern der Idee von Stiftungsuniversitäten am weitesten. Sie treten für eine umfassende Finanzautonomie ein und vertreten zurecht die Auffassung, mit einer Stiftungsuniversität wären alle Probleme mit der Finanzautonomie gelöst. Aber auch aufgeschlossene Vertreter der Idee staatlicher Universitäten treten für eine umfassende Finanzautonomie der Hochschulen ein (vgl. Wissenschaftlicher Beirat Niedersachsen 1999). Dies setzt aber voraus, dass die Hochschulen ihre Personalpläne autonom ausgestalten, Bauherreneigenschaft erhalten, Rücklagen und Rückstellungen frei verfügbar bilden dürfen und die Gegenposten verzinslich sind, die Abschreibungspolitik eigenständig bestimmt werden kann und Mietverhältnisse frei eingegangen werden können. Diese umfassende Finanzautonomie setzt wesentliche Gesetzesänderungen im Personal- und Haushaltrecht voraus.

Zusammenfassend: Solange die Autonomie nicht definiert und die rechtlichen Grundlagen dafür nicht geschaffen sind, lässt sich der Globalhaushalt nicht wirksam umsetzen. Leider tun sich damit aber viele Politikerinnen und Politiker schwer. Sie befürchten, der Staat könnte seine Gestaltungs-, Einfluss- und Kontrollmöglichkeiten verlieren. Diese Angst ist unberechtigt, denn im Gesamtkonzept sind es weiterhin die staatlichen Behörden, welche die Ziele für die Schulen setzen und mittels eines Controllings deren Erreichung überwachen.

4 Die staatlichen Zielvorgaben

Teilautonomie einer Schule heisst nicht zügellose Freiheit, sondern outputorientierte Erreichung der von der für die strategische Entwicklung einer Schule verantwortlichen Behörde vorgegebenen Ziele. Mit dem Globalhaushalt soll die Wirksamkeit des Mitteleinsatzes in Richtung dieser Ziele verbessert werden, indem sich das Finanzgebaren einer Schule nicht mehr an detailliert vorgegebenen Budgetpositionen, die im Wesentlichen von Jahr zu Jahr fortgeschrieben werden, orientiert. Das Budget wird vielmehr nach den Vorstellungen der Schule aufgrund der Zielvorgaben erstellt.

Die von den Schulbehörden vorgegebenen Ziele bestimmen die zu erbringenden Leistungen (Outputorientierung), die unterschiedlich erarbeitet werden können:

(1) Jede Schule erhält von der Schulbehörde einen *Leistungsauftrag* (vgl. etwa das Beispiel bei Schönberger-Schleicher 1997: 670). Sie schreibt also vor, welche Ziele die Schule zu erreichen hat und richtet das Budget darauf aus.

(2) Jede Schule schliesst mit der Schulbehörde eine *Leistungsvereinbarung* (oft auch als *Kontrakt* bezeichnet) ab. Bei dieser Variante erarbeiten die Schulbehörde und jede Schule gemeinsam die Ziele, die zu erreichen sind.

Leistungsaufträge oder Leistungsvereinbarungen sind eine grundlegende Voraussetzung zur Verwirklichung des Gedankens der strategischen und der operativen Führung sowie der Outputorientierung. Leider bekunden viele Behörden und höhere Verwaltungsabteilungen immer noch grosse Mühe mit solchen Zielvorgaben, da sie der vorherrschenden Regierungs- und Verwaltungskultur nicht entsprechen. Diese Instanzen fühlen sich mit der Zielfestlegung oft überfordert. Deshalb bin ich der Überzeugung, dass Leistungsvereinbarungen (Kontrakte) realitätsnaher sind.

5 Die staatliche Mittelvergabe an die einzelnen Schulen

5.1 Allgemeines

Im Weiteren zu klären ist die Mittelvergabe (Mittelverteilung) der für das Bildungswesen im staatlichen Budget vorgesehenen finanziellen Mittel an die einzelnen Schulen. Diese Aufgabe bedarf einer besonders sorgfältigen politischen Analyse, weil erstens für Schulen unterer und höherer Stufen unterschiedliche Differenzierungen in der Mittelverteilung notwendig sind (die Mittelvergabe bei blosser Betriebskostenautonomie für eine Volksschule ist im Vergleich zur Mittelvergabe an eine Universität mit voller Finanzautonomie technisch einfach und politisch problemlos), weil zweitens zu entscheiden ist, ob die Mittelvergabe pragmatisch anhand des Leistungsauftrages bzw. der Leistungsvereinbarung erfolgen soll, oder ob sie als Anreizsystem auszugestalten ist, bei welchem die Mittel nach bestimmten Kriterien der Wirksamkeit der schulischen Leistungserbringung oder Zielerreichung zugeteilt werden und weil drittens zu überlegen ist, ob das System mit einem Benchmarking verbunden werden soll, d. h. Ziele und Mittelvergabe orientieren sich an den Ergebnissen der besten Schulen, um das ganze Schulsystem längerfristig über Kriterien der Besten steuern zu können.

5.2 Der pragmatische Weg

In einfachen Schulverhältnissen (z. B. eine Schulgemeinde oder ein Schulbezirk mit mehreren gleichartigen Volks- und Sekundarschulen, die sich für die Betriebskostenautonomie entschieden haben) genügt eine pragmatische Mittelzuteilung anhand der Gegebenheiten der einzelnen Schulen sowie des Leistungsauftrages bzw. der Leistungsvereinbarung. Diese Lösung ermöglicht den Schulen dank frei verfügbarer Mittel eine pädagogische Profilierung. Damit ist sie in bescheidener Weise outputorientiert. Aber es fehlt die Anreizsetzung. Sobald diese Bedingung erfüllt sein muss, drängen sich systematische Mittelvergabemodelle auf (vgl. dazu ausführlich Wissenschaftlicher Beirat Niedersachsen 1998).

5.3 Systematische Mittelvergabemodelle

Solche Modelle empfehlen sich für Schulen der Sekundarstufe II und vor allem für Hochschulen. Sie müssen vier Anforderungen genügen: (1) Die staatliche Mittelvergabe wird mit Anreizen und Sanktionen verbunden, d. h. die Übernahme von bestimmten Aufgaben, die erbrachten Leistungen sowie Innovationsleistungen werden belohnt bzw. geringe Erfolge in diesen drei Bereichen werden finanziell sanktioniert. (2) Trotzdem soll eine längerfristige Kalkulierbarkeit und Stabilität der Mittelvergabe garantiert bleiben, d. h. Stabilität und Anreiz sollen in einem ausgewogenen Verhältnis stehen. (3) Das System ist so auszugestalten, dass die materielle Finanzautonomie für die einzelnen Schulen bestehen bleibt, sie also im Rahmen der definierten Autonomie über ihre interne Mittelverwendung allein entscheiden kann. (4) Die Mittelvergabe soll eine gerechte und damit von allen Seiten akzeptierte Mittelverteilung sicherstellen, wobei an eine „grobe" Gerechtigkeit (es wird nicht jeder Besonderheit einer jeden Schule Rechnung getragen) zu denken ist.

Inzwischen wurden viele Mittelvergabemodelle entwickelt. Sinnvollerweise werden sie in zwei Gruppen unterteilt:

a) Prozentual- bzw. Bemessungsmodelle: Die vom Staat zur Verfügung gestellten Mittel werden nach im Voraus festgelegten Kriterien, die zu Indikatoren ausgebaut werden können, an die einzelnen Schulen verteilt.

b) Preis-, Aufgaben- bzw. Bedarfsmodelle: Die vom Staat zur Verfügung gestellten Mittel betonen den Anspruch der Schulen auf eine angemessene Vergütung für ihre erbrachten Leistungen durch den Staat.

Preis-, Aufgaben- bzw. Bedarfsmodelle haben den Vorteil, dass die erbrachten Leistungen der Schulen durch den Staat umfassend entschädigt werden. Dadurch wird die Position der einzelnen Schule gestärkt. Umgekehrt können bei diesem Modell bei einer starken Leistungsausweitung von Schulen finanzielle Ansprüche auf den Staat zukommen, die er bei Restriktionen im gesamten Staatsbudget nicht mehr zu decken vermag. Deshalb lassen sich solche Modelle in Zeiten knapper Staatshaushalte nicht verwirklichen. Daher werden heute tendenziell eher Prozentual- bzw. Bemessungsmodelle gewählt, weil hier eine Gesamtverteilungssumme prozentual auf bestimmte Leistungs- bzw. Belastungsparameter verteilt wird und die einzelnen Schulen daran wiederum entsprechend ihrer Leistungen bzw. Belastungen anteilsmässig begünstigt werden.

Finanzautonomie, Globalhaushalt und Globalbudget an Schulen 47

Gegenwärtig wird mit vielen Modellen experimentiert, wobei bislang die Überlegenheit des einen oder anderen Modells noch nicht belegt werden kann. Selber trete ich für ein gemischtes Modell ein, welches – längerfristig preisbezogen ausgerichtet, aber durch eine Budgetobergrenze beschränkt (gedeckeltes Preismodell) – eine volumen-, leistungs- und innovationsbezogene Finanzierung festlegt. Die volumenbezogene Finanzierung zielt auf eine Kostenerstattung für die gemäss Leistungsauftrag bzw. Leistungsvereinbarung durch die Schulen zu erbringenden Aufgaben ab. Damit soll die Grundfinanzierung sichergestellt sein. Die leistungsbezogene Finanzierung fördert Anreize zu Veränderungen in der Schule, indem besondere Anstrengungen und Erfolge im Hinblick auf Leistungsziele im Leistungsauftrag vergütet werden. Die innovationsbezogene Finanzierung dient der Anregung und Steuerung von Innovationen in der Schule. Dabei sollte die volumen- und die leistungsbezogene Finanzierung formalgebunden – allenfalls unter Verwendung von Indikatoren – erfolgen, während die innovationsbezogene Finanzierung diskretionär (Mittelzuteilung von Fall zu Fall nach Entscheid der zuständigen Instanz) vorzusehen ist (vgl. dazu ausführlich Wissenschaftlicher Beirat 1998).

Abbildung 3 zeigt diese Überlegungen zu einem Mittelvorgabemodell im Gesamtzusammenhang (vgl. dazu CHE o. J.).

Volumenbezogene Finanzierung		Leistungsbezogene Finanzierung		Innovationsbezogene Finanzierung	
Lehre	Forschung[1]	Lehre	Forschung[1]	Lehre	Forschung[1]
a) Zahl der Absolventen b) Zahl der Studierenden in den ersten vier Semestern	Zahl der Forschungseinheiten	a) Zahl der Absolventen pro Lehrkraft b) Indikator für Beschäftigungschancen der Absolventen	a) Zahl der Promotionen b) Drittmittelvolumen c) Zahl der Forschungskooperationen	Fester Beitrag für die Entwicklung von Multimedia für den Unterricht	Aufbau eines neuen Forschungszentrums
Bemessungsgrundlage	Bemessungsgrundlage	Bemessungsgrundlage	Bemessungsgrundlage	Bemessungsgrundlage	Bemessungsgrundlage
Absolute Zahlen	Absolute Zahlen	Indikator[2] in Relation zum Landesdurchschnitt	Indikator[2] in Relation zum Landesdurchschnitt	fester Beitrag	fester Beitrag
Gewichtung[3]	Gewichtung	Gewichtung	Gewichtung	Gewichtung	Gewichtung
a) 0,25 b) 0,25	0,2	0,25		0,25	

Abbildung 3: Rohmodell für ein Mittelvergabemodell (Beispiel für eine Hochschule)

---

[1] Bei Volksschulen und Schulen der Sekundarbereiche I und II fällt die Forschung weg. Die Prinzipien des Rohmodells behalten ihre Gültigkeit.

[2] Diese Indikatoren sind als Beispiele zu verstehen. Bei der Entwicklung des konkreten Modells ist die Bestimmung der Indikatoren die wichtigste (und bislang wissenschaftlich nicht abschliessend geklärte) Frage.

[3] Diese Gewichtung stellt eine politische Entscheidung dar und lässt sich nicht objektivieren. Sie hängt von den Zielvorstellungen (Leistungsauftrag bzw. Leistungsvereinbarung) ab.

Es ist deutlich zu betonen, dass es noch kein umfassendes Indikatorensystem gibt, das geeignet wäre, die Mittelvergabe an Schulen umfassend zu ordnen, und das geeignet ist, die Entwicklung einer Schule zu steuern. Dieses Ziel lässt sich nur anhand weiterer Forschung anstreben.

Deshalb wird man sich insbesondere für die Volksschule und für Schulen der Sekundarstufen I und II weiterhin mit pragmatischen Modellen begnügen müssen. Für einen ersten Schritt empfehle ich eine Mittelvergabe, die aufgrund eines Leistungsauftrages bzw. einer Leistungsvereinbarung festgelegt wird. In diesem Fall ist die Ordnung des schulinternen Budgetverfahrens besonders wichtig (siehe Abschnitt 7 dieses Beitrages).

Wesentlich für den Globalhaushalt ist schliesslich folgender Aspekt: Das Modell der Mittelvergabe des Staates legt fest, welche Budgetsumme jeder Schule insgesamt zur Verfügung steht. Für die Schule stellt diese Summe aber ein Globalbudget dar, d. h. sie kann diese Mittel im Rahmen der Zielvorgaben nach eigener Entscheidung (operative Führung) verwenden.

5.4 Indikatoren und Benchmarks

Indikatoren sind Messgrössen, die in quantitativer Form Auskunft über den Stand bestimmter für die pädagogische und wirtschaftliche Wirksamkeit einer Schule wichtiger Kriterien geben. Sie dienen der Bestandesaufnahme über den Zustand einer Schule, können als Planungs- und Steuerungsinstrumente eingesetzt werden und dienen im Zusammenhang mit dem Controlling der Überwachung der Schulentwicklung. Indikatoren können zu Benchmarks ausgestaltet werden. Benchmarks sind Zielvorgaben, die sich an den Besten orientieren. Sie zeigen also, was „beste Praxis" ist und dienen für jede Schule als Herausforderung, Bestleistungen (höchste Wirksamkeit, beste Qualität) in pädagogischer und in wirtschaftlicher Hinsicht aufgrund klarer Zielvorgaben anzustreben.

In den letzten Jahren wurden viele Indikatorensysteme und Einzelindikatoren entwickelt (vgl. Dubs 1996). Ein Indikatorensystem, das alle oben erwähnten Zielsetzungen erfüllt, gibt es aber noch nicht. Überall wird mit einzelnen Indikatoren experimentiert, was solange sinnvoll ist, als sie im Hinblick auf klar definierte Ziele objektive Werte erbringen (Eignung der Indikatoren), sie nicht manipulierbar und praktikabel sind und einen Beitrag für das Controlling und die Steuerung leisten. Bedeutsam ist auch, dass die Indikatoren aufgrund wissenschaftlicher Erkenntnisse und nicht anhand populärer Auffassungen interpretiert werden. So sagt deshalb ein Indikator über Anzahl von Lernenden pro Lehrende solange nichts aus, als nicht von den Forschungsergebnissen zur Klassengrösse Kenntnis genommen wird (kleinere Lerngruppen führen nicht automatisch zu besseren Lernergebnissen; vgl. Grissmer 1999). Oder ein Indikator, der die Kosten pro Lernender festhält, eignet sich wohl für grobe Kostenvergleiche (sofern die Bedingungen an Schulen einigermassen vergleichbar sind) oder als Benchmark, wenn die Kosten der einzelnen Schulen unter Kontrolle gebracht werden sollen. Für die auf den Lernerfolg bezogene Wirksamkeitsüberwachung ist aber diese Grösse wenig aussagekräftig, nachdem bekannt ist, dass ab einer gewissen Ausgabenhöhe einer Schule für den Erfolg nicht mehr primär der zusätzliche Mitteleinsatz, sondern dessen Verwendung für die Wirksamkeit entscheidend ist (vgl. Hanushek 1996).

In diesem Übersichtsbeitrag kann nicht weiter auf Indikatorensysteme und Indikatoren eingegangen werden. Eine Finanzvergabe-, Steuerung- und Kontrollgrösse, die vor allem im Sekundarbereich immer wieder zur Diskussion steht, soll indessen noch etwas genauer betrachtet werden: die Schülerpauschale, d. h. die Mittelvergabe des Staates an die einzelne Schule aufgrund der Schülerzahlen, berechnet aufgrund von Durchschnittskosten. Leider zeigt sich immer deutlicher, dass dieser Indikator als alleinige Messgrösse zu grob ist und vor allem nicht genügend genau steuert. Deshalb drängt sich eine Verfeinerung auf. Bergmann (2000) legt dazu eine interessante Studie für die Gymnasien des Kantons Zürich vor. Er weitet die Betrachtung aus, indem er untersucht, wie viele Lektionen eine Schule aus der Gesamtheit aller Schülerpauschalen erteilt. Damit gelingt ihm eine bessere Differenzierung (Klassengrösse, Lehrplanorganisation usw.). Zunächst stellt er fest, dass die von einer Schule angebotene Anzahl von Jahreslektionen von den zur Verfügung stehenden staatlichen Mitteln abhängt, während der Studienerfolg an der Universität nicht von den zur Verfügung stehenden Mitteln und der angebotenen Zahl von Jahreslektionen pro Schüler abhängig ist. Ausserdem sind in den einzelnen Schulen die Unterschiede in der Mittelverwendung ausserordentlich gross, indem an einzelnen Schulen der Anteil der zusätzlich eingesetzten Mittel für Verwaltungs- und Betriebskosten mit weiteren Mitteln übermässig steigt und sich die Auswirkungen auf den pädagogischen Erfolg vermindern. Deshalb genügt die Schülerpauschale als Indikator für die Steuerung und die Kontrolle einer Schule nicht. Die Mittelverwendung ist mit zusätzlichen Indikatoren weiter zu differenzieren, um zu einer pädagogisch wirksamen Mittelvergabe zu gelangen.

Zusammenfassend lässt sich Folgendes festhalten: Indikatoren und Benchmarks lassen sich zu wertvollen Hilfsmitteln für die Mittelvergabe, die Steuerung und die Kontrolle entwickeln. Beim gegenwärtigen Forschungsstand sind aber noch viele Fragen offen und umfassende Indikatorensysteme fehlen noch weitgehend. Deshalb ist vor einer vorschnellen Verwendung einzelner durchaus plausibler Indikatoren zu warnen. Die vielen Vernetzungen können leicht dazu führen, dass Indikatoren zu Fehlsteuerungen führen oder manipulativ verwendet werden. Weil sie aber im Prinzip geeignet sind, viele Zusammenhänge aufzudecken, sollten sie mit grosser Dringlichkeit weiter erforscht werden.

6 Das System des Rechnungswesens

Zwei entscheidende Voraussetzungen für das Gelingen des Globalhaushaltes sind die Lockerung der kameralistischen Budgetprinzipien sowie die Vereinfachung der herkömmlichen, detaillierten Kontenpläne.

Die kameralistischen Budgetprinzipien sind zu flexibilisieren (vgl. Schedler 1995):

(1) Die qualitative Budgetbindung: Kreditverschiebungen von einer Budgetposition auf eine andere sind verboten. Eine verantwortliche Outputorientierung ist nur zu verwirklichen, wenn Kreditverschiebungen von einer Position auf eine andere innerhalb vorgegebener, breiter Spielregeln möglich sind.

(2) Die quantitative Budgetbindung: Die Beiträge der einzelnen Budgetpositionen sind einzuhalten. Bei Kostenüberschreitungen sind Nachtragskredite einzuholen. Dieses Prinzip ist zu flexibilisieren, indem Kostenüberschreitungen einer Budgetposition durch Einsparungen in einer anderen innerhalb eines definierten Rahmens erlaubt sind.

(3) Die zeitliche Budgetbindung: Budgetpositionen dürfen nicht von einem auf das andere Jahr übertragen werden. Dieses Prinzip fördert die ineffektive Budgetverwendung am Ende des Jahres (Dezemberfieber). Deshalb müssen Übertragungen von einem Jahr auf das andere im Interesse der Effizienz möglich werden.

(4) Das Bruttoprinzip: Jede einzelne Budgetposition ist im Budget gesondert auszuweisen; das Nettoprinzip ist unzulässig. Müssen nur noch Nettoaufwendungen ausgewiesen werden, so kann die Eigeninitiative gefördert werden (indem beispielsweise Mehrkosten durch zusätzliche Erträge gedeckt werden können).

Auf moderne Budgetprinzipien ist im Abschnitt 7 dieses Beitrages zurückzukommen.

Die Neugestaltung der Budgetprinzipien fällt umso leichter, je stärker der Kontenplan vereinfacht wird. Dazu sind drei Gestaltungsvarianten denkbar:

(1) Die vielen einzelnen Detailpositionen im herkömmlichen Kontenplan werden in wenige wichtige Aufwandarten zusammengefasst. Dadurch werden Kreditverschiebungen vereinfacht. Der Spielraum bleibt aber immer noch beschränkt.

(2) Detailpositionen gleicher Art auf der Aufwand- und auf der Ertragsseite werden in einer Position zusammengefasst. Damit bleibt das Bruttoprinzip in summarischer Form erhalten, es werden aber grössere Verschiebungen möglich, was die Effizienz dank rascher Budgetanpassungen vergrössern kann.

(3) Detailpositionen werden in einer einzigen Position zusammengefasst und als Nettoaufwand ausgewiesen. Dadurch wird es möglich, Erträge zu erzielen, die mit dem Aufwand in definierter Weise verrechnet werden können, was die rasche Anpassung an veränderte Verhältnisse erleichtert und die Outputorientierung verbessert.

Diese Anpassungen erfordern Veränderungen in der Finanzhaushalt-Gesetzgebung, mit denen sich Politikerinnen und Politiker schwer tun. Sie möchten über das Budget stärkeren Einfluss auf das Schulwesen nehmen und über das Budget Fehlentwicklungen verhindern. Dies sei an einem Beispiel demonstriert: Der Präsident einer parlamentarischen Finanzkommission, der grundsätzlich für das NPM eintritt, meinte, angesichts der vielen Fehlinvestitionen im Informatikbereich an den Schulen müsste seine Kommission über ein detailliertes Budget die entsprechenden Ausgaben bestimmen. Dies ist ein Beispiel für die vielen Missverständnisse: Allfällige Korrekturen sind nicht über das Budget, sondern über die Zielvorgaben an die Schulen zu korrigieren. Ist man dazu nicht bereit, so kann man nicht die Prinzipien des NPM vertreten. Vor allem Leute aus den Finanzverwaltungen bezweifeln die Realisierbarkeit dieser Prinzipien, indem sie befürchten, ihre Rechenschaftspflicht gegenüber dem Parlament nicht mehr wahrnehmen zu können. Diese Gefahr besteht, wenn kein Haushaltsreglement mit klaren Vorschriften über die Rechenschaftsablage vorliegt. Darauf ist weiter unten zurückzukommen.

7 Das schulinterne Budgetierungsverfahren

Für den schulinternen Erfolg eines Globalhaushaltes wesentlich sind klare und transparente Budgetentwicklungs- und Entscheidungsstrukturen innerhalb der Schule. Aufgrund der Erfahrung erscheint der folgende Ablauf am zweckmässigsten zu sein (vgl. Abbildung 4): Die Schulleitung orientiert alle Schulangehörigen mit einem eigenen Verwaltungsbereich über die Budgetvorgaben (Summe des Globalbudgets, gebundene Ausgaben, ungebundene Ausgaben) und fordert sie auf, ihre Budgetvorstellungen (Wunschvorstellungen) einzugeben. Diese Eingaben müssen selbstverständlich mit den schulischen Zielen, wie sie aus dem Leistungsauftrag bzw. aus der Leistungsvereinbarung abgeleitet wurden, übereinstimmen. Deshalb empfiehlt sich die Entwicklung eines Budgetformulars, das nicht nur über diese Voraussetzungen informiert, sondern den ganzen Budget- und Realisierungsprozess zur administrativen Vereinfachung begleitet (vgl. Abbildung 5). Aufgrund der einzelnen Eingaben erstellt die Schulleitung einen ersten Gesamtentwurf für das Budget. Weil die einzelnen Finanzbegehren üblicherweise höher sind als die zur Verfügung stehende Budgetsumme, finden Kürzungsabsprachen zwischen der Schulleitung und den Budgetstellern statt, die aufgrund der Zielsetzungen möglichst einvernehmlich gelöst werden sollten. Die letzte Entscheidung liegt bei der Schulleitung, die nach den Absprachen den zweiten Budgetentwurf entwickelt, den sie dem Lehrerkonvent (Dozentenkonferenz) zur endgültigen Beschlussfassung vorlegt. Das auf diese Weise festgelegte Globalbudget wird von der zuständigen Schulbehörde genehmigt, wobei sich deren Aufgabe allein auf die Überprüfung der Zielkonformität beschränkt. Direkte Korrekturmassnahmen sollten nicht zugelassen werden, um das Wesen des Globalhaushaltes mit einem Globalbudget nicht zu verfälschen (die Schulbehörden führen nur strategisch).

April/Mai	Juni	Juli	Oktober/November
Schulangehörige erhalten das Formular für Budgetanträge (Budgetaufforderung)	Erster Entwurf des Gesamtbudgets durch die Schulleitung Gespräche mit Antragsstellern bei Kürzungen Definitiver Entwurf der Schulleitung	Übergabe des definitiven Budgets an die Schulbehörde zur Genehmigung (Kontrolle der Zielkonformität)	Definitive Genehmigung durch die Schulbehörde

Abbildung 4: Verfahren und zeitlicher Ablauf des Budgetierungsprozesses

Ähnlich wie bei der staatlichen Mittelvergabe stellt sich auch bei der schulinternen Budgeterstellung die Frage, ob die Budgetierung als Aushandlungsprozess zwischen der Schulleitung und der Lehrerschaft zu entwickeln oder aufgrund eines schulinternen Indikatorensystems aufzubauen ist. Persönlich vertrete ich die Auffassung, dass Volksschulen und Schulen der Sekundarbereiche I und II das Budget aufgrund der Zielvorgaben im Leistungsauftrag bzw. in der Leistungsvereinbarung aushandeln sollten. Erfahrungsgemäss erleichtert das in Abbildung 5 wiedergegebene Formular diesen Prozess. Sehr grosse Schulen und vor allem Hochschulen sollten schrittweise auch das schulinterne Budget auf ein Indikatorensystem ausrichten. Auch in diesem Fall mag das Formular von Abbildung 5 eine gute Hilfestellung sein. Zu beachten ist dabei aber, dass der Anteil der gebundenen Ausgaben sehr gross wird, denn alle durch die Indikatoren festgelegten Beträge stehen nicht mehr frei zur Verfügung.

Finanzautonomie, Globalhaushalt und Globalbudget an Schulen

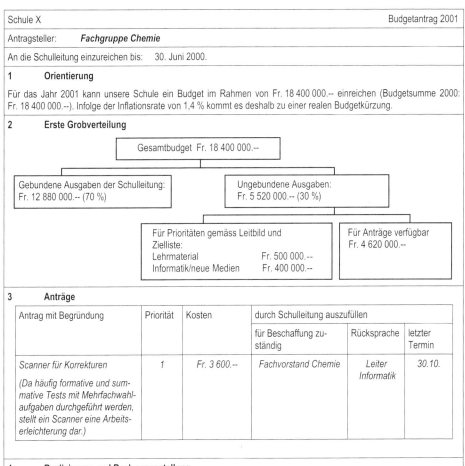

Abbildung 5:   Formular Budgetantrag

Als Beispiel sei die Universität Oldenburg angeführt, die seit 1998 versucht, schrittweise ein System der universitätsinternen Mittelvergabe aufzubauen (vgl. Wissenschaftlicher Beirat 1999: 61). Bis ins Jahr 2003 sollen sämtliche Sachmittel nach folgendem Modell den einzelnen Fachbereichen zugewiesen werden (aufgaben- und leistungsbezogene Indikatoren):

a) eine Grundzuweisung zu ca. 55 % (die Studierendenzahlen und Personalstellen einschliesslich deren für nichtwissenschaftliches Personal mit einem Festbetrag honoriert),

b) ein Frauenförderungsanteil zu 5 % (Indikatoren sind die Promotionsrate und die Berufung von Frauen),

c) einen Anteil für Lehrleistungen zu ca. 20 % (mit den Indikatoren Absolventen und Promotionen),

d) einem Anteil für Forschungsleistungen zu ca. 20 % (mit den Indikatoren Drittmittel, Publikationen, Habilitationen).

In der Praxis kommt es immer wieder vor, dass vor der Genehmigung des Budgets von den für die Finanzen zuständigen Behörden Budgetkürzungen auferlegt werden. In diesem Fall entscheidend ist für den Globalhaushalt, dass nicht die Schulbehörden, sondern die Schule selbst über die Budgetkürzungen entscheidet. Andernfalls werden die Prinzipien des NPM grundlegend verletzt.

Aufgrund praktischer Erfahrung sind abschliessend zum internen Budgetverfahren zwei Problemkreise anzusprechen: Erstens zeigt sich immer wieder, dass der Budgetierungsprozess in Schulen einen schlechten Verlauf nimmt. Ursache dafür ist ein mangelndes Verständnis für die administrativen Abläufe in vielen Lehrkörpern. Deshalb muss sich die Schulleitung um eine gute, verständliche Einführung in den Budgetierungsprozess bemühen. Zweitens spielen Machtverhältnisse im Lehrkörper eine nicht zu unterschätzende Rolle. Einflussreiche Lehrkräfte setzen ihre Ansprüche im Aushandlungsprozess meistens durch. Dieser Fehlentwicklung kann am ehesten begegnet werden, wenn sich die Schulleitung konsequent an die Zielvorgaben hält und diese durchsetzt. Je eher es gelingt mit Indikatoren zu arbeiten, desto bedeutungsloser wird dieses Problem.

8 Die Handhabung des Budgets während des Rechnungsjahres

Eines der Ziele des Globalhaushaltes ist die Erhöhung der Wirksamkeit der Schule, was nur mit einer höheren Flexibilität der Schulführung möglich ist. Deshalb glauben Lehrpersonen immer wieder, das Globalbudget könne während des Jahres je nach Entwicklung der Schule und daraus entstehenden Bedürfnissen beliebig verändert und angepasst werden. Solche Annahmen widersprechen rechtsstaatlichen Voraussetzungen. Grundsätzlich muss es möglich sein, Budgetanpassungen vorzunehmen. Sie müssen aber für die Schulbehörden, welche gegenüber der Bürgerschaft die politische Verantwortung tragen, in nachvollziehbarer Form belegt sein, damit sie ordnungsgemäss Rechenschaft ablegen können. Diese Problematik lässt sich mittels eines Haushaltsreglements, das von der zuständigen Behörde im Rahmen der Rechtsordnung zu genehmigen ist, lösen. Dieses Haushaltsreglement (Verordnung) legt fest, wie das Budget im Verlaufe des Jahres verändert werden darf, wer welche Kompetenzen und wie die Berichterstattung an die politischen Behörden zu erfolgen hat. Abbildung 6 zeigt eine mögliche Disposition eines Haushaltsreglements.

> 1. **Globalbudget**
>   Beschreibung des Weges und der Form der Vorgabe des Globalbudgets an die Schule und Darstellung der staatlichen Beschlussfassung
> 2. **Formen und Kompetenzen der Budgetanpassungen während des Jahres**
>   2.1 **Kreditumlagen**
>   – Verwendung der Kredite innerhalb eines Kontos für einen andern als in der Begründung zum Budget angegebenen Zweck
>   – Erhöhung eines Kontos des Budgets bei gleichzeitiger Senkung eines anderen Kontos
>   Zuständigkeiten (allenfalls nach Beträgen abgestuft)
>   2.2 **Kreditverlagerungen**
>   – Übertragungen von einem Konto auf ein anderes Konto
>   Zuständigkeiten (allenfalls nach Beträgen abgestuft)
>   2.3 **Kreditübertragung**[4]
>   – Übertragungen innerhalb eines Kontos auf das nächste Jahr
>   Zuständigkeiten (allenfalls nach Beträgen abgestuft)
> 3. **Verpflichtungskredite**
>   – Ermächtigung, bis zu einer bestimmten Summe für einen bestimmten Zweck finanzielle Verpflichtungen auch über mehrere Rechnungsperioden einzugehen
> 4. **Bildung von Rücklagen**[4]
>   – Regeln über den Aufbau und die Verwendung von Rücklagen
> 5. **Berichterstattung**
>   Form und Zeitpunkte der Berichterstattung über alle Budgetanpassungen

Abbildung 6:   Disposition für ein Haushaltsreglement im Globalhaushalt

Leider wird an vielen Schulen der Globalhaushalt ohne Haushaltsreglement eingeführt. Die Folge davon sind eine grosse Verunsicherung bei den Verantwortlichen im Umgang mit dem Globalbudget sowie ein Vertrauensverlust in das System, denn wenn Unklarheiten über die Kompetenzen zur Veränderung des Budgets bestehen, lässt sich die notwendige Flexibilität nicht erreichen.

---

[4] Die Verwirklichung dieser Teile setzt an den meisten Orten eine Anpassung der Gesetzgebung zum staatlichen Finanzhaushalt voraus.

9 Kontrolle und Controlling

Abschliessend ist nochmals zu betonen, dass ein Globalhaushalt nicht zügellose Freiheit im Umgang mit den finanziellen Mitteln bedeutet, sondern die Kontrolle und das Controlling bleiben bedeutsam.

Erstens muss die zuständige staatliche Instanz (je nach Land Rechnungsprüfungskommission, staatliche Finanzkontrolle, Rechnungshof oder eine vom Staat beauftragte private Revisionsgesellschaft) die formale Rechnungslegung kontrollieren, d. h. die ordnungsgerechte Führung des Rechnungswesens überprüfen und bestätigen.

Zweitens muss das die Schule strategisch führende Organ die Aufgabe des Controllings übernehmen. Controlling heisst Überwachung der Erreichung der im Leistungsauftrag bzw. in der Leistungsvereinbarung vorgegebenen Ziele sowie generelle Überwachung der pädagogischen und wirtschaftlichen Wirksamkeit der einzelnen Schule. Ein modernes Controlling ist eine wichtige strategische Aufgabe in der Oberleitung einer Schule, weil nur damit sichergestellt wird, dass sich die Wirksamkeit verbessert. Controlling darf deshalb nicht in einem operativen Sinn verstanden werden, d. h. auf welchem Weg die Ziele erreicht und wie dazu die finanziellen Mittel eingesetzt werden, ist nicht Gegenstand des Controllings.

An Hochschulen obliegt das Controlling in gleicher Weise dem strategisch verantwortlichen Organ (je nach Land Erziehungsdepartement, Ministerium oder Hochschulrat). Für das regelmässige Controlling innerhalb der Hochschule sollten zusätzlich hochschuleigene Controller eingesetzt werden, deren Aufgabe es ist, ein Informationssystem zur Überwachung der Finanzströme aufzubauen und umzusetzen, das geeignet ist, Abweichungen von den vom strategischen Organ vorgegebenen Ziele sowie Fehlentwicklungen und Ineffizienzen aller Art rasch zu erkennen, damit die Schulleitung sofort korrigierende Massnahmen ergreifen kann. Vollendet ist ein Controllingsystem erst, wenn die Hochschule eine Kostenrechnung auf Plan- und Istkostenbasis aufgebaut hat, weil eine systematische Steuerung und Wirksamkeitssteigerung erst anhand einer systematischen Datenerhebung möglich ist.

Das Controlling wirft eine Fülle von Problemen auf. Lehrkräfte aller Stufen behaupten immer wieder, das Controlling sei eine neue Form von Kontrolle, beschränke die Freiheit in einer Schule und führe letztlich zu einem „Überwachungsstaat". Diese Behauptung stimmt natürlich nicht: Die Schule behält ihre operative Freiheit; überprüft wird nur die Zielerreichung im Interesse der Wirksamkeitssteigerung. Abgelehnt werden auch Kosten- und Leistungsrechnungen mit der Feststellung, sie seien für Schulen nicht machbar. Auch diese Behauptung ist unzutreffend. Stäger (1994) zeigt am Beispiel des Sekundarbereichs I des Kantons Tessin, wie eine Kostenrechnung verwirklicht werden kann. Besonders interessant an seiner Arbeit sind die von ihm ermittelten sehr hohen Kostenunterschiede vergleichbarer Schulen. Dies bedeutet mit anderen Worten, dass mit Kostenrechnungssystemen Sparmöglichkeiten ohne pädagogische Wirksamkeitsverluste aufgedeckt werden können. Von Fall zu Fall zu klären ist die Frage, welche Schulen eine Kostenrechnung und ein internes Controlling aufbauen sollen. Ich vertrete die Meinung, an Volksschulen und im Sekundarbereich I sollte darauf verzichtet werden, während die Schulen der Sekundarstufe II und die Universitäten über eine Kosten- und Leistungsrechnung sowie nur die Universitäten über ein internes Controlling verfügen sollten.

Schliesslich ist auf die Probleme der strategischen Schulbehörden mit dem Controlling hinzuweisen: Ohne eingehende Einführung fällt es ihnen schwer, sich auf die strategische Führung und das Controlling zu konzentrieren. Sie fallen bei ihrer Aufgabenerfüllung – häufig aufgrund eines verbreiteten Misstrauens gegenüber der Lehrerschaft oder aus Angst, die politische Kontrolle zu verlieren – immer wieder in die operative Führung (meistens mit vielen unkoordinierten Einzeleingriffen) zurück. Damit gefährden sie aber den Ansatz des NPM massgeblich.

10 Schlussfolgerungen

Dieser Artikel will einen Beitrag zum Verständnis der Finanzautonomie und des Globalhaushaltes im Rahmen des NPM für Schulen leisten. Vor allem will er zeigen, dass sich ein Globalhaushalt mit Globalbudget nur verwirklichen lässt, wenn das Konzept im Gesamtzusammenhang gesehen wird. Die in letzter Zeit häufig zu beobachtende Vorgehensweise mit der Einführung eines Globalbudgets ohne Klärung aller Voraussetzungen wird zu vielen Misserfolgen führen und die Idee des NPM für Schulen noch stärkerer Kritik aussetzen. Ohne ganzheitliche Betrachtung ist die Gefahr des Scheiterns gross. Deshalb sollen politische Instanzen, die sich mit der Einführung der Finanzautonomie für Schulen beschäftigen, vorgängig folgenden Bedingungen Rechnung tragen:

1. Die Schulautonomie (als Teilautonomie) ist genau zu definieren und gesetzlich zu verankern.

2. Die Behörden müssen bereit sein, zwischen strategischer und operativer Führung zu unterscheiden und den Schulen mittels Leistungsaufträgen bzw. Leistungsvereinbarungen Ziele vorzugeben.

3. Die Kontenpläne des Staates sind auf die Wesensmerkmale des NPM auszurichten.

4. Den Schulen ist aufgrund eines Haushaltsreglements die rechtliche Sicherheit im Umgang mit dem Globalbudget zu geben.

5. Die strategisch führenden Schulbehörden müssen ihre Controllingaufgabe im richtigen Sinn wahrnehmen.

Diese fünf Forderungen sind für den Erfolg des Globalhaushaltes unabdingbar. Deutlich zu machen ist indessen, dass die konkrete Ausgestaltung dieser Massnahmen je nach Stufe der Schule, Grösse der Schule und Eigenarten der Staatsverwaltung sehr unterschiedlich sein kann. Allerdings sollte ein immer wieder zu hörendes Argument bedeutungslos werden, nämlich geltende Rechtsvorschriften würden Massnahmen des NPM verunmöglichen. In den meisten Fällen bedingt die Einführung des Globalhaushaltes eine zum Teil umfassende Anpassung von Rechtsnormen. Dieser Prozess ist nicht nur aus politischen Gründen (traditionelle Vorstellungen in der Legislative) schwierig, sondern häufig sträubt sich auch die Verwaltung dagegen, weil sich die Aufgaben- und Kompetenzverteilung zum Teil stark verändert.

Schliesslich werfen Kritiker immer wieder die Frage nach dem Nutzen dieser Massnahmen auf. Ein sorgfältiger, wissenschaftlich begleiteter Versuch an drei niedersächsischen Hochschulen (vgl. Wissenschaftlicher Beirat 1999) erbrachte interessante Veränderungen, auch wenn der ganze Prozess noch nicht abgeschlossen ist:

- Die Wirksamkeit des Mitteleinsatzes an diesen drei Hochschulen hat sich erhöht,

- diese Hochschulen arbeiten strategieorientierter und -konformer,
- die hochschulinterne Mittelverteilung wurde ziel- und ergebnisorientierter,
- die Entscheidungsstrukturen sind stärker ziel- und aufgabenorientiert geworden,
- mit dem Aufbau von hochschulinternen Controllingsystemen wurde erfolgreich begonnen.

Literaturverzeichnis

Bergmann, Andreas (2000): Steuerung von Institutionen im Bildungswesen am Beispiel des Kantons Zürich. Diss. HSG, St. Gallen 2000.

CHE Centrum für Hochschulentwicklung (o. J): Arbeitspapiere des wissenschaftlichen Beirates Niedersachsen, vervielfältigt, Gütersloh (ohne Jahr).

Dubs, Rolf (1994): Marktwirtschaft im Bildungswesen – eine Alternative? In: Schweizer Schule, 16. Jg. 1994, Nr. 6, S. 11-17.

Dubs, Rolf (1996): Schule, Schulentwicklung und New Public Management, St. Gallen 1996.

Dubs, Rolf (1999): Teilautonomie der Schulen: Annahmen, Begriffe, Probleme, Perspektiven. In: Paderborner Universitätsreden, Nr. 70, 1999.

Grissmer, David (1999): Class Size Effects: Assessing the Evidence, its Policy Implications and Future Research Agenda. In: Educational Evaluation and Policy Analysis 21. Jg. 1999, Nr. 4, S. 231-248.

Hanushek, Eric A.: School Resources and Student Performance. In: Does Money Matter? hrsg. v. Gary Burtless, Washington DC, S. 43-73.

Schedler, Kuno (1995): Ansätze einer wirkungsorientierten Verwaltungsführung, Bern 1995.

Schönberger-Schleicher, Esther (1997): WOV – Wirkungsorientierte Verwaltung. Erste Erfahrungen im Zusammenhang mit New Public Management an der Kantonsschule Sursee. In: Schule in Wissenschaft, Politik und Praxis, hrsg. v. Rolf Dubs und Richard Luzi, St. Gallen 1997, S. 647-684.

Stäger, Luca (1994): La riforma dell'organizzazione della scuola media nel Canton Ticino. Diss. HSG, St. Gallen 1994.

Wissenschaftlicher Beirat zur Begleitung des Modellvorhabens (1998): Ein neues Verfahren der staatlichen Mittelvergabe an die Universitäten in Niedersachsen. Anforderungen, Prinzipien und Umsetzungsvorschläge, Gütersloh 1998.

Wissenschaftlicher Beirat zur Begleitung des Modellvorhabens, Bericht zur Evaluation des Modellvorhabens (1999): Erprobung der globalen Steuerung von Hochschulhaushalten im Land Niedersachsen, Gütersloh 1999.

Produktdefinition und Kundenorientierung an der Schule

Kuno Schedler

1 Zum Betrachtungswinkel dieses Beitrags 66
2 Was will die WoV mit Produkten? 67
    2.1 Inhalt für Leistungsvereinbarungen 73
    2.2 Gegenstand des Qualitätsmanagements 74
    2.3 Plattform für die Kostenkontrolle 75
    2.4 Gegenstand der politischen Steuerung 77
3 Wie werden Produkte definiert? 77
4 Welche Abweichungen vom „Idealmodell WoV" sind möglich? 81
    4.1 Terminologie 81
    4.2 Instrumentarium 82
    4.3 Harmonisierung 83
5 Worauf kann die Schule aufbauen? 83
    5.1 Rahmen-Lehrplan 83
    5.2 Stundentafel 84
    5.3 Besondere Kundenbeziehungen 84
    5.4 Qualitätssysteme und Evaluation 84
6 Schlussfolgerungen 85
Literaturverzeichnis 86

Im Rahmen der Wirkungsorientierten Verwaltungsführung (WoV) wird gefordert, dass sich jede Verwaltungseinheit Gedanken über ihre Produkte machen soll. In meist zweitägigen Workshops werden diese Produkte definiert und mit Zielen und Indikatoren verknüpft. Alle Erfahrungen zeigen, dass es ein gewaltiges Umdenken erfordert, wenn die oft als implizites Wissen vorhandenen Aufgabenlisten in explizite Formulierungen gekleidet werden müssen, die auch noch für Dritte verständlich sein sollen. Dies, und nicht zuletzt auch das ungewohnte betriebswirtschaftliche Begriffsgebäude, führt oft zu Widerständen bei den Beteiligten. Steht nun Effizienz über allem? Bleiben pädagogische Ziele im Kampf gegen Sparwut und Management-Glauben auf der Strecke? Inwiefern können und sollen betriebswirtschaftliche Konzepte mit ihrem so anderen Weltbild über die Schule „gestülpt" werden? Und überhaupt: kann man guten Gewissens in der Schule von Kundinnen bzw. Kunden und Produkten sprechen? Mündet all dies nicht in eine verstärkte Kontrolle durch nicht-professionelle Behörden, die jetzt auch noch aus der Schule ein Unternehmen machen möchten?

Dieser Beitrag versucht, die Sichtweise der Wirkungsorientierten Verwaltungsführung anhand der beiden Begriffe „Produkt" und „Kundin" bzw. „Kunde" darzustellen. Insbesondere geht es mir darum, zu verdeutlichen, dass die richtig verstandene WoV ihre eigenen Grenzen durchaus anerkennt. Ziel einer Wirkungsorientierung muss es ja sein, mit den vorhandenen Mitteln eine bestmögliche Wirkung zu erzielen – wie es das Wort sagt. Dies ist kein wissenschaftlicher Beitrag, auch wenn er von einem Wissenschafter geschrieben ist. Auf ausführliche Zitate wird daher weitgehend verzichtet, es sei denn, dass grundsätzliche Konzepte und Aussagen von Dritten übernommen werden. Mehrheitlich stützen sich die Ausführungen jedoch auf praktische Erfahrungen, die im Verlaufe der Durchführung von WoV-Projekten gesammelt werden konnten.

1 Zum Betrachtungswinkel dieses Beitrags

Dieser Beitrag argumentiert aus der Perspektive des Public Managements, welches wiederum ursprünglich in der Managementtheorie und in der Ökonomie beheimatet ist. Durch die Erfahrungen mit der Einführung in der Schweiz geprägt, hat sich der Charakter der Wirkungsorientierten Verwaltungsführung seit den frühen neunziger Jahren massgeblich verändert. Verschiedene Disziplinen haben einen effektvollen Einfluss ausgeübt, allen voran die Rechtswissenschaften und die jeweils betroffenen Fachdisziplinen – in diesem Fall die Pädagogik (vgl. etwa Dubs 1996).

Die Quellen der vorliegenden Argumentation stammen aus mehreren Bereichen:

1. Theorie und praktische Anwendung der WoV in der Schweiz im Allgemeinen;

2. (Allerdings erst vereinzelte) praktische Anwendung der WoV-Prinzipien in Schweizer Schulen auf verschiedenen Stufen;

3. Intensive Gespräche mit Fachpersonen für den Bereich der Steuerung in pädagogischen Systemen.

Dies ist zugegebenermassen aus wissenschaftlicher Sicht eine eher schmale Basis. Ziel dieses Beitrags ist es jedoch weniger, neue wissenschaftliche Erkenntnisse zu erarbeiten und zu publizieren, als vielmehr Anregungen und Hinweise für die mir vorgegebene (durchaus provokative) Thematik zu präsentieren: Produkte in der Schule.

2 Was will die WoV mit Produkten?

Die Definition von Produkten ist eine ungewohnte Aktivität für jede Organisation, die keinen Druck zur Profilierung an einem (irgendwie gearteten) Markt kennt, und sie wird oft als sehr aufwändig empfunden. Die Schule gehört in aller Regel zu diesem Typus Organisation. Wenn also die Produktdefinition nicht zu einer reinen Alibiübung verkommen soll, so ist es notwendig, sich über den Nutzen Klarheit zu verschaffen, der daraus entstehen soll.

In Schedler und Proeller (2000: 121 ff.) haben wir die Bedeutung und Definition von Produkten verallgemeinert beschrieben. Diesen Text kann man an die Terminologie der Schule annähern:

Die Festlegung von Produkten ist die Voraussetzung für das Gelingen der Wirkungsorientierten Führung in der Schule. In der Praxis zeigt sich, dass der Begriff „Produkt" zu emotionalen Widerständen bei den Lehrpersonen führen kann. Einzelne Gemeinwesen (beispielsweise der Kanton Zürich) ersetzen daher den Begriff „Produkt" durch „Leistung". In der vorliegenden Publikation wird jedoch am Begriff des Produkts festgehalten.

In Schulen, die noch nicht mit Reformen in Berührung gekommen sind, fehlt die bewusste *Produktorientierung* oft weitgehend. Das traditionelle System der öffentlichen Schulen fördert das Denken in Ressourcen, Personalstellen, Krediten und Sachmittelplänen. Es ist tendenziell bürokratisch orientiert, d. h. oft werden in der Steuerung die Abläufe stärker gewichtet als die tatsächlichen Resultate. Dies mag eine gewisse Berechtigung haben, da – wie oft argumentiert wird – die öffentliche Schule gegenüber der Öffentlichkeit eine grössere Verantwortung im Umgang mit deren Geldmitteln hat als eine private im Umgang mit dem Kapital. Es wäre daher falsch, eine völlige Vernachlässigung der Inputseite zugunsten einer Resultatbetrachtung zu propagieren.

Die WoV versucht, alle Aspekte des Steuerungsprozesses in ihre Überlegungen miteinzubeziehen. Trotzdem wird ein relativ starkes Gewicht auf die Leistungsseite gelegt, was den Eindruck erwecken könnte, sie beziehe sich *ausschliesslich* auf Leistungen. Dies ist dadurch zu erklären, dass die Leistungsbetrachtung das grösste Entwicklungspotenzial aufweist, und dass wir uns von einem Ausbau dieses neuen Ansatzes positive Effekte versprechen. Eine ausgewogene Gewichtung ist für die Schulen mittel- bis langfristig von grosser Bedeutung. Durch die starke Konzentration auf die Wirkungen wird die Seite der Ressourcen und jene des Ausstosses auch in der Wirkungsorientierten Verwaltungsführung nicht vernachlässigt.

Die *traditionelle* Betrachtung der Vorgänge in der öffentlichen Schule geht davon aus, dass die ihr zugewiesenen Aufgaben durch mehr oder weniger vordefinierte Aktivitäten mit politisch festgelegten Ressourcen (Geld, Personal, Sachmittel, Zeit) erfüllt werden. *Leistung* definiert sich in diesem Modell durch die Anzahl, Intensität und Qualität der Aktivitäten, die in der Mehrzahl der Fälle über die Ressourcen gesteuert werden. Im Modell der WoV werden ebenfalls bestimmte (oft dieselben) Aufgaben erfüllt, Steuerungsgegenstand sind jedoch die Produkte, die von der Schule mit den Ressourcen erstellt werden. Die Steuerung erfolgt in diesem Modell über die Definition der Produkte und über eine messbare Zielsetzung für die Aufgabenerfüllung.

Mit dem neuen, am Produkt orientierten Instrumentarium können verschiedene Ziele verfolgt werden:

- den Bürgerinnen und Bürgern Informationen über den Gegenwert liefern, den sie vom Staat für ihr Geld erhalten (*Value for Money*);

- die Geldströme kennen und kontrollieren sowie die Effektivität und die Effizienz messen und beurteilen können;

- die Steuerungsmöglichkeiten der politischen Instanzen qualitativ verbessern und damit neue Handlungsspielräume für Parlament, Exekutive und Schulverwaltung schaffen;

- die Verantwortung von Parlament, Schulverwaltung und Schulen klarer abgrenzen;

- rechtzeitig vollständige Informationen für die strategische und operative Planung liefern, um auf Abweichungen sofort reagieren zu können.

Ein Produkt einer Schule ist jene Leistungseinheit, die die Schule in abgeschlossener Form *verlässt*. In der Praxis bedeutet diese Definition, dass sich die Schule bewusster auf ihren tatsächlichen *Ausstoss* konzentriert, d. h. auf jene Leistungseinheiten, die ihren eigenen Bereich verlassen.

Ein Produkt hat damit vier Eigenschaften, die für dessen Bestimmung herangezogen werden können:

- Es wird in einer Schule produziert oder verfeinert, oder eine Schule ist für die Leistungserbringung oder Verfeinerung im Sinne einer federführenden Stelle verantwortlich.

- Es deckt einen Bedarf von Dritten (Eltern, Schüler/innen), d. h. die Leistungserbringung ist nicht Selbstzweck der Schule, und es stiftet aus sich heraus einen Nutzen für die Leistungsempfangenden.

- Es wird an Dritte abgegeben, d. h. es verlässt die Schule.

- Es ist geeignet, als Hilfsgrösse für die Steuerung dieser Schule innerhalb des politisch-administrativen Systems eingesetzt zu werden.

Zu Punkt 1: Produkte werden in der Schule *erstellt*, wobei jeweils *eine Stelle* die Verantwortung für ein Produkt übernimmt. Reine Handelsware gilt nicht als

Produkt. Dies lässt sich am Beispiel des Schulmaterials darstellen: Papier, Bleistifte, Lehrbücher usw. sind keine Produkte der Schule, es sei denn, sie würden in der Schule selbst hergestellt.

Zu Punkt 2: Die Forderung, dass ein Produkt einen Bedarf von Dritten abdecken müsse, erhält Bedeutung, wenn etwa bürokratische Abläufe weitergeführt werden, obwohl sie nicht mehr benötigt sind.

Zu Punkt 3: Die Abgabe an Dritte bedeutet, dass ein Produkt die eigene Einheit verlässt. Beispielsweise kann ein Teil der Aktivitäten einer Schule darin bestehen, die schulinterne Lehrpersonen-Weiterbildung zu organisieren und durchzuführen. Diese Aktivitäten sind keine Produkte im eigentlichen Sinn, sie können jedoch als Massnahme zur Qualitätssicherung Aufnahme in eine Leistungsvereinbarung finden.

Zu Punkt 4: Die Leistungs- und Wirkungssteuerung in WoV erfolgt auf der künstlich geschaffenen Plattform Produkt. Dabei erfüllt das Produkt sehr unterschiedliche Funktionen:

- Es bildet die Grundlage für die Definition, Vorgabe, Messung und Kontrolle von Leistungen der Schule.

- Es dient als Gegenstand für die Kalkulation, die Mittelzuteilung (Produktgruppenbudget) und die finanzielle Rechenschaftsablage (Produktgruppenrechnung).

- Es ist mittelfristiger Planungsgegenstand (Integrierter Aufgaben- und Finanzplan).

- Es definiert die Ebene der politischen Einflussnahme (z. B. Parlament: Produktgruppe, Departemente: Produkt)

- Es dient als Gegenstand für die Formulierung von Politik (Wirkungsziele) und Massnahmen (Leistungsziele) sowie deren Evaluierung (Leistungs- und Wirkungsindikatoren).

Auf diese Funktionen wird später nochmals vertieft eingegangen.

Die Produktdefinition ist vor diesem Hintergrund kein rein technischer Vorgang, sondern Teil der Politikvorbereitung und damit von vitalem politischem Interesse. Sie ist mehr Kunst denn Wissenschaft. In der Praxis zeigen die Erfahrungen in den Versuchsprojekten bis heute, dass sich die Politik an diesen Vorgängen nur wenig beteiligt; Produkte (und Indikatoren) werden in der Regel von Expertinnen und Experten in der Verwaltung definiert. Dies hat deutlich erkennbare positive Wirkungen in der Form, dass bei den Mitarbeiterinnen und Mitarbeitern ein neues Leistungs- und Wirkungsbewusstsein geschaffen wird. Die Frage der Qualität der Schulleistung erhält im Idealfall einen grösseren Stellenwert und ersetzt die reine Effizienzorientierung, die der WoV oft vorgeworfen wird. Damit kann man die Tatsache rechtfertigen, dass Produktdefinition bis heute ein vorwiegend verwaltungsinterner Prozess geblieben ist.

Allerdings muss die WoV in absehbarer Zeit im ganzen deutschsprachigen Raum Mittel und Wege finden, Produkte (oder zumindest Produktgruppen) und Indikatoren einer demokratischen Prüfung und nötigenfalls Neu-Definition zu unterziehen.

Als vorläufige Hilfe der Beurteilung von Produktdefinitionen können folgende Kriterien erwähnt werden, die eine gute Lösung erfüllen muss:

- *Kundenoptik:* Ein Produkt soll aus der Sicht der Leistungsabnehmenden und nicht aus Sicht der Schule definiert sein. Beispielsweise sollen Produkte auch unterschiedliche Leistungserbringer zusammenfassen, wenn sie gegenüber dem Kunden bzw. der Kundin als homogene Leistung abgegeben werden. (Kontrollfrage: Ist es das, was der unkundige Leistungsabnehmer „auf der anderen Seite des Schalters" von der Schule erhält?)

- *Relevanz:* Ein Produkt soll für die betriebliche Leistungssteuerung, eine Produktgruppe für die politische Steuerung relevant sein. Damit verbietet sich ein zu grosser Detaillierungsgrad (Faustregel: Für ein mittelgrosses Amt sollten 3-4 Produktgruppen zu je max. 8 Produkten genügen). Gleichzeitig heisst dies, dass die Bildung von Schwergewichten zugunsten der Übersichtlichkeit wichtiger ist als die detaillierte Vollständigkeit.

- *Auftragsoptik:* Ein Produkt muss dazu beitragen, dass der Auftrag einer Schule gegenüber Öffentlichkeit und KundInnen erfüllt wird (*Ziel-Konformität* der Produkte).

Die Produktdefinition kann als Gelegenheit benützt werden, eine grundlegende Überprüfung der eigenen Tätigkeiten durchzuführen (Welche Aufgaben werden tatsächlich nachgefragt? Welche Tätigkeiten erhöhen den Wert unserer Produkte? Welche Produkte könnten von Dritten besser erstellt werden?).

Die WoV nimmt das Produkt also als Basis für verschiedene Steuerungsüberlegungen, die in jeder Verwaltung, und damit auch in jeder oder für jede Schule, gemacht werden müssen. So lange die Schule im öffentlichen Sektor beheimatet ist, wird sie immer durch politische Einflüsse geprägt sein. Budgetentscheide werden heute und auch zukünftig mit WoV im Schulamt vorbereitet, müssen sich dann jedoch in der Praxis in aller Regel den Segen der Finanzverwaltung erarbeiten, bevor sie in der Exekutive beschlossen und der Gemeindeversammlung oder dem Parlament vorgelegt werden. Die Schule kennt ihre eigenen Leistungen meist recht genau. Schon im Schulamt in grösseren Städten sind diese Informationen nicht immer vorhanden, und spätestens die Finanzverwaltung richtet ihr Augenmerk ausschliesslich auf finanzielle Aspekte im Budget. Diese primäre Ausrichtung an Ressourcenfragen ist auch für Informatik-Beauftragte in Erziehungsdepartementen üblich; für Bauämter, die sich mit dem Unterhalt von Schulhäusern befassen; für Sportämter, die ihre Anlagen den Schulen zur Verfügung stellen – und für viele Politikerinnen und Politiker in den Parlamenten, die sich an die Diskussionen um Einzelpositionen im Budget gewöhnt haben. Wer aber fragt nach der Qualität der Leistungen einer Schule? Hier scheinen die Pädagoginnen und Pädagogen oft allein auf weiter Flur zu stehen, auch wenn jeder von uns ein selbst ernannter Experte für Schulqualität zu sein scheint.

Die Frage, welche Produkte (oder Leistungen) in einer Schule mit welcher Qualität erstellt werden, muss zwangsläufig zu einer Verknüpfung der Ressourcen- mit der Qualitätsdebatte führen. Zwar ist im Gesetz vieles vorgeschrieben – beeindruckend war für mich persönlich die Regelungsdichte in einem Schweizer Kanton, den wir beraten durften: auf etwa dreihundert (!) Seiten waren alle Vorschriften für Schulen zusammengefasst. In Rahmenlehrplänen wird zudem die Autonomie der Schule in Bezug auf die Leistungsgestaltung bereits heute eingeschränkt. Letztlich bleibt aber der Schule nach wie vor ein recht grosser Spielraum in der Gestaltung ihres Angebots.

Abschliessend zu diesem Kapitel sollen nochmals die vier für die Schule wichtigsten Funktionen der Produkte in kurzen Abschnitten erläutert werden.

2.1 Inhalt für Leistungsvereinbarungen

Produktdefinitionen sind unerlässlich, wenn zwischen einer (privaten oder öffentlichen) Schule und einem Gemeinwesen eine Leistungsvereinbarung abgeschlossen werden soll. Die Basis für solche Vereinbarungen sollte stets ein gemeinsames Verständnis der erstellten und abgegebenen Leistungen (also Produkte) bilden. In diesem Zusammenhang wird sodann die Leistungsautonomie der Schule festgelegt:

- Welche Leistungen sind durch die Schule verpflichtend anzubieten?

- Welche Leistungen sind nur unter bestimmten Voraussetzungen (z. B. eine minimale Klassengrösse) anzubieten?

- Welche Leistungen dürfen von der Schule zusätzlich angeboten werden, und allenfalls unter welchen Bedingungen (z. B. finanzielle oder persönliche Beteiligung der Eltern)?

Unter Umständen kann es angezeigt sein, das Ausmass der *Kundenorientierung* der Schule ebenfalls nach Produkten zu differenzieren. Was für jede Kunden-Anbieter-Beziehung gilt, hat auch für die Schule Bedeutung: Dieses Verhältnis ist durch explizite oder stillschweigende Konventionen geprägt. Wer als Kundin oder Kunde einen Kaufgegenstand aus dem Laden trägt, ist verpflichtet, den Kaufpreis zu entrichten. Auch hier ist der Kunde nicht uneingeschränkter König, sondern hat sich an die Konvention zu halten.

Dasselbe gilt für Schülerinnen und Schüler sowie deren Eltern. Auch sie haben sich – bei aller Kundenorientierung der Schule – an jene Konventionen zu halten, die für die Schule typisch sind. In aller Regel werden solche Konventionen auf demokratisch legitimiertem Weg festgelegt und können damit auch rechtskräftig durchgesetzt werden.

Es ist zu vermuten, dass Produkte, die obligatorisch abgegeben werden müssen, durch die einzelne Schule nicht immer im gleichen Ausmass kundenorientiert gestaltbar sind, wie solche, die dem freiwilligen Angebot der Schule angehören. Kundenorientierung bedeutet auch nicht immer, alle Wünsche zu befriedigen. Es kann durchaus Situationen geben, wo es eine Schule für wichtig erachtet, den Bedarf vor die Bedürfnisse zu stellen.

2.2 Gegenstand des Qualitätsmanagements

Es kann kein Qualitätsmanagement und keine Qualitätssicherung in irgendeiner Organisation geben, wenn nicht klar ist, welche Leistungen diese Organisation erstellen möchte. Dies gilt auch für die Schule. Kein Qualitätsmodell für die Schulen kommt letztlich ohne den Einbezug der abgegebenen Leistungen und im Idealfall die dadurch erreichten Wirkungen aus. Allein deswegen müssten schon Produkte definiert und vor allem auch bezüglich ihrer Qualitätsmerkmale diskutiert werden.

Dubs (1996: 41 ff.) verweist unter anderem auf das Modell der European Foundation for Quality Management (EFQM), das für die Schulleitungen als „Business Excellence Modell" einen Raster bildet, nach dem Fragestellungen für die Leitung der Schule gegliedert werden können. Einen wesentlichen Block bilden die pädagogischen und nicht-pädagogischen Ergebnisse der Schule, also ihre Produkte und deren Wirkungen.

In der Stadt St. Gallen wurde mit diesem Raster ein Konzept für die Qualitätssicherung entwickelt, das auf die verschiedenen Verantwortungen und Autonomien Rücksicht nimmt, das partizipativ entwickelt werden kann, und das (im systemtheoretischen Sinne) auf einer Kontext-Steuerung basiert: Die Schulen, die Schulleitungen, die Schulverwaltung und die Schulaufsicht haben je für sich pro Feld im EFQM-Modell jene Fragen erarbeitet, die zu beantworten sind, wenn eine hohe Qualität durch organisatorische Massnahmen unterstützt werden soll. Insbesondere das Zusammenspiel von externer und interner Evaluation der Schulen kann somit ideal gefördert werden:

- In einem ersten Schritt erarbeiten die Schulen des Gemeinwesens die Fragen, die für eine hohe Qualität relevant sind und damit geregelt werden müssen.

- In einem zweiten Schritt werden diese Fragen durch die Schulverwaltung oder -aufsicht für verbindlich erklärt.

- Die Schulen erarbeiten nun drittens individuell die Lösungen zu den Fragen, die für sie in ihrer konkreten Situation erfolgsversprechend sind.

- In der nächsten Phase setzen die Schulen diese Lösungen individuell um.

- Zuletzt – und nicht am wenigsten wichtig – stützt sich auch die Schulaufsicht

Produktdefinition und Kundenorientierung an der Schule

auf diese individuellen Lösungen ab, indem nur noch überprüft wird, ob die vereinbarten Lösungen tatsächlich und effektiv umgesetzt und gelebt werden. Die Aufsicht nimmt damit die Schule bei ihrem eigenen Wort.

Schematisch kann dieses „Frage – Antwort – Spiel" so dargestellt werden:

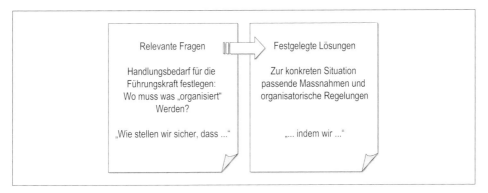

Abbildung 1: Kontext-Steuerung über vereinbarte Fragen und individuelle Antworten

Beschliessen beispielsweise die Schulvertreterinnen und -vertreter, dass es für die Qualität der Schulleistung wichtig ist, in der Mehrheit des Unterrichts eine einigermassen normal verteilte Notenskala zu haben, so würde die relevante Frage lauten: *„Wie stellen wir sicher, dass* die Noten in allen Unterrichtseinheiten eine bestimmte Streuung aufweisen?". Die Antwort einer einzelnen Schule könnte dann lauten: „*... indem wir* eine statistische Normalverteilung vorgeben.", während eine andere Schule die Lösung finden könnte: „*... indem wir* in den Notenkonferenzen dieses Thema regelmässig traktandieren und behandeln.".

Was hat all dies mit Produkten und Kundenorientierung zu tun? Indem das EFQM Modell als Grundraster verwendet wird, werden diese beiden Themenfelder quasi automatisch angesprochen und damit zum Gegenstand relevanter Fragen und vereinbarter Lösungen.

2.3 Plattform für die Kostenkontrolle

Der Betriebswirt wäre wohl kaum glaubwürdig, wenn er nicht auch den Aspekt der Effizienz und damit der Kostenkontrolle beleuchtete. Die Definition von

Produkten dient auch dazu, indem etwa versucht werden kann, zwischen verschiedenen Schulen Vergleiche pro Produkt herzustellen. Da solche einfachen Kennzahlen-Vergleiche aber mit grosser Vorsicht zu geniessen sind, sollen sie an dieser Stelle nicht weiter propagiert werden.

Hingegen ist es für die Schulleitung, die über ein Globalbudget verfügt, absolut notwendig, die Kostenstrukturen ihrer Schule und deren Leistungen zu kennen. Die Produktdefinition kann und sollte hier als Basis für die Kostenträgerrechnung verwendet werden. In einem Gutachten (vgl. IFF-HSG 1998: 68), das wir im Jahre 1998 für die Schweizerische Koordinationskonferenz Bildungsforschung (CORECHED) erstellen durften, haben wir exemplarisch einen Katalog möglicher Produkte erarbeitet, der nun vertieft zu diskutieren wäre:

	Primar- und Sekundarstufe I	Sekundarstufe II	Tertiärstufe	Quartärbereich
Lehre	- Unterricht - Fördernde Massnahmen - Integrationsmassnahmen - Berufswahlvorbereitung	- Unterricht - Fördernde Massnahmen	- Lehrveranstaltung	- ---
Forschung	- ---	- ---	- Individuelle Forschung - Projektforschung - Schwerpunktforschung	- Projektforschung
Weiterbildung	- Elternkurs - Alphabetisierungskurse	- WB-Angebot an Externe - Zweitbildungsweg: Unterricht - Zweitbildungsweg: Zertifizierung	- Nachdiplomstudium - Seminar/Tagung - Zertifizierung - Öffentliche Vorlesungen	- Weiterbildungskurs - Zertifizierung
Dienstleistungen	- Vermietung - Veranstaltung - Ausstellung - Ferienlager - Etc.	- Vermietung - Veranstaltung - Ausstellung - Ferienlager - Etc.	- Gutachten/Expertise - Beratung - Veranstaltung - Etc.	- Vermietung - Veranstaltung - Ausstellung - Etc.

Tabelle 1: Kostenträger des Bildungsbereichs

2.4 Gegenstand der politischen Steuerung

Nicht zuletzt werden Produkte zum Gegenstand der politischen Steuerung, wenn sie im Rahmen einer Leistungsvereinbarung diskutiert werden. Zu Recht werden erhöhte Anforderungen an die demokratische Legitimation der Schule gestellt, die sich aufgrund ihrer gesellschaftlichen Wirkungen ergeben. Schule ist und bleibt immer politischer als etwa die Strassenreinigung. Dabei sollte sich gemäss WoV die Steuerung eben nicht auf die Ressourcen und die organisatorischen Details konzentrieren, sondern auf die Leistungen der Schule und die damit verbundenen Wirkungen. Diese Aussage wiederholt sich immer wieder.

Mit diesem Punkt schliesst sich denn auch der kleine Bogen von Funktionen, die mit der Produktdefinition verbunden sind: von der Vorgabe zu erbringender Leistungen in der Leistungsvereinbarung, über die Sicherstellung der (pädagogischen) Qualität, zur eher betriebswirtschaftlich motivierten Kontrolle der Kosten, bis zur politischen Überwachung und Einflussnahme – das Produkt begleitet die umfassende Steuerung der Schule auf dem ganzen Weg. Selbst wenn wir es nicht als Produkt bezeichnen möchten, eine klare Vorstellung der zu erbringenden Leistungen ist für eine moderne Schule unabdingbar.

3 Wie werden Produkte definiert?

Der Vorgang der Produktdefinition ist ein für Lehrpersonen und Schulverwaltung, aber auch für die Bildungspolitikerinnen und -politiker, ungewohnter Prozess. Aus diesem Grund ist es besonders wichtig, dass er zwar von einer externen Beratung begleitet, im Wesentlichen aber durch die Betroffenen selbst durchlaufen wird. Erstens kennen sie ihren Aufgabenbereich am besten, und zweitens erfordert die Produktdefinition genau jenes Umdenken, auf welches das NPM als Ganzes abzielt. Ausserdem sollte wenn immer möglich versucht werden, meinungsführende und/oder kreative Politikerinnen und Politiker in diesen Produktdefinitionsvorgang einzubeziehen. Dadurch kann vermieden werden, dass die Verwaltung mit einer rein administrativen Rationalität jene Grundlage schafft, auf der politische Diskussionen stattfinden sollen.

Immer wieder wird verlangt, dass der Produktdefinition eine Zieldiskussion vorangehen müsse. Dies ist in der Praxis jedoch wenig effektiv, da in aller Regel die Grundlagen für eine solche Diskussion fehlen. Das Ergebnis ist dann eine mehr oder weniger abstrakte Debatte, die kaum je Bodenhaftung entwickelt. Wir favorisieren daher eine *pragmatische Produktdefinition,* bei der vorerst von der Ist-Situation ausgegangen wird, um sich ein Bild der aktuellen Leistung im Gewand der neuen Steuerungselemente zu machen. Produkte, Ziele und Indikatoren hängen dabei praktisch untrennbar zusammen. Natürlich ist es unerlässlich, dass sich die am Definitionsvorgang Beteiligten immer wieder die anzustrebende Wirkung dieses Aufgabenbereichs vor Augen halten (Soll-Situation). Obwohl die Abbildung den Eindruck erweckt, dass sich dieser Vorgang systematisieren lässt, muss vor falschen Erwartungen gewarnt werden: Erst das ständige Rückkoppeln, verbunden mit Verbesserungs- und Lernprozessen, führt zu einer Produktpalette, die den hohen Anforderungen genügen kann.

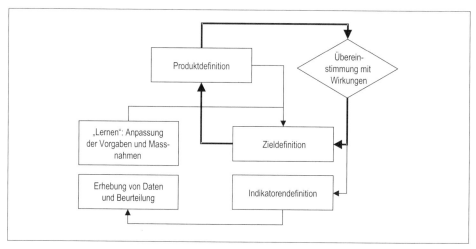

Abbildung 2:   Umfeld der Produktdefinition

Die Produktdefinition erfolgt in mehreren gedanklichen Schritten:

Zuerst wird festgelegt, welches die relevante Organisation ist, d. h. ab wann eine Leistung „die eigene Verwaltungseinheit verlässt". Für die Schule bedeutet dies, festzulegen, ob etwa ein Schulhaus oder aber mehrere gleichartige Schulhäuser zusammen die relevante Organisationseinheit bilden. Ausschlaggebend dürfte die Frage sein, wer letztlich Partner in einer Leistungsvereinbarung sein wird.

Anschliessend werden die Kontakte mit Dritten analysiert und festgehalten, welche Leistungen diese Kundinnen und Kunden von der Schule beziehen.

Sodann werden die verschiedenen Leistungen so gebündelt, dass sie den Anforderungen an ein Produkt entsprechen. In aller Regel tendiert die Praxis dazu, eine zu detaillierte Aufgliederung der Produkte anzustreben, damit sich alle in irgend einem Produkt wieder finden. Dies ist durchaus verständlich, aber für die spätere Steuerung in einer Leistungsvereinbarung oft unpraktisch: wenn ein zu hoher Detaillierungsgrad gewählt wird, so läuft die Schule Gefahr, die neu gewonnene Autonomie via Leistungsvereinbarung wieder Preis zu geben.

Schliesslich werden die Leistungsempfänger/innen zu Kundentypen (Eltern, Schüler/innen) zusammengefasst und auf ihre Übereinstimmung mit den Kontakten (d. h. der Leistungsabgabe) kontrolliert.

Sind diese ersten Vorbereitungsschritte erfolgt, so müssen die gefundenen Produktdefinitionen getestet werden. Die beiden wichtigsten Fragen sind dabei:

1. Stiften die definierten Produkte einen selbständigen Nutzen? (Vor allem: Haben wir nicht zu detaillierte Aktivitäten als Produkte definiert?)

2. Kann die Tätigkeit der Schule über die definierten Produkte sinnvoll gesteuert werden, d. h. macht eine Leistungsvereinbarung für die Schule auf der Grundlage dieser Produkte Sinn?

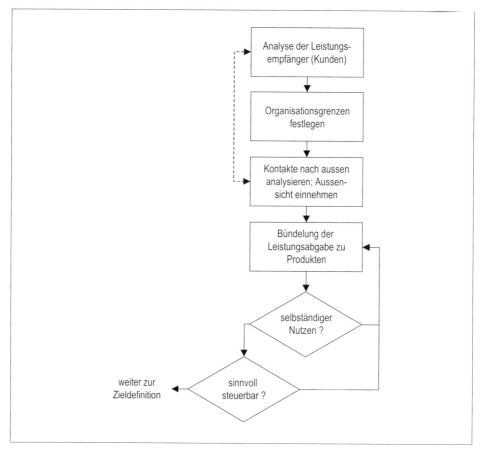

Abbildung 3: Erste Schritte der Produktdefinition

Die Erfahrung zeigt, dass es oft einfacher ist, vorerst *Produktgruppen* zu definieren, bevor einzelne Produkte ins Visier genommen werden. Diese Gruppen können auch als Programme erfasst werden und stehen oft in engem Zusammenhang mit der Organisation einer Verwaltungseinheit. Danach werden in einem zweiten Schritt die Produktgruppen in Einzelprodukte und -leistungen aufgeteilt. Pro Produktgruppe, später für jedes Produkt, kann danach zur Ziel- und Indikatorendefinition übergegangen werden.

Die Produktgruppe fasst diejenigen Produkte zusammen, welche innerhalb eines Aufgabenbereichs eine strategische Einheit mit klarer Ausrichtung bilden. Die

Produktgruppen decken in überblickbarer Anzahl einen gesamten Aufgabenbereich ab.

Da vom Parlament in aller Regel erwartet wird, dass es über Produktgruppen steuert, dürfen diese nicht zu heterogen sein. Die Produktgruppe umfasst daher Produkte mit einer gemeinsamen, möglichst klaren Ausrichtung auf ein politisches Programm oder eine Massnahme mit eindeutigem Wirkungsziel.

Aus der Zusammenstellung der Produkte und Produktgruppen ergibt sich eine ganze Anzahl von weitergehenden Definitionen, die auf speziellen Arbeitsblättern festgehalten werden können. In der Regel wird empfohlen, für jedes Produkt und jede Produktgruppe ein eigenes (IT-gestütztes Arbeits-) Blatt zu erstellen.

4 Welche Abweichungen vom „Idealmodell WoV" sind möglich?

Nachdem das Thema der Produktdefinition und der Kundenorientierung aus Sicht der Wirkungsorientierten Verwaltung angegangen wurde, stellt sich die Frage, ob diese konzeptionellen Vorstellungen gewisser Anpassungen bedürfen, wenn sie in das Schul-Umfeld übertragen werden.

4.1 Terminologie

Immer wieder stellt man in der praktischen Umsetzung fest, dass die betriebswirtschaftliche Terminologie der WoV im Schulumfeld Widerstände auslöst. Dies führt zu Reibungsverlusten, die sich ein Veränderungsprojekt sehr oft kaum leisten kann, und eine Konzentration der Konflikt-Energie auf die wirklich wesentlichen Dinge der Veränderung wäre wünschenswert. Daher stellt sich die Frage: Muss mit der WoV und ihrem Gedankengut zwingend auch ihre Terminologie übernommen werden? Müssen Schülerinnen zu Kundinnen, Leistungen zu Produkten, die Leitung zu einem Management mit einem umfassenden Controlling werden?

So weit es sich bei diesen Themen um rein sprachliche Unterschiede zwischen der Pädagogik und der Betriebswirtschaft handelt, sehe ich absolut keine Notwendigkeit, die Terminologie der Pädagogik durch jene der Betriebswirtschaft zu kolonialisieren. Es ist m. E. viel wichtiger, dass die grundsätzlichen Ideen hinter der WoV verstanden und auf das Schulsystem übertragen werden. Allerdings stellt man dann fest, dass viele Ideen der WoV nicht erst durch die WoV in die Schule eingeführt werden: die teilautonome Schule ist m. E. ein Konzept, das auf sehr ähnlichen Grundüberlegungen aufbaut wie die WoV.

Anderseits gilt festzuhalten, dass die Unterschiede in einigen Fällen eben doch nicht nur terminologischer Art sind. Ein Gesetz, eine Verordnung oder ein Reglement als Normierung, die im heutigen System die Schule steuert, sind keine Leistungsvereinbarung. Dies ist ein erheblicher qualitativer Unterschied. Ein Lehrplan ist kein Produktkatalog, auch wenn er viel Ähnlichkeit aufweist und als Grundlage bestens geeignet ist. Schliesslich besteht zwischen einem Globalbudget und einem detaillierten Budget einer Schule ebenfalls ein wesentlicher qualitativer Unterschied, der nur durch einen neu einzuführenden Begriff verständlich gemacht werden kann.

4.2 Instrumentarium

Das WoV-Instrumentarium lässt m. E. eine grosse Spannweite für individuelle Anwendungen offen. Das Globalbudget allein macht beispielsweise nicht fest, wie weit die Autonomie einer Schule gehen kann und soll. Selbst in Kombination mit einer Leistungsvereinbarung bleibt noch erheblicher Handlungsspielraum offen, den es mit konkreten Regelungen zu füllen gilt.

Wenn etwa das Idealmodell WoV davon ausgeht, dass eine Amtsleitung auch für die benutzte Infrastruktur Verantwortung übernehmen soll, so lässt sich dies für die Schule zu recht hinterfragen. Ist es entscheidungsrelevant, wenn etwa einer Schule Kosten zugerechnet werden, zu denen die Schulleitung nichts zu sagen hat? Ist es anderseits richtig, wenn eine Schulleitung autonom über die Frage zu entscheiden hat, ob etwa ein Schulhausdach saniert werden müsse? Die möglichst weit gehende Dezentralisierung der Verantwortung, die von WoV als generelle Regelung propagiert wird, will im Einzelfall stets gut überlegt sein. Die Richtung wird dabei durch die Anreize gewiesen, die durch die unterschiedlichen Regelungen gesetzt werden.

4.3 Harmonisierung

Die WoV verlangt aus didaktischen Überlegungen, dass möglichst jedes Amt seine eigenen Produkte selbst definiert. Damit wird eine Harmonisierung zwischen den Gemeinwesen deutlich erschwert, wenn nicht gar verhindert, was sicherlich als Nachteil zu werten ist. Anderseits zeigt es sich immer wieder, dass gerade der Prozess der Produktdefinition ein wichtiger Schritt für die Kulturveränderung ist, den man nicht durch Abschreiben von anderen Gemeinwesen überspringen darf. In der Hoffnung, in einer späteren Phase würde eine Harmonisierung ermöglicht, legt die WoV daher ihre Priorität auf die Kulturveränderung statt auf die Vergleichbarkeit.

Wie steht es aber, wenn mehrere Schulen in einer Stadt oder einem Kanton mit WoV geführt werden? Hier ist es angezeigt, die Produktdefinition in einer gemischten Kommission gemeinsam zu erarbeiten und später harmonisiert festzulegen. Nur so können Kommunikationsprobleme verhindert werden, die das ganze System gefährden könnten.

5 Worauf kann die Schule aufbauen?

Keine Schule beginnt bei Null, wenn sie sich das Thema Leistungs- oder Produktdefinition und Kundenorientierung vornimmt. Diese Themen beschäftigen die Schulen in der Schweiz implizit seit längerem und müssen oft lediglich etwas systematisiert werden - gerade dann, wenn mehrere Projekte gleichzeitig auf eine Schule „niederprasseln", wie dies in einigen Kantonen der Fall ist. Dann, wenn vor lauter Projekten die eigene Lehrtätigkeit in den Hintergrund zu rücken droht, ist es umso wichtiger, auf Vorhandenem aufbauen zu können. Sehr oft werden ja kaum alte Aufgaben abgeschafft, nur weil neue Projekte eingeführt werden. Eine effiziente und effektive Projektgestaltung ist daher notwendig.

5.1 Rahmen-Lehrplan

Der Rahmen-Lehrplan gibt in aller Regel eine gute Übersicht über die Leistungen, die von einer Schule in der Lehre zu erbringen sind. Er gibt allerdings, wie der Name sagt, nur einen Rahmen vor, den es zu konkretisieren gilt. Für die Produktdefinition kann er eine gute Ausgangslage bilden, von dem aus die einzelnen Produkte der Lehre abgeleitet werden. Zusätzlich sind Überlegungen anzustellen, welche weiteren Leistungen die Schule an die Schüler/innen oder andere Abnehmende abgibt.

5.2 Stundentafel

Aufgrund der Stundentafel kann der Ist-Zustand des Leistungsangebots bezüglich Unterricht erfasst und ausgewertet werden. Allerdings fehlt auch hier – wie im Rahmen-Lehrplan – in aller Regel das weitergehende Angebot der Schule wie etwa die Ferienangebote (z. B. Lager) oder die persönliche Betreuung (z. B. Mittagstisch, angeleitete Hausaufgaben).

In aller Regel verfügt die Schule über eine gute Übersicht, welche weitergehenden Angebote sie für ihre Kund/innen erstellt. Es ist oft eine reine Frage des Arbeitsaufwandes, diese Leistungen aufzulisten und auszuwerten.

5.3 Besondere Kundenbeziehungen

Die Schule bildet insofern einen (allerdings für öffentliche Leistungen nicht untypischen) Spezialfall, als ihre Produkte nicht durch sie allein, sondern in Zusammenarbeit mit den Schülerinnen und Schülern bzw. deren Eltern erstellt werden. Shand und Arnberg (1996: 15 ff.) sprechen in diesem Zusammenhang von so genannten *„pro-sumers"* – einem Typ von Kund/innen, der sowohl Leistungen bezieht („consumer") als auch an deren Erstellung mitwirkt („producer").

Die Qualität der Schulleistung ist damit nicht nur durch die Aktivitäten der Schule bestimmt, sondern auch durch ihre Fähigkeit, ihre Kund/innen als „Mit-Produzierende" zu engagieren. Auf diesem Gebiet, so will mir scheinen, besteht bereits ein weit reichendes Know-how der Schule, von dem auch andere Bereiche des Staates profitieren könnten.

5.4 Qualitätssysteme und Evaluation

Am anspruchsvollsten dürfte die Integration von Qualitätssystemen, Evaluationen und Ansätzen der Wirkungsorientierung sein. Vielfach werden diese drei Konzepte losgelöst von einander entwickelt und implementiert, obwohl sich zwangsläufig recht viele Überschneidungen ergeben müssen. Dies führt nicht zuletzt zu Konkurrenzsituationen oder Frustrationen, wenn immer wieder ähnliche Fragestellungen leicht anders bearbeitet werden müssen, um den diversen Projekten zu genügen. Es ist daher dringend zu empfehlen, Produktdefinitionen und Kundenorientierung auf bestehenden Qualitäts- oder Evaluationssystemen aufzubauen, falls solche bereits vorhanden sind.

In diesem Artikel nicht angesprochen wurde die Frage, wie denn die Leistungen zu messen sind, also die Frage von Leistungs- und Wirkungsindikatoren für die Schule. Auch hier ist es empfehlenswert, so weit wie möglich auf bestehenden Systemen aufzubauen, um die Akzeptanz nicht zu gefährden sowie um Doppelspurigkeiten zu vermeiden. Verschiedene Schulen zeigen, dass mit einigen Schlüsselindikatoren bereits wichtige Informationen zum Leistungsstand einer Schule erarbeitet werden können, die bislang gefehlt haben (vgl. beispielsweise den Beitrag von Esther Schönberger in dieser Publikation). Der Weg zu einem einigermassen umfassenden Indikatorensystem (d. h. einer Leistungs- und Wirkungsrechnung) für die Schule ist noch weit, aber bereits die ersten Schritte können vielversprechenden Erfolg bringen, sofern sie als gemeinsames Lernprojekt gestaltet sind.

6 Schlussfolgerungen

Aufgrund der Überlegungen, die wir im vorliegenden Beitrag angestellt haben, scheint mir die Produktdefinition für die Schule, ebenso wie die Kundenorientierung, keine Hexerei. Es ist vielmehr eine Frage des Willens der Beteiligten, ob sie sich auf diesen Weg begeben wollen. Viel Vorarbeit ist bereits geleistet, Vieles bereits vorhanden. Oft geht es um die Strukturierung des Vorhandenen sowie die Ausmerzung noch vorhandener Lücken. Dabei ist es für mich irrelevant, an welchem Ende eine Schule ihre Tätigkeiten ansetzt:

- Wer mit Qualitätssicherung oder Q-Management beginnt, wird über kurz oder lang ohne Kundenorientierung und Produktdefinitionen nicht auskommen;
- Wer mit Produktdefinitionen beginnt, wird unweigerlich vor die Qualitätsfrage gestellt werden und auch hier ist die Kundenoptik unverzichtbar.

Problematisch ist damit nicht dieses Thema an und für sich, sondern in der gegenwärtigen Praxis die Überschneidung und Vermischung mit anderen, ähnlichen Themen, die dann mit wiederum eigenen Projektorganisationen und deren spezifischen Begriffswelten und Ambitionen bearbeitet werden. Hier vor lauter Bäumen den Wald nicht mehr zu sehen, ist eine nicht zu unterschätzende Gefahr.

Ziel dieses Beitrags war es, die Technik der Produktdefinition zu erläutern und deren Bedeutung für die modern geführte Schule aufzuzeigen. Dem entsprechend technisch ist die Darstellung ausgefallen. In der Umsetzung werden sich ohne Zweifel jene Probleme einstellen, die bei jeder Veränderung einer Organisation zu erwarten sind. Das Fazit ist jedoch aus Sicht der WoV mehrheitlich positiv, sowohl bezüglich der Machbarkeit wie auch bezüglich des Nutzens, den eine bessere Klarheit bezüglich Leistungen der Schule mit sich bringt. Schulen, die sich auf diesen Weg begeben, können sich mittlerweile auf einen reichen Erfahrungsschatz anderer Verwaltungseinheiten abstützen, auch wenn dieser nicht zwingend im engeren Bereich der Schule gesammelt wurde.

Literaturverzeichnis

Dubs, Rolf (1996): Schule, Schulentwicklung und New Public Management, St. Gallen 1996.

Institut für Finanzwirtschaft und Finanzrecht an der Universität St. Gallen (1998): Kostenrechnungsmodell für Bildungsinstitutionen. Expertenbericht zuhanden der CORECHED, Dossier 51A der Schweizerischen Konferenz der kantonalen Erziehungsdirektoren, Bern 1998.

Schedler, Kuno/Proeller, Isabella (2000): New Public Management, UTB für Wissenschaft No. 2132, Bern, Stuttgart, Wien 2000.

Shand, David/Arnberg, Martin (1996): Backgroundpaper. In: Responsive Government – Service Quality Initiatives, hrsg. v. OECD, Paris 1996, S. 15-38.

Teil 2
Qualität und Wissensmanagement

Qualitätsmanagement und Evaluation an Schulen

Anton Strittmatter

1	Multiple Interessenlage 90	
2	Exkurs: Schulen sind keine Industriebetriebe 93	
3	Was man zum Begriff „Evaluation" wissen muss.....................95	
	3.1 Die zwei Interessendimensionen von Nisbet......................95	
	3.2 Interne und externe bzw. Selbst- und Fremd-Evaluation 96	
	3.3 Kontingenz- und explorative Untersuchungen unterscheiden 99	
4	Verfahrensstandards der Schulevaluation 99	
	4.1 Die Selbstevaluation ist systematisch geplant und in die Schulentwicklung eingebunden................................100	
	4.2 Die Selbstevaluation untersucht bedeutsame Themen 101	
	4.3 Die Selbstevaluation bemüht sich um hohe Aussagekraft der Befunde 102	
	4.4 Es erfolgt eine zweckmässige Berichterstattung 102	
	4.5 Die Befunde werden konsequent umgesetzt.....................103	
5	Selbstevaluation und „Qualitätsmanagement" 103	
6	Die „Schullösung": Selbstevaluation mit Rechenschaftspflicht – zum Beispiel im FQS 106	
Literaturverzeichnis...111		

Die Qualitätswelle, auf welcher die Privatwirtschaft und Zweige der öffentlichen Verwaltung schon länger surfen, ist nun definitiv auch auf das Bildungswesen übergeschwappt. In allen westeuropäischen Ländern wird mit neuen Verfahren der externen Qualitätsevaluation und der Selbstevaluation von Schulen herumexperimentiert. In der Schweiz laufen zahlreiche Versuche mit verschiedenen Modellen, von denen im Moment etwa ein gutes halbes Dutzend unter Kürzeln wie ISO 9000 ff., EFQM, TQM, 2Q, Q2E, ProMes, FQS etc. auf dem Markt sind.

Ich versuche zu zeigen, wie heute die Triebkräfte und Interessen in der „Q-Diskussion" aussehen, diskutiere dann die besondere Situation der Schule (in Hinsicht auf eine Abgrenzung gegenüber den Q-Modellen in der Privatwirtschaft) und werde schliesslich einige elementare Denkfiguren, Begriffe und Verfahrenspostulate für die Qualitätsevaluation im Bildungswesen vorschlagen.

1 Multiple Interessenlage

Die nachhaltige Bedeutung der Q-Diskussion ergibt sich aus einer multiplen Interessenkonstellation:

Lean Management für die öffentlichen Einrichtungen

Die Ölkrise von 1973 und die nachfolgende erste wirtschaftliche Rezession nach dem scheinbar unbegrenzten und exponentiellen Wachstum der Nachkriegsjahre hatten in der Privatwirtschaft zur Entwicklung neuer Managementmodelle geführt. Das Zauberwort, mit dem das Überleben bzw. die gesteigerte Wettbewerbsfähigkeit von Unternehmen gesichert werden sollte, hiess (und heisst noch) „Lean Management": Durch die Verschlankung des bürokratischen Overheads und die Verselbstständigung unterer Produktionseinheiten sollten Kosten gespart, die Motivation der produktiven Kräfte erhöht und die Reaktionszeiten in einem sich immer schneller verändernden Markt verkürzt werden. Die Autonomisierung von Betriebseinheiten jenseits der gewohnten, verlässlichen bürokratischen Steuerung durch Vorschriften und enge Kontrollen schuf nun aber ein neues Managementproblem: Wie steuert man von der Spitze aus teilautonome Produktionseinheiten so, dass die Risiken teurer Irrwege doch begrenzt bleiben? Es mussten neuartige „Controlling-Systeme" erfunden werden. Das TQM (Total Quality Management) wurde geboren (mit seinen Derivaten

ISO 9000 u. ä.). Der Qualitätsevaluation kam überdies, ausgelöst durch die Globalisierung der Märkte und die Ansätze der Just-in-Time- bzw. Lean-Production, eine zusätzliche Bedeutung zu: Man musste sich auf fremde Lieferanten verlassen können, welche für die Zulieferung von Teilen bestimmte Qualitätsnormen einzuhalten und sich dazu bestimmten Zertifizierverfahren auszusetzen hatten.

Wie dann in den späten Achtziger- und frühen Neunzigerjahren auch die „Firma Staat" ein akutes Finanzierungsproblem erhielt, lag es nahe, Konzepte des Lean Management auf die öffentlichen Dienste zu übertragen. Im „New Public Management" (NPM) spielen in der Tat Controlling-Verfahren eine herausragende Rolle.

Das Problem dabei: Die Übertragung solcher in Zahnpasta- und Automobilfabriken oder Banken erprobter Konzepte auf Spitäler, Sozialdienste oder Schulen verkennt die systemischen Unterschiede der verschiedenen Organisationstypen und gelingt fast nie. Wir werden diesem Übertragungsproblem weiter unten ein eigenes Kapitel widmen.

Vertrauenskrise des Bildungswesens

Das öffentliche Bildungswesen hatte 200 Jahre lang recht gut mit der Auffassung gelebt, dass einerseits die Lehrerinnen und Lehrer aus eigenem professionellen Verantwortungsbewusstsein heraus qualitätsvolle Arbeit leisten, und dass anderseits die herkömmlichen Aufsichtsorgane (Unterrichtsministerien, Schulräte, Schulinspektorate) genügend über die Schulen und deren Lehrkräfte wachen würden. Das Vertrauen in die Qualitätsarbeit der Schulen wurde überdies vielerorts gestützt durch Examen am Ende einzelner Schulstufen (deren moderne Nachfolge oder Ergänzung nun die internationalen Vergleichstests in Mathematik, Naturwissenschaften und Leseverstehen angetreten haben).

Die aktuellen Vorstösse in Richtung von Leistungslohnsystemen und neuen Modellen der Qualitätsüberprüfung sind offensichtlich Ausdruck eines Unbehagens: Die Fähigkeit der herkömmlichen Schulaufsicht, für hohe Qualität des Bildungswesens zu sorgen (bzw. mit den wenigen aber stossenden Problemfällen in der Lehrerschaft entschieden und speditiv fertigzuwerden), wird mit teils guten Gründen bezweifelt. Und auch das Berufsethos der Lehrkräfte hat offensichtlich ein Vertrauensproblem bekommen, wenn man einen Blick in die seit den Fünfzigerjahren vorhandenen Untersuchungen zum Berufsprestige wirft.

Erkenntnisse der Schulforschung

Die zahlreichen Forschungen zum Thema „Effective Schools" (von Rutter, Fend, Sizer, Mortimore, Purkey/Smith und vielen anderen) legen ziemlich übereinstimmend nahe, dass an guten Schulen u. a. viel Wert auf hohe Ziel- und Normenklarheit gelegt wird, und dass an solchen Schulen eine Kultur der Selbstevaluation, eine Haltung des redlichen Hinschauens auf das eigene Tun und die eigene Wirksamkeit installiert ist.

Feedbackkultur als Burnout-Faktor

Untersuchungen zu den Entstehensbedingungen von Burnout im Lehrerberuf zeigen u. a., dass die Gesunderhaltung in diesem zunehmend schwierigeren Beruf stark von der Feedbacksituation abhängt: Erhalten die Lehrerinnen und Lehrer ein genügend dichtes, offenes, konstruktives bzw. freundliches und fachlich hochwertiges Feedback, welches Entwicklungen fördert, das berufliche Selbstbewusstsein stärkt und Probleme frühzeitig angehen lässt?

Flucht nach vorn der Berufsorganisationen

Die Q-Diskussion wird zunehmend von den – traditionellerweise eher defensiven – Berufsorganisationen der Lehrerschaft mitgeprägt. Nicht zuletzt aufgeschreckt durch Versuche der primitiven Übertragung von Controlling-Systemen aus der Privatwirtschaft (meist unsinnigerweise noch kombiniert mit Sparmassnahmen), haben die Lehrerorganisationen den Schritt nach vorn gemacht und sich aktiv und konstruktiv in die Debatte eingeschaltet. Der Dachverband der Schweizer Lehrerinnen und Lehrer (LCH) hat 1999 unter der Bezeichnung „Standesregeln" für Lehrkräfte Mindestansprüche an die Qualität von Lehrerarbeit definiert. Und er hat seit 1993 ein umfassendes Qualitätsevaluations-System für Schulen unter der Bezeichnung FQS® (Fördernde Qualitätsevaluation für Schulen) auf den Markt gebracht und auch gleich an rund 30 Pilotschulen erproben und wissenschaftlich begleiten lassen. Inzwischen wird das System an über 100 Schulen praktiziert bzw. eingeführt.

2 Exkurs: Schulen sind keine Industriebetriebe

Eine Lösung des Vertrauensproblems und gleichzeitig Sparwirkungen versprechen sich nicht wenige Politikerinnen und Politiker und deren Verwaltungsleute von der Übernahme von Qualitätssystemen aus der Privatwirtschaft: Mitarbeiterbeurteilungs-Modelle mit Lohnwirksamkeit und Ansätze des TQM (mit Systemen wie ISO 9000 ff., EFQM oder ProMes). Für einige dieser Systeme gibt es mehr oder weniger geglückte Schul-Adaptionen; andere haben den Verdacht nicht entkräften können, dass sie wenig schulgerecht sind (so etwa das ISO-Modell, welches zwar im Bereich der Schuladministration anwendbar erscheint, jedoch im Kernbereich Unterrichtsqualität in eher hilflosen Normierungsbemühungen stecken bleiben muss).

Für funktionierende Leistungslohnsysteme gibt es weltweit trotz jahrelanger Versuche keinerlei Erfolgsbeispiele weder für die Schule noch in anderen Bereichen der öffentlichen Verwaltung, wie ein 1997 erschienener Untersuchungsbericht der OECD belegt hat.

Es ist erstaunlich, wie Systeme, welche die Privatwirtschaft zunehmend als ineffiziente und kontraproduktive „Papiertiger" (Qualitätspapst Philip Crosby) erlebt, nun als Nachholbedarf für die Schulen angepriesen werden. Etwas verzeihlicher erscheint die fast ständige Verkennung einiger Besonderheiten des „Firmentyps Schule":

- Es gibt vor allem in der Kernfrage nach wirksamer Unterrichtsgestaltung bis heute *keinerlei allgemein anerkannte Technologien*. Zwar haben alle Lehrpersonen und alle Didaktikfachleute ihre Theorien und Rezepte; allgemein anerkannt ist aber kein einziges davon. Erfolgreiche Unterrichtsführung scheint ein hoch komplexer Akt zu sein, ein diffiziles Zusammenspiel zwischen der Lehrerpersönlichkeit, der Zusammensetzung und Beziehungsdynamik in der Schulklasse, der angewendeten pädagogischen Strategien und der eingesetzten Methoden und Medien. Was bei der einen Lehrperson in ihrer besonderen Konstellation gut funktioniert, führt bei einer anderen – wenn sie es zu kopieren versucht – ins Desaster. Unter anderem aus diesem Grunde sind punktuelle Unterrichtsbesuche durch Aufsichtsleute in ihrer Aussagekraft (Validität und Objektivität) längst als ziemlich wertlos erkannt. Der „Grand Old Man" der angelsächsischen Schulqualitäts-Evaluation, Michael Scriven, formuliert es sehr hart: „Jeder, der mit der summativen Evaluation

(= dienstlichen Beurteilung; Anmerkung des Verfassers) von Lehrern beauftragt ist, soll auf Unterrichtsbesuche bei der Erledigung seiner Aufgabe verzichten, weil dieses Verfahren untauglich und entwürdigend, schlicht unprofessionell und unethisch ist." (zitiert aus dem hierzu sehr lesenswerten Buch von Richard Bessoth: Lehrerberatung – Lehrerbeurteilung, erschienen 1994 im Luchterhand Verlag in Neuwied). Auch neuere Forschungszusammenfassungen etwa durch die Gruppe um Frank Weinert bestätigen, dass für das komplexe Geschäft erfolgreichen Unterrichtens eine gültige Rezeptologie kaum zu leisten ist, sieht man mal von ein paar banalen Regeln wie deutliche Führung und Klarheit der Aufgabenstellung ab (vgl. z. B. Weinert/Helmke 1997).

- Wenn schon die Verfahrensweisen, die Technologien der Produktion von Lernergebnissen schwierig zu erfassen sind, könnte man nun argumentieren, dass dann doch wenigstens die Produkte selbst, die Lernergebnisse als Beurteilungsmassstab herangezogen werden können. Da treffen wir aber gleich auf die nächste schultypische Schwierigkeit: Die öffentliche Schule in einer pluralistischen Gesellschaft ist im Brennpunkt sehr vieler und teils widersprüchlicher Zielsetzungen. Wir erwarten von unseren Schulen weit mehr als nur das Vermitteln (scheinbar) einfach messbarer Mathematik-, Rechtschreibe- oder Physikkenntnisse. Leistungen im Bereich des Sozialverhaltens (Zusammenarbeiten, Lösen von Konflikten), der Ich-Kontrolle (Verzichten können, sich was Gutes tun, Hemmungen oder Unlust überwinden) oder des Engagements für wichtige gesellschaftliche Werte sind nicht nur schwierig überprüfbar, sondern werden – je nach weltanschaulichem Standort – von Eltern oder Abnehmern der Schule auch extrem unterschiedlich gewürdigt. Da findet sich, wenn es sehr konkret wird, kaum ein Konsens. Kommt hinzu, dass vor allem die öffentliche Pflichtschule ihre „Produktionsmittel" (angefangen vom „Rohstoff Schüler" bis zu den Klassengrössen) nicht selbst bestimmen kann und dass überhaupt wissenschaftlich völlig unklar ist, (zwar nicht ob, aber) wieweit Lernergebnisse durch die Schule wirksam beeinflusst werden können oder letztlich nicht zur Hauptsache ein Produkt der Unterstützung oder Vernachlässigung durch das heimische Milieu der Kinder ist. Schulen für ihre „Produktivität" verantwortlich zu machen, grenzt angesichts des (gesellschaftlich gewollten und durchaus sinnvollen) Verbots, sich unternehmerisch verhalten zu dürfen, an Zynismus....

- Ein weiteres – und im Zusammenhang mit der Anwendung von Qualitätsbeurteilungs-Systemen sehr bedeutsames – Unterscheidungsmerkmal ist die Tatsache, dass die „Vorgesetzten" in Schulen (die Schulleitung) keine wirklich bevollmächtigten Vorgesetzten im Kernbereich der „Produktion", nämlich in der Unterrichtsgestaltung, sind, dass die „Mitarbeiter" (die Lehrerinnen und Lehrer) nicht wirklich Mitarbeiter sind (wessen Mitarbeiter denn?), und dass wir es an Schulen mit einer so genannten „superflachen Qualifikationenverteilung" zu tun haben: Es gibt an Schulen keine „Meister", welche eine fachlich höherwertige Ausbildung besitzen als die „Mitarbeiter". Weder Schulleiterinnen und Schulleiter noch die Mitglieder der Schulaufsicht verfügen für den Kernbereich der Schule (guten Unterricht machen) über eine bessere Ausbildung als alle Lehrpersonen. Es ist absurd, Schulleitungsleute, welche vielleicht gute, vielleicht mittelmässige Lehrer waren (aber im besten Falle wegen ihrer ausgewiesenen Führungsqualitäten befördert wurden), plötzlich mit der dienstlichen Beurteilung der Unterrichtsgestaltung ihrer gleich oder besser qualifizierten Kolleginnen und Kollegen zu beauftragen!

Diese Besonderheiten von Schulen, sind keine zu behebenden Mängel, sondern sind mit dem Wesen des Geschäfts „Lernen in Schulklassen fördern" bzw. mit dem Charakter der Schule als öffentliche Einrichtung verknüpft und machen durchaus Sinn. Es wäre nicht produktiv, einer hohen Schulqualität nicht förderlich, Schulen wie Zahnpastafabriken oder Banken zu organisieren.

3 Was man zum Begriff „Evaluation" wissen muss

Für eine konstruktive Diskussion des Themas Qualitätsevaluation ist es nützlich, ein paar Denkfiguren bzw. Begriffe zu klären.

3.1 Die zwei Interessendimensionen von Nisbet

John Nisbet (Universität Aberdeen) hat schon Ende der 1980er Jahre eine zweidimensionale „Landkarte der Evaluation" entworfen, welche ich für höchst nützlich halte, um die verschiedenen Ansätze einordnen zu können. Nisbet (1990) unterscheidet die folgenden beiden Zweckdimensionen (vgl. Abbildung 1):

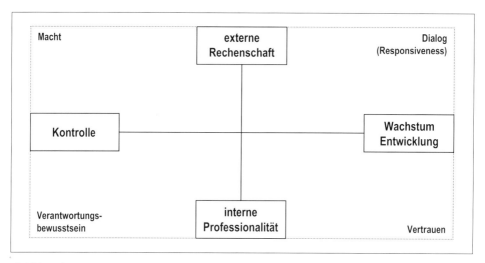

Abbildung 1: Interessen-Landkarte Qualitätsevaluation (nach John Nisbet 1990)

Daraus ergeben sich vier Felder, zu denen Nisbet auch noch die jeweiligen Gelingensbedingungen nennt. In diesen vier Feldern können nun durchaus die jeweiligen Evaluationsansätze situiert werden, z. B. Ansätze vorwiegender Fremdkontrolle zwecks Aussenlegitimation (Feld links oben, etwa verfügte Fremdinspektionen von Schulen zwecks Rechenschaft gegenüber skeptischen Eltern oder Steuerzahlern) oder entwicklungsorientierte Selbstevaluation von Schulen zwecks Anpassung an veränderte Herausforderungen (Feld rechts unten).

3.2 Interne und externe bzw. Selbst- und Fremd-Evaluation

Ein weit herum kolportiertes schiefes Bild ist die Dichotomie von Selbst- und Fremdevaluation. Selbstevaluation wird dabei als Innensicht der Lehrerschaft, Fremdevaluation als Aussensicht des Schulinspektorates verstanden. Häufig verbinden sich damit dann auch Wertungen:

1. Selbstevaluation = weich, betriebsblind, kollegiales Schulterklopfen

2. Fremdevaluation = hart, objektiv, seriös

Damit läuft dann die Diskussion auf eine Polarisierung hinaus: Vertrauenswürdig sei im Grunde vor allem die Fremdevaluation; die Selbstevaluation sei zwar eine erzieherisch anzustrebende Sache, könne allein aber zu wenig glaubwürdig sein. Und Lösungen bedienen sich dann des alten Mitarbeitergesprächs-Paradigmas: Der Mitarbeiter darf zuerst einen Selbstbezichtigungsbogen ausfüllen und ans Gespräch mitbringen. Er wird anschliessend mit dem Fremdbeurteilungsbogen des Chefs konfrontiert, welcher im Zweifelsfall als wahrer zu taxieren ist.

Die Holländer haben zwar mit ihrem nicht-hierarchischen, kontraktartigen Ansatz der Selbstevaluation der Schulen und der Fremdevaluation durch das Inspektorat dieser Falle zu entrinnen versucht, aber es ist kaum denkbar, dass in der Kultur der deutschsprachigen Ländern je eine teure Schulinspektion eingerichtet wird, welche keine Sanktionsmacht hat. Trotzdem erwies sich auch in Holland die regelmässige externe Inspektion als problematisch. Die gegenwärtig laufende Revision sieht den Wechsel zu einem Subsidiaritäts-Modell vor: Die Schulen werden verstärkt in die Pflicht zur Selbstevaluation genommen. Die regelmässige Fremdevaluation durch das Inspektorat besteht zunächst vor allem in einer Meta-Evaluation der Selbstevaluation. Weist sich eine Schule über eine genügende Selbstevaluation mit plausiblen Resultaten aus, wird auf eine weitergehende inhaltliche Fremdevaluation verzichtet. Nur wo dies nicht der Fall ist, soll künftig das Inspektorat eine klassische, inhaltliche „Full Inspection" der Schule vornehmen.

Nützlicher als die Polarisierung erscheint auch hier eine zweidimensionale Betrachtungsweise, indem einerseits nach den Interessen und anderseits nach den Akteuren der Evaluation gefragt wird (vgl. Tabelle 1):

Interessen / Akteure	intern selbst	extern fremd
intern selbst	Selbsteinschätzung der Lehrkräfte kollegiales Hospitieren interne Meta-Evaluation	Berichte über Selbstevaluation
extern fremd	SchülerInnen Feedback Elternfeedback externe Peer-Review Expertenurteil externe Meta-Evaluation	Prozess-Zertifizierung inhaltliche Fremdinspektion

Tabelle 1: Interessen und Akteure interner und externer Evaluation

Wir vertreten den Ansatz, dass es ausreichen würde, die Schulen zur Selbstevaluation zu verpflichten, wenn folgende Rahmenbedingungen geschaffen werden:

- Die Selbstevaluation beachtet ein paar definierte Verfahrensstandards einer hochwertigen, gültigen Evaluation, deren Einhaltung periodisch durch ein externes Inspektorat überprüft und zertifiziert wird (externe Meta-Evaluation).

- Zu den Standards für die Selbstevaluation gehört, dass die Schulen auch externe Beurteilungen beiziehen. (Der Unterschied zu den üblichen Modellen ist der, dass keine verordnete Fremdinspektion die Schulen „überfällt", sondern dass sie für besondere Untersuchungen von den Schulen selbst *beigezogen* wird.)

- Schulen sind verpflichtet, an Evaluationsuntersuchungen zum Zwecke des sog. „System-Monitoring" teilzunehmen. Die Steuerungsorgane etwa eines Kantons oder Bundeslandes brauchen ein Steuerungswissen z. B. zu laufenden Schulentwicklungen, welches am besten über stichprobenartige Feldstudien beschafft wird. Den Schulen erwächst aus der Teilnahme an solchen Untersuchungen kein Nachteil, da es nicht um die einzelne Schule, sondern um aggregiertes Systemwissen geht. Die jeweils aus Repräsentativitätsgründen ausgewählten Schulen sollen ehrlich auch Schwierigkeiten offenlegen dürfen, ohne mit Prangereffekten rechnen zu müssen.

- Eine verordnete Fremdevaluation macht allerdings und subsidiär dann Sinn, wenn Schulen offenkundige Probleme nicht mit ihren „Bordmitteln" lösen können und eine externe Krisenintervention angezeigt ist. Aber nur dann!

3.3 Kontingenz- und explorative Untersuchungen unterscheiden

Eines der für Schulen unpassenden Derivate aus den Q-Systemen der Industrie ist die einseitige Orientierung an vordefinierten und messbaren Qualitätsnormen. Zwar ist es auch in Schulen möglich und sinnvoll, ein paar „harte" Qualitätsnormen zu formulieren und auf deren Erfüllung hin zu evaluieren (sog. Kontingenz-Evaluation). Anderseits gehört es zum Wesen von Schule und Unterricht, dass es kaum allgemein anerkannte und ausreichend operationalisierte Qualitätsnormen gibt. Häufig wird man an Schulen eher von empfundenen offenen Problemen und Fragen ausgehen und Evaluation zur besseren Aufklärung der Wirklichkeit, zur Erklärung von Problemen und zur Lösungsfindung einsetzen (sog. explorative Evaluation). Überflutet man – wie das in Mode gekommen ist – die Schulen mit Fragebögen, deren Items aus lauter fremddefinierten Qualitätsnormen bestehen, so fügt man ihnen zweierlei Schaden zu: Erstens begnügt man sich dann zumeist mit Meinungsumfragen (auf das laufen nämlich solche Fragebogenaktionen hinaus), was nicht die valideste Form von Wirkungsevaluation ist. Und zweitens tötet solches Treiben die Forscherhaltung der Lehrpersonen bzw. die Motivation zu qualitätsfördernden explorativen Studien rasch ab.

4 Verfahrensstandards der Schulevaluation

In den Jahren 1998 und 1999 hat eine schweizerische Expertengruppe[1] Standards der Selbstevaluation von Schulen entworfen, welche den oben aufgeführ-

---

[1] In der Expertengruppe haben mitgearbeitet: Guido Baumann (WBZ/SMK), Rolf Dubs (HSG/BBT), Monica Gather Thurler (Genève), Peter Gentinetta (EDK/AGYM), Urs Kramer (EKD/KAB/KBB), Charles Landert (SEVAL), Felix Oggenfuss (Bildungsplanung Zentralschweiz/IEDK), Margrit Stamm (Aarau), Peter Steiner (NWEDK), Anton Strittmatter (PA LCH, Vorsitz). In der Experten-Vernehmlassung beteiligt haben sich zudem das Pestalozzianum Zürich (diverse MitarbeiterInnen), das Amt für Bildungsforschung der Erziehungsdirektion des Kantons Bern (J. Brunner), das Schulamt des Fürs-

ten evaluationsfachlichen Kategorien, der internationalen Diskussion über Schulevaluation (vgl. z. B. Altrichter/Posch 1997) und modernen Steuerungsüberlegungen für den Schulbereich (vgl. z. B. Brägger/Oggenfuss/Strittmatter 1997) entsprechen. Der Entwurf liegt gegenwärtig bei den nationalen Anerkennungsgremien EDK, BBT und SRK. Die Standards lauten wie folgt:

4.1 Die Selbstevaluation ist systematisch geplant und in die Schulentwicklung eingebunden

Die Selbstevaluation umfasst:

- Individuelle Selbstevaluation (Aspekte der Aufgabenerfüllung der Personen)
- Schulbezogene Selbstevaluation (Aspekte der Aufgabenerfüllung der Schule bzw. von Abteilungen)
- Überprüfung der Selbstevaluation (Meta-Evaluation)

Die Schule hat ein breit abgestütztes Evaluationskonzept mit einer mittelfristigen Planung der Evaluations- und Entwicklungsvorhaben. Die Interessen an der Evaluation, deren Zwecke und Ziele sind geklärt und die wichtigsten Begriffe definiert.

Die Bezüge zur Personal- und Schulentwicklung und zur Rechenschaft und Aufsicht sind ausgehandelt und klar definiert.

---

tentums Liechtenstein (R. Batliner), der Evaluationsbeauftragte der WBZ (M. Baumgartner), der Evaluationsbeauftragte für die Sekundarstufe II im Kanton Zürich (H. Keller), der Dienst für Schulentwicklung des Erziehungsdepartements des Kantons St. Gallen (H.U. Bosshard), die Abteilung Berufsbildung des SRK (M. Wasem) sowie der Dienst für Schulentwicklung und Bildungsforschung des Erziehungsdepartements des Kantons Thurgau (E. Trachsler). Wichtige Anregungen ergaben sich ferner aus einer Tagung von Fachleuten aus Deutschland, Österreich und der Schweiz (ABC-Netzwerk) vom 6.-8. Januar 2000 in Zürich (H.-G. Rolff [Dortmund], N. Maritzen [Hamburg], W. Fleischer-Brickmann [Bremen], H. Buchen [Soest], M. Schratz [Innsbruck], E. Radnitzky [Wien], K. Satzke [Wien], N. Landwehr [Aarau] sowie F. Oggenfuss und A. Strittmatter).

Die Schule verfügt über die für das Evaluationskonzept bzw. die einzelnen Vorhaben erforderlichen Zuständigkeiten und Mittel (Qualifikationen, Zeit, Finanzen).

Es sind Regeln für den Prozess der Selbstevaluation formuliert, namentlich für den Umgang mit sensiblen Personendaten.

Die Selbstevaluation ist organisatorisch verankert; die Zuständigkeiten und Verantwortlichkeiten sind festgelegt. Die Beteiligten und Betroffenen sind informiert; das Informationskonzept ist transparent.

4.2 Die Selbstevaluation untersucht bedeutsame Themen

Die Wahl der Evaluationsthemen wird begründet. Sie ist eine Konsequenz aus laufenden oder geplanten Entwicklungen bzw. aus dem Schulleitbild; sie berücksichtigt Interessen der Schulpartner bzw. die Ansprüche der Schulaufsicht.

Die Selbstevaluation praktiziert einen angemessenen Wechsel von umfassender Sicht („Breitband-Erhebungen") und fokussierter Evaluation einzelner Aspekte.

Gesamthaft muss eine Lehrperson und die Schule über evaluationsgestütztes Qualitätswissen in mindestens folgenden Bereichen verfügen:

- Lernergebnisse (z. B. Erreichen der Lernziele, Nachhaltigkeit und Übertragbarkeit des Gelernten, Fördererfolge bei Lernenden mit besonderen Ansprüchen)

- Unterricht (z. B. Sinngebung, Zielklarheit, funktionaler Einsatz von Arbeitsformen, produktive Verbindung der Lernorte, Umgang mit Heterogenität, Lernkontrollen)

- Beziehungen (z. B. Wertschätzung, Feedbackkultur, geklärte Rollen, Wahrnehmung von Führung, Informationspolitik)

- Struktur und Ressourcen (z. B. Zeit- und Lerngruppeneinteilung, Kooperationsformen, Raumnutzung, Funktionalität der Ausrüstung, ressourcenorientierter Personaleinsatz, Weiterbildungspolitik)

Die Periodizität, in der alle diese Bereiche bearbeitet sein müssen, ist so gewählt bzw. vorgegeben, dass den Ansprüchen sowohl der Rechenschaft wie auch der nachhaltigen Entwicklungsarbeit Rechnung getragen werden kann.

4.3 Die Selbstevaluation bemüht sich um hohe Aussagekraft der Befunde

Unter den Beteiligten herrscht eine Haltung des Wissenwollens und des konstruktiven Dialogs über Zustände, deren Deutung und deren Optimierung.

Zu den untersuchten Themen sind Erfolgskriterien/Indikatoren oder präzise Fragen formuliert.

Die Schule bzw. die Lehrkräfte bemühen sich um eine hohe Aussagekraft der Befunde, insbesondere durch

- Einbezug verschiedener und auch externer Beurteilender;
- Verbindung verschiedener Evaluationsverfahren (Methoden/Instrumente);
- Wiederholungen.

Die Wahl und Handhabung der Verfahren ist der jeweiligen Fragestellung und den jeweiligen Teilnehmenden angepasst. Es wird auf eine ökonomische Anlage der Evaluationsvorhaben geachtet.

4.4 Es erfolgt eine zweckmässige Berichterstattung

Erkenntnisse werden weitergeleitet, und zwar so, dass sie der Erfüllung der schulischen Aufgabe am Ort, der Entwicklung von Einzelpersonen und der Entwicklung des betreffenden Schulsystems dienen.

Es wird intern und extern über den Vollzug der Selbstevaluation und die dabei gewonnenen Verfahrenserkenntnisse berichtet.

4.5 Die Befunde werden konsequent umgesetzt

Die Befunde der Selbstevaluation werden in Massnahmen umgesetzt, die dem Erhalt und der Weiterentwicklung der Qualität sowie der Behebung von Mängeln dienen.

Die Wirkungen der Massnahmen werden dokumentiert und nachgeprüft.

5 Selbstevaluation und „Qualitätsmanagement"

Wir haben bisher immer von Selbstevaluation gesprochen. Im politischen Feld ist der Begriff der Selbstevaluation nicht sehr gebräuchlich. Dort beherrschen Ausdrücke wie Qualitätssicherung, Qualitätsmanagement und Qualitätsentwicklung die Szene. Es muss daher geklärt werden, was unser Ansatz von Selbstevaluation damit zu tun hat.

Die Vorstellung, welche sich mit *„Qualitätssicherung"* verbindet, kommt – wie schon einleitend erwähnt – aus der industriellen Fertigung. Dort ist es wichtig, bestimmte gleichbleibende Mindestqualitäten von Produkten eng zu definieren und zu überprüfen, damit das Zusammenspiel verschiedener Komponenten und Lieferanten klappt, oder sich im Zusammenhang mit Garantieansprüchen abzusichern. Solche „Sicherung" und entsprechende Kontrollen machen vor allem dort Sinn, wo das Tun und Lassen gut normierbar ist (z. B. technische Routineprozesse) und wo es um hohe Güter bzw. ein hohes Schadenspotenzial geht (z. B. in der Steuerung eines Kernkraftwerks, in der Produktion tragender Elemente für den Brückenbau oder in der Intensivpflege). Zur Qualitätssicherung gehört untrennbar eine Evaluation, welche primär der Kontrolle dient.

Im Bildungsbereich geht es zwar auch um wichtige Güter und besteht manchmal auch ein hohes Schadenspotenzial, die Normierungs- und Kontrollmöglichkeiten sind aber sehr beschränkt. Denn das Unterrichtsgeschehen ist ein äusserst komplexer, wenig routinisierbarer, widersprüchlicher und im Verlauf sehr selten wiederholbarer Vorgang. Es wäre Augenwischerei, unter diesen Umständen im Bildungsbereich vor allem mit dem Begriff der Qualitätssicherung zu arbeiten. Allerdings gibt es auch hier Qualitätsbereiche, in denen die Sicherung von Mindeststandards und entsprechende Kontrollen ihre Berechtigung haben. Die Standesregeln des Dachverbandes Schweizer Lehrerinnen und Lehrer LCH beschreiben solche Ansprüche. Es gehört zu den Führungsaufgaben im Bildungsbereich, für entsprechende Kontrollen zu sorgen. Weil das an Bildungseinrichtungen technisch meist nur schwer und unzuverlässig von aussen geschehen kann, muss dabei wesentlich auf die Selbstführung der Lehrerschaft gebaut werden.

Seit einigen Jahren taucht auch im Bildungsbereich vermehrt der in der Wirtschaft schon lange gebräuchliche Begriff des *„Qualitätsmanagements"* auf. In der Lehrerschaft trifft dieser Ausdruck mit guten Gründen auf einige Vorbehalte: Beim Import von Konzepten aus der Privatwirtschaft geben sich die Verantwortlichen oft wenig Mühe, sich über den Unterschied zwischen einer Bierbrauerei oder Versicherung und einer Bildungsinstitution kundig zu machen. Das wirkt entwertend und beschert den Bildungsinstitutionen immer häufiger „Lösungen", die für sie nicht praktikabel sind, schlimmstenfalls Schaden anrichten. Und der Management-Begriff transportiert die Vorstellung, man könne das betreffende Geschäft „im Griff haben". LehrerInnen – gerade die sehr kompetenten, reflektierenden – wissen, dass dieses Bild nicht mit der Alltagserfahrung übereinstimmt. Berechenbare Ursache/Massnahmen-Wirkungs-Schlaufen als Voraussetzung für Managementprozesse sind häufig weder im Unterricht noch auf der institutionellen Ebene gegeben. Immerhin kommt mit dem Management-Begriff ein Element von Gestaltungswillen, von absichts- und planvollen, geleiteten Prozessen ins Blickfeld. Und das tut herkömmlichen Bildungsinstitutionen durchaus gut.

Das momentan nicht zu bremsende Surfen auf der Qualitäts-Welle hat denn auch zu einem für Bildungsinstitutionen offenbar akzeptableren Begriff geführt: *„Qualitätsentwicklung"* hat die alten Ausdrücke „Schulreform" und „Schulentwicklung" teilweise abgelöst. Alter Wein in neuen Schläuchen? Gute LehrerInnen und Schulen – könnte man einwerfen – haben schon immer auf Qualität geachtet, und Entwicklungen haben gerade die letzten 30 Jahre zu Hauf gebracht oder wenigstens versucht. Dem gegenüber steht die Erkenntnis, dass heute einige neue Elemente das Verständnis von Schulreform, Schulentwicklung oder eben Qualitätsentwicklung prägen:

- Bildungseinrichtungen stehen unter einem nie dagewesenen ständigen Anpassungsdruck. Die gesellschaftlichen Rahmenbedingungen wechseln sehr rasch und verlangen von den Bildungsstätten ständig Antworten, teils in Form neuer Aufgaben, teils in Form neuer Lösungen für bleibende Aufgaben. Die Fähigkeit zur wirksamen und effizienten Entwicklungsarbeit ist zu einem festen Anspruch sowohl für die Lehrpersonen wie auch für die Bildungseinrichtung als Organisation geworden.

- Historisch neu ist zweitens die Verbindlichkeit des Entwicklungsanspruchs. Neuere Bildungsgesetze schreiben diese Aufgabe Bildungsstätten vor; und in den neueren Personalordnungen („Amtsauftrag" bzw. „Berufsauftrag") für Lehrpersonen ist die Mitwirkung an Entwicklungsaufgaben der Institution zum zwingenden Teil der Arbeitszeit geworden.
- Schliesslich kommt als neues Element der wachsende Anspruch nach Rechenschaftslegung hinzu. Lehrpersonen und Bildungsinstitute haben sich vermehrt zu erklären, ihr Tun zu rechtfertigen, über die Verwendung der Mittel und die erzielten Ergebnisse Bericht zu erstatten bzw. sich einer Überprüfung zu stellen.

Es wird nun auch sichtbar, dass ein starker Zusammenhang zwischen Schulentwicklung bzw. Qualitätsentwicklung/Qualitätsmanagement an Bildungsinstituten und Evaluation bzw. Selbstevaluation besteht:

- Lehrpersonen brauchen hochwertige Antennen, um rechtzeitig Veränderungen im Umfeld und Dysfunktionalitäten in ihrer Praxis erkennen und deuten zu können. Sonst finden notwendige Entwicklungen nicht, zu spät oder in falsche Richtungen statt.
- Gute, zielführende, nachhaltige und ökonomische Entwicklungsprozesse wollen gesteuert sein. Dazu braucht es hochwertiges Steuerungswissen, Rückmeldungen über den Verlauf der Entwicklungsprozesse, über beabsichtigte oder unbeabsichtigte Wirkungen.
- Der Rechenschaftspflicht kann nur über die Beschaffung anerkannt gültiger Daten nachgekommen werden. Es braucht Spielregeln für die Beschaffung z. B. von Wirkungsdaten, ein Evaluationsinstrumentar, welches die erforderlichen Daten liefert und Vertrauen geniesst.

Qualitätsevaluation ist allerdings nicht mit Qualitätsentwicklung gleichzusetzen, sondern ein Teil von ihr. Zur Qualitätsentwicklung gehören auch Massnahmen wie Leitbildentwicklung, Teamentwicklung, Personalförderung oder Führungsentwicklung. Und Evaluation ist zwar vor allem in Verbindung mit Entwicklungsperspektiven sinnvoll (weshalb wir unser System „Formatives Qualitätsevaluations-System FQS" nennen), aber nicht nur. Denn Evaluation kann auch zu Kontrollzwecken (Einhalten vorgegebener Sollwerte) und zur Beschaffung von Legitimationswissen (z. B. zur politischen Vertrauensbildung) und Sanktionswissen (z. B. im Falle anstehender Entlassungs- oder Schliessungsentscheide) sinnvoll sein.

Die Evaluationsaufgabe ist also nicht die ganze Steuerungs- und Entwicklungsaufgabe. Selbstevaluation ist „nur" ein wichtiges Element, verlangt aber ausdrücklich Bezüge zur Entwicklungsaufgabe. Dabei ist es wichtig, die unterschiedlichen Zwecken dienenden Beurteilungslinien und ihr (teils delikates) Verhältnis zueinander zu bestimmen. Unser Ansatz der Selbstevaluation ist kein umfassendes „Qualitätsmanagement"-Konzept, aber er ist ein Kernbestandteil jeglicher Personal- und Organisationsentwicklung.

6 Die „Schullösung": Selbstevaluation mit Rechenschaftspflicht – zum Beispiel im FQS

Tatsache ist, dass die herkömmlichen Einrichtungen der Qualitätssicherung und -entwicklung im Schulbereich revisionsbedürftig sind. In der Zukunft werden neue Lösungen für die Qualitätsevaluation sowohl als Instrument einer ständigen Anpassung der Schule an sich ändernde Voraussetzungen (Steuerungswissen) wie auch als Instrument der Rechenschaftslegung der finanzierenden Gesellschaft und den Eltern gegenüber (Legitimationswissen) gefunden werden müssen.

Bereits im Berufsleitbild 1993 hat der Dachverband der Schweizer Lehrerinnen und Lehrer LCH die Stossrichtung vorgezeichnet: Angesichts des besonderen Organisationstyps Schule mit lauter hoch und grundsätzlich gleich qualifiziertem Personal bleibt nur der Ansatz einer weitgehenden Selbstevaluation vor Ort, verbunden mit einer Rechenschaftspflicht gegen aussen, einer externen Kontrolle der Seriosität dieser Selbstevaluation und effektiveren Einrichtungen zur Intervention in den verbleibenden, mit „Bordmitteln" nicht lösbaren Krisenfällen.

LCH hat diese Vision inzwischen konkretisiert in Form des „Formativen Qualitätsevaluations-Systems FQS®" und neuerdings mit den LCH-Standesregeln. Das FQS wird seit rund 8 Jahren an mittlerweile über 100 Schulen in der

Schweiz und in Österreich erprobt. Das System besteht im Wesentlichen aus folgenden Elementen:

Leistungserwartungen an das FQS:

- Gültiges *Steuerungswissen für die individuelle und betriebliche Entwicklung* gewinnen (Sichtbare Entwicklungen dank valider Rückmeldungen)
- Die *Garantieleistung* des Schulträgers/der Aufsicht ermöglichen (Vertrauen in die Schule dank systematischer Selbstevaluation und Rechenschaftslegung)
- *Problemsituationen vermeiden bzw. rasch und nachhaltig bereinigen* (Probleme frühzeitig erkennen, richtig deuten und Konsequenzen daraus ziehen)
- *Professionelle Zufriedenheit/Arbeitskraft erhalten* (Erfolge sichtbar machen; Selbstwirksamkeits-Genugtuung dank hochwertiger Feedbacks; Vermeiden langer Irrwege)

Die wichtigsten Grundsätze:

- Primat der Selbstevaluation (inkl. selbst bestellte externe Beurteilungen); externe Inspektion primär als Meta-Evaluation und nur subsidiär als inhaltliche Beurteilung
- Kohärentes System von individueller *und* betrieblicher Evaluation
- Wechsel von „Breitbanderhebungen" *und* „fokussierter Evaluation"
- Kontingenzuntersuchungen (Soll-Ist) *und* explorative Studien
- Primat der Gültigkeit (Validität): 360°- bzw. Triangulationsprinzip, auch qualitative Erhebungen, kommunikative Validierung, „Ownership" statt „naming and blaming"
- Dynamischer Qualitätsbegriff: Normen wachsen und werden ständig angepasst

- Keine Evaluation ohne Sinn und Folgen

Die FQS-Elemente:

- *Erarbeitung der Qualitätsnormen bzw. Forschungsfragen*; Aufbereitung für Evaluation (Kriterien, Indikatoren, Zuweisung der Erhebungsmethoden)

- *Individualfeedback*: in verbindlichen Intervallen; 360° (Lernende, Abnehmer, KollegInnen, Leitung, externe Fachleute); kritische Kommentierung in Qualitäts-Gruppe

- *Schulqualitäts-Recherchen*: Breitband oder zu bedeutsamen Fokus-Themen; 360°; kommunikative Validierung

- *Meta-Evaluation*: laufende und periodische, interne und externe Evaluation der Evaluation in Hinsicht auf Bedeutsamkeit, Gültigkeit und Ökonomie (CH-Standards)

- *Umsetzung und Berichterstattung*: Konsequenzen ziehen und Nachevaluation. Funktionale Berichterstattung in Hinsicht auf Rechenschaft, Lieferung von Steuerungswissen und Vermittlung von Lernchancen für andere.

Beachten:

- Das System ist publiziert und wird für einzelne Schulen urheberrechtlich nicht weiter geschützt. Es ist aber anspruchsvoll und bedarf einer kompetenten Unterstützung bei der Einführung. Das Label FQS® ist eine eingetragene Marke; es kann durch die PA LCH bei ungeeigneter Anwendung entzogen werden, um den guten Ruf des Systems zu schützen. Es existiert eine Liste empfohlener BeraterInnen.

- Die Zwecke (siehe oben) können nur erreicht werden, wenn gültige, aussagekräftige, „wahre" Informationen erzeugt werden. Deshalb verträgt sich der FQS-Ansatz schlecht mit Rahmenbedingungen, welche „Mogeln" begünstigen (starke Konflikte mit Schulleitung bzw. im Kollegium, nicht schulgerechte hierarchische „Mitarbeiterbeurteilung", routinisierte Leistungslohnsysteme und dergleichen).

- Es ist mit einer Einführungszeit von mindestens zwei Jahren zu rechnen.

Kontrakt als Basis

Die Beteiligten (Lehrkräfte, Schulleitung, Behörden, evtl. externe Beratung) vereinbaren in einem Kontrakt ihre Interessen, die Wirkungserwartungen an die Qualitätsevaluation, die Spielregeln und die gegenseitigen Verpflichtungen für die Zusammenarbeit der PartnerInnen sowie die innere Organisation der Arbeit. Der Kontrakt wächst organisch.

Q-Gruppen als „Herzstück" von FQS

Alle Lehrpersonen sind in „Qualitäts-Gruppen" à 4-6 Personen organisiert. Die Gruppen werden auf Zeit gebildet (z. B. für 2 Jahre) und können sich nach unterschiedlichen *Kriterien* zusammenfinden:

- Sympathie-/Vertrauensgruppen

- Bestehende Teams (Stufenteams, Fachschaften, Klassenteams)

- Stufen- und oder fächerübergreifende „Kontrastgruppen"

- Themenbezogene Interessen

Die Q-Gruppen nehmen *sechs Aufgaben* wahr:

- Gemeinsame Vorbereitung der Individualfeedbacks (Themenwahl, Bestimmen von Qualitätsstandards, Entwickeln der Feedbackinstrumente z. B. für eine SchülerInnen- oder Elternbefragung).

- Spiegeln und kritische Kommentierung der von den einzelnen Mitgliedern vorgelegten Feedbacks.

- Gemeinsame lernende Verarbeitung von Erkenntnissen; kollegiale Praxisberatung.

- Organisation des kollegialen Hospitierens (gruppenweise oder bilaterale Absprachen über Erwartungen, Beobachtungsgesichtspunkte, Ort, Zeit etc.).

- Meta-Evaluation: Auswertung der Erfahrungen mit den gewählten Vorgehensweisen, Methoden und Instrumenten der Evaluation (anhand der Verfahrensstandards).

- Berichterstattung: Weitergabe von Erfahrungen an andere Q-Gruppen; Meldung von Steuerungswissen an die Schulleitung und die Behörden; Meldung von Legitimationswissen via Schulleitung an die Behörden und die Öffentlichkeit.

Die Q-Gruppen unterstehen dem Kontrakt über die Qualitätsevaluation und schliessen eine Vertraulichkeitsvereinbarung ab, welche grösstmögliche Offenheit innerhalb der Gruppe sichert. (Für beides stehen Muster zur Verfügung).

Besondere Projektgruppen

Für Evaluationsprojekte, welche die ganze Schule oder einzelne Abteilungen betreffen (Gesamtqualitäts-Recherchen), werden entweder bestehende Q-Gruppen beauftragt oder besondere Projektgruppen mit einem zeitlich beschränkten Mandat versehen.

Schulleitung und Steuergruppe

Letztverantwortlich für die Durchführung der Qualitätsevaluation nach den behördlichen Mindestvorschriften ist die Schulleitung. Diese tut jedoch insbesondere in der Einführungsphase gut daran, die operative Steuerung des Prozesses breiter anzulegen. In der Regel wird eine Steuergruppe mit VertreterInnen der Schulleitung, der Q-Gruppen und evtl. der Behörde eingesetzt. Die Steuergruppe sorgt u. a. auch für gute Informationsflüsse zwischen den Q-Gruppen (und den besonderen Projektgruppen) und zwischen der Schule und ihren PartnerInnen bzw. den Behörden; sie organisiert die Meta-Evaluation und die Zusammenarbeit mit der externen Beratung/Schulung. Längerfristig ist diese „separate" Konstruktion organisch in eine ordentliche, der Schul- und Personalentwicklung verpflichtete Schulleitungs-Konstruktion zu überführen. In diesem Rahmen kann und soll eine verantwortliche Fachstelle für das Q-Management an der Schule bezeichnet werden.

Literaturverzeichnis

Altrichter, Herbert/Posch, Peter (1997): Möglichkeiten und Grenzen der Qualitätsevaluation und Qualitätsentwicklung im Schulwesen, Innsbruck 1997.

Brägger, Gerold/Oggenfuss, Felix/Strittmatter, Anton (1997): Bausteine eines Steuerungskonzepts für den Bereich der Volksschule, Luzern 1997.

Buchen, Herbert (1995): Aufbau und Grundlagen der Fortbildungsmassnahme „Schulentwicklung und Schulaufsicht". In: Evaluation und Schulentwicklung, hrsg. v. LSW, Bönen 1995, S. 11-26.

Burkard, Christoph (1995): Evaluation in der Fortbildungsmassnahme „Schulentwicklung und Schulaufsicht". In: Evaluation und Schulentwicklung, hrsg. v. LSW, Bönen 1995, S. 27-63.

Crosby, Philip B. (1996): Qualität ist und bleibt frei, Wien 1996.

Eikenbusch, Gerhard (1995): (V)erfahrungen mit Evaluation – Wie setzt man Evaluationsprozesse in Gang? In: Evaluation und Schulentwicklung, hrsg. v. LSW, Bönen 1995, S. 267-290.

Frehr, Hans-Ulrich (1994): Total Quality Management, München 1994.

Gonon, Philipp u. a. (1998): Qualitätssysteme auf dem Prüfstand, Aarau 1998.

Liket, Theo (1993): Freiheit und Verantwortung, Gütersloh 1993.

Ministerium für Schule und Weiterbildung und Landesinstitut für Schule und Weiterbildung (Hrsg.) (1998): Schulentwicklung und Schulaufsicht – Qualitätsentwicklung und Qualitätssicherung von Schule, Bönen 1998.

Nisbet, John (1990): Rapporteur's Report. In: The Evaluation of Educational Programmes: Methods, Uses and Benefits, hrsg. v. Council of Europe, Amsterdam 1990.

Rosenbusch, Heinz (1994): Lehrer und Schulräte. Ein strukturell gestörtes Verhältnis, Bad Heilbrunn/OBB., 1994.

Sanders, James R./The Joint Committee on Standards for Educational Evaluation (1994): The Program Evaluation Standards (2nd Ed.), Thousand Oaks 1994.

Shinkfield, Anthony J./Stufflebeam, Daniel L. (1995): Teacher Evaluation: Guide to Effective Practice, Boston 1995.

Stamm, Margrit (1998): Qualitätsevaluation und Bildungsmanagement im sekundären und tertiären Bildungsbereich, Aarau 1998.

Strittmatter, Anton (1997): Mythen und Machbares in der Qualitätsevaluation. In: journal für schulentwicklung, Heft 3/97, S. 22-29.

Strittmatter, Anton (1997): „Eine knüppelharte Sache". Schulen erproben redliche Selbstevaluation. In: Pädagogik 5/97, S. 16-20.

Strittmatter, Anton (1995): Die Schulaufsicht funktional einrichten. In: Schweizer Lehrerinnen- und Lehrer-Zeitung SLZ, Nr. 15-16/1995, S. 2-12.

Weinert, Franz E./Helmke, Andreas (Hrsg.) (1998): Entwicklung im Grundschulalter, Weinheim 1997.

Qualitätsmanagement im Rahmen der Wirkungsorientierten Verwaltungsführung an der Kantonsschule Sursee

Esther Schönberger-Schleicher

1 Leistungssteuerung versus Mittelsteuerung...114
2 Leistungsauftrag als Basis für die Qualitätsdiskussion............................115
   2.1 Interne Qualitätsdiskussion 119
   2.2 Problematik schulinterner Qualitätsgruppen 123
3 Interne Steuerung mit Indikatoren..124
4 Schule (k)ein Sonderfall in der Wirkungsorientierten Verwaltungsführung..132
Literaturverzeichnis..134

1 Leistungssteuerung versus Mittelsteuerung

Sich im Rahmen der Wirkungsorientierten Verwaltungsführung mit Schulqualität zu befassen, heisst zuerst einmal offen sein für eine Reorganisation der Steuerungsabläufe. Ohne die Bereitschaft, Leistungen zu definieren und Ziele festzulegen, ohne den Willen, das eigene Handeln diesen Zielen zu Grunde zu legen und die eigene Arbeit nachher kritisch zu hinterfragen, geht der wirkungsorientierte Teil der Reform verloren und ein grosses Veränderungspotenzial verpufft.

Damit der Zyklus Leistungsdefinition, Zielvereinbarung, Umsetzung und Controlling spielen kann, müssen die Rahmenbedingungen im Bereich des Machbaren sein. Obwohl wahrscheinlich niemand dieser Machbarkeitsklausel widerspricht, ist es in Tat und Wahrheit nicht immer ganz so einfach und selbstverständlich, dass sie auch eingehalten wird. Die hohe Kunst besteht darin, Leistungsziele, Leistungsdefinitionen sowie die dafür zur Verfügung stehenden Mittel in Einklang zu bringen. Unzufriedenheit tritt immer dann auf, wenn auf irgendeiner Ebene eine Disbalance entsteht.

Im Vergleich zur traditionellen Steuerung durch die Mittel ist die in der Wirkungsorientierten Verwaltungsführung eingeführte Leistungssteuerung um ein Mehrfaches anspruchsvoller (vgl. Abbildung 1). Sie geht davon aus, dass die zu erbringenden Leistungen inhaltliche Grundlage der politischen Diskussion sein sollen, und dass durch die transparente Verknüpfung von Leistungen mit Kosten (Kostenstellen und Kostenträger) das Budget gemäss Leistungsvereinbarungen definiert wird. Will man in diesem System Mittel einsparen, müssen auf der anderen Seite die Leistungen gekürzt werden, auf die man in Zukunft verzichten will. Eine Finanzdiskussion wird so zu einer Inhaltsdiskussion, was bei einem so wichtigen Thema wie der Bildung nur richtig ist.

Qualitätsmanagement an der Kantonsschule Sursee 115

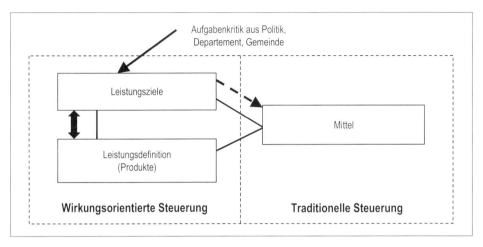

Abbildung 1:   Leistungssteuerung versus Mittelsteuerung

2   Leistungsauftrag als Basis für die Qualitätsdiskussion

Die Leistungen, welche eine Schule erbringt, sind auf verschiedenen Ebenen anzusiedeln (vgl. Abbildung 2). Einerseits gilt es, den Ansprüchen der Gesellschaft und der Politik gerecht zu werden, welche von einer Kantonsschule zu Recht verlangen, dass sie Schülerinnen und Schüler sowohl in fachlicher als auch in sozialer Hinsicht auf ein Universitätsstudium vorbereitet. Andererseits stellen aber auch andere Institutionen und alle an der Schule Beteiligten ihre Ansprüche an die Schule, die es auf die eine oder andere Art zu erfüllen gilt. Die Aufsichtskommission befasst sich in ihrer offiziellen Funktion mit der längerfristigen Entwicklung der Schule. Sie definiert die Leistungen einer Schule auf einer tieferen Ebene als die Bildungsdirektion und beschäftigt sich mit der Einhaltung der Lehrpläne und des Leitbildes. Ein weiterer Anspruch von aussen wird durch die Erziehungsberechtigten formuliert. Sie erwarten neben der fachlichen Kompetenzvermittlung auch eine erzieherische sowie eine menschliche Entwicklungsunterstützung von einer Kantonsschule. Neben den Ansprüchen von aussen dürfen aber auch die Ansprüche von innen nicht vernachlässigt werden, wirken sie sich doch direkt auf das Klima der Schule aus. Spricht man zum Beispiel mit den Lehrpersonen wird deutlich, dass sie neben dem Unterrichtsauftrag immer häufiger einen Disziplinarauftrag erfüllen müssen. Zieht man die Schülerinnen und Schüler selber bei, so merkt man, dass neben den Leistungsfaktoren, die sehr wohl als wichtig empfunden werden, auch das Wohlbefinden an einer Schule einen enorm hohen Stellenwert hat.

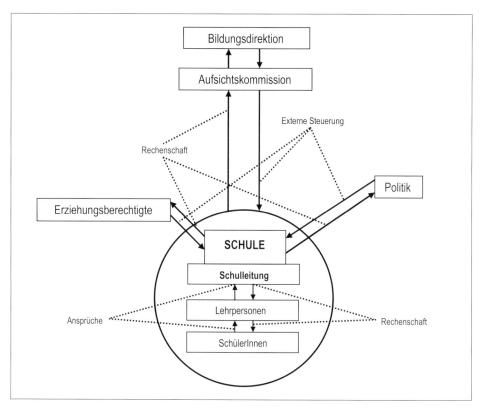

Abbildung 2: Schule im Spannungsfeld

Um diesen für die verschiedenen Stufen nur exemplarisch aufgeführten Ansprüchen gerecht zu werden, hat die Kantonsschule Sursee Leistungsvereinbarungen mit verschiedenen Ansprechpartnern getroffen (vgl. Tabelle 1). Diese Leistungsvereinbarungen, welche in Form von Kontrakten mit Jahreszielen formuliert werden, ergeben in ihrer Gesamtheit den sogenannten Leistungsauftrag einer Schule. Im Rahmenkontrakt mit dem Bildungsdepartement werden die gesetzlichen Grundlagen, Verordnungen und Richtlinien, welche für die Pilotschule Kantonsschule Sursee gelten, festgehalten.[1] Ergänzt wird der Rahmenkontrakt durch einen Jahreskontrakt zwischen dem Bildungsdepartement und der Schule, der neben den grundlegenden Leistungen die spezifischen Jahresziele beinhaltet. Diese Jahresziele umfassten im Jahr 2000 spezielle Aufgaben aus den Bereichen Unterrichtsqualität, Personalführung, Infrastruktur und Klimaverbesserung.

Das Studium der Jahresziele einer Schule verdeutlicht die Prozesshaftigkeit der Schulentwicklung. Unterrichtsqualität ist nicht einfach zu einem bestimmten Zeitpunkt, zum Beispiel mit dem Niederschreiben der Lehrpläne, erreicht. Wenn das Klima an der Schule verbessert wurde, heisst das nicht automatisch, dass es auch besser bleibt. Dass motiviertes Personal eine bessere Leistung erbringt, bedeutet doch nur, dass Personalführung nicht vernachlässigt werden darf.

Da es wenig Sinn macht, eine Reorganisation der Steuerungsabläufe nur mit externen Partnern durchzuführen, hat die Kantonsschule Sursee auch intern angefangen mit Jahreszielen zu arbeiten. Diese werden an der Lehrerkonferenz verabschiedet und Ende des Schuljahres überprüft. Diesen Jahreszielen liegt das Leitbild der Kantonsschule Sursee zu Grunde, das im April 1997 verabschiedet wurde. Dieses Leitbild macht im allgemeinen Teil Aussagen zur Gestaltung und Führung, Organisation, Information und Zusammenarbeit sowie zur Qualität der Schule. Der pädagogische Teil des Leitbildes widmet sich der Schule als Gemeinschaft und macht Aussagen zur Leistungsorientierung, zum Lehrplan, zu Erfolgskontrollen und zur kulturellen Entwicklung. Zudem werden in jedem Schuljahr zwei bis drei Jahresziele definiert, welche als schulinterne Ziele in den Jahreskontrakt mit dem Bildungsdepartement einfliessen. Mit diesen Leistungsvereinbarungen als Basis ist der Einstieg in die Qualitätsdiskussion vorbereitet.

---

[1] Der Rahmenkontrakt mit dem Bildungsdepartement wurde am Anfang der Pilotphase im Jahre 1996 aufgesetzt und hatte Gültigkeit bis zum Jahre 2001. Im Frühjahr 2001 stimmte der Grosse Rat der definitiven Einführung der Wirkungsorientierten Verwaltungsführung im ganzen Kanton Luzern ab 2002 zu. Seit diesem Zeitpunkt gelten die neuen gesetzlichen Grundlagen und der Rahmenkontrakt musste verändert werden.

Rahmenkontrakt 1996 – 2001: Bildungsdepartement – Kantonsschule	
• Leistungsdefinition • Personalfragen • Finanzielle Kompetenzen (Globalbudget) • Qualität • Berichtswesen	• Was bieten wir an? • Anstellungsfragen • Wie viel kosten die zu erbringenden Leistungen? • Qualitätserhaltung, -förderung • Kommunikation der erbrachten Leistungen
Jahreskontrakt 2000: Bildungsdepartement – Kantonsschule	
• Besondere Jahresziele • Produkte • Kontraktsumme	• Neuregelung der Zusammenarbeit Aufsichtskommission – Schulleitung • Personalplanung 2002 (Reduktion des Gymnasiums von 7 auf 6 Jahre) • Pflichtenheft Rektorat/Prorektorat neu definieren • Evaluation Lehrplan nach MAR • Weiterbildung der Schulleitung im Qualitätsbereich • Einführung der Kostenrechnungssoftware • Ausbau des fächerübergreifenden Unterrichts • Neuregelung des Absenzenwesens
Jahresziele 2000/2001: Schulleitung – Aufsichtskommission – Lehrerkonferenz	
	• Ausbau des fächerübergreifenden Unterrichts • Maturaarbeit einführen und umsetzen • Neuregelung des Absenzenwesens • Informationsveranstaltung für Eltern zum Thema Suchtverhalten bei Jugendlichen

Tabelle 1: Leistungsvereinbarungen der Kantonsschule Sursee

Mit dem Rahmenkontrakt werden die Grundwerte definiert, die in jedem Jahr erfüllt werden müssen. Die Jahreskontrakte wie auch die schulinternen Jahresziele zeigen zudem auf, was schwerpunktmässig in einem Jahr in Angriff genommen werden soll. Zusammen bilden der Rahmenkontrakt, der Jahreskontrakt und die Jahresziele den Leistungsauftrag der Kantonsschule Sursee. Dieser Leistungsauftrag schafft Transparenz über die gesamtheitlich zu erbringende Leistung und bildet die Basis für die Qualitätsdiskussion. Er zeigt auf, dass die Qualitätsdiskussion mit der Setzung der Leistungsziele auf verschiedenen Ebenen verschiedene Felder umfasst und differenziert angegangen werden muss. In der Folge werde ich aufzeigen, wie die Kantonsschule Sursee die gesetzten Leistungsziele erfüllt und welche Massnahmen getroffen wurden, um die qualitative Leistungserbringung zu messen und auszuwerten.

2.1 Interne Qualitätsdiskussion

Da die Schule externen wie internen Ansprüchen gerecht werden muss, war es angezeigt, das Qualitätsmanagement der Schule auf verschiedene Eckpfeiler abzustützen (vgl. Abbildung 3). Mit der Controllerin vom Bildungsdepartement wird der Evaluationsprozess von einer externen Person betreut. Die Controllerin begleitet die Schule vom Setzen der Leistungsziele bis hin zum Bestimmen der Qualitätsanforderungen. Sie hilft bei der Evaluation der Erhebungen mit und bringt sich ein bei der Entscheidung, welche Massnahmen ergriffen werden sollen. Dabei bewahrt sie sich die Aussensicht einer nicht auf der operativen Ebene tätigen Fachperson und wird so zu einer grossen Stütze im Bereich der Fremdevaluation. Unterstützung bei der externen Evaluation erhält die Controllerin durch die Aufsichtskommission, die sich im Falle der Kantonsschule Sursee bis anhin verstärkt im Bereich Unterrichtsqualität eingesetzt hat. Neben den Informationen, welche der Schulleitung durch diese Aussensicht zugänglich gemacht werden, ist es natürlich eine ihrer Hauptbestrebungen, sich auch intern Qualitätsstandards zu setzen.

Abbildung 3: Qualitätsmanagement der Kantonsschule Sursee

Das interne Qualitätsmanagement einer Schule kann nur dann gut funktionieren, wenn Lehrpersonen und Schulleitung gewillt sind zusammenzuarbeiten. Wenn wie im Falle der Kantonsschule Sursee das Leitbild mit der Lehrerschaft erarbeitet und verabschiedet worden ist und auch die Lehrpläne miteinander entwickelt wurden, ist die Grundvoraussetzung für die gemeinsame Qualitätsdefinition gegeben. Trotzdem ist dieser Anspruch der Zusammenarbeit im Bereich Definition Qualitätsstandards manchmal etwas ambivalent, weil Qualitätsbestrebungen oft mit Kontrolle eins zu eins gleichgesetzt werden und so Ängste auslösen, die nicht immer genau begründet werden können. Rückblickend auf das Jahr 1994, als an der Kantonsschule Sursee die Qualitätsdiskussion einsetzte, ist festzustellen, dass es im ersten Jahr primär galt, Ängste abzubauen und in Gesprächen darzulegen, dass ein Qualitätsmanagement so etwas wie eine Stärken-Schwächenanalyse ist, welche aufzeigt, wo gute Arbeit geleistet wurde und wo Handlungsbedarf besteht. Da Qualitätsdiskussionen in der Zwischenzeit auch im Schulbereich Einzug gefunden haben, ist die fundamentale Akzeptanzschaffung nicht mehr das Hauptproblem bei der Einführung eines Qualitätsmanagements. Brisant wird es jedoch immer noch in den Bereichen des Qualitätsmanagements, wo die Messbarkeit der Qualitätsfaktoren Fragen aufwirft. Konkret ist damit zum Beispiel die Unterrichtsqualität gemeint. In diesem heiklen Bereich empfiehlt es sich ganz klar, die Lehrerschaft in die Ausarbeitung der Beurteilungskriterien miteinzubeziehen.

Wie die Abbildung 4 zeigt, findet die interne Qualitätsdiskussion der Kantonsschule Sursee auf zwei verschiedenen Ebenen statt; einerseits auf der Ebene der Schulleitung und andererseits auf der Ebene der Lehrerschaft, welche durch die Arbeitsgruppe Qualitätssicherung vertreten wird. Das Qualitätsmanagement ist dem Handlungsbereich der Schulleitung zugeordnet. Die Schulleitung ist für die interne Steuerung zuständig und hat sowohl die pädagogische, die personelle wie auch die administrative Führung der Schule unter sich. Sie muss versuchen, den Qualitätsansprüchen der Bildungsdirektion, der Aufsichtskommission wie auch der Gesellschaft zu genügen, indem sie den Leistungsauftrag durch geeignete Massnahmen erfüllt.

Neben der internen Steuerungsebene gibt es aber auch eine interne Umsetzungsebene, welche mindestens ein ebenso grosses Gewicht hat, wenn es um die Durchsetzung von Qualitätsmassnahmen geht. Die Lehrpersonen der Kantonsschule Sursee sind aktiv und wollen nicht nur fremdbestimmt werden, sondern verlangen Mitbestimmung in Bereichen, welche sie betreffen. Mit viel Einsatz und Initiative der Lehrerschaft wurde zum Beispiel das Leitbild der Schule im Jahre 1997 überarbeitet und mit Jahresschwerpunkten versehen. Auch die ganze Lehrplanentwicklung hätte ohne das zusätzliche Engagement der Lehrpersonen kaum in der knapp definierten Zeit zustande kommen können. Durch diese enge

Mitarbeit wurde aber auch ein Bezug zu den verabschiedeten Inhalten geschaffen, der sich für die Qualitätsdiskussion als sehr hilfreich herausstellte.

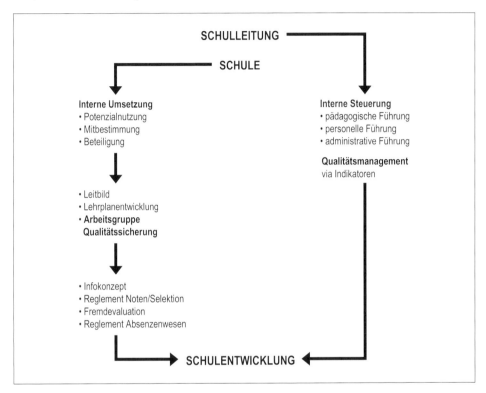

Abbildung 4: Interne Qualitätsmassnahmen

Nach der Bestimmung der Inhalte wurde aus dem Lehrkörper die Arbeitsgruppe Qualitätssicherung ins Leben gerufen, deren Auftrag es war, Basisbedürfnisse zu erfassen und qualitätssichernde Massnahmen einzuleiten. Sie tat dies, indem sie zuerst eine Ist-Zustandsanalyse erstellte, bei der jede Lehrperson die Gelegenheit hatte, ihre Bedürfnisse anzumelden. Auch die Bedürfnisse der Schülerschaft wurden von der Arbeitsgruppe erfasst und verarbeitet. Das Resultat dieser Analyse war, dass drei Bereiche definiert wurden, welche aus Sicht der Lehrerschaft prioritär zur Verbesserung der Schulqualität beitragen sollten. Diese Bereiche waren:

- Erstellen eines Infokonzeptes, das zur Verbesserung der internen wie externen Kommunikation beitragen sollte

- Erstellen eines Reglementes zur Notengebung und Selektion

- Befragung von ehemaligen Schülerinnen und Schülern sowohl zum Unterricht als auch zur Schule als Ganzem

In der Zwischenzeit sind die drei ursprünglichen Bereiche der Lehrerschaft zur Verbesserung der Schulqualität umgesetzt. Die Kantonsschule Sursee verfügt über Informationsträger, welche bedürfnisgerecht alle an der Schule Beteiligten und Interessierten mit Informationen bedienen. Dabei werden vom herkömmlichen Informationsbrett über Flyers, von Broschüren zu Informationsheften und schliesslich von Printmedien bis hin zu elektronischen Datenträgern eine Vielzahl von Kommunikationsmitteln verwendet.

Auch das Reglement zur Notengebung und Selektion ist seit dem Schuljahr 98/99 verabschiedet und befindet sich in der Umsetzungsphase. Die Ausarbeitung des Reglements war von harten Auseinandersetzungen unter den Lehrpersonen geprägt, weil ein gemeinsamer Nenner offensichtlich nicht ganz einfach zu finden war. Obwohl im Leitbild ganz klar die Leistungsorientierung hervorgehoben worden war, bestand keine Einigkeit darüber, wie diese Leistungsorientierung in der Praxis umgesetzt werden sollte. Dazu kam, dass auch die Schülerinnen und Schüler ihre Bedürfnisse bezüglich Notengebung und Selektion einbringen konnten, und auch da war ein Konsens zwischen den beiden Interessengruppen nicht einfach zu finden. Neben der allgemeinen Vernehmlassung wurde deshalb zusätzlich ein Schilf-Tag (Schulinterner Lehrerfortbildungstag) durchgeführt, an dem das Reglement zum Schluss Punkt für Punkt verabschiedet wurde. An diesem Beispiel wurde einmal mehr deutlich, dass Qualitätsentwicklung ein Prozess ist, der sich nicht eindimensional auf einen Bereich, in diesem Fall die Notengebung und die Selektionspraxis einer Schule, auswirkt. Die ganze Diskussion hatte auch ihre Auswirkungen auf die Schulkultur, auf das ganz konkrete Zusammenleben an einer Schule.

Auch der dritte Bereich der von Lehrerseite definierten Schulqualität, die Befragung von ehemaligen Schülerinnen und Schülern sowohl zum Unterricht als auch zur Schule als Ganzem, ist bereits zum dritten Mal durchgeführt worden. Die persönlichen Resultate, welche Aussagen zum Unterricht der Lehrpersonen enthalten, werden extern ausgewertet und nur den betroffenen Lehrpersonen selber zugänglich gemacht. Ziel dieser Umfragen ist es, die Selbstevaluation der Lehrpersonen zu fördern. Damit die Lehrpersonen bei der Interpretation ihrer eigenen Resultate jedoch nicht auf sich allein gestellt sind, wird ihnen die Möglichkeit gegeben, sich von einer externen Fachperson beraten zu lassen. Die Arbeitsgruppe Qualitätssicherung übernimmt als Expertengruppe die Auswertung der Rückmeldungen zur Schule als Ganzem. Sie verfasst einen anonymisierten Bericht, den sie sowohl der Lehrerschaft, der Schulleitung wie auch der Aufsichtskommission zur Verfügung stellt. Aus diesen Berichten werden, treu dem Controllingzyklus, neue Zielvereinbarungen abgeleitet. Im Falle der Kantonsschule Sursee erhielt die Arbeitsgruppe Qualitätssicherung als Resultat einer solchen Evaluation den Auftrag, das veraltete Absenzenreglement zu überarbeiten.

2.2 Problematik schulinterner Qualitätsgruppen

Obwohl die aus Lehrpersonen und mir als Prorektorin bestehende Arbeitsgruppe Qualitätssicherung basisdemokratisch ihren Auftrag durch die Lehrerkonferenz erhielt, hatte sie je nach Thematik Probleme Mehrheiten zu finden. Dies ergab sich meiner Meinung nach einerseits deshalb, weil sie infolge der engen Zusammenarbeit mit der Schulleitung als ihr verlängerter Arm betrachtet wird, andererseits weil sie als permanente Arbeitsgruppe eindeutig über einen Wissensvorsprung verfügt. Da es meiner Meinung nach unumgänglich ist, die Lehrpersonen in irgendeiner Form ins Qualitätsmanagement miteinzubeziehen, stellt sich die Frage, ob entweder mit einem häufigeren Wechsel der Mitglieder oder mit themenspezifischen Arbeitsgruppen, zum Beispiel der Arbeitsgruppe Evaluation der Lehrpläne, das Problem eines gewissen Destruktivismus der Lehrerkonferenz vermieden werden könnte. Die Eigendynamik der Arbeitsgruppe Qualitätssicherung hat aber auch ganz klar ein innovatives Element. So wurde in der Gruppe anhand theoretischer Grundlagen überprüft, was Qualität und Qualitätsentwicklung für die Schule bedeuten (Spiess 1997), welche Qualitätssysteme für Schulen in Frage kommen (Gonon et al. 2001) und ob eine ISO-Normierung ein probates Mittel für die Qualitätsverbesserung einer Schule wäre (Hügli 1998). Die Gruppe hat ein starkes Selbstbewusstsein entwickelt, indem sie ihre Arbeit auch weiterverfolgt, wenn kleinere Rückschläge eintreten. Ihre Bemühungen im Bereich Schulqualität werden ergänzt durch das Qualitätsmanagement der Schulleitung, welches im Hinblick auf die Erfüllung des Leistungsauftrages steuernden Charakter hat.

3 Interne Steuerung mit Indikatoren

Bei der internen Steuerung mit Indikatoren geht es darum, Messgrössen oder eben Indikatoren zu definieren, welche Auskunft geben über die Qualität der im Leistungsauftrag festgelegten Aufgabenbereiche (vgl. Tabelle 2). Indikatoren sind Gradmesser der Leistungserbringung. Bei der Auswahl der Indikatoren einer Schule standen die Aussagekraft, Ausgewogenheit der Themen, Messbarkeit und Machbarkeit im Vordergrund. Das Entwickeln von aussagekräftigen Indikatoren ist keine leichte Sache. Der Anspruch der Messbarkeit ist vor allem bei den so genannten weichen Indikatoren, welche Aussagen zum Klima oder zur Qualität einer erteilten Unterrichtslektion oder zum Wohlbefinden der Schülerinnen und Schüler machen sollen, ganz schwierig zu definieren. Meine siebenjährige Erfahrung im Umgang mit Indikatoren hat mir gezeigt, dass Feedbackberichte und Feedbackgespräche das eigentliche Rückgrat der Indikatoren sind, dass auch harte Indikatoren oft Hinweise auf Klimafaktoren einer Schule geben, und dass Aufwand und Ertrag bei der Ermittlung von Indikatoren in einem vernünftigen Verhältnis stehen müssen. Feedbackgespräche und Feedbackberichte gehen den Ursachen von Standardabweichungen bei Indikatorenmessungen nach und ergründen die Zielrichtung von Optimierungsmassnahmen.

Für die interne Steuerung der Kantonsschule Sursee werden im Moment folgende Indikatoren erhoben:

	Beschreibung	Inhaltliche Zielsetzung
Indikator 1	Erreichen der Lernziele	Inhaltliche Leistungserbringung im Hauptgeschäft Unterricht gemäss Lehrplan
Indikator 2	Anzahl effektiv gehaltener Stunden	Quantitative Vollständigkeit der Leistungserbringung gemäss Vorgaben der Wochenstundentafel
Indikator 3	Erreichen der stufenspezifischen Ziele durch die Klassenlehrer	Schwerpunktsetzung im Bereich soziale Kompetenz

(Fortsetzung auf der nächsten Seite)

Indikator 4	Anzahl Schülerabsenzen	Klimafaktor – gibt über Arbeitsverhalten, Überforderung von Schüler/innen Auskunft
Indikator 5	Anteil projektorientiertes Unterrichten	Schwerpunkt bei der Umsetzung des MAR (Maturitätsanerkennungsreglement) gemäss Lehrplan → Vorgabe 10 % Anteil an projektorientiertem Unterricht
Indikator 6	Anzahl Austritte pro Klasse/Stufe	Fluktuationsrate – Erfassung der Austrittsgründe
Indikator 7	Unterrichtsqualität	Betreuung der neuen Lehrpersonen im organisatorischen wie im Unterrichtsbereich in einjährigen Mentoraten
Indikator 8	Unterrichtsqualität	Fremdevaluation der Unterrichtsqualität durch die Schulleitung mit gleichzeitiger Laufbahnplanung
Indikator 9	Unterrichtsqualität	Fremdevaluation des Unterrichtsklimas durch die Mitglieder der Aufsichtskommission
Indikator 10	Unterrichtsqualität	Fremdevaluation der Unterrichts- bzw. der Schulqualität durch Befragungen der ehemaligen Schülerinnen und Schüler
Indikator 11	Leistungsbild einer Klasse	Überprüft einerseits das Einhalten des Noten- und Selektionsreglements und gibt andererseits implizit Auskunft über Unter- bzw. Überforderung der Schülerinnen und Schüler; er kann auch Hinweise auf das Klima innerhalb einer Klasse geben
Indikator 12	Information	Gibt Auskunft über den internen Informationsfluss zwischen Schulleitung, Verwaltung und Lehrerschaft
Indikator 13	Information	Gibt Auskunft über den externen Informationsfluss zwischen der Schule und der Öffentlichkeit
Indikator 14	Mensa	Klimafaktor – gibt Auskunft über das Wohlbefinden der Schülerinnen und Schüler an der Schule

Tabelle 2: Indikatoren der Kantonsschule Sursee

Die Kantonsschule Sursee erhebt bei der Setzung ihrer vierzehn Indikatoren nicht den Anspruch auf Vollständigkeit. Sie versucht jedoch, mit ihren Messungen wesentliche Bereiche der Schulqualität abzudecken. Ein wesentlicher Bereich umfasst auf der Ebene des Kerngeschäftes Unterricht das Erfüllen der in den Lehrplänen festgesetzten Unterrichtsziele (Indikatoren 1 und 3). Gerade weil durch die Maturitätsreform die Lehrpläne neu geschrieben worden sind, und weil im Kanton Luzern das Langzeitgymnasium von sieben auf sechs Jahre gekürzt worden ist, ist es äusserst wichtig, die qualitative Erfüllung der Unterrichtsziele zu überprüfen. Dazu gehört auch die Evaluation der Lehrpläne, die Prüfung ihrer inhaltlichen Relevanz und das Festhalten ihrer Machbarkeit, was das zur Verfügung stehende Zeitgefäss betrifft. Die Evaluation des Lehrplanes ist die Basis für die Ermittlung der Einhaltung der Lernziele. Wenn der Blick geschärft ist, was inhaltlich erreicht werden soll, ist die Aussagekraft über das Einhalten dieser Inhalte auch qualitativ relevanter. Wenn sich eine Lehrperson gar nicht bewusst ist, was sie in ihrem Fach in einem Schuljahr erreichen sollte, kann sie auch keine Aussage dazu machen, ob sie dieses Ziel erreicht hat, was zu Problemen bei der Übergabe von Klassen führen kann. Erst in einem zweiten Schritt, wenn die Lehrpläne verifiziert sind, ist es angesagt, über die qualitative Umsetzung dieser Lehrpläne eine Aussage zu machen. In diesem Bereich wäre wahrscheinlich eine Intravision – der Unterrichtsbesuch von Kolleginnen und Kollegen aus dem gleichen Fachbereich – ein probates Mittel.

Um das Prinzip der Indikatorenerhebung aufzuzeigen, fasse ich einige Indikatorengruppen zusammen. Die Indikatoren 2, 4, 5 und 6 sind so genannte harte Indikatoren, die zahlenmässig per Computer erfasst werden können. Während der Indikator 2 zum Ziel hat, einen möglichst geringen Stundenausfall auszuweisen und Lehrpersonen damit aufgefordert werden, Stunden, welche sie aus irgendeinem Grund nicht halten können, abzutauschen, erfasst der Indikator 4 das Abwesenheitsverhalten der Schülerinnen und Schüler. Mit dem Indikator 4 wird aber einiges mehr als Präsenzkontrolle betrieben. Die Erhebung zeigt zum Beispiel auch eine Massierung von Einzelabsenzen auf und hat im Zusammenhang mit Feedbackgesprächen der Klassenlehrpersonen schon öfter auf Probleme wie Schulmüdigkeit, Prüfungsangst oder Arbeitsverhalten hingewiesen. Das Zahlenmaterial, welches für diese harten Indikatoren erhoben wird, ermöglicht durch das Nachfassen der Lehrpersonen auch Rückschlüsse im Bereich der so genannt weichen Indikatoren und wird damit auch zu einem Hilfsmittel bei der Ermittlung von Klimafaktoren.

Ganz generell ist zu sagen, dass ein sprunghafter Anstieg oder Abfall der Zahlenwerte bei den harten Indikatoren meistens auf einen Handlungsbedarf hindeutet. Wenn beispielsweise beim Indikator 6 die Anzahl Austritte pro Klasse/Stufe kontinuierlich steigen würde, müsste man die Ursachen für die Austritte überprüfen und Massnahmen einleiten, welche die Fluktuationsrate stoppen würden. Im Moment verlassen etwa 50 bis 60 Schülerinnen und Schüler die Kantonsschule Sursee pro Schuljahr. 60 Prozent davon gehen entweder an weiterführende Schulen oder beginnen eine Lehre, etwa 10 Prozent machen ein Austauschjahr und kehren danach wieder zurück, 20 Prozent kehren an ihre frühere Schule zurück und etwa 10 Prozent entscheiden sich seit der Einführung der freien Schulwahl für eine andere Kantonsschule. Nur vereinzelte Schülerinnen und

Schüler verlassen die Schule ohne Ziel. Die Austritte von Schülerinnen und Schülern, die mitten im Schuljahr die Kantonsschule Sursee verlassen, ist in diesem Jahr merklich gestiegen. Obwohl die Selektionsbedingungen gemäss Indikator 11 über die ganze Schule gesehen nicht härter sind, scheiterten mehr Schülerinnen und Schülern an Leistungsschwächen, obwohl der Richtwert für den Übertritt aus der Primar- oder Sekundarschule an die Kantonsschule von 5,0 auf 5,2 angehoben wurde. Wenn sich diese Tendenz weiter fortsetzen sollte, wird die alte Frage, ob der prüfungsfreie Übertritt von der Primarschule ins Langzeitgymnasium und von der Sekundarschule ins Kurzzeitgymnasium schülergerecht ist, sicher wieder aufleben. Aufgrund einer einmaligen Erhöhung wäre es aber verfrüht, solche Schlüsse zu ziehen.

Etwas anders sieht im Moment die Gewichtung des Indikators 5 aus, welcher überprüft, ob der durch das MAR (Maturitätsanerkennungsreglement) geforderte 10-prozentige Anteil an projektorientiertem Unterricht an unserer Schule erfüllt wird. Bis anhin prüfte die Schulleitung mit diesem Indikator, ob Klassen und Lehrpersonen diese innovative Unterrichtsform auch benutzten und griffen regulativ ein, wenn einzelne Klassen den von der Schulleitung vorgegebenen Rahmen stark über- oder unterschritten. Mit dem neuen MAR müssen diese Projekte nun aber klar fächerübergreifenden Charakter haben und deshalb wurden in den letzten Schuljahren schulinterne Lehrerfortbildungsveranstaltungen durchgeführt, welche alle Lehrpersonen in die „neue" fächerübergreifende Aufgabe einführten. Um die Qualität der Projekte noch weiter zu erhöhen, ist der diesjährige Fortbildungstag dem Thema Projektmanagement gewidmet. Wiederum setzt die Schulleitung auf Weiterbildung und in einem gewissen Masse auch auf Selbstverantwortung, um die Qualität der Projekte zu verbessern. Bis sich diese neue Projektform eingespielt hat, wird der inhaltlichen Umsetzung dieses Indikators vermehrt Aufmerksamkeit geschenkt.

Neben den so genannt harten Indikatoren existieren aber auch Indikatoren, die sich zwar quantifizieren lassen, deren Qualitätsaussage damit jedoch nicht abschliessend gemacht ist. Darunter zähle ich zum Beispiel die Indikatoren 7 und 8, welche sich beide mit Unterrichtsqualität befassen. Im summarischen Überblick der Tabelle 2 sieht man, dass sich der Indikator 7 mit der Betreuung der neuen Lehrpersonen im organisatorischen wie im Unterrichtsbereich befasst. Den neuen Lehrpersonen werden Mentoren zugeteilt, die gemäss Vorgaben für die Betreuung, Begleitung und Beratung der neuen Lehrpersonen im ersten Schuljahr zuständig sind und so den Einstieg in die Praxis erleichtern. Diese

Mentoren sind verpflichtet, die Schulleitung mit einem Bericht über den Verlauf dieses ersten Jahres zu unterrichten. Mit Indikator 7 wird „nur" gemessen, ob die Mentorate auch vollzogen worden sind. Hinter dieser Messung steckt aber ein System der Betreuung und Berichterstattung, das es der Schulleitung erlaubt auch qualitative Aussagen über die Integrationsfähigkeit und die Art und Weise des Unterrichtes der neuen Lehrperson zu machen.

Nach Ablauf des ersten Jahres wird der „neuen" Lehrperson ein Mitglied der Schulleitung zugeteilt, das nun jährlich mindestens einmal einen Schulbesuch macht und diesen anschliessend mit der Lehrperson bespricht. Auch diese Qualitätssicherungsmassnahme, welche als Indikator 8 aufgeführt ist, wird auf der Indikatorenliste quantifiziert. Ziel des Indikators ist einerseits die Betreuungs- und Beurteilungspflicht der Schulleitung zu überwachen, andererseits aber auch eine Basis für die Evaluation der Unterrichtsqualität der Lehrperson zu bilden, welche als Grundlage für ein Laufbahngespräch genutzt werden kann. Um die Unterrichtsbesuche nach gleichen Kriterien zu beurteilen, hat die Schulleitung Aspekte der Unterrichtsbeurteilung festgelegt und diese den Lehrpersonen mitgeteilt. Auch die Schulleitung sieht ihre Aufgabe in der Förderung und nicht primär in der Beurteilung der Lehrperson. Dass jedoch der Druck eines Schulbesuches der Schulleitung grösser ist als der eines Lehrerkollegen oder einer Lehrerkollegin, braucht wahrscheinlich nicht näher erläutert zu werden. Auch in der Schulleitung selber wird diese Zwitterrolle immer wieder diskutiert, werden ungute Gefühle gegenüber dieser Rolle dargelegt. Trotzdem hat man sich entschlossen, die Besuche weiterhin zu machen und hat dem Gespräch, das den Schulbesuchen folgen soll, mehr Gewicht für die Vertrauensbildung zwischen Lehrperson und Schulleitung gegeben.

Die Überprüfung der Unterrichtsqualität erfolgt jedoch nicht nur von interner Seite. Mit den Indikatoren 9 und 10 will man auch der externen Evaluation Rechnung tragen. Ziel des Indikators 9 ist die Betreuung und Beratung aller Lehrpersonen, unabhängig von der Dauer oder Art und Weise ihres Anstellungsverhältnisses. Stehen bei internen Unterrichtsbesuchen von Lehrerkollegen auch inhaltliche und methodische Aspekte im Vordergrund, so legt die Aufsichtskommission einen ihrer Schwerpunkte auf das Unterrichtsklima. Auch hier folgen den Schulbesuchen Gespräche, wann immer das beim dichtgedrängten Stundenplan der Lehrpersonen möglich ist. Daneben hat es sich die Aufsichtskommission zum Ziel gesetzt, periodisch aktuelle Schülerinnen- und Schülerbefragungen durchzuführen. Die erste dieser aktuellen Schülerbefragungen wurde im Schuljahr 98/99 durchgeführt und stiess bei den Lehrpersonen auf harsche Kritik, vor allem was die Auswertung und Kommunikation der Resultate der Umfrage anbelangte. Aufgrund dieser Kritik hat die Aufsichtskommission für die nächste Schülerbefragung die Zusammenarbeit mit der Arbeitsgruppe Qualitätssicherung gesucht. Gemäss Vereinbarung soll die Arbeitsgruppe bei der Evaluation der Umfrageergebnisse helfen und damit in einer gewissen Weise eine Vermittlerrolle übernehmen. Obwohl diese Zusammenarbeit zwischen externen und internen Evaluatoren auf den ersten Blick etwas merkwürdig anmuten mag, bin ich der Überzeugung, dass sie auf einem so heiklen Gebiet wie der Qualitätsbeurteilung richtig am Platz ist. Die Zusammenarbeit wird den Blick auf das gemeinsame Ziel richten und gleichzeitig das Verständnis für die Bedürfnisse der Beteiligten schärfen. So wird die Angst, gegeneinander zu arbeiten, entkräftet und eine Vertrauensbasis geschaffen.

Als letzter Sockel der Unterrichtsevaluation wurde 1997 die Fremdevaluation durch ehemalige Schülerinnen und Schüler eingeführt (Indikator 10). Die in der Schülerumfrage erhobenen persönlichen Resultate der Lehrpersonen werden weder der Schulleitung noch der Aufsichtskommission zugänglich gemacht, sondern gehen einzig und allein an die betroffene Lehrperson. Hauptziel dieser Fremdbeurteilung ist, die Eigenverantwortung der Lehrperson gegenüber ihrem eigenen Unterricht anzukurbeln. Professionelle Unterstützung für Lehrpersonen, die ein Gespräch mit einer Vertrauensperson suchen, ist dabei gewährleistet. Daneben wird der allgemeine Teil der Umfrage, der Aussagen zur Schule als Ganzem macht, der Schulleitung wie der Aufsichtskommission zugänglich gemacht. Diese ziehen daraufhin ihre Schlüsse, indem sie zum Beispiel neue Jahresziele in die Planung aufnehmen. Auch hier umfasst der Indikator quantitativ nur das Faktum, dass die Umfrage durchgeführt worden ist, eine qualitative Aussage über die Wirkung dieses Indikators ist äusserst schwierig. Und trotzdem zeigt die Erfahrung, dass diese Fremdevaluation, welche die Selbstevaluation der Lehrpersonen ankurbeln soll, ihre Wirkung hat. Ich habe auf informeller Ebene schon mit unzähligen Lehrpersonen über die Resultate ihrer Befragung diskutiert und festgestellt, dass Lehrpersonen dies auch untereinander machen. Nicht messbar ist die Frage der Auswirkung dieser Selbstevaluation auf den eigenen Unterricht. Mit der Akzeptanz der Fremdevaluation auf der Basis der Selbstevaluation und Selbstverantwortung kann die Schulleitung signalisieren, dass sie der Lehrerschaft vertraut. Aus diesem Grund trägt diese Art der Selbstevaluation meiner Ansicht nach zur Förderung der Vertrauenskultur zwischen Lehrerschaft und Schulleitung bei.

Die Kantonsschule Sursee bemüht sich, die Schulqualität auf verschiedenen Ebenen kontinuierlich zu verbessern. Sie setzt sich neben den Schwerpunkten Unterrichtsqualität und Inhaltsrelevanz auch dafür ein, dass Vorgaben des Leitbildes via Indikatoren überprüft werden. Ein ganz interessanter Indikator ist dabei der Indikator 11, welcher sich mit dem Notenbild der Klassen befasst. Anhand dieses Indikators lässt sich ablesen, welche Leistungen die Schülerinnen und Schüler in den verschiedenen Fächern erbringen. Er ermöglicht der Schulleitung Rückschlüsse zu ziehen bezüglich der Notensetzung der einzelnen Fachschaften beziehungsweise der einzelnen Lehrpersonen und schafft so Vergleichsmöglichkeiten. Dieser Indikator stellt aber auch sicher, dass die Schule ihrem Leistungsauftrag nachkommt und kontrolliert, ob das von der Lehrerkonferenz verabschiedete Noten- und Selektionsreglement eingehalten wird. Dabei dient die Überprüfung der Standardabweichungen gegenüber dem im Reglement festgesetzten Richtwert dazu, Hinweise über das Anspruchsniveau der einzelnen Fächer zu erhalten. Abweichungen nach unten wie nach oben geben dabei Signale, welche es nachzuprüfen gilt. In der Vergangenheit führte zum Beispiel Arbeitsverweigerung wegen zwischenmenschlichen Problemen zwischen der Lehrperson und der Klasse zu einer starken Abweichung nach unten oder fehlendes Anspruchsniveau bei den gesetzten Prüfungen zu Abweichungen nach oben.

Die Indikatoren 12 und 13 dienen zur Überprüfung des Informationsflusses. Der Indikator 12 stellt sicher, dass intern die Lehrpersonen und das Verwaltungspersonal regelmässig mit aktuellen Informationen bedient werden. Der Indikator 13 versucht dem externen Informationsbedarf gerecht zu werden und zielt dahin, das Image der Kantonsschule Sursee nach aussen zu verbessern. Beide Informationsquellen wurden via Umfrage auf ihre Wirksamkeit hin überprüft, und aus beiden Umfrageergebnissen wurden Massnahmen abgeleitet, um den Informationsfluss ein weiteres Mal kundengerecht zu verbessern.

Auch beim letzten Indikator, dem Indikator 14, steht das Kundenbedürfnis, das heisst in diesem Fall das Bedürfnis der Schülerinnen und Schüler, im Vordergrund. Via Umfrage wird ermittelt, wie wohl sich unsere Schülerinnen und Schüler an der Kantonsschule Sursee fühlen. Die zum zweiten Mal durchgeführte Mensaumfrage zeigt, dass sich die Schülerinnen und Schüler im Vergleich zu 96/97 in der Mensa eindeutig wohler fühlen. Trotzdem ist ein 54-prozentiger Anteil an Schülerinnen und Schülern, welche sich in der Mensa wohl bis sehr wohl fühlen, noch verbesserungswürdig. Kritikpunkt Nummer eins in der aktuellen Umfrage ist die fehlende Menüvielfalt. Als Zweites wurde die Freundlichkeit des Mensapersonals bemängelt. Als erste Massnahme wurden beide Kritikpunkte mit dem betroffenen Mensapersonal besprochen. Aus organisatorischer Sicht werden zudem die Wartezeiten bei der Menüausgabe kritisiert.

Die Mensaumfrage hat ein weiteres Mal verdeutlicht, dass die räumlichen Kapazitäten dem Ansturm der nun 900-köpfigen Schülerschaft nicht mehr gerecht werden können (die Mensa war für 450 Schülerinnen und Schüler gebaut worden). Eine Vergrösserung der Mensa ist unumgänglich. Neben Sofortmassnahmen wie dem Einrichten von zusätzlichen Automaten an anderen Standorten hat die Schulleitung eine Baueingabe für die Mensa eingereicht. Daneben hat eine Lehrperson den Auftrag übernommen, die Mensa zu betreuen, um Verbesserungen so schnell als möglich zu erwirken.

Wie mit allen Massnahmen, die auf Grund von Wirkungsüberprüfungen eingeleitet werden, spielen mehrere Faktoren eine Rolle bei ihrer erfolgreichen Umsetzung. Dass nicht alles auf Anhieb klappt, darf hier nicht verschwiegen werden. Wichtig hingegen ist, dass Bemühungen, höheren Qualitätsansprüchen zu genügen, im Gange sind, und dass die Kantonsschule Sursee nicht stehen bleibt, sondern ihre Schulentwicklung mit Blick in die Zukunft betreibt.

Indikatoren als Pièce de Résistance der Wirkungsorientierten Verwaltungsführung

Bei der Umsetzung der Vorgaben der Wirkungsorientierten Verwaltungsführung haben sich die Auswahl der Indikatoren, deren Messung sowie die Interpretation dieser Messungen zum eigentlichen Kernstück der Wirkungsüberprüfung entwickelt. Erfahrungen mit den Messresultaten der harten wie der weichen Indikatoren haben ergeben, dass bei guter Definition der Standardwerte Abweichungen nach oben wie nach unten die Basis für die Qualitätsdiskussionen bilden. Diese Qualitätsdiskussionen, welche im Zentrum der Feedbackgespräche und der Feedbackberichte stehen, entfernen sich jedoch erfahrungsgemäss bereits wieder vom Prinzip der Messbarkeit. Dies leuchtet ohne weiteres ein, wenn man bedenkt, dass bereits bei der Definition des Standardwertes der guten Schule, des guten Schulklimas oder etwa der guten Unterrichtslektion fundamentale Definitionsprobleme auftauchen.

Heisst das nun, dass das System der Wirkungsorientierung im Schulbereich versagt, weil die Messbarkeit der Qualitätskriterien nicht immer gewährleistet ist?

Diese Frage würde ich ganz klar verneinen. Einerseits hilft die Definition von Standardwerten, sich als Schule überhaupt auf Qualitätsfaktoren zu einigen. Andererseits schafft sie eine grössere Transparenz, welche sich auf die Erfüllbarkeit der Qualitätsaufträge positiv auswirkt. Schliesslich können erst Qualitätsaufträge, welche explizit formuliert sind, von der Seite der Schule überhaupt erfüllt werden. Auch wenn der Erfolg von Feedbackgesprächen und Feedbackberichten nicht in absoluten Zahlen messbar ist, bedeutet das nicht, dass sie keine Wirkung zeigen. Feedbackgespräche und Feedbackberichte werden auch deshalb geschätzt, weil sie verdeutlichen, dass geleistete Arbeit auch wahrgenommen und honoriert wird.

Ein Qualitätsmanagement, welches zwar via Indikatoren Standardabweichungen misst, die Resultate jedoch den betroffenen Mitarbeiterinnen und Mitarbeitern nicht zugänglich macht, verliert einen grossen Teil seiner Wirkung. Wenn das Qualitätsmanagement zudem noch als System zur Suche nach schwarzen Schafen missbraucht wird, anstatt das zu dokumentieren, was erreicht werden konnte, wird es als Überwachungsinstrument einen grossen Teil seiner Wirkung verfehlen. Eines wurde mir im Zusammenhang mit dem Qualitätsmanagement einer Schule ganz klar: Eine Schule kann ihre Qualität nur dann verbessern, wenn diese Verbesserung auch der Wunsch aller an der Schule Beteiligten ist.

4 Schule (k)ein Sonderfall in der Wirkungsorientierten Verwaltungsführung

Wenn die Schule ein Sonderfall wäre, der nicht in die Wirkungsorientierte Verwaltungsführung passen würde, so müsste die gleiche Aussage für praktisch jeden Dienstleistungsbetrieb gemacht werden. Denn überall, wo das menschliche Verhalten die Qualität der erbrachten Leistung bestimmt, treten Schwierigkeiten bei der Messbarkeit der Leistungserbringung auf. Die Denkweise der Wirkungsorientierung aus diesem Grunde zu verwerfen, scheint mir aber weit am Ziel vorbeigeschossen. Die ergebnisorientierte Steuerung durch Leistungsvereinbarungen legt doch bereits den Grundstein für die Qualitätsdiskussion, für ein Umdenken in Richtung Leistungs- und nicht wie in der Vergangenheit Mitteldiskussion.

Die Komplexität der Leistungsvereinbarung einer Schule wird durch eine Analyse des Umfeldes offengelegt. Hier gilt es auf strategischer Ebene die Leistungsvereinbarungen nach Aktualität und Wichtigkeit zu gewichten und Mass zu halten, was die Machbarkeit der Auftragserfüllung anbelangt. Einen Weltrekord anzustreben, wenn weder Können, Motivation, noch Ausbildungsvoraussetzungen oder Ausrüstung gegeben sind, wird wenig Erfolg versprechen.

Ein weiterer Punkt, der die erfolgreiche Erfüllung von Leistungsaufträgen unterstützt, ist das sinnvolle Miteinbeziehen der Mitarbeiterinnen und Mitarbeiter in den Bereichen, die für sie wichtig sind. Bei den Lehrpersonen sind das neben dem Kerngeschäft Unterricht auch die von ihnen definierte Schulqualität als Ganzes. Dass ergänzend dazu auch Qualitätserhebungen auf Schulleitungsebene zu erfolgen haben, versteht sich von selbst. Wichtig ist dabei, dass transparent gemacht wird, woran die zu erbringende Leistung gemessen wird.

Bei der Festlegung der Messgrössen oder Indikatoren einer Schule sollte ein gewisser Ausgleich zwischen harten und weichen Indikatoren gefunden werden, damit nicht der Eindruck entsteht, dass sich die Schule vor einem Vergleich oder Benchmarking scheut. Da die Einführung einer Vollkostenrechnung auf der finanziellen Seite bereits eine hohe Kostentransparenz mit sich bringt, wird in den Jahreskontrakten der qualitativen Leistungserbringung vermehrt Aufmerksamkeit geschenkt. Dabei stellen sich nach Erhebung der Messdaten klar das Feedbackgespräch und der Feedbackbericht als wichtige Bestandteile der neuen Leistungsdefinition heraus. Im Verlaufe der Jahre wurde an der Kantonsschule Sursee gerade diesem Instrument der Rückmeldung vermehrt Aufmerksamkeit geschenkt. Einerseits förderte dies das Verständnis füreinander, andererseits wurde es als Zeichen der Wertschätzung sehr positiv aufgenommen. Auch kritische Bemerkungen haben in einem Umfeld des Vertrauens und der Toleranz eine weit höhere Chance ernst genommen zu werden. Damit schliesst sich der Zyklus Leistungsdefinition, Zielvereinbarung, Umsetzung und Controlling, der den Schulentwicklungsprozess fördert. Sich diesem Zyklus zu verschreiben heisst, sein eigenes Handeln immer wieder auf die beabsichtigte Wirkung hin zu überprüfen.

Literaturverzeichnis

Gonon, Philipp/Hügli, Ernst/Landwehr, Norbert/Ricka, Regula/Steiner, Peter (2001): Qualitätssysteme auf dem Prüfstand, 3., aktualisierte Aufl., Aarau 2001.

Hügli, Ernst (1998): Die ISO-Norm für Schulen, Aarau 1997.

Spiess, Kurt (1997): Qualität und Qualitätsentwicklung, Aarau 1997.

Qualitätsentwicklung: Konzeptionelle Überlegungen am Beispiel der Elternbefragung der Primarschule Aarberg

Adrian Ritz

1   Reformbedarf und Reformdiskussion..136
2   Qualitätsmanagement zur Umsetzung des NPM in Schulen 139
    2.1   Grundlagen und Grundideen des Qualitätsmanagements.................139
    2.2   Offene Fragen zum Management der Schulqualität 142
3   Vorschläge zur Erfassung und zum Management der Schulqualität 144
    3.1   Die Qualitätsbereiche einer Schule 144
    3.2   Qualitätsindikatoren und Qualitätsstandards 145
    3.3   Indikatoren zur Messung der Wirtschaftlichkeit 149
    3.4   Die Datenbeschaffung zur Qualitätsbewertung 151
4   Das Qualitätsmanagementsystem der Aarberger Primarschule................154
    4.1   Wichtigste Entwicklungsschritte..155
    4.2   Einordnung der Qualitätsmanagementinstrumente in das
            allgemeine Qualitätsmanagementmodell..159
    4.3   Die Elternbefragung als zentrales Evaluationsinstrument 163
    4.4   Strukturierung und Beurteilung der Qualitätsvorgaben...................164
    4.5   Inhalte der Elternbefragung..166
5   Fazit..171
Literaturverzeichnis...171

Die Grundlage zu diesem Artikel bildet die am Institut für Organisation und Personal der Universität Bern verfasste Lizentiatsarbeit „Qualitätsentwicklung und New Public Management an der Primarschule Aarberg" von Cristian Kühn.

1 Reformbedarf und Reformdiskussion

Diskussionen zur Reformbedürftigkeit des Schulsystems und damit auch Fragen nach den Merkmalen, die eine „gute Schule" aufweisen soll, sowie nach den Mitteln zur Entwicklung oder Sicherung dieser Merkmale sind nicht neu. Sie bildeten schon immer ein zentrales Thema der erziehungswissenschaftlichen Forschung und Praxis (vgl. u. a. Oelkers 1993: 127). Verschiedene miteinander verbundene Faktoren haben jedoch dazu geführt, dass die Reformdiskussion heute intensiver geführt wird und auch die effektive Schulentwicklung vor Ort verstärkt beeinflusst.

Zu erwähnen sind in diesem Zusammenhang insbesondere gesellschaftspolitische Entwicklungen, welche die Erwartungen der Öffentlichkeit und der Eltern an das Schulsystem in den letzten Jahren deutlich gesteigert haben. Die Schule soll nicht nur Wissen und Fähigkeiten vermitteln, die den aktuellen Anforderungen weiterführender Bildungsinstitutionen oder zukünftiger Arbeitgeber entsprechen, sie soll auch ihren Beitrag zur Lösung gesellschaftlicher Probleme (z. B. zunehmender Gewaltbereitschaft der Jugendlichen) leisten und die häufig voll berufstätigen Eltern in ihrer Erziehungstätigkeit zum Teil unterstützen, zum Teil sogar ersetzen. Dass die Schulen angesichts dieser Erwartungen immer öfter überfordert sind, zeigen verschiedenste Krisensymptome wie „Minimalismus", „Immobilismus" und „Burn-out" eines Teils der Lehrer, Cliquen im Kollegium, Auflösung pädagogischer Weltbilder als Merkmale der Schulkultur, Leitungsprobleme und Lähmungserscheinungen im Schulmanagement (vgl. Hüchtermann et al. 1995: 7 f.). Über die Verbreitung bzw. effektive Bedeutung dieser Symptome kann man sicher unterschiedlicher Meinung sein. Die öffentliche Diskussion dieser Fragen ist jedoch zumindest als Anzeichen einer wachsenden Unzufriedenheit mit der Schule bzw. ihren Exponenten zu verstehen. Diese äussert sich auch in einer zunehmenden Kritik der „Abnehmer" an den im Schulsystem erbrachten Leistungen der Lehrerschaft und der Schüler.

Als weiterer nicht minder wichtiger Einflussfaktor sind die sinkenden Fiskaleinnahmen zu erwähnen, die bei generell höheren Leistungsansprüchen an den Staat in den letzten Jahren immer häufiger zu Budgetdefiziten führten (vgl. u. a. Budäus 1998: 2 ff.). Dass die „leeren Kassen trotz vollen Klassen" auch für die Schulen zu Budgetkürzungen und entsprechenden Sparprogrammen führten, erhöhte den Problemdruck in den Schulen und damit auch die Notwendigkeit, nach neuen Wegen zur Lösung der anstehenden Probleme zu suchen.

In der aufgrund dieser Faktoren verstärkten Diskussion zur Schulreform lassen sich grob zwei Lösungsansätze unterscheiden:

- Die aus Forschungsergebnissen der Pädagogik entstandenen Vorstellungen von der „guten Schule" bzw. der Schule guter Qualität (vgl. z. B. Dubs 1994: 13)
- Das von Politik und Wissenschaft vorgeschlagene New Public Management als Mittel zur wirtschaftlicheren, effizienteren und effektiveren Führung von Bildungseinrichtungen (vgl. Dubs 1996a: 7)

Die Vorstellungen von den Merkmalen einer „guten Schule" sind naturgemäss vielfältig. Es existieren jedoch einige allgemein anerkannte Kriterien, welche die Qualität einer „guten Schule" ausmachen. Wichtig erscheinen insbesondere folgende Merkmale (vgl. u. a. Aurin 1991: 25 ff. und Dubs 1998b: 397):

- Hohes leistungsorientiertes Schulethos
- Eigene, alle Teilbereiche, Abteilungen und Klassen übergreifende Schulkultur
- Gute Zusammenarbeit und Kommunikation zwischen Lehrkräften und Schulleitung
- Methodisch-didaktischer Konsens eines personell stabilen Lehrerkollegiums
- Regelmässige Weiterbildung des Lehrerkollegiums
- Schulleitung, die bereit und fähig ist, die Schule im Sinne eines „Leadership" zu führen
- Wirksam genutzte Unterrichtszeit und wirksam genutzte Ressourcen
- Fähigkeit zur Selbstentwicklung bzw. zur stetigen Weiterentwicklung der Schule

Die aufgeführten Merkmale eignen sich naturgemäss als generelle Indikatoren zur Beurteilung der Schulqualität. Sie bilden deshalb auch eine interessante theoretische Leitlinie für die Erarbeitung eines Ansatzes zur Schulevaluation.

Zu den Grundideen und Instrumenten des NPM wird hier primär auf den Einleitungsartikel von Thom und Ritz in diesem Buch verwiesen. Für die Politiker lag es nahe, den NPM-Ansatz auch auf die öffentlichen Schulen anzuwenden, da diese Teil der Staatsverwaltung sind, und zumindest bei grober Betrachtung kein Grund auszumachen ist, „... weshalb das Gesundheitswesen diesem Ansatz unterstellt werden sollte, die Schule aber nicht" (Dubs 1996a: 7). Gerade hier könnte jedoch folgendes Problem entstehen: Pädagogen befürchten, dass mit dem New Public Management „einseitige" wirtschaftliche und finanzielle Betrachtungsweisen Einzug in den Schulalltag halten und pädagogische Anliegen zu dominieren drohen. So schreibt z. B. Ragni: „Die Schule ist kein Unternehmen! Erzieherische Kompetenzvermittlung und die Tradierung identitätsstiftender Allgemeinbildung geraten immer mehr unter die Räder und gelten bald unter der Hand als lästiger betrieblicher Kostenfaktor." (Ragni 1997: 5)

Die im NPM zusammengefassten Managementansätze sind situativ, d. h. unter Berücksichtigung der spezifischen Rahmenbedingungen und Zielsetzungen von Verwaltungseinheiten anzuwenden. Sie lassen sich demgemäss auch an die spezifischen Bedingungen der Führung einer Schule anpassen und sind nicht a priori „antipädagogisch". Anzustreben ist deshalb eine Integration der Leitidee der „guten Schule" mit den Vorstellungen des NPM zur Sicherung von Effektivität und Effizienz bei der Verwirklichung der „guten Schule" (vgl. Dubs 1998b: 397).

Als geeignetes Bindeglied zwischen den leider oft zu weit auseinanderliegenden Vorstellungen über eine „gute Schule" und einer „effizienten und effektiven Schule" eignet sich das Qualitätsmanagement zur Umsetzung von NPM-Elementen besonders gut. Dies u. a. auch aufgrund der grossen Verbreitung und Akzeptanz qualitätsfördernder Bestrebungen im Bildungssektor.

2 Qualitätsmanagement zur Umsetzung des NPM in Schulen

2.1 Grundlagen und Grundideen des Qualitätsmanagements

Qualitätsmanagement wird heute weitgehend als Total Quality Management (TQM) verstanden (zum Wandel des Qualitätsmanagement-Begriffes vgl. Seghezzi 1996: 198 ff.), das die Deutsche Gesellschaft für Qualität wie folgt definiert: „Total Quality Management ist eine auf Mitwirkung aller ihrer Mitglieder beruhende Führungsmethode einer Organisation, die Qualität in den Mittelpunkt stellt und durch die Zufriedenheit der Kunden auf den langfristigen Geschäftserfolg sowie auf den Nutzen für die Mitglieder der Organisation und für die Gesellschaft zielt" (Meffert/Bruhn 1997: 248). Die Grundgedanken dieses Qualitätsansatzes lassen sich anhand der folgenden drei TQM-Bausteine für die Schule verdeutlichen (vgl. Bruhn 1995: 41):

1. „Total" beinhaltet die Einbeziehung aller an der Erbringung von Bildungsleistungen beteiligten Personen wie Lehrer, Schüler, Eltern, Erziehende sowie andere Bildungsinstitutionen oder der Arbeitsmarkt.

2. „Quality" verweist auf die konsequente Qualitätsorientierung aller bildungsgenerierenden Prozesse sowie der damit verbundenen Beziehungen zu allen internen und externen Anspruchsgruppen.

3. „Management" bedeutet die Übernahme der Verantwortungs- und Vorbildfunktion für die Dienstleistungsqualität durch die Schulleitung, verbunden mit einem partizipativen Führungsstil.

Die Anwendung des Qualitätsmanagements in der Praxis wird normalerweise als Kreislaufprozess aufgefasst. In der Literatur wird dazu der so genannte „Deming-Kreis" vorgestellt, der dem in den 50er Jahren in Japan entstandenen ersten Qualitätspreis, dem „Deming Prize", entstammt. Der klassische „Deming-Kreis" zerlegt den Qualitätsmanagement-Prozess in die folgenden vier Phasen (vgl. Bieger 1998: 172):

1. „plan" (planen)

2. „do" (durchführen)

3. „check" (prüfen)

4. „act" (handeln)

Eine interessante Weiterentwicklung der Idee dieses Konzepts findet sich bei Meffert/Bruhn (1997: 256). Diese führen neu als weitere Teilaufgabe die sog. „Qualitätsmanagementdarlegung" ein. Die Qualitätsmanagementdarlegung umfasst die Dokumentation und Sicherstellung, dass die angebotene Dienstleistung die Qualitätsanforderungen erfüllt, und beinhaltet damit die im modernen Qualitätsmanagement wichtigen Aufgaben der Qualitätssicherung und Qualitätszertifizierung. Abbildung 1 verbindet anschaulich die Teilaufgaben des Deming-Kreises mit der Grundidee des TQM, der kontinuierlichen Qualitätsverbesserung durch Qualitätssicherung.

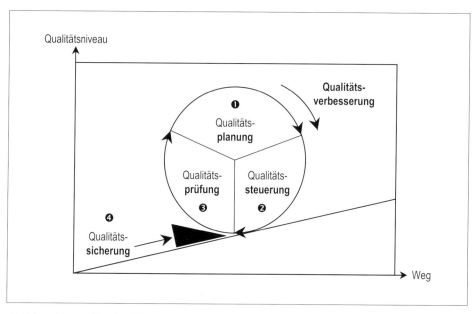

Abbildung 1: Der Qualitätsmanagementprozess

Bezogen auf einen konkreten Anwendungsfall beinhalten die in Abbildung 1 unterschiedenen vier Phasen folgende Teilaufgaben:

(1) In der Phase der Qualitätsplanung werden insbesondere die zu erreichenden Qualitätsziele und sonstigen Qualitätsanforderungen festgelegt. Zur Definition dieser Anforderungen wird einerseits auf die Wünsche der Kunden und anderer Bezugsgruppen, andererseits auf Vorgaben übergeordneter Instanzen – z. B. auf die strategischen Ziele der Schulkommission oder der Bildungsdirektion – zurückgegriffen.

(2) Die Qualitätslenkung basiert auf den Ergebnissen der Qualitätsplanung. Sie umfasst alle Aktivitäten, die nötig sind, um die Erfüllung der Qualitätsziele sicherzustellen. Im Vordergrund stehen dabei:

- Mitarbeiterbezogene Massnahmen (z. B. Schulung, Anreizsystem, Information, Integration, Verteilung der Qualitätsverantwortung)

- Kulturbezogene Massnahmen (z. B. Führungsschwerpunkte, Leitbild, Kommunikation, Information, Anreizsystem, Personalauswahl) und

- Organisationsbezogene Massnahmen (z. B. Aufbau- und Ablauforganisation, Installation von Qualitätszirkeln, Koordination und Verankerung der Qualitätsverantwortung).

(3) In die Phase der Qualitätsprüfung fallen alle Massnahmen zur Ermittlung der Qualitätsanforderungen der Abnehmer von Bildungsleistungen, aber auch anderer Anspruchsgruppen. Dazu kommen ergänzende Massnahmen zur Evaluation der Erreichung der Anforderungen. Gegenstand der Überprüfung sind dabei sowohl die Organisation als Ganzes, wie auch Teilbereiche (Abteilungen) und einzelne Mitarbeiter der Schule. Im Allgemeinen wird dabei zwischen der internen Selbstevaluation und der externen Fremdevaluation unterschieden. Speziell für die externe Qualitätsprüfung durch den „Kunden" existieren eine Vielzahl quantitativer und qualitativer Befragungsmethoden (vgl. z. B. Parasuraman et al. 1988: 12 ff.; Scharnbacher/Kiefer 1998; Hentschel 2000: 289 ff.), die adaptiert auch als Instrumente zur Beurteilung der Schulqualität in Frage kommen.

(4) Die Qualitätssicherung i. S. der Qualitätsmanagementdarlegung enthält „... alle geplanten und systematischen Tätigkeiten, die innerhalb des Qualitätsmanagementsystems verwirklicht und wie erforderlich dargelegt sind, um angemessenes Vertrauen zu schaffen, dass die angebotenen Dienstleistungen die jeweilige Qualitätsanforderung erfüllen werden" (Deutsche Gesellschaft für Qualität, zit. n. Meffert/Bruhn 1997: 263). Konkret geht es dabei in erster Linie

um alle Aktivitäten, die eine institutionelle Qualitätszertifizierung sicherstellen. Man kann sich aber natürlich auch eine Beteiligung an Qualitätswettbewerben, die zu Qualitätspreisen führen, vorstellen. Darüber hinaus ist auch denkbar, dass Schulen die Ergebnisse von Schüler- und Elternbefragungen sowie anderen Qualitätsmessungen intern, eventuell auch extern kommunizieren, um eine qualitätsorientierte Grundeinstellung der Lehrpersonen zu fördern.

Offensichtlich besteht zwischen den einzelnen Phasen des Qualitätsmanagements ein enger Zusammenhang. Insbesondere setzen Qualitätsplanung und Qualitätsprüfung klare Vorstellungen von der anzustrebenden Qualität voraus. Bei der Anwendung von TQM-Konzepten geht man davon aus, dass die anzustrebende Qualität letztlich der von den Kunden (subjektiv) gewünschten Qualität entsprechen sollte (vgl. Bruhn 1998: 24). Damit werden die Ermittlung der Anforderungen an das Bildungswesen und die einzelne Schule sowie die Bestimmung der Zufriedenheit der Anspruchsgruppen zur wichtigsten Basis der qualitätsorientierten Schulführung. Naturgemäss stellt sich die Frage, ob und inwieweit derartige „unternehmerische" Überlegungen für ein gezieltes Management der Schulqualität übernommen werden können bzw. sollen.

2.2 Offene Fragen zum Management der Schulqualität

Dass die Einführung von NPM-Konzepten an Schulen keine einfache Angelegenheit darstellt, zeigen die oft kontrovers geführten Debatten zu diesem Thema in der Fachliteratur (vgl. z. B. Herrmann 1996: 313 und Dubs 1996c: 330 ff.). Diskutiert werden insbesondere auch die für das Qualitätsmanagement von Schulen zentralen Themen der Definition und Beurteilung der Schulqualität. Konkret geht es dabei u. a. um Fragen der folgenden Art (vgl. insbesondere Steffens/Bargel 1993: 17 ff. und Dubs 1996a: 27 ff.):

- Sollen die Qualitätskriterien deduktiv aus wissenschaftlichen Vorstellungen von der guten Schule abgeleitet werden oder sind sie induktiv durch empirische Forschung in Schulen zu ermitteln?
- Wer soll die Anforderungen an die Schulqualität festlegen – die übergeordnete Behörde, die Schulleitung oder die „Abnehmer"?
- Soll die Überprüfung der Qualität durch Selbstevaluation oder durch Fremdevaluation erfolgen? Wer soll die Fremdevaluation durchführen, z. B. die

Schulbehörden, spezialisierte Institutionen oder Fachkollegen (sog. Peer Reviews)?

- Welche Bedeutung soll einer Beurteilung der Schulqualität durch die Schüler und/oder die Eltern beigemessen werden?
- Soll die Beurteilung normativ, ausgehend von übergeordneten Zielvorstellungen, oder komparativ, durch Vergleich mit den „Resultaten" anderer Schulen (z. B. im Rahmen eines Benchmarking), durchgeführt werden?
- Soll man allein im Sinne einer Produktorientierung auf die schulischen Wirkungen (z. B. in Form von Prüfungsergebnissen) abstellen oder soll man im Sinne einer Prozessorientierung auch die „unterrichtlich-erzieherischen Verhältnisse" (Steffens/Bargel 1993: 17) einbeziehen?
- Welche Rolle sollen wirtschaftliche Kriterien, wie sie z. B. Buschor fordert, spielen (vgl. Buschor 1993)?

Eine differenzierte Beantwortung dieser Fragen übersteigt zweifellos den Rahmen dieses Artikels. Sie erweist sich zumindest z. T. als unnötig, wenn man das Modell der teilautonomen Schule akzeptiert (vgl. dazu Dubs 1996b und Brönnimann 1998). Da entsprechend diesem Modell u. a. die Organisationsautonomie und damit auch die darin eingeschlossene Autonomie der Einführung und Handhabung von Qualitätsmanagement-Konzepten bei der einzelnen Schule liegt, darf der hier vorgelegte Text sich darauf beschränken, Antwortmöglichkeiten aufzuzeigen, kann jedoch die definitive und situationsbezogene Beantwortung der aufgeworfenen Fragen den zuständigen Fachleuten vor Ort überlassen. Erleichtert wird diese Aufgabe durch den Umstand, dass Dubs ausgehend von spezifisch schweizerischen Verhältnissen verschiedene Vorschläge zur Einführung von Qualitätsmanagement-Konzepten gemacht hat, die auf dem Modell der teilautonomen Schule aufbauen (vgl. u. a. Dubs 1996a und Dubs 1998a). Im Folgenden sollen deshalb in erster Linie diese Vorschläge vorgestellt und als Basis für ein NPM-bezogenes Qualitätsmanagement-Konzept genutzt werden.

3 Vorschläge zur Erfassung und zum Management der Schulqualität

3.1 Die Qualitätsbereiche einer Schule

Zur Erfassung und Beurteilung der Schulqualität lassen sich gemäss Abbildung 2 drei Qualitätsbereiche unterscheiden (vgl. Dubs 1998a: 20). Diese drei Bereiche stimmen grundsätzlich mit den zentralen Handlungsgrössen eines umfassenden Public-Management-Ansatzes, der auch auf das öffentliche Bildungswesen übertragen werden kann, überein (vgl. Ritz/Blum 2001: 7).

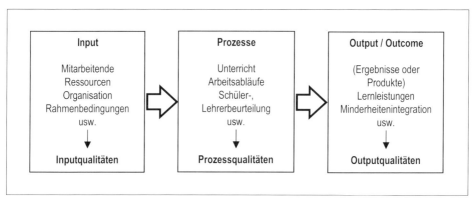

Abbildung 2: Die drei Bereiche der Schulqualität

Der Qualitätsbereich der Inputqualitäten umfasst all jene Faktoren, welche als Ressourcen oder als Rahmenbedingungen in den Leistungserbringungsprozess der Schule eingehen und mithin dessen Qualität beeinflussen. Als Beispiele für Faktoren dieser Art werden u. a. die Qualifikationen der Lehrkräfte, die Aufbauorganisation der Schule, die Schulleistungsfähigkeit der Schüler oder rechtliche und kulturelle Rahmenbedingungen genannt.

Die Prozessqualitäten beziehen sich auf das Schulleben als Ganzes. Es geht um eine Vielzahl von Faktoren wie z. B. Unterrichtsqualität, Schulklima, Zusammenarbeit der Lehrkräfte, Arbeitsorganisation und Arbeitsabläufe, die ihrerseits das Leistungsergebnis (Output) und dessen Wirkungen (Outcome) bzw. die Produktqualitäten bestimmen.

Wie bereits angemerkt, spielen im Rahmen von NPM-Projekten die Produktqualitäten (Output und Outcome) eine besondere Rolle. Dies hat primär damit zu tun, dass sie den geforderten Bezug zum Leistungsabnehmer herstellen und die Basis für die „Kundenorientierung" der zu beurteilenden organisatorischen Einheit bilden. Es erscheint a priori nicht ohne weiteres verständlich, was der Ausdruck „Produktqualität" im Zusammenhang mit der Schule bedeutet. Betrachten wir jedoch die Leistungsprozesse einer Schule näher, dann lassen sich einzelne Leistungsergebnisse oder eben Produkte identifizieren wie z. B. die Bücherausleihe der Schulbibliothek, die Lernleistungen der Schüler in einem bestimmten Fach oder die Belegung von Freikursen.

3.2 Qualitätsindikatoren und Qualitätsstandards

Die drei Kriterien der Wirtschaftlichkeit, Effizienz und Effektivität bezüglich der Input-, Prozess- und Produktqualitäten bilden die Grundlage der im Folgenden betrachteten Phase „Qualitätsprüfung" im Rahmen des Qualitätsmanagementprozesses (vgl. zu den Kriterien Thom/Ritz 2004: 219 f. und zur Einbettung jener in das Schulsystem Dubs 1998a: 21). Um sie zu diesem Zweck einsetzen zu können, werden aussagekräftige Indikatoren zur Messung dieser generellen Qualitätsdimensionen benötigt. Es wird allgemein anerkannt, dass die Entwicklung derartiger Indikatoren Probleme aufwirft, deren Lösung weitgehend von der spezifischen Schulsituation abhängt. Im Hinblick auf die Erarbeitung entsprechender situationsspezifischer Qualitätsindikatoren für die Aarberger Schulen im Kapitel 4 dieses Artikels lohnt es sich, den häufig zitierten Vorschlag von Dubs zur Ableitung derartiger Messgrössen kurz darzustellen (vgl. zum Folgenden Dubs 1998a: 22 ff.).

Mit dem in Abbildung 3 dargestellten „Variablenmodell zur wissenschaftlichen Erfassung der Schulqualität" wird eine erste (grobe) Liste von Qualitätsindikatoren vorgeschlagen, die von vielen anderen Autoren wieder aufgegriffen und zur Basis weiterer Überlegungen zum Qualitätsmanagement von Schulen gemacht wird (vgl. z. B. Herrmann 1996: 322). Dabei werden unter Qualitätsindikatoren Kriterien verstanden, mit deren Hilfe die Qualität umschrieben und erfasst wird.

Zur Ableitung der Qualitätsindikatoren eigenen sich primär drei Quellen:

- Der Lehrplan der Schule

- Weitere Zielsetzungen der Schule, die erzieherischen Zielvorstellungen der Lehrkräfte sowie die Erwartungen von Behörden und Eltern

- Das Leitbild der Schule als sehr gute Grundlage für die Ableitung von Qualitätsindikatoren

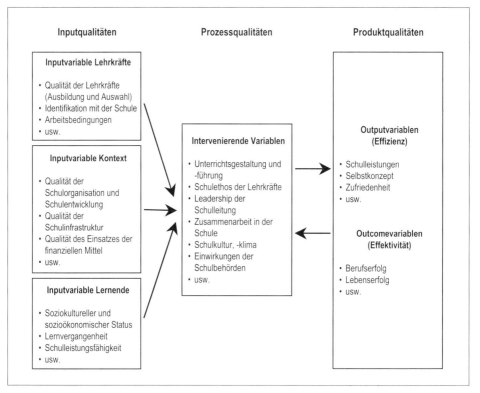

Abbildung 3: Variablenmodell zur wissenschaftlichen Erfassung der Schulqualität (Quelle: Dubs 1998a: 34)

Es ist wichtig desweiteren darauf hinzuweisen, dass zur Anwendung der Qualitätsindikatoren Qualitätsstandards benötigt werden, die Mindestvoraussetzungen umschreiben, damit die Schulqualität für einen bestimmten Qualitätsindikator genügend ist. Aufbauend auf diesen Überlegungen präsentiert Dubs die in Abbildung 4 dargestellte Auswahl von Qualitätsindikatoren und Qualitätsstandards, die interessante erste Ideen und Anregungen zur Erarbeitung einer eigenständigen, situationsspezifischen Liste von Messkriterien und dazugehörenden Datenquellen und Messverfahren enthält (vgl. Dubs 1988a und die dort zitierte Literatur: 23 ff.).

Qualitäten/ Qualitätsindikatoren	Auswahl von Beispielen[1]	Quellen	Qualitätsstandards
1. Inputqualitäten			
1.1 Inputvariable Lehrkräfte	Qualität des Auswahl- und Einstellungsverfahrens	Arbeitsablaufanalyse	Optimierung
	Fortschrittskontrollen bei Neueinstellungen	Mentorberichte	Schulleitbild
	Abwesenheitskontrolle	Schulstatistik	
	Besuch von Lehrerfortbildungsveranstaltungen	Schulstatistik	Schulleitbild
	Identifikation der Lehrkräfte mit der Schule	Schulethosuntersuchung	
1.2 Inputvariable Kontext	Qualität aller Arbeitsabläufe in der Schule	Arbeitsablaufanalyse	
	Qualität des Leitbildes und des Lehrplanes	Beurteilungsbogen (Eltern, Schüler, Wirtschaft)	
	Zufriedenheit mit dem Lehrplan	Schülerbefragung	
	Einsatz von Lehrbüchern und Unterrichtsmaterial	Selbstbeurteilung durch Lehrkräfte oder Schülerbefragung	
	Qualität des Einsatzes der finanziellen Mittel	Kosten-Nutzen-Analyse	Optimierung

(Fortsetzung auf der nächsten Seite)

2. Prozessqualitäten				
2.1	Qualität der Schulentwicklungsarbeiten	Zusammenarbeit und Ergebnisse der Schulentwicklung	Beobachtung und Fragebogen	Theoretische Darstellung des Idealfalles aus der Literatur
		Beurteilung der Schulentwicklungsarbeiten	Kriterienliste Innovationstest	Theoretische Darstellung des Idealfalles aus der Literatur
2.2	Qualität der Unterrichtsgestaltung und Unterrichtsführung	Beurteilung der Lehrkräfte durch Schülerschaft	Beurteilungsbogen für die Schülerinnen und Schüler	Ergebnisse aus der Forschung über Lehrerverhalten
		Unterrichtsanalysen bei den Lehrkräften	Kriterienliste der Unterrichtsführung	
		Qualität der schulinternen Lehrerfortbildung	Beurteilungsbogen für Lehrkräfte	
		Verwirklichung von Innovationen im Unterricht	Berichte der Lehrkräfte mit Selbstbeurteilung	
		Qualität der Prüfungen und Notengebung	Analyse anhand von Qualitätsvorgaben	Leitfaden für Prüfungen und Notengebung
2.3	Qualität der Führung einer Schule	Beurteilung der Schulleitung durch die Lehrkräfte und vorgesetzte Behörde	Beurteilungsbogen	Ergebnisse aus der Forschung über Führungsverhalten
2.4	Qualität der Zusammenarbeit in der Schule	Qualität der Interaktionen	Soziometrische Techniken	
2.5	Qualität der administrativen Prozesse	Überprüfen aller Arbeitsabläufe an der Schule	Arbeitsablaufanalyse	Optimierung
2.6	Qualität des Schulklimas	Erfassung des Schulklimas aus der Sicht der Lehrerschaft, der Schülerschaft, der Eltern, der Schulangestellten	Schulklima, Inventare	Normwerte
2.7	Wohlbefinden in der Schule	Wellness (Wohlbefinden von Lehrkräften und Schülern)	Analysebogen	Normwerte

(Fortsetzung auf der nächsten Seite)

3. Produktqualitäten			
3.1 Effizienz	Schülerleistungen gemäss Lehrplan	Schulleistungstests	definierte Testwerte
	Ausfall-Raten (drop-out)	Schulstatistik (Nichtpromotionen)	bestimmter Prozentsatz
	Selbstkonzept	Selbstbild-Fragebogen	Vergleich mit anderen Schulen
	Integration von Schülern aus Minderheiten	Schulstatistik (erfolgreiche Abschlüsse)	Vergleich mit anderen Schulen
	Entwicklung von intellektuellen Fähigkeiten	Fähigkeitstests	definierte Testwerte
	Entwicklung von Werthaltungen	Moralischer Urteilstest MUT	Normwerte
	Zufriedenheit mit der Schule	Befragung der Lehrerschaft, Schülerschaft, Eltern, Schulangestellten	Normwerte
3.2 Effektivität	Erfolgreiche Zulassung zu höheren Schulen	Ergebnisse von Zulassungstests	Bestimmte Zielvorgabe
	Erfolge an Berufswettbewerben	Ergebnisse aus Berufstests	Bestimmte Zielvorgabe
	Bereitschaft in der Freizeit an einem Projekt in einem sozialen Bereich mitzuarbeiten	Anzahl Teilnehmer und Teilnehmerinnen	Bestimmte Zielvorgabe
	Lebensstellung ehemaliger Schülerinnen und Schüler	Mitgliederverzeichnis von Ehemaligenvereinen	Vergleich mit anderen Schulen
[1] Es wird keine Vollständigkeit angestrebt.			

Abbildung 4: Auswahl möglicher Qualitätsindikatoren und Qualitätsstandards

3.3 Indikatoren zur Messung der Wirtschaftlichkeit

Das dritte Basiskriterium neben der Effizienz und Effektivität zur Beurteilung von Schulen, die Wirtschaftlichkeit, ist kein Bestandteil klassischer Qualitätsmanagementsysteme (vgl. z. B. die umfassende Darstellung derartiger Systeme bei Gonon et al. 1998: 17 ff.). Auch im Variablenmodell in Abbildung 4 wird das Kriterium nicht integriert und damit getrennt von den eigentlichen Qualitätsfragen behandelt.

Im Zusammenhang mit der Erarbeitung konkreter Beurteilungsmassstäbe nimmt das Kriterium ebenfalls eine Sonderstellung ein. Als quantitative, vergleichsweise leicht in Geldeinheiten erfassbare Variable bietet es viele interessante Ansatzpunkte zur Entwicklung von Indikatoren, die „harte" Vergleiche ermöglichen, welche bisher im öffentlichen Sektor und besonders im Bildungsbereich weitgehend unbeachtet blieben.

Abbildung 5 enthält eine Auswahl derartiger Indikatoren, die diese Aussage illustrieren. Dabei kann zwischen Inputindikatoren, sowie Output- und Outcomeindikatoren unterschieden werden (vgl. Dubs 1996a: 31 ff. und Thom/Ritz 2004: 214 ff.). Es ist nicht auszuschliessen, dass gerade die einfache und gleichzeitig „harte" Messbarkeit der Wirtschaftlichkeitsindikatoren dazu verleiten kann, diesen im Rahmen des NPM grössere Bedeutung einzuräumen als den schwieriger anwendbaren Qualitätsindikatoren. Um der hiermit verbundenen Gefahr einer „Ökonomisierung der Bildung" (vgl. Herrmann 1996: 314) zu begegnen, sollte deshalb zu Recht gefordert werden, dass NPM weder ein eindimensionales Sparmodell, noch eine Möglichkeit der Eltern und Politiker, die Lehrerschaft zu disziplinieren, sein darf. Eine sinnvolle Anwendung des NPM in Schulen bedingt demnach eine ausgewogene Berücksichtigung von Qualitäts- und Wirtschaftlichkeitsüberlegungen in einer ganzheitlichen Betrachtung.

Inputindikatoren (für Schulen des gleichen Typus)
• Ausgaben pro Schüler und Jahr je Schule
• Ausgaben für Lehrpersonal pro Schüler und Jahr je Schule
• Ausgaben für die Schulverwaltung pro Schüler und Jahr je Schule
• Ausgaben für Unterrichtsmittel und -material pro Schüler und Jahr je Schule
• Ausgaben für Gebäudeunterhalt pro Schüler und Jahr je Schule
• Ausgaben pro erteilte Lektion je Schüler
• Ausgaben pro erteilte Pflichtlektion je Schüler
• Ausgaben pro erteilte Freifachstunde je Schüler

(Fortsetzung auf der nächsten Seite)

Qualitätsentwicklung: Elternbefragung 151

(Input-) Outputindikatoren
• Verhältnis des Mitteleinsatzes zu den Lernleistungen der Schülerinnen und Schüler (jedes Jahr/beim Abschluss)
• Verhältnis des Mitteleinsatzes zur Zufriedenheit der Lernenden mit der Schule
• Verhältnis des Mitteleinsatzes zur Anzahl der erfolgreichen Belegung von Freifächern
• Lehrplan im Verhältnis zu Kontakten/Beziehungen zwischen Lehrpersonen und Lernenden
• Verhältnis des Mitteleinsatzes für individualisierte Unterrichtsverfahren zu den Lernleistungen
• Verhältnis der Personalkosten zu den Lernleistungen (oder zur Zufriedenheit usw.)
• Verhältnis der Betriebskosten zu den Lernleistungen (oder zur Zufriedenheit usw.)
(Input-) Outcomeindikatoren
• Verhältnis der eingesetzten Mittel zur Anzahl der erfolgreichen Übertritte in eine höhere Schule
• Verhältnis der eingesetzten Mittel zur Anzahl der Übertretenden mit erfolgreichem Abschluss
• Lehrplan im Verhältnis zum beruflichen Erfolg
• Verhältnis des Mitteleinsatzes zur Zahl der erfolgreichen Unterschichtkinder/Gastarbeiterkinder

Abbildung 5: Indikatoren zur Anwendung des Basiskriteriums „Wirtschaftlichkeit" (in Anlehnung an Dubs 1998a: 31 ff.)

3.4 Die Datenbeschaffung zur Qualitätsbewertung

Im Folgenden sollen kurz Probleme angesprochen werden, die etwas mit der Beschaffung der zur Qualitätsbewertung verwendbaren Daten und dem Bewertungsprozess selbst zu tun haben. Konkret stellen sich in diesem Zusammenhang die Fragen:

- Welche Personen sollen als „Untersuchungssubjekte" bei der Datenbeschaffung berücksichtigt werden? Welche weiteren Informationsquellen sind gegebenenfalls zu nutzen?

- Welche Datenbeschaffungsmethoden können hierfür eingesetzt werden?

- Was kann als Standard zur Präzisierung der Bewertung bzw. Beurteilung herangezogen werden?

Alle diese Fragen werden eingehend im praktischen Kontext des Aarberger Schulprojekts im vierten Kapitel zu diskutieren sein. Deshalb geht es im Folgenden nur darum, einen gewissen Überblick zu schaffen, der eine Einordnung der später zu behandelnden Anwendungsprobleme erlaubt.

Als Untersuchungspersonen, die als „Informationsquellen" zur Beschaffung von qualitätsrelevanten Daten dienen können, kommen grundsätzlich alle Personengruppen in Frage, die als „stakeholder" am Schulgeschehen teilnehmen oder an Schulleistungen, besser wohl Schülerleistungen, interessiert sind. Abbildung 6 vermittelt diesbezüglich einen groben Überblick, der zudem kurze Hinweise auf primär beschaffbare qualitätsbezogene Daten enthält. Zusätzlich ist daran zu denken, dass auch Dokumente wie Leitbilder, Leistungsaufträge, frühere Qualitätsrapporte und schliesslich auch Kostenrechnungssysteme (falls vorhanden) interessante Daten für ein umfassendes Qualitäts- und Wirtschaftlichkeitsmanagement enthalten können. Es wird im Allgemeinen empfohlen, bei der Evaluation auf verschiedene Datenquellen zurückzugreifen, um aus verschiedenen Sichtweisen an heikle Beurteilungsfragen herangehen zu können (vgl. z. B. Spiess 1997: 28).

Als Datenbeschaffungsmethoden stehen grundsätzlich alle Erhebungstechniken der empirischen Sozialforschung, also der Befragung, aber auch der Beobachtung, zur Verfügung. Neben schriftlichen Befragungen von Eltern, Schülern oder Lehrern, werden auch persönliche Interviews, Gruppendiskussionen oder Beobachtung z. B. des Unterrichtsverhaltens vorgeschlagen (vgl. u. a. Spiess 1997: 30 f.; Fröhlich/Thierstein 1997: 39 ff. und Dubs 1998a: 49 ff.). Auch hier wird empfohlen, nicht auf eine Methode abzustellen, sondern mehrere Forschungszugriffe miteinander zu kombinieren, um einander ergänzende Daten zu generieren oder um den gleichen Gegenstand aus unterschiedlicher Perspektive im Sinne der „methodischen Triangulation" zu beleuchten (vgl. Moser/Wettstein 1997: 25). Am Rande sei erwähnt, dass von den in der Qualitätsliteratur empfohlenen speziellen Methoden zur Messung der Dienstleistungsqualität (vgl. z. B. Meffert/Bruhn 1997: 205 ff.) für Schulen am ehesten sog. multiattributive Verfahren empfohlen werden (vgl. z. B. Dubs 1998a: 55 ff.).

Qualitätsentwicklung: Elternbefragung

Ebene I: Behörden und Fachleute	
Mitglieder der Schulbehörde und Schulaufsicht	*Pädagogische Fachleute, Berater*
⇨ Qualitätsziele, Fachurteile	⇨ Qualitätsforderungen, Fachurteile
Ebene II: Mitglieder der Schulorganisation		
Mitglieder der Schulleitung	*Lehrerinnen und Lehrer*	*Schülerinnen und Schüler*
⇨ Qualitätsziele, Qualitätswahrnehmung	⇨ Qualitätserwartungen, Qualitätswahrnehmung, Zufriedenheit	⇨ Zufriedenheit, Beschwerden
Ebene III: „Abnehmer"/„Kunden"	
Eltern	
⇨ Zufriedenheit, Qualitätserwartungen, Qualitätswahrnehmung, Beschwerden	
Weiterführende Bildungsinstitutionen	*Arbeitgeber*
⇨ Qualitätserwartungen, Qualitätswahrnehmung	⇨ Qualitätserwartungen, Qualitätswahrnehmung

Abbildung 6: Mögliche Untersuchungssubjekte zur Beschaffung von Daten zur Schulqualität

Bewertungen beinhalten letztlich Urteile, die sich an Bewertungsmassstäben (Kriterien, Indikatoren) ausrichten. Die Urteile bleiben jedoch relativ unverbindlich, wenn kein Beurteilungsstandard herangezogen werden kann, der einen Anhaltspunkt für Vergleiche oder mindestens zu erreichende Werte abgibt. Grundsätzlich können derartige Standards aus drei Quellen gewonnen werden:

1. Aus den im Leitbild oder anderen Führungsdokumenten enthaltenen Zielvorgaben (Soll-Ist-Vergleich, hypothetischer Soll-Ist-Vergleich)

2. Aus dem Quervergleich mit vergleichbaren Beurteilungsobjekten, wie z. B. vergleichbaren Schulen, Schulstufen und Klassen (Benchmarking)

3. Aus dem Längsschnittvergleich heute erreichter Qualitätswerte mit früher erreichten Werten (Ist-Ist-Vergleich)

Im Allgemeinen werden die beiden erstgenannten Vergleichsarten (Soll-Ist-Vergleiche und Benchmarking) der dritten Vergleichsart (Ist-Ist-Vergleich) vorgezogen, da letztere bekanntlich Gefahr läuft, den „Schlendrian von heute" zum „Schlendrian von gestern" in Beziehung zu setzen. Dazu fehlt bei Längsschnittvergleichen oft die hierfür notwendige Untersuchungsdauer.

4 Das Qualitätsmanagementsystem der Aarberger Primarschule

Aarberg ist eine von insgesamt sieben Gemeinden, die sich seit 1994 am Pilotprojekt des Kantons Bern zur Wirkungsorientierten Verwaltungsführung beteiligen (vgl. Blumenstein 1999: 28). Auf Initiative der damaligen Gemeindeschreiberin beschloss der Gemeinderat am 28. März 1994 einstimmig, ein entsprechendes Projekt in die Wege zu leiten. Das Ziel der Projektarbeit wurde in einem am 17. Oktober 1994 vom Gemeinderat verabschiedeten Leitbild festgehalten, das bis heute für die Realisierung des Aarberger NPM-Projektes massgebend ist (vgl. zum Projektablauf Remund-von Känel 1999).

Die Projektarbeit gliederte sich in Aarberg in vier Phasen. In der 1. Projektphase (1994/1995) wurden kritische Anfangsschwierigkeiten im Rahmen des Hauptprojektes Gemeindeorganisation überwunden und zudem konnten die Gemeinderäte erste Erfahrungen mit NPM sammeln. Ab der 2. Projektphase (1995/1996) übernahm der Gemeinderat die Gesamtleitung des NPM-Projektes und letztlich jeder Gemeinderat mit der ihm unterstellten Kommission und den zuständigen Verwaltungseinheiten mindestens ein NPM-Teilprojekt (vgl. Remund-von Känel 1999: 5.4). Gleichzeitig erteilte der Kanton eine Ausnahmebewilligung für das Arbeiten mit den Globalbudgets. Diese neuen Voraussetzungen wurden in Aarberg dazu genutzt, um die vier Produkte „Bibliothek", „Friedhof", „Schwimmbad" und „Wasserversorgung" als Pilotprojekte auszuwählen und mit der Ausarbeitung der nötigen Produktdefinitionen, Globalbudgets und Leistungsaufträge zu beginnen. Anfangs 1996 hatte eine Überprüfung der Gemeindeordnung begonnen, die u. a. eine klare Rechtsgrundlage für die weitere Entwicklung des NPM-Projektes durch Verankerung von NPM-Grundsätzen in der Gemeindeordnung schaffen sollte. Die 3. Projektphase (1996/1998) beinhaltete verschiedene wesentliche Schritte zur Umsetzung und Ausweitung des Aarberger NPM-Projektes. Zunächst genehmigte das Volk im Frühjahr 1996 die neue Gemeindeordnung (vgl. Einwohnergemeinde Aarberg 1996). Im März 1998 wurde eine endgültige Produktübersicht mit 35 Produkten der Gemeinde (unter Einschluss von „Schulprodukten") geschaffen. Die Standortbestimmung am Ende der 3. Projektphase im März 1998 führte zu einem positiven Fazit und zum Beschluss das NPM-Projekt weiterzuführen.

Gegenwärtig befindet sich das Aarberger NPM-Projekt am Ende seiner 4. Projektphase. Im Dezember 1999 wurde das hier besonders interessierende und im Folgenden vertiefte Produkt „Primarschule der Volksschule" als Teil der Produktgruppe „Erziehung und Bildung" von der Gemeindeversammlung mit dem zugehörigen Globalbudget verabschiedet.

4.1 Wichtigste Entwicklungsschritte

Die nachfolgenden Ausführungen beruhen in erster Linie auf Interviews und verschiedenen kürzeren Gesprächen mit dem pädagogischen Schulleiter und dem Gemeindeschreiber sowie auf der Auswertung verschiedener Dokumente, die im „Schulordner" enthalten sind (vgl. Schulordner 2000).

Wie Vertreter der Aarberger Schulen in einem Interview mit der Zeitschrift „forum fortbildung" betonen, stand am Anfang der Qualitätsentwicklung in Aarberg nicht ein bestimmtes Qualitätssystem, sondern die pragmatische Frage: „Welche Massnahmen brauchen wir, um eine hohe Qualität sicherzustellen?" (Mumenthaler-Biefer 1999: 13). Beim Qualitätsmanagementsystem der Aarberger Schulen handelt es sich demgemäss auch nicht um ein im Rahmen eines systematischen Projekts entwickeltes und zu einem bestimmten Zeitpunkt formal eingeführtes Konzept, sondern um einen eher organisch gewachsenen Ansatz, der im Verlauf der Jahre ausgebaut, vervollständigt und verbessert wurde. Es erscheint deshalb zweckmässig, zunächst die wichtigsten Entwicklungsschritte darzustellen, um dann den auf diesem Wege entstandenen Qualitätsmanagementansatz mit Hilfe des im zweiten Kapitel beschriebenen Qualitätsmanagementmodells von Meffert/Bruhn zu systematisieren.

Der pädagogische Leiter der Primarschule Aarberg sieht den „Ursprung der Schulentwicklung" in Aarberg in den seit den 80er Jahren in der Schweiz und z. T. auch im Ausland besuchten so genannten „Semesterkursen". Diese Kurse gaben immer wieder Anstösse zur Auseinandersetzung mit neuen erziehungswissenschaftlichen Erkenntnissen und damit auch mit dem Konzept der „guten Schule" (vgl. Kapitel 1). Ein weiterer wichtiger Grundstein der heute erkennbaren Veränderungen wurde durch den Lehrplan 1983 gelegt, in dem die Leitideen zum themenorientierten Unterricht festgelegt wurden, die seither stetig weiterentwickelt werden. Der nächste wesentliche Entwicklungsschritt wurde mit dem neuen Volksschulgesetz des Kantons Bern von 1992 eingeleitet. Dieses forderte u. a. die Bildung einer Schulleitung und schaffte damit die organisatorischen Voraussetzungen zur qualitätsorientierten Schulführung. Nach der Evaluation der Aufgaben durch das Lehrerkollegium ab 1993 entschloss man sich, die Schulleitung auf zwei Stellen zu verteilen, von denen die eine für die „pädagogische", die andere für die „technische" Leitung der Schule verantwortlich ist. 1995 wurden aufgrund eines schulinternen Bewerbungsverfahrens zwei Personen aus dem Kollegium zur Besetzung dieser Stellen vorgeschlagen und daraufhin auch von der Primarschulkommission gewählt.

Die nächste, für die Entwicklung eines Qualitätsmanagementsystems wichtige Neuerung war die im Lehrplan 1996 geforderte Formulierung eines Schulleitbildes für Kindergarten, Kleinklassen, Primar-, Real- und Sekundarschule. Noch im gleichen Jahr wurde eine Arbeitsgruppe gebildet, die Mitglieder der Lehrerkollegien der Primarschule und der Oberstufenschule umfasste und die in einem langwierigen Entwicklungsprozess das 1999 in Kraft gesetzte, in Abbildung 7 wiedergegebene Führungsdokument erarbeitete. Im Rahmen dieses Prozesses wurden u. a. Umfragen in beiden beteiligten Kollegien, bei beiden Schulkommissionen, bei ehemaligen Schülerinnen und Schülern sowie bei den Eltern der gegenwärtig die Schulen besuchenden Kinder und Jugendlichen durchgeführt. Diese breite Abstützung erklärt einerseits die relativ lange Entwicklungszeit. Es darf jedoch andererseits auch vermutet werden, dass sie im Sinne der Organisationsentwicklung eine intensivere Identifikation der Betroffenen mit den Leitbildinhalten bewirkt und zudem erste Erfahrungen mit Umfragen gebracht hat. Letzteres ist für die weitere Entwicklung des Qualitätsmanagementsystems bedeutsam, da Umfragen bekanntlich als Instrumente der Fremdbeurteilung eine wesentliche Rolle spielen und positive Erfahrungen mithelfen können, die naturgemäss vorhandenen Ängste und Widerstände gegen externe Beurteilungen abzubauen.

Leitbild

Grundlagen
„Wir verstehen unsere Schulen als Erziehungs- und Bildungsorte, an denen
- eine offene und anregende Lernatmosphäre herrscht
- die Einmaligkeit aller respektiert und Toleranz gegenüber den Menschen geübt wird
- Konflikte auf allen Ebenen aufgenommen und besprochen werden
- sorgfältig mit Sachen und der Umwelt umgegangen wird
- die Persönlichkeit der Kinder und Jugendlichen möglichst ganzheitlich ausgebildet wird
- ausserschulische Begegnungen ermöglicht werden
- für das Leben in unserer Gesellschaft gelernt wird"

Kultur und Traditionen
Wir nehmen die eigene Kultur und Traditionen bewusst wahr; für andere wollen wir offen sein und Verständnis wecken. Wir geben allen Beteiligten Zeit und Raum, sich zu entfalten und weiterzuentwickeln.

Unterricht
Wir praktizieren vielfältige Lehr- und Lernformen, welche die Kinder und Jugendlichen in ihrer Selbstverantwortung und Selbstbeurteilung stärken. Wir vermitteln den Schülern und Schülerinnen ein Grundwissen und lehren, wie neues Wissen erworben wird.

Die Schülerinnen und Schüler
- erhalten Raum zur Entwicklung eigener Ideen und Aktivitäten
- übernehmen in angemessenem Rahmen Verantwortung für sich selber, für einen achtungsvollen Umgang mit ihren Mitmenschen, für einen geregelten Schulbetrieb

Die Lehrerinnen und Lehrer
- tragen Verantwortung für unsere Schulen und gestalten diese aktiv mit
- kennen die pädagogischen Zielsetzungen und entwickeln sie gemeinsam weiter
- beziehen die Schülerinnen und Schüler in die Planung und Durchführung des Unterrichts ein
- organisieren sportliche, musische und kulturelle Aktivitäten

Die Schulleitungen
- arbeiten zielgerichtet, vorausschauend und transparent
- beziehen die Kollegien in wichtige Entscheide ein
- fördern die Zusammenarbeit auf allen Ebenen
- unterstützen die Lehrerinnen und Lehrer

Die Schulkommissionen
- orientieren sich an den gesetzlichen Grundlagen und am gültigen Lehrplan
- tragen die organisatorische Verantwortung für die Schulen
- arbeiten mit der Lehrerschaft zusammen und beteiligen sich an der Entwicklung der Schulen

Die Eltern
- werden zur Zusammenarbeit aufgefordert
- werden über Arbeit und Ziele informiert
- erhalten Gelegenheit zu regelmässigen Schulkontakten
- werden bewusst ins Schulgeschehen einbezogen

Abbildung 7: Leitbild der Aarberger Schulen (vgl. Schulordner 2000, Rubrik A)

Das für die Aarberger Schulen entwickelte Führungsdokument entspricht jedoch mit den darin zum Ausdruck gebrachten grundsätzlichen Wertvorstellungen und Zielsetzungen zum Einbezug der verschiedenen „stakeholder" in das Schulsystem einem typischen „mission statement", wie man es auch in der Unternehmensführung kennt (vgl. z. B. Kühn/Grünig 2000: 194). Es enthält dagegen keine konkreten produktbezogenen Vorgaben zu den erwarteten Leistungen und den dafür einzusetzenden Ressourcen, wie sie von einer Leistungsvereinbarung des NPM erwartet werden. Es sollte deshalb eher als Basis für eine Leistungsvereinbarung und noch nicht als „Ersatz" für diese interpretiert werden. Die Gemeindebehörden von Aarberg haben deshalb auch folgerichtig in Ergänzung zum Schulleitbild für die Primarschule Aarberg separate Produktziele definiert.

Quasi parallel zum Schulleitbild wurde für die Primarschule Aarberg eine Schulordnung entwickelt. Dieses im März 1999 vom Lehrerkollegium verabschiedete Dokument enthält eine Reihe praktischer Leitsätze zum Verhalten aller Schüler, Schülerinnen, Lehrer, Lehrerinnen und Abwarte im Schulalltag. Es stellt damit ein wichtiges Instrument zur Beeinflussung der so genannten „Prozessqualität" dar, die gemäss dem in Kapitel 3 dargestellten Variablenmodell für die wissenschaftliche Erfassung der Schulqualität von zentraler Bedeutung ist. Der Prozess, der zur Ausarbeitung der Schulordnung führte, ist für das Qualitätssystem der Primarschule Aarberg auch deshalb von Bedeutung, weil diese Gelegenheit intensiv genutzt wurde, um die Schüler in den Schulentwicklungsprozess zu integrieren. So wurden die Schüler zunächst aufgefordert in Zusammenarbeit mit ihren Klassenlehrern eine „Klassenordnung" aufzustellen, in der z. B. auch das Thema „Gewalt in der Schule" behandelt wird. Später konnten dann alle Klassen ihre Vorschläge zum Inhalt der entstehenden Schulordnung abgeben und schliesslich auch Anträge zur Korrektur des Schulordnungsentwurfs einreichen. Der Einbezug der Schüler in den Schulentwicklungsprozess entspricht dem im Total Quality Management hervorgehobenen Grundsatz der Mitwirkung aller Mitglieder einer Organisation bei der Umsetzung einer konsequenten Qualitätsorientierung (vgl. Kapitel 1).

Die vorläufig letzten Entwicklungsschritte sind die bereits erwähnte Beteiligung am Projekt „Qualitätsentwicklung in Schulen" (QES) der Erziehungsdirektion des Kantons Bern (vgl. Lanker 1999: 3) und die Realisierung einer Elternbefragung zur Schulqualität, die im Abschnitt 4.3 eingehender vorgestellt werden soll. In einem Artikel zum QES-Projekt, der über die Erfahrungen von drei der 24 Pilotschulen im Bereich der Qualitätsentwicklung berichtet, wird festgehalten, dass die Aarberger Schulen einen „eigenen Weg" einschlagen, der zur Entwicklung verschiedener wertvoller Instrumente geführt hat, dem jedoch der „klare Rahmen eines Modells" fehlt (vgl. Mumenthaler-Biefer 1999: 13). Im Folgenden sollen deshalb die in der Aarberger Primarschule eingesetzten Qualitätsmanagementinstrumente und Massnahmen in ein allgemeines Qualitätsmanagementmodell eingeordnet werden.

4.2 Einordnung der Qualitätsmanagementinstrumente in das allgemeine Qualitätsmanagementmodell

Abbildung 8 zeigt die Einordnung der wichtigsten Qualitätsmanagementinstrumente und Massnahmen der Aarberger Primarschule in das allgemeine Qualitätsmanagementmodell von Meffert/Bruhn. Dieses wurde durch das Element „Organisation/Aufgabenverteilung" ergänzt, da in Aarberg viel Wert auf die Erarbeitung klarer, organisatorischer Regelungen gelegt wird, die sich keiner der vier Qualitätsmanagementphasen zuordnen lassen, für den koordinierten Einsatz der Qualitätsmanagementinstrumente jedoch wichtig erscheinen.

Die Zuordnung der verschiedenen Instrumente zu bestimmten Qualitätsmanagementphasen ist nicht unproblematisch, da der Instrumenteneinsatz oft gleichzeitig mehrere Funktionen erfüllt. So dienen z. B. die Mitarbeitergespräche primär der Formulierung mitarbeiterbezogener Ziele im Sinne der Phase 1. Als Basis dient jedoch eine Selbstbeurteilung ergänzt durch Beobachtungen der Schulleitung auch der Qualitätsprüfung in Phase 3 und zudem dürften Gespräche über Arbeitsschwerpunkte, persönliche Bilanz und Befindlichkeiten auch unmittelbar im Sinne der Phase 2 zur „Qualitätssteuerung" beitragen. Die in Abbildung 8 vorgenommenen Zuordnungen basieren auf der subjektiven Beurteilung der „primären" Funktion eines Instrumentes oder einer Massnahmengruppe durch den Autor dieser Arbeit.

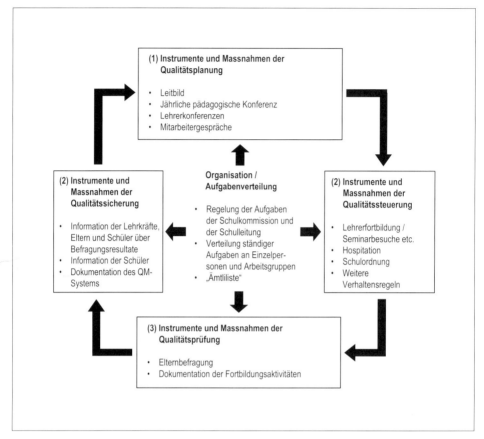

Abbildung 8: Einordnung der Qualitätsmanagementinstrumente und -massnahmen Aarbergs in ein allgemeines Qualitätsmanagementmodell (Modell in Anlehnung an Meffert/Bruhn 1997: 257)

(1) Die Phase der Qualitätsplanung umfasst als Instrumente neben dem bereits diskutierten Leitbild, insbesondere

- die jährliche, gemeinsam mit der Oberstufenschule durchgeführte „pädagogische Konferenz",
- die vierteljährlich stattfindenden primarschulspezifischen Konferenzen und
- die Mitarbeitergespräche.

Alle diese Instrumente werden konsequent an den im Leitbild formulierten übergeordneten Wertvorstellungen und Grundsätzen orientiert. Dies kommt z. B. darin zum Ausdruck, dass anlässlich der jährlichen pädagogischen Konferenz jeweils ein Grundsatz des Leitbildes als „Jahresthema" ausgewählt und damit für die Arbeit während des Schuljahres besonders wichtig wird (vgl. Mumenthaler-Biefer 1999: 13). Offensichtlich ist man sich bewusst, dass auch die Umsetzung des Leitbildes Prozesscharakter hat und deshalb Zeit benötigt. Für das Schuljahr 1998/1999 stand z. B. der Grundsatz der Integration der Lernenden in die Qualitätsentwicklung im Vordergrund (vgl. entsprechenden Abschnitt „Schülerinnen und Schüler" im Schulleitbild). Als Massnahmen zu seiner Umsetzung wurden u. a. die Mitsprache der Schüler bei der Festlegung der Wochenpläne und des Werkstattunterrichts sowie ihre Involvierung in die Gestaltung der Schulhausanlage gefördert. Auch in den Mitarbeitergesprächen (MAG) wird der Bezug zur Leitbildumsetzung ausdrücklich im Rahmen des Selbstbeurteilungsteils des MAG-Formulars betont. Die entsprechende Frage lautet dort: „Wie habe ich die abgemachten Leitbildschwerpunkte umgesetzt?". Wie bereits angedeutet, enthält das Leitbild keine konkreten produktbezogenen Vorgaben und gewährt damit den mit seiner Umsetzung betrauten Personen (z. B. im MAG) einen grossen Interpretationsspielraum.

(2) In der Phase der Qualitätssteuerung wird eine ganze Reihe von Instrumenten eingesetzt. Eine besondere Bedeutung für die nachhaltige Qualitätsverbesserung hat dabei aus der Sicht der Schulleitung die für alle Lehrkräfte obligatorische Lehrerfortbildung. Zum einen werden zu diesem Zweck externe Seminare besucht, zum anderen gibt es jedoch auch eine schulinterne Fortbildung mit rund 20 Angeboten von Lehrerinnen und Lehrern, „... die ihr Wissen und ihre Fähigkeiten andern zur Verfügung stellen" (Mumenthaler-Biefer 1999: 13). Gezielte Literaturstudien sind ebenfalls als Weiterbildungsmassnahmen anrechenbar. Als wichtig für die Entwicklung der schulspezifischen Weiterbildungskultur wird auch der gemeinsame Besuch der Messe „DIDACTA" angesehen, der dem Kollegium eine Gelegenheit bietet, sich über neueste Lehrmittel und Lehrmethoden zu informieren. Die obligatorische Hospitation beinhaltet sorgfältig zu planende und auszuwertende Unterrichtsbesuche anderer Lehrkräfte, die mindestens ein bis zwei Lektionen umfassen. Wie aus dem Schulordnerdokument „Infos Hospitation" hervorgeht, geht es dabei nicht um eine Kontrolle und Besserwissertum, sondern um Ideenaustausch, Unterstützung, Horizonterweiterung und damit um Interaktion zur Qualitätsverbesserung bzw. Qualitätssteuerung.

Neben der Schulordnung existieren eine Reihe weiterer Verhaltensregelungen, die für die Lösung konkreter Probleme des Schulalltages (wie z. B. für den Umgang mit Beschwerden und Kritik durch Eltern, für Prävention gegen Gewalt, für den Umgang mit Gewalt und Konfliktbewältigung) Problemlösungshilfen anbieten. Besonders interessant aus der Sicht der Qualitätssteuerung erscheint in diesem Zusammenhang das Schulordnerdokument „Regeln und Verhaltensweisen im Kollegium", das verschiedene für das Schulklima bzw. die Schulkultur besonders wichtige Grundsätze enthält, die einen „offenen, ehrlichen, toleranten und von Achtung getragenen Umgang" unter den Lehrkräften sicherstellen sollen (vgl. Schulordner 2000).

(3) Es fällt auf, dass in Aarberg für die Qualitätsprüfung nur wenige regelmässige und systematisch eingesetzte Instrumente existieren. Neben der später eingehender zu behandelnden Elternbefragung ist in erster Linie die Dokumentation der Fortbildungsaktivitäten zu erwähnen, die der Schulleitung einen Überblick über die Fortbildungsmassnahmen der einzelnen Lehrkräfte vermittelt (vgl. die entsprechenden Schulordnerdokumente). Diese Dokumentation der Fortbildungsaktivitäten erlaubt der Schulleitung, z. B. bei zu einseitiger oder gar ungenügender Weiterbildung, ihrerseits Vorschläge zu machen oder in kritischen Fällen den Besuch bestimmter Kurse als verbindlich zu erklären. Dass das Fehlen weiterer Instrumente der Qualitätsprüfung auch von den Vertretern der Aarberger Schulen als Lücke empfunden wird, geht aus dem bereits mehrfach zitierten Interview mit der Zeitschrift „forum fortbildung" hervor, in dem folgende Aussage wiedergegeben wird: „Die Frage der Kontrolle ist nicht gelöst; die Arbeit kann von Leitung und Behörden nicht entsprechend gewürdigt werden" (Mumenthaler-Biefer 1999: 13).

(4) Zur Phase der Qualitätssicherung sind in erster Linie die Massnahmen zur Information der Lehrkräfte und der Eltern über die Ergebnisse der Elternbefragung zu erwähnen. Es erscheint jedoch wichtig, dass mit der Schulzeitung ein Medium existiert, das es grundsätzlich erlaubt, qualitätsrelevante Informationen an Eltern, Schüler und andere interessierte Personen (z. B. auch an politische Behörden, übergeordnete Schulbehörden usw.) heranzutragen. Was dagegen naturgemäss bisher fehlt, ist eine Darlegung der „Qualität" des Qualitätsmanagementsystems in Form eines Qualitätszertifikats. Dies wurde bisher nicht angestrebt und ist auch als Teil des eingeschlagenen Weges zur Entwicklung der Schulqualität vorerst nicht geplant. Was jedoch sicherlich im Bereich des Möglichen liegt und im Rahmen der Qualitätsentwicklung auch angestrebt werden

sollte, ist eine systematische Dokumentation des angewandten Qualitätsmanagementsystems bzw. der angewandten Qualitätsmanagementinstrumente. Der existierende Schulordner bietet hierfür eine sinnvolle Basis.

Ob die Instrumente der verschiedenen Phasen des Qualitätsmanagements zur Qualitätsentwicklung eingesetzt werden können, hängt wesentlich auch davon ab, ob die damit verbundenen Aufgaben sinnvoll und klar auf die verschiedenen Aufgabenträger verteilt werden. Konkret geht es in diesem Zusammenhang um die Gestaltung der „unmittelbaren Aktionsparameter" der Aufbau- und der Ablauforganisation, konkret der Arbeitsteilung, der Koordination und Kompetenzverteilung sowie der Konfiguration (vgl. Grochla 1982: 96 ff. und Hurni 1999: 53 ff.). Wie aus Abbildung 8 hervorgeht, verfügt die Primarschule Aarberg über verschiedene Dokumente, welche die ständigen Aufgaben auf Einzelpersonen und Arbeitsgruppen verteilen. Aus der Sicht des Qualitätsmanagementsystems erscheint insbesondere die Regelung der Aufgaben und Befugnisse zwischen Schulkommission und Schulleitung interessant, die eine weitgehende Kompetenzdelegation an die Schulleitung vorsieht und damit günstige Voraussetzungen für eine Realisation des angestrebten Konzeptes der teilautonomen Schule schafft.

Insgesamt gesehen darf wohl gesagt werden, dass das im Verlauf der Jahre entstandene Qualitätsmanagementsystem der Aarberger Primarschule eine ganze Reihe interessanter Systembausteine enthält, dass jedoch vorerst die einzelnen Bausteine nicht immer systematisch zu einem System verknüpft werden und dass zudem einzelne Phasen noch Lücken aufweisen. Dies gilt auch gemäss den Einschätzungen der Vertreter der Aarberger Schulen insbesondere für die Phase der Qualitätsprüfung, die deshalb auch als nächstes in Aarberg ausgebaut und im Folgenden am Beispiel der Elternbefragung detaillierter beleuchtet werden soll.

4.3 Die Elternbefragung als zentrales Evaluationsinstrument

Die Schulleitung der Primarschule Aarberg hat im Herbst 1998 erstmals eine Elternbefragung zur Beurteilung der Schulqualität durchgeführt und die wichtigsten Resultate im Frühjahr den Lehrkräften und via Schulzeitung auch den Eltern übermittelt. Wie aus dem Brief an das Lehrerkollegium hervorgeht, betrachtet die Schulleitung diese Umfrage als ersten Schritt, dem in den nächsten Jahren weitere Massnahmen zur Erfassung „härterer" Informationen folgen sollen.

Da die Erfassung, Verarbeitung und Interpretation der Daten in der Hand der Schulleitung lag, handelt es sich bei dem gewählten Ansatz der Schulevaluation um eine intern konzipierte Selbstevaluation der Schulqualität. Weil aber mit der Befragung von Eltern die Qualitätsurteile schulexterner Personen eingeholt wurden, könnte man präziser auch von „Selbstevaluation unter Beizug von Fremdbeurteilung" sprechen. Dagegen ist davon abzuraten, das gewählte Vorgehen – wie dies z. T. in der Schulpraxis geschieht – als Fremdevaluation zu bezeichnen, da dies der herrschenden Terminologie widerspricht. Die gewählte Evaluationsart entspricht im Übrigen einer empfehlenswerten Startphase zur Entwicklung eines Qualitätsmanagementsystems für Schulen, was als Bestätigung dafür gesehen werden sollte, dass man in Aarberg sich auf einem zweckmässigen Entwicklungspfad befindet. Zweifellos handelt es sich bei der Elternbefragung um einen wichtigen und auch für die Schulpraxis nicht selbstverständlichen Schritt, der die auf subjektiven Beobachtungen (z. B. im Rahmen der Hospitation) und Mitarbeitergesprächen beruhende reine Selbstevaluation zu einer Selbstevaluation auf der Basis von Fremdbeurteilungen ausbaut.

Im Folgenden sollen die Inhalte der in Aarberg zum Einsatz kommenden Elternbefragung dargestellt und aus methodischer Sicht gewürdigt werden.

4.4 Strukturierung und Beurteilung der Qualitätsvorgaben

Die zur Beurteilung der Qualität der Aarberger Primarschule relevanten Qualitätsvorgaben bzw. Qualitätsindikatoren werden im Leitbild der Aarberger Schulen und insbesondere im Rahmen der Produktdefinition der Volksschule als NPM-Produkt näher spezifiziert. In Abbildung 9 werden die in diesen Dokumenten festgelegten Anforderungen an die Schulqualität mit Hilfe des Variablenmodells von Dubs systematisch geordnet. Die Integration der für die Aarberger Primarschule formulierten Qualitätsvorgaben in das Modell von Dubs erlaubt einen Vergleich mit den in der Literatur vorgeschlagenen Qualitätsvariablen und damit eine Beurteilung des in Aarberg verwendeten Kataloges von Qualitätsanforderungen.

Qualitätsentwicklung: Elternbefragung

Input-qualitäten	1.1 Gesundheitlich einwandfreie Verhältnisse **(PD)**
	1.2 Angemessenes Raumangebot, inkl. Aussenanlagen für alle Schulstufen **(PD)**
	1.3 Schulmaterial gratis abgeben; Verbrauchsmaterial gegen angemessene Gebühr **(PD)**
Prozessqualitäten	2.1 Offene anregende Lernatmosphäre **(LB)**
	2.2 Förderung der eigenen Kultur und Traditionen; Toleranz gegenüber anderen Kulturen **(LB)**
	2.3 Anwendung vielfältiger Lehr- und Lernformen **(LB)**; mehr als gesetzlich vorgeschrieben **(PD)**
	2.4 Über gesetzliche Vorschriften hinausgehendes Wahlfächerangebot **(PD)**
	2.5 Raum für Schüler zur Entwicklung eigener Ideen und Aktivitäten; Lehrkräfte integrieren Schüler in Unterrichtsplanung und -durchführung **(LB)**
	2.6 Lehrkräfte kennen pädagogische Ziele und entwickeln sie weiter **(LB)**
	2.7 Lehrer organisieren sportliche, musische und kulturelle Anlässe **(LB)**, mindestens eine Schulveranstaltung pro Jahr **(PD)**
	2.8 Lehrer organisieren Projekt- und Kurswochen, Schulsport, Schulreisen und Exkursionen, Landschulwoche für 5. und 6. Schuljahr **(PD)**
	2.9 Schulleitung arbeitet zielgerichtet und transparent; sie fördert die Zusammenarbeit und unterstützt die Lehrer **(LB)**
	2.10 Schulleitung sorgt für die Umsetzung des Leitbildes **(PD)**
	2.11 Schulkommission pflegt Zusammenarbeit mit Lehrerschaft und unterstützt Schulentwicklung **(LB)**
	2.12 Eltern werden informiert, haben Gelegenheit zu regelmässigen Kontakten und werden bewusst ins Schulgeschehen einbezogen **(LB)**; mindestens ein Elternabend pro Klasse und Semester; mindestens eine Elternsprechstunde pro Jahr **(PD)**
Produktqualitäten	3.1 Ganzheitlich ausgebildete, auf das gesellschaftliche Leben vorbereitete, selbstverantwortliche und zur Selbstentwicklung fähige Schüler **(LB)**
	3.2 Schüler verfügen über Kenntnisse und Fertigkeiten, welche die Grundlage bilden für - berufliche Ausbildung - stufengerechte Schulübertritte - lebenslanges Lernen **(PD)**
	3.3 Schulreife „Kindergärteler" (80 %) **(PD)**
	3.4 Zufriedene Eltern (80 % gut aufgrund der Elternbefragung) **(PD)**
	3.5 Zufriedene Schüler (70 % positive Rückmeldungen) **(PD)**

Abbildung 9: Integration der im Leitbild (LB) und in der Produktdokumentation (PD) enthaltenen Vorgaben zur Schulqualität in das Variablenmodell von Dubs

Bereits eine oberflächliche Betrachtung der Abbildung zeigt, dass die im Schulleitbild und in der Produktdokumentation enthaltenen Vorgaben sich primär auf die Prozessqualitäten beziehen. Für die Bereiche der Produktqualitäten und insbesondere der Inputqualitäten werden dagegen deutlich weniger Anforderungen formuliert. Ein detaillierter Vergleich mit den von Dubs zur wissenschaftlichen Erfassung vorgeschlagenen Qualitätsvariablen zeigt denn auch,

- dass die Modellvariablen zur Erfassung der Prozessqualitäten faktisch alle im Aarberger Vorschlag aufgegriffen und konkretisiert werden,
- dass von den Variablen zur Evaluation der Produktqualitäten zumindest die Outputvariablen gut abgedeckt werden, jedoch die sog. Outcomevariablen (wie z. B. „Berufserfolg" und „Lebenserfolg") unbeachtet bleiben und
- dass bei den Variablen zur Bestimmung der Inputqualitäten in allen von Dubs als wesentlich angesehenen Teilbereichen grosse Lücken bestehen (Teilbereich Kontext) oder gar keinerlei Vorgaben vorhanden sind (Teilbereiche Lehrkräfte und Schüler).

4.5 Inhalte der Elternbefragung

Wie lassen sich nun abschliessend die in Abbildung 9 dargestellten Qualitätsvorgaben in geeignete Fragen der Elternbefragung umformulieren? Abbildung 10 enthält eine Auflistung derjenigen Fragen, welche in den Fragebogen Eingang gefunden haben. Daraus wird ersichtlich, dass der Fragebogen aus primär fünf, für die zu Befragenden leicht nachvollziehbaren, Fragebereichen besteht: Fragen zum Schulhaus, zur Organisation, zum Ruf der Schule, zur Klasse und offene Fragen. Diese enthalten erneut vergleichsweise einfach formulierte Fragen, damit der Fragebogen bei möglichst vielen Eltern auf Akzeptanz stösst. Die Zuordnung der Fragen zu den in den vorangegangenen Abschnitten hergeleiteten Qualitätsbereichen und -indikatoren (vgl. Abbildung 9) sind aus der letzten Spalte in Abbildung 10 ersichtlich.

Qualitätsentwicklung: Elternbefragung

Nr.	Fragen zu Merkmalen der Schulqualität, die als „sehr gut", „gut", „genügend", „schlecht" oder „sehr schlecht" beurteilt werden können.	Qualitätsindikatoren
1. Fragen zum Schulhaus: Wie beurteilen Sie ...	
(1)	das Gebäude und die Einrichtung (Haus, Räume, Gänge)?	1.2
(2)	die Gestaltung der Umgebung und des Pausenplatzes?	1.2
(3)	die Sportanlagen (Sportplätze, Turnhallen)?	1.2
(4)	die Sicherheit des Schulweges bezüglich des Verkehrs?	3.4, 3.5
(5)	die Sicherheit des Schulweges bezüglich Belästigungen?	3.4, 3.5
2. Fragen zur Organisation und zu speziellen Massnahmen: Wie beurteilen Sie ...	
(6)	die Gestaltung der Unterrichtszeiten?	3.4, 3.5
(7)	den Ferienplan?	3.4, 3.5
(8)	die Fünftagewoche?	3.4, 3.5
(9)	die Schulfeste und Schulveranstaltungen?	2.7
(10)	die Elterngespräche?	2.12
(11)	die Qualität der Informationen und Artikel in der Schulzeitung?	2.12
(12)	die Lesbarkeit und Verständlichkeit der Artikel in der Schulzeitung?	2.12
(13)	die Präsentation der Schulzeitung (Schrift, Bilder, Darstellung)?	2.12
(14)	das Wahlfachangebot?	2.4
3. Fragen zum Ruf der Schule: Wie beurteilen Sie die Schule bezüglich ...	
(15)	der Vermittlung von Wissen und Fertigkeiten?	3.2
(16)	der Förderung des Arbeits- und Lernverhaltens?	3.1
(17)	der Entwicklung der Persönlichkeit der Schüler/innen?	3.1
(18)	der Vermeidung von Streitereien und Gewalt zwischen Schüler/innen?	3.4, 3.5
(19)	der Möglichkeiten für Schüler/innen eigene Ideen und Aktivitäten zu entfalten?	2.5
(20)	der Eingliederung der Schule ins Dorfleben?	3.4
(21)	der Information der Eltern über die Schule und den Schulalltag?	2.12
(22)	Disziplin und Ordnung?	3.4

(Fortsetzung auf der nächsten Seite)

4. Fragen zur Klasse: Wie beurteilen Sie ...		
(23)	den Stundenplan und die Organisation des Unterrichts?	3.4, 3.5
(24)	die durchgeführten speziellen Aktivitäten (wie z. B. Schulreise, Exkursionen, Projekte)?	2.8
(25)	die Qualität des Unterrichts?	2.1
(26)	das Zusammenleben der Kinder in der Klasse?	2.1
(27)	das Wohlbefinden des Kindes?	3.4, 3.5
(28)	die persönlichen Kontakte zur Lehrerin bzw. zum Lehrer?	2.12
(29)	die schriftlichen Informationen durch die Lehrerin bzw. den Lehrer?	2.12
(30)	die Aufteilung des Unterrichts auf mehrere Lehrkräfte?	3.4, 3.5
5. Offene Fragen:		
(31)	Wie beurteilen Sie den Umfang und die Schwierigkeit der Hausaufgaben?	3.4, 3.5
(32)	Welche Klasse besuchen Ihre Kinder?	-
(33)	Für die Schule ist es wichtig, auch Ihre Kritik, Wünsche und Anregungen zu kennen. Was wäre Ihrer Meinung nach zu verbessern? Wo wären Änderungen nötig?	-

Abbildung 10: Zuordnung der Fragen des neuentwickelten Fragebogens zu den Qualitätsindikatoren

Vergleichen wir nun die in der Frageliste enthaltenen Qualitätsindikatoren mit denjenigen des Variablenmodells (vgl. Abbildungen 3 und 4), dann fällt auf, dass eine Reihe von Qualitätsvariablen des Modells von Dubs weder im Leitbild der Aarberger Schulen noch im NPM-Produktbeschrieb der Aarberger Primarschule angesprochen werden. Im Hinblick auf die Weiterentwicklung des Konzeptes der Qualitätsevaluation der Aarberger Primarschule ist zu überprüfen, welche dieser Variablen zusätzlich in das Qualitätsbeurteilungssystem eingebaut werden sollten und welche davon eventuell auch für das Instrument der Elternbefragung von Bedeutung sind.

Konkret ist zu den in der Elternbefragung nicht berücksichtigten Qualitätsvariablen Folgendes zu sagen:

Qualitätsentwicklung: Elternbefragung

Inputqualitäten Lehrkräfte

Nicht oder kaum berücksichtigt werden hier Variablen, welche die folgenden Inputqualitäten betreffen: „Qualität der Lehrkräfte", „Identifikation der Lehrkräfte mit der Schule" und „Arbeitsbedingungen, Anreizsystem der Lehrkräfte". Angesichts der Bedeutung der Qualität und Motivation der Lehrkräfte für die Schulqualität wäre es sicher sinnvoll, diese Variablen in die Qualitätsevaluation zu integrieren und entsprechende Qualitätsanforderungen zu formulieren. Für Eltern dürfte es allerdings schwierig sein, aussagekräftige und fundierte Urteile abzugeben, da ihnen entsprechende Fachkenntnisse abgehen oder sie nur über beschränkte Informationen und Vergleichsmöglichkeiten verfügen. Es wird deshalb vorgeschlagen, diese Variablen in einem der nächsten Entwicklungsschritte in das Evaluationskonzept der Aarberger Primarschule einzubauen, sie jedoch nicht im Rahmen der Elternbefragung zu berücksichtigen.

Inputqualitäten Kontext

Hier fehlen vor allem die „Qualität der Schulorganisation" und die „Qualität des Einsatzes finanzieller Mittel". Grundsätzlich sind auch diese Variablen für eine Beurteilung der Schulqualität von grosser Bedeutung. Die Formulierung konkreter Anforderungen, die Operationalisierung entsprechender Indikatoren und die konkrete Erfassung dürften sich jedoch als besonders schwierig erweisen und wohl primär im Rahmen der Metaevaluation des Qualitätsmanagementsystems sinnvoll sein. Sie sind deshalb erst in einer späteren Phase der Qualitätsentwicklung ins Qualitätsmanagementkonzept der Aarberger Primarschule zu integrieren. Ihre Berücksichtigung in einer Elternbefragung macht keinen Sinn. Zudem werden einzelne organisatorische Aspekte im Rahmen der Prozessqualitäten erfasst.

Inputqualitäten Schüler/Schülerinnen

Es dürfte zwar unbestritten sein, dass Variablen wie „Lernvergangenheit", „Schulleistungsfähigkeit" usw. die Schulqualität wesentlich mitbestimmen. Da die Aarberger Primarschule als öffentliche Schule jedoch keinen Einfluss auf die Auswahl ihrer Schüler und Schülerinnen hat, lassen sich zu diesen Variablen keine zweckmässigen Qualitätsanforderungen formulieren. Sie können deshalb auch nicht als Vorgaben im Evaluationskonzept im Hinblick auf ihren „Erfüllungsgrad" beurteilt werden. Sinn macht es höchstens, ihre Entwicklung in grösseren Abständen als „intervenierende" Variablen zu erfassen, die mithelfen, gewisse Veränderungen, z. B. der Outputvariablen, verständlich zu machen. Aufgrund dieser Überlegungen wird vorgeschlagen, diese Variablen in der Elternbefragung der Aarberger Primarschule zumindest vorerst nicht zu berücksichtigen.

Prozessqualitäten

Hier fehlt u. a. die Erfassung des „Schulethos der Lehrkräfte". Dabei handelt es sich um eine wichtige, zweifellos jedoch nicht einfach zu evaluierende Qualitätsvariable. Da der Einsatz der Lehrkräfte für die Schule zumindest indirekt auch durch verschiedene konkretere Prozessvariablen erfasst wird, wird auf den Einbezug dieser Variable in die Elternbefragung verzichtet. Die „Qualität der Schulentwicklung" als gewichtige Prozessqualität fehlt ebenfalls. Doch wie bei den Kontextfaktoren scheint hier der Einbezug in die Elternbefragung nicht als sinnvoll, sondern muss vielmehr im Rahmen der Überprüfung des Qualitätsmanagementsystems berücksichtigt werden.

Outcomevariablen

Grundsätzlich ist es zweifellos wichtig, die Produktqualität von Schulen nicht nur mit Hilfe von Effizienzkriterien bzw. Output- und Impactvariablen (wie z. B. „Schulleistungen" und „Kundenzufriedenheit"), sondern auch mit Hilfe von Effektivitätskriterien bzw. Outcomevariablen (wie die fehlenden Variablen „Berufserfolg" und „Lebenserfolg") zu beurteilen. Dies gilt insbesondere für Schulen der Oberstufe, Berufsschulen, Fachhochschulen und Universitäten, die eine unmittelbare berufsbezogene Ausbildung bieten. Dagegen dürfte es wesentlich problematischer sein, Outcomevariablen als konkrete Qualitätsbeurteilungsindikatoren für die Primarstufe einer Volksschule anzuwenden. Aus praktischen Gründen soll deshalb davon abgesehen werden, diese Variablen ins Evaluationskonzept der Primarschule Aarberg einzuschliessen. Zudem kann die gegenwartsbezogene Elternbefragung keine Antworten zu diesen Fragen erzeugen. Dass auch Primarschulen ihren Beitrag zum Berufs- und Lebenserfolg der Schüler durch entsprechend lebensnahen und persönlichkeitsbildenden Unterricht leisten können, soll durch diesen Ausschluss nicht in Frage gestellt werden.

5 Fazit

Vor dem Hintergrund der gegenwärtig sehr hohen und unterschiedlichen Anforderungen an das Bildungssystem halten die neuen Führungsinstrumente des New Public Management Einzug in den Schulen. Der in diesem Artikel beschriebene Qualitätsmanagementansatz versucht dabei erziehungswissenschaftliche Aspekte mit einer eher managementorientierten Sichtweise zusammenzuführen. Qualitätsmanagement wird daher als ein umfassender Regelkreis verstanden, der auf der systematischen Erfassung und Auswertung von sowohl „weichen" als auch „harten" Daten des Schulalltags basiert. Erst der angemessene Einbezug möglichst aller Anspruchsgruppen ergibt zudem ein zuverlässiges Qualitätsbild. Wichtig ist dabei vor allem die Erfassung von Informationen sowohl auf der Input-, Prozess- und Output- respektive Outcomeebene anhand effizienz-, effektivitäts- und wirtschaftlichkeitsorientierter Qualitätsindikatoren.

Eine Teilaufgabe dieses umfassenden Qualitätsmanagementsystems wird von der Elternbefragung wahrgenommen. Anhand einfacher aber die einzelnen Qualitätsbereiche der Schule abdeckenden Fragen hat sie zum Ziel, Eltern und Erziehende an der Bewertung der Schulleistungen teilhaben zu lassen und so ein für die Schulleitung und die Lehrkräfte interessantes wie auch objektiviertes Bild Dritter zu generieren. Zukünftig dürfte vor allem der Quervergleich zwischen Abteilungen und vermehrt zwischen einzelnen Schulen als auch der Längsschnittvergleich über die Jahre hinweg wertvolle Hinweise und Ansatzpunkte zur kontinuierlichen Qualitätsverbesserung liefern – nicht nur zur Erfassung von Schwachstellen, sondern auch zur Darstellung der Stärken einer Schule.

Literaturverzeichnis

Aurin, Kurt (1991): Gute Schulen – worauf beruht ihre Wirksamkeit?, 2. Aufl., Bad Heilbrunn 1991.

Bieger, Thomas (1998): Dienstleistungsmanagement, Bern, Stuttgart, Wien 1998.

Blumenstein, Andreas (1999): Für die Pilotgemeinden lohnen sich die Reformen. In: Zeitung „Der Bund" vom 20. Januar 1999, Nr. 15, S. 28.

Brönnimann, Thomas (1998): New Public Management im Schulwesen und die teilautonome Schule, Lizentiatsarbeit am Institut für Organisation und Personal, Bern 1998.

Bruhn, Manfred (1995): Qualitätssicherung im Dienstleistungsmarketing – eine Einführung in die theoretischen und praktischen Probleme. In: Dienstleistungsqualität, hrsg. v. Manfred Bruhn und Bernd Stauss, Wiesbaden 1995, S. 19-46.

Bruhn, Manfred (1998): Wirtschaftlichkeit des Qualitätsmanagements. Qualitätscontrolling für Dienstleistungen, Berlin, Heidelberg 1998.

Budäus, Dietrich (1998): Von der bürokratischen Steuerung zum New Public Management – Eine Einführung. In: New Public Management, hrsg. v. Dietrich Budäus, Peter Conrad und Georg Schreyögg, Berlin, New York 1998, S. 1-10.

Buschor, Ernst (1993): Wirkungsorientierte Verwaltungsführung, Zürich 1993.

Dubs, Rolf (1994): Die Führung einer Schule. Leadership und Management, Zürich 1994.

Dubs, Rolf (1996a): Schule, Schulentwicklung und New Public Management, St. Gallen 1996.

Dubs, Rolf (1996b): New Public Management und Schule. In: schweizer schule, 83. Jg. 1996, Nr. 11, S. 23-32.

Dubs, Rolf (1996c): Schule und New Public Management. In: Beiträge zur Lehrerbildung, 14. Jg. 1996, Nr. 3, S. 330-337.

Dubs, Rolf (1998a): Qualitätsmanagement für Schulen, St. Gallen 1998.

Dubs, Rolf (1998b): Recht und New Public Management im Schulwesen. In: Der Verfassungsstaat vor neuen Herausforderungen, Festschrift für Yvo Hangartner, hrsg. v. Bernhard Ehrenzeller et al., St. Gallen 1998, S. 389-413.

Einwohnergemeinde Aarberg (1996): Gemeindeordnung, Aarberg 1996.

Erziehungsdirektion des Kantons Bern (1996): Grundsatzdokument – New Public Management im Bildungsbereich, Bern 1996.

Fröhlich, Elisabeth/Thierstein, Christof (1997): Qualitätsentwicklung in Bildungsorganisationen, Luzern 1997.

Gonon, Philipp/Hügli, Ernst/Landwehr, Norbert/Ricka, Regula/Steiner, Peter (1998): Qualitätssysteme auf dem Prüfstand: die neue Qualitätsdiskussion in Schule und Bildung, Aarau 1998.

Grochla, Erwin (1982): Grundlagen der organisatorischen Gestaltung, Stuttgart 1982.

Hentschel, Bert (2000): Multiattributive Messung der Dienstleistungsqualität. In: Dienstleistungsqualität, hrsg. v. Manfred Bruhn und Bernd Stauss, Wiesbaden 2000, S. 289-320.

Herrmann, Ulrich (1996): Die Schule – eine Herausforderung für das New Public Management (NPM). In: Beiträge zur Lehrerbildung, 14. Jg. 1996, Nr. 3, S. 314-337.

Hüchtermann, Marion/Nowak, Susan/Ramthun, Gudrun (1995): Schulmanagement – Auf der Suche nach neuen Konzepten. In: Beiträge zur Gesellschafts- und Bildungspolitik, hrsg. v. Institut der deutschen Wirtschaft, Nr. 6, Köln 1995.

Hurni, Rahel (1999): Wirkungsorientierte Führungsstrukturen zur Umsetzung von NPM an Schulen, Lizentiatsarbeit am Institut für Organisation und Personal der Universität Bern, Bern 1999.

Kühn, Richard/Grünig, Rudolf (2000): Grundlagen der strategischen Planung. Ein integraler Ansatz zur Beurteilung von Strategien, 2. Aufl., Bern, Stuttgart, Wien 2000.

Lanker, Hans Rudolf (1999): Editorial (zum Projekt Qualitätsentwicklung in Schulen/QES). In: forum fortbildung, Nr. 1, 1999, S. 3.

Meffert, Heribert/Bruhn, Manfred (1997): Dienstleistungsmarketing. Grundlagen – Konzepte – Methoden, 2. Aufl., Wiesbaden 1997.

Moser, Heinz/Wettstein, Heinz (1997): Evaluation und Schulentwicklung – fünf Thesen. In: schweizer schule, 84. Jg. 1997, Nr. 2, S. 22-29.

Mumenthaler-Biefer, Regina (1999): 3*Q= QES - Erfahrungen mit Qualitätsentwicklung in drei Schulen - Aarberger Schulen. In: forum fortbildung, Nr. 1, 1999, S. 13-15.

Oelkers, Jürgen (1993): Die „gute Schule": Überlegungen zum Stand der Diskussion. In: Die Zukunft der öffentlichen Bildung, hrsg. v. Philipp Gonon und Jürgen Oelkers, Bern 1993, S. 127-149.

Parasuraman, Ananthanarayanan/Zeithaml, Valarie A./Berry, Leonard L. (1988): SERVQUAL: A Mutiple-Item Scale for Measuring Customer Perceptions of Service Quality. In: Journal of Retailing, Vol. 64, Spring 1988, S. 12-40.

Ragni, Thomas (1997): Marketing verdrängt die Pädagogik: Zur Marktlogik im Bildungsbereich. In: Magazin für Schule und Kindergarten, hrsg. v. Verband des Personals Öffentlicher Dienste VPOD, Nr. 102, Juni 1997, S. 16.

Remund-von Känel, Vreni (1999): Das NPM-Projekt in der Einwohnergemeinde Aarberg. In: NPM-Wegleitung, hrsg. v. Verband Bernischer Gemeinden, S. 5.1-5.10.

Ritz, Adrian/Blum, Adrian (2001): Die Fallstudie als didaktisches Instrument in der Führungsausbildung. Internes Konzept und Leitfaden für das Eidgenössische Personalamt EPA Bern, Bern 2001.

Scharnbacher, Kurt/Kiefer, Guido (1998): Kundenzufriedenheit, Analyse, Messbarkeit und Zertifizierung, München, Wien 1998.

Schulordner 2000: Schulordner Primarschule Aarberg, Aarberg 2000.

Seghezzi, Hans Dieter (1996): Integriertes Qualitätsmanagement, München, Wien 1996.

Spiess, Kurt (1997): Qualität und Qualitätsentwicklung, Aarau 1997.

Steffens, Ulrich/Bargel, Tino (1993): Erkundungen zur Qualität von Schule. In: Praxishilfen Schule, Neuwied, Kriftel, Berlin 1993.

Thom, Norbert/Ritz, Adrian (2004): Public Management – Innovative Konzepte zur Führung im öffentlichen Sektor, 2. Aufl., Wiesbaden 2004 (3. Aufl. 2006).

Die wissensgenerierende Schule*

David H. Hargreaves

1	Der Bedarf an professioneller Wissensgenerierung im Bildungsbereich	176
2	Merkmale der wissensgenerierenden Schule	178
	2.1 Die Überprüfung bestehenden berufsbezogenen Wissens	178
	2.2 Die Leitung des Prozesses zur Generierung berufsbezogenen Wissens	180
	2.3 Die Validierung berufsbezogenen Wissens	183
	2.4 Die Verbreitung berufsbezogenen Wissens	185
3	Wissensgenerierung an Schulen	187
4	Wissensverbreitung: Das ungelöste Problem	191
5	Für eine andere Form der Forschung und Entwicklung im Bildungsbereich	194
6	Massnahmenkatalog	201
Literaturverzeichnis		203

---

* Dieser Artikel wurde von James Randall aus dem Englischen ins Deutsche übersetzt. Fremdsprachige Direktzitate sind ebenfalls ins Deutsche übersetzt worden.

Wir entwickeln uns zu einer Wissensgesellschaft; Schulen und Lehrkräfte stellen immer höhere Ansprüche. Es entsteht ein immer grösseres Bedürfnis nach vertieftem berufsbezogenem Wissen in den Bereichen Schulmanagement sowie Unterrichten und Lernen. Dieses Bedürfnis erwächst zum Teil der Tatsache, dass die Forschung auf Universitätsstufe in der Generierung und im Verbreiten solchen Wissens keine bedeutenden Erfolge vorzuweisen hat. Der vorliegende Artikel vertritt die These, dass diesem Bedürfnis nicht entsprochen werden kann, solange im Bildungsbereich herkömmliche Forschungs- und Entwicklungsmethoden angewendet werden. Muster zur Wissensgenerierung und -verbreitung, wie sie im Bereich der Hochtechnologie zum Einsatz kommen, zeigen, unter welchen Bedingungen die Generierung von berufsbezogenem Wissen im Bildungsbereich und seine schnellere Verbreitung über den gesamten Bildungsbereich hinweg gefördert würden. Ausserdem versucht der vorliegende Artikel, die Bedeutung dieses radikal neuen Verständnisses von Wissensgenerierung und -verbreitung im Bildungsbereich zu erörtern.

1 Der Bedarf an professioneller Wissensgenerierung im Bildungsbereich

Seit vielen Jahren steigen die Erwartungen von Eltern, PolitikerInnen und ArbeitgeberInnen hinsichtlich dessen, was Schulen in Bezug auf die Leistungen von SchülerInnen erreichen sollen. Diese Erwartungen werden noch weiter ansteigen, je weiter wir ins Informationszeitalter vorstossen und uns zu einer Informationsgesellschaft entwickeln. Die Arbeitswelt befindet sich im Umbruch – vor allem wegen der neuen Informations- und Kommunikationstechnologien (IKT) –, weshalb Schulen ihre SchülerInnen auf immer höhere Wissens- und Fähigkeitsebenen vorbereiten müssen. Dies nicht nur in den herkömmlichen und IKT-Fächern (obwohl diese von grosser Wichtigkeit sind), sondern auch hinsichtlich der menschlichen Qualitäten, die in einer veränderten Arbeitswelt von zentraler Bedeutung sind: Autonomie, Organisationsfähigkeit, die Fähigkeit, Kontakte zu knüpfen, Unternehmergeist, Innovationsfähigkeit und „die Fähigkeit, die für eine Aufgabe nötigen Fähigkeiten laufend neu zu definieren und Zugang zu den Quellen zu haben, die für das Erlernen dieser Fähigkeiten von Bedeutung sind" (Gastells 1998).

Diese Ziele im Unterricht zu erreichen, ist eine enorme Herausforderung. Lehrkräfte werden entscheiden müssen, wie sie die sich rasch entwickelnden IKTs, die keine traditionellen schulischen Unterrichts- und Lernmethoden darstellen, im Unterricht verwenden sollen; vor allem werden sie als Unterrichtshilfe offene, benutzerfreundliche, interaktive, von anderen Lehrkräften kontrollierte virtuelle Gemeinschaften in Betracht ziehen müssen. Es liegt auf der Hand, dass die Herausforderungen im Bildungsbereich, die im nächsten Jahrtausend auf uns zukommen, nicht erfolgreich in Angriff genommen werden können, wenn Lehrkräfte es versäumen, ihre Fähigkeiten neu zu definieren, oder wenn sie die Eigenschaften, die für heutige SchülerInnen Schlüsselkriterien sind, – Flexibilität, Kontaktfähigkeit, Kreativität – nicht vorweisen können.

Als Folge von jüngsten Bildungsreformen sind Lehrkräfte wenig motiviert, bei der Generierung von berufsbezogenem Wissen mitzumachen; dabei ist es genau dieser Prozess, der in einem sich schnell verändernden schulischen und sozialen Umfeld einen wirksamen Unterricht überhaupt ermöglicht. An verschiedenen Orten herrscht die Meinung, wir hätten bereits das nötige Wissen, um den Bildungsbereich effizienter zu gestalten, und die Aufgabe bestünde vor allem darin, sicherzustellen, dass alle Lehrkräfte und Schulen – und nicht nur die allerbesten – Zugang zu diesem Wissen hätten und es richtig umsetzten. Gemäss dieser Sichtweise liegt die Herausforderung darin, die bestehende *best practice* und/oder die bestehenden Forschungsergebnisse weiterzuvermitteln. Zweifellos würde der allgemeine Bildungsstandard steigen, wenn die effizientesten Schulen und Klassen über das gesamte Bildungssystem hinweg repliziert würden; die Verbreitung heute bestehender *good practice* ist jedoch eine unzureichende Grundlage für Schulen, die in einem auf Wissen basierenden Wirtschaftssystem den Erfolg anstreben. Wir müssen den Wissensstand verbessern und *better practices*, also bessere Praktiken, einführen[1]. Im Hochtechnologiebereich ist die

---

[1] In diesem Artikel ist von Wissen einerseits und von Praxis und Praktiken andererseits die Rede. Ich bevorzuge die Vorstellung eines berufsbezogenen „Wissens- und Praxiskomplexes", in dem das Wissenselement den kognitiven Aspekt unterstreicht und das Praxiselement den Aspekt der Umsetzung. Da aber der Begriff „Wissens- und Praxiselement" ungeeignet ist, verwende ich – je nachdem, ob in einem bestimmten Zusammenhang der kognitive Aspekt oder der Umsetzungsaspekt von grösserer Bedeutung ist – jeweils bloss einen der Begriffe; in wenigen Fällen, wo beide Aspekte angesprochen werden müssen, tauchen auch beide Begriffe auf.

grosse Bedeutung der Wissensgenerierung – und nicht nur der Verbreitung von Wissen – allgemein anerkannt, denn wer sich mit bestehendem Wissen und bestehender *good practice* zufrieden gibt, wird bald einmal überholt. Meines Erachtens gilt heute dasselbe für Schulen.

2 Merkmale der wissensgenerierenden Schule

In den Bereichen Schulmanagement und wirksames Unterrichten generieren Schulen – wenn auch in unterschiedlichem Ausmass und in unterschiedlicher Weise – heute bereits berufsbezogenes Wissen, obwohl sie selbst wohl von der „Entwicklung wirkungsvoller Methoden" und nicht von „Wissensgenerierung" sprechen würden. Berufstätige stützen sich auf ihr präsentes Wissen, auf „das strukturierte Wissen, das ... [die Menschen] spontan und routinemässig während der Arbeit umsetzen ... ein spezielles Wissensgebiet, das relevant für ihre Arbeit ist" (Kennedy 1983). In Berufen, die einen Veränderungsprozess durchlaufen, muss dieses präsente Wissen durch die Generierung von neuem Wissen verjüngt werden. Die wissensgenerierende Schule in idealtypischer Form

- *überprüft* das bestehende berufsbezogene Wissen,
- *leitet den Prozess* der Erschaffung von neuem berufsbezogenen Wissen,
- *validiert* das neu generierte berufsbezogene Wissen,
- *verbreitet* das neu generierte berufsbezogene Wissen.

Betrachten wir nun diese Vorgänge im Einzelnen.

2.1 Die Überprüfung bestehenden berufsbezogenen Wissens

Die Lehrkräfte an einer Schule sind sich ihres Gesamtwissens oftmals nicht bewusst und können dieses Wissen folglich nicht miteinander teilen, noch können sie darauf zurückgreifen. Ebenso wenig wissen sie, was ihnen an Wissen fehlt, das heisst, sie sind sich über ihr Unwissen nicht im Klaren und können nicht ermitteln, in welchen Bereichen neues Wissen generiert werden müsste. An jeder Schule gibt es eine komplexe soziale Verteilung von berufsbezogenem Wissen: Nirgends gibt es eine einzelne Person, die über die Gesamtheit des berufsbezogenen Wissens des Lehrkörpers verfügt. Vielmehr haben leitende Angestellte

Führungswissen, welches unerfahrenen Lehrkräften fehlt, und viel berufsbezogenes Wissen in den Bereichen des Unterrichtens und des Lernens ist in den Köpfen einzelner Lehrkräfte verborgen und bleibt durch die Abgeschlossenheit des Klassenzimmers der Aussenwelt vorenthalten. Wissensüberprüfungen zeigen die erfahrungsabhängige Verteilung des Wissens auf, sodass in einem strukturierten und koordinierten Prozess das bestehende berufsbezogene Wissen verbreitet und neues Wissen generiert werden kann.

Die Wissensüberprüfung ist am einfachsten, wenn das zu überprüfende berufsbezogene Wissen *explizit* ist, da es in diesem Fall unschwer zu formulieren und unter Umständen sogar schon kodifiziert ist. Ein grosser Anteil des berufsbezogenen Wissens ist jedoch implizit, das heisst, es existiert als praktisches Wissen, das schwer zu formulieren und darum auch schwer zu überprüfen ist. Eine Wissensüberprüfung ist in einer kooperativen Schulkultur, welche häufige berufsbezogene Gespräche auf hohem Niveau sowie die Mitteilsamkeit unter der Lehrerschaft fördert, am einfachsten. Solche Schulen werden den Weg für neue Methoden ebnen, das Wesen und das Ausmass von berufsbezogenem Wissen und Nichtwissen zu *katalogisieren*. Um explizites Wissen zu produzieren, könnte z. B. unter der Lehrerschaft an einer Schule eine Befragung zu folgenden Aspekten durchgeführt werden: *Welche KollegInnen haben Ihnen geholfen, Ihre Unterrichtsmethoden zu verbessern? Wie und in welcher Beziehung haben sie das erreicht? Welche Aspekte Ihres Wissens oder Ihrer Methoden könnten andere nützlich oder interessant finden? Was können Sie, was Ihren Beruf angeht, am besten?* Die Ergebnisse könnten zu einem Verzeichnis ähnlich der Gelben Seiten führen, das Auskunft darüber gibt, mit wem man sich in Verbindung setzen kann, wenn man Fragen hat, Rat sucht oder ganz einfach mit einer Kollegin, einem Kollegen über ein bestimmtes Thema reden will. So könnte die gedankliche Vorstellung, die jede Lehrkraft von der Organisation hat (vgl. Goodman 1968; Weick/Bougon 1986), bereichert werden. Die folgenden Bedingungen sind dem Erfolg einer solchen Katalogisierung förderlich (vgl. Kerwin 1998; McGee/Prusak 1993; Skyrme/Amidon 1997; Davenport 1997):

- Die Lehrerschaft bestimmt eine begrenzte Anzahl von Gebieten für die Wissenskatalogisierung, z. B. eines, bei dem Verbesserungen nötig sind;

- das Wissen wird in Begriffen und Kategorien kodifiziert, die für aktuelle Anliegen und die berufliche Praxis der Lehrkräfte bedeutsam sind;

- es werden alle an der Schule vorhandenen Fähigkeiten, die das Informationsmanagement betreffen (inkl. Bibliothekar/in, IKT-Koordinator/in), aufgeboten;

- das System ist so konzipiert, dass der interne Kontakt unterstützt und gefördert wird.

Das Ziel von Wissensmanagement (vgl. Sveiby/Lloyd 1987) ist es, einer Organisation zu helfen, auf intelligente Weise so zu handeln, dass sich der Erfolg einstellt und sich das „intellektuelle Kapital", das heisst das Wissen und die Fähigkeiten der Angestellten, entfalten kann – und nicht nur materielle beziehungsweise finanzielle Anlagen. Es ist wichtig, dass SchulleiterInnen die Übersicht über das intellektuelle Kapital ihrer Schule haben, da die Leitung des Prozesses der Generierung berufsbezogenen Wissens nicht nur ein Verständnis des Kapitals bedingt, das in Individuen und Gruppen des Lehrkörpers sowie in SchülerInnen und deren Familien und Umfeldern vorhanden ist, sondern auch einen Einblick in das „organisatorische Kapital" voraussetzt, das in den an der Schule anzutreffenden Strukturen und der schulischen Kultur eingebettet ist, das heisst einen Einblick in die organisatorischen Fähigkeiten und Begabungen, auf der die Bildung und die Umsetzung von Wissen aufgebaut sind.

Haben SchulleiterInnen aber auch nötigen die Führungsqualitäten, um die Bildung und Verwertung von Wissen zu unterstützen?

2.2 Die Leitung des Prozesses zur Generierung berufsbezogenen Wissens

In der Kritik der Bildungsforschung wird immer wieder bestätigt, dass es eine Kluft zwischen BildungsforscherInnen und BildungspraktikerInnen gibt und dass Lehrkräfte und bildungspolitische Entscheidungsinstanzen zuwenig von dem, was die Forschung produziert, für praktisch relevant oder umsetzbar halten. Eine Alternative bestünde darin, die PraktikerInnen selbst als hauptsächliche (jedoch nicht ausschliessliche) Quelle berufsbezogenen Wissens zu betrachten. So könnte der Prozess der Wissensgenerierung sowie seine Leitung von zwei verschiedenen Warten aus analysiert werden, nämlich indem man entweder die *Merkmale wissensgenerierender Schulen* oder den *Prozess der Wissensgenerierung* untersuchen würde. Noch ist wenig über diese beiden Themen bekannt. Ich stelle mir vor, dass Schulen, die berufsbezogenes Wissen generieren, ähnliche Merkmale aufweisen wie Firmen, die im Hochtechnologiebereich tätig sind und nachweislichen Erfolg in der Wissensgenerierung haben und so den Bedürfnissen nach verbesserter Forschung und Entwicklung sowie kürzeren Entwicklungszeiten genügen (vgl. Jelinek/Schoonhoven 1990; Leonard-Barton 1995; Dodgson/Bessant 1997; Hussey 1997; Harryson 1998). Ein ähnlicher Druck lastet jetzt auch auf Schulen. Die in diesem Artikel zu erörternden Bedingungen und Faktoren, die die Wissensgenerierung in Schulen begünstigen, sehen also folgendermassen aus:

- eine Kultur der ständigen Verbesserung und eine Begeisterung für dieselbe;
- ein starkes Bewusstsein für die äussere Umgebung inklusive Verbesserungsmöglichkeiten (z. B. neue Projekte, neue Finanzierungsmöglichkeiten) und der verschiedenen Formen des Drucks (z. B. neue Bedürfnisse, die neues Wissen verlangen) sowie die Fähigkeit, externes Wissen zu erkennen, aufzunehmen und umzusetzen;
- eine ausgeprägte Sensibilisierung für die Bedürfnisse von SchülerInnen, Eltern und Schulleitung;
- eine Organisationsplanung, die sowohl kohärent ist (und somit eine gemeinsame organisatorische Anschauungsweise ermöglicht) als auch flexibel (und es somit zulässt, aus neuen Umständen den bestmöglichen Nutzen zu ziehen);
- Dezentralisierung und nivellierte Hierarchien, die die Entscheidungskompetenz sowie die Verantwortung für die Überprüfung von neuen Ideen einzelnen – betroffenen – Gruppen überlassen;
- Anerkennung des Fachwissens der Lehrkräfte durch die Schulleitung;
- ungezwungener Umgang innerhalb der Lehrerschaft, die aufgabenorientiertes Wissen höher bewertet als den Status innerhalb der Schule und in einem intensiv gepflegten Beziehungsnetz häufige berufsbezogene Gespräche führt;
- die Generierung von berufsbezogenem Wissen wird nicht als eine beliebige, ungerichtete Tätigkeit einer Minderheit von einzelnen besonders kreativen Lehrkräften betrachtet, sondern als Prozess, der die gesamte Schule betrifft und entsprechend geleitet werden muss – dazu gehören die Bereitstellung von zeitlichen und materiellen Ressourcen, die Koordination von Arbeitskräften und Aktivitäten sowie regelmässige Supervision und Unterstützung;

- regelmässig zur Verfügung gestellte Plattformen, um berufsbezogenes Wissen und berufliche Praxis zu reflektieren, zu besprechen und diesbezüglich Fragen zu stellen; ebenso die Förderung der Kontaktpflege unter den Lehrkräften;
- interne Hybridisierung, das heisst Stellentausch und funktionsübergreifende Teams;
- die Erschaffung zeitweiliger und flexibler Entwicklungsstrukturen, die bürokratische Strukturen umgehen und als Versuchsmodelle für Reorganisationen dienen, welche wiederum sich verändernden Umständen gerecht werden;
- die Bereitschaft, je nach Bedarf mit neuen Ideen sowie mit Neuausprägungen alter Ideen zu experimentieren, um Aufgaben besser lösen zu können in einer Kultur, wo Fehler als Lernprozesse angesehen werden und deshalb dem Individuum keine Vorwürfe gemacht werden, wenn Unzulänglichkeiten auftreten;
- Förderung der Vielfalt und Toleranz gegenüber abweichenden Ansichten, da Widerstände zu Neuerungen führen können;
- die Bereitschaft, Partnerschaften und Allianzen einzugehen und Beziehungsnetze zu knüpfen, um die Mitarbeit an dieser Aufgabe zu fördern;
- ein positives Arbeitsklima mit einer konstanten und explizit aufrechterhaltenen Spannung zwischen Freiheit, Verantwortung und Kontrolle in der Berufsausübung.

Diese Merkmale stimmen nur in begrenztem Mass mit der heute üblichen Beschreibung einer effizienten Schule (vgl. Sammons/Hillman/Mortimore 1995) überein, auf der zahlreiche Schulverbesserungsversuche beruhen. Schulen, die gemäss dieser Beschreibung als effizient gelten, müssen nicht unbedingt im Bereich der berufsbezogenen Wissensgenerierung erfolgreich sein.

Was die *Prozesse der berufsbezogenen Wissensgenerierung* angeht, ist es denkbar, dass von Industriebetrieben entwickelte Modelle – mit relativ geringfügigen Anpassungen – auch an Schulen angewendet werden könnten. In der Industrie ist die Wissensgenerierung von grundlegender Bedeutung für den wirtschaftlichen Erfolg, weshalb dort Anstrengungen unternommen werden, diesen Prozess zu verstehen. An dieser Stelle möchte ich das eindrücklichste Wissensgenerierungsmodell vorstellen, das ich kenne, nämlich dasjenige von Nonaka und Takeuchi (1995), dessen Grundelemente *explizites Wissen* und *implizites Wissen* sind. Die Wissensgenerierung ist eine Folge des Zusammenwirkens dieser beiden Elemente. So werden vier Arten der Wissensumwandlung postuliert: Sozialisierung, Externalisierung, Internalisierung und Kombinierung. *Sozialisierung* bezeichnet die gemeinsame Erfahrung, gewonnen aus Ausbildung und Berufserfahrung, die implizites Wissen schafft. Gespräche und das kollektive Zurückblicken innerhalb der Gruppe führen zur *Externalisierung,* indem dabei implizites Wissen formuliert und so in explizites Wissen umgewandelt wird. Das Learning by doing ruft die *Internalisierung* hervor, bei der explizites Wissen in implizites Wissen umgewandelt wird; wie bei der Aneignung von Fähigkeiten wird ursprünglich explizites Wissen durch die Erfahrung implizit. Das durch Beziehungsnetze bedingte Zusammentreffen verschiedener Individuen mit unterschiedlichem Wissen führt zur *Kombinierung,* einem Prozess der Systematisierung und Erweiterung expliziten Wissens durch die Kombinierung verschiedener Wissensansammlungen.

Dieses Modell, welches laut Nonaka und Takeuchi in Industriebetrieben anzutreffen ist, kann nur Möglichkeiten für die Erforschung und Konzeptualisierung der Generierung und Leitung berufsbezogenen Wissens in Schulen aufzeigen. Im Bildungsbereich fehlt es an differenzierten Theorien und Modellen für die Wissensgenerierung, und zwar ganz einfach deshalb, weil entsprechende Tätigkeiten bis anhin nicht als Schlüssel zur Verbesserung des Unterrichts angesehen wurden. Das oben beschriebene Modell macht einen vielversprechenden Eindruck. Es stellt sich die Frage, ob es im schulischen Umfeld sinnvoll eingesetzt werden kann.

2.3 Die Validierung berufsbezogenen Wissens

Generiertes Wissen muss validiert werden. In der Berufswelt wird Wissen validiert, indem es in der Praxis nachweislich und wiederholt funktioniert. In der gegenwärtigen Diskussion herrscht grosse Verwirrung bezüglich erstens einer blossen *guten Idee,* zweitens einer *good practice* – guter Praxis also – und drittens einer *best practice,* einem Begriff, der den Anspruch erhebt, dass sich das Bezeichnete anderen guten Praktiken als überlegen erwiesen hat. Alle diese Begriffe werden in einer Art herumgereicht, die nicht sonderlich hilfreich ist (vgl. Alexander 1992).

Die Validierung von Wissen kann verschiedene Formen annehmen:

- *ipsativ* – eine Lehrkraft fällt ein individuelles Urteil, indem sie gegenwärtige Praktiken mit vorgängigen Praktiken vergleicht oder aber mit Praktiken, die sie bei einer anderen Lehrkraft beobachtet oder in Fachzeitschriften gelesen hat.
- *sozial* – durch Analyse, Diskussion und Debatte einigt sich eine Fachgruppe darauf, gewissen Praktiken gegenüber anderen den Vorrang zu geben.
- *unabhängig* – ein/e KonsumentIn oder eine selbsternannte Expertin, ein selbsternannter Experte oder aber jemand, der eine bildungspolitische Entscheidungsinstanz ist, hat eine Vorstellung davon, wie *good practice* aussieht.
- *juristisch* – vor Gericht gilt als Beweismittel alles, was das Gericht von der Wahrheit oder zumindest der Wahrscheinlichkeit einer bestimmten Behauptung überzeugen soll. Im Bildungsbereich kann als Beweis für die Wirksamkeit bestimmter Praktiken und des zugrundeliegenden Wissens alles gelten, was den/die PraktikerIn von der Wirksamkeit dieser Praktiken überzeugt. Wie sich in der Rechtssprechung Regeln über die Zulässigkeit und das Gewicht von Beweismitteln sowie über die Beweislast entwickelt haben, so könnten auch im Bildungsbereich Beweisregeln entwickelt werden, die auf die dort herrschenden Umstände angewendet werden könnten.
- *wissenschaftlich* – durch formelle Forschung, die wissenschaftlichen Verfahrensregeln gerecht wird, kann ermittelt werden, ob gewisse Praktiken wirksamer oder besser sind als andere.

Selbstvalidierung ist offensichtlich die am weitesten verbreitete Form angeblicher *good practice*, aber für sich genommen ist sie die am wenigsten glaubwürdige. „Für mich funktioniert es" mag zwar eine legitime Aussage sein, aber persönliches, aus Erfahrung gewonnenes Wissen muss schon auf überzeugendere Weise validiert werden, wenn es den Status allgemein anerkannten berufsbezogenen Wissens erreichen soll. An vielen Schulen befindet sich die Validierung von Wissen in einem primitiven Stadium, indem hauptsächlich die ipsative Validierung, ergänzt durch Elemente der sozialen, angewendet wird. Die Lehrkräfte tauschen in ungezwungener Atmosphäre persönliche Erfahrungen aus, ohne jedoch diese hinreichend zu analysieren oder gar zu bestimmen, was denn wirksame Praktiken wären und wie diese festgelegt werden könnten. Unter Lehrkräften

> „werden Ratschläge auf der Basis einer Validierung ausgetauscht, die im beruflichen Handwerk begründet liegt und hauptsächlich auf persönlicher Erfahrung beruht. ... Forschungsergebnisse sind keine ergiebige Quelle für Anwenderwissen, denn sie gehen von einer angenommenen zugrundeliegenden Ordnung aus, und die Art, in der theoretische, das heisst wissenschaftliche, Quellen über die praktische Umsetzung reden und schreiben, mutet fremd an: Die zwei Bezugsrahmen stossen sich aneinander." (Huberman 1983)

Wissensvalidierung kann sich an denjenigen Schulen differenziert abspielen, wo die Lehrkräfte, um einen höheren Abschluss zu erreichen, selbst Forschung betrieben haben und deshalb in der Lage sind, in einem Klima des Erkennens und Teilens dessen, was wirksam ist, ihr Forschungswissen auf ihre Praktiken anzuwenden. Lehrkräfte, die zum Beispiel gewisse Formen der Aktionsforschung betreiben, versuchen, die ipsative Validierung mit der wissenschaftlichen – und in gewissen Fällen zusätzlich noch mit der sozialen – zu kombinieren. Die wissensgenerierende Schule wird anspruchsvolle Formen der Wissensvalidierung anwenden, um die Wirksamkeit neuer Praktiken zu prüfen.

2.4 Die Verbreitung berufsbezogenen Wissens

Bildungsbezogenes Wissen wird gegenwärtig nicht in ausreichendem Masse verbreitet. Seit langem wird seine unzulängliche Verbreitung von in Forschung und Entwicklung führenden AkademikerInnen als Problem angesehen; sie sind der Meinung, eine bessere Verbreitung der Ergebnisse ihrer Arbeit würde zu verbessertem Unterricht und verbessertem Lernen führen. Forschungen aus den 70er Jahren (vgl. Glaser/Abelson/Garrison 1983) haben jedoch ergeben, dass bei Zentrum-Peripherie-Projekten selbst bei sorgfältig geplanter Verbreitung neue Praktiken nur in begrenztem Ausmass übernommen und umgesetzt werden. Einige herkömmliche Verbreitungsmodelle sind arg in Verruf geraten. Wo immer möglich, müssen veraltete Verbreitungsmodelle ersetzt werden – ein Unterfangen, welches Voraussetzung ist für die Förderung der Wissensgenerierung, von der ein wirksameres Unterrichten letztlich abhängt. Ein neues Modell der Wissensgenerierung im Bildungsbereich kann sich nur mit der Einführung eines neuen Verbreitungsmodells durchsetzen. Ein neues Modell wird besser nicht vom Umfeld der Zentrum-Peripherie-Projekte angegangen – denn dort haben die meisten bisherigen Fehlschläge stattgefunden –, sondern ganz einfach, indem Wissen und Praktiken innerhalb einer Schule (interne Verbreitung) oder unter mehreren – z. B. benachbarten – Schulen (externe Verbreitung) verbreitet werden.

In diesem Zusammenhang muss zwischen der *Transferierbarkeit* und der *Transponierbarkeit* von Wissen und Praktiken unterschieden werden. Transferierbarkeit bezieht sich auf den Austausch von Wissen oder Praktiken zwischen Personen, Transponierbarkeit auf denjenigen zwischen Orten. Wissen und Praktiken sind dann transponierbar, wenn sie ihr/e „BesitzerIn" in neuen Kontexten umsetzen kann – wenn z. B. eine Lehrkraft entdeckt, dass gewisse Praktiken bei einer bestimmten Klasse wirksam sind und sie auch bei einer anderen Klasse, vielleicht sogar an einer anderen Schule, erfolgreich angewendet werden können. Lehrkräfte mit grosser Unterrichtserfahrung sind oft erstaunt, wie schlecht transponierbar die Fähigkeiten sind, die sie an einer anderen Schule optimiert haben. Transferierbar sind Wissen und Praktiken dann, wenn eine bestimmte Lehrkraft von einer anderen Wissen und Praktiken übernehmen und diese im ursprünglichen Kontext, das heisst z. B. bei derselben Klasse, erfolgreich umsetzen kann. So kann eine erfahrene Lehrkraft eine neue erfolgreich darüber beraten, was bei einer bestimmten Klasse, die sie beide unterrichten, „funktioniert". Der praktische Teil einer Lehrerausbildung bringt eine grosse Menge solcher Wissenstransfers mit sich.

Die Verbreitung von Wissen und Praktiken gestaltet sich als schwieriges Unterfangen, da in vielen Fällen das Wissen und die Praktiken, die verbreitet werden sollen, sowohl transponier- als auch transferierbar sein müssen. Die Verbreitung von Praktiken unter verschiedenen Schulen ist komplexer als innerhalb einer einzigen Schule, weil die verschiedenen Kontexte und Situationen (z. B. bezüglich des Aufmerksamkeitspegels der SchülerInnen) beträchtliche Unterschiede aufweisen können, was die Transponierbarkeit beeinträchtigt; ebenso unterscheiden sich verschiedene Lehrerschaften (z. B. hinsichtlich ihrer Wertvorstellungen), was wiederum die Transferierbarkeit beeinträchtigt. Es ist also nicht weiter erstaunlich, wenn eine Lehrkraft die erfolgreich scheinenden Praktiken, die eine andere Lehrkraft an einer anderen Schule und in einer anderen Klasse anwendet, nicht in ihr eigenes Klassenzimmer transferieren und transponieren kann.

Es müsste nun klar sein, dass die Probleme, die mit der Transponierung und Transferierung verbunden sind, die Wissensverbreitung schon auf der untersten Stufe, auf der lokalen Ebene, wo Lehrkräfte noch miteinander reden können, erschweren. Um wie viel schwieriger muss dann die Wissensverbreitung sein, die auf schriftlichen Quellen beruht und somit nur aus der Distanz wahrgenommen wird, nicht interaktiv ist und bei den angesprochenen Lehrkräften auf wenig Glaubwürdigkeit stösst. Offensichtlich ist ein alternatives Verbreitungsmodell angesagt.

3 Wissensgenerierung an Schulen

Verschiedene Prozesse zur Generierung berufsbezogenen Wissens sind im Keim bereits im Schulsystem enthalten und einsetzbar, sobald Schulleitung oder Staat die richtigen Umstände schaffen. Die vier folgenden Ursachen sind diesbezüglich von Relevanz:

(1) In wissensgenerierende Schulen machen Lehrkräfte von einer im gesamten Schulbereich bei allen Lehrkräften verbreiteten Praxis Gebrauch, nämlich vom Ausprobieren; im Interesse der kollektiven Wissensgenerierung feilen sie an dieser Praxis und entwickeln sie weiter. Das *Ausprobieren,* die erste Ursache, ist in allen Berufen und Handwerken weit verbreitet, zum Beispiel im Ingenieurwesen:

> „[In auf Wissensmanagement spezialisierten Firmen] wird oft spontan, unwissenschaftlich und ohne grosse Kosten experimentiert ... Angestellte sind Experten im Drauflosexperimentieren. ... [IngenieurInnen] in den [Hochtechnologie-] Firmen, die wir als Beispiele genommen haben, weisen immer wieder ein ganz spezifisches Verhaltensmuster auf. Es wird erwartet, dass sie hinreichend begabt sind, um auf spontane aber nutzbringende Art mit Ideen, Materialien, Geräten und Raum „herumzualbern" – ob ihre Vorgesetzten nun von Anfang an von ihren Ideen überzeugt sind oder nicht." (Jelinek/Schoonhoven 1990)

Auch unter Lehrkräften ist diese Ursache verbreitet:

> „Im Grunde sind Lehrkräfte HandwerkerInnen, die ihrer Arbeit in erster Linie allein nachgehen, mit einer grossen Vielfalt an neuem und zusammen

gewürfeltem Material und in einem individuell gestalteten Umfeld. Mit der Zeit entwickeln sie ein Repertoire an Unterrichtsmethoden und -strategien, die sich zu einer zunehmend dichten, differenzierten und integrierten Anhäufung geistiger Schemata entwickelt; sie erfassen Unterrichtssituationen besser und schneller, und es steht ihnen eine grössere Vielfalt an Strategien zur Verfügung, diesen Situationen zu begegnen. Sie entwickeln dieses Repertoire mittels einer etwas zufälligen Trial-and-Error-Methode, die dann zum Zug kommt, wenn sich der eine oder andere Teil ihres Repertoires mehrmals als unwirksam erweist. ... Wenn alles rund läuft, wenn sich Abläufe routinemässig abwickeln, ... ist man stolz auf sein Handwerk. ... Wenn es weniger rund läuft ... werden ... Experimentierphasen ... eingeschaltet. ... Spontan *probieren* Lehrkräfte im Unterricht Neues *aus*." (Huberman 1992, Hervorhebungen durch den Autor)

Diejenige Lehrkraft, die „ausprobiert", wendet eine individualisierte Variante der institutionalisierten Wissensgenerierung an. Wenn solches Ausprobieren systematischer wird sowie kollektiv unternommen und explizit geführt wird, so kann von eigentlicher Wissensgenerierung die Rede sein. Das Ausprobieren geht der Wissensgenerierung oft voraus, da es in der Form von explizitem und implizitem Wissen einen wesentlichen Bestandteil des Rohmaterials von Wissen bereitstellt. Das Ausprobieren ist im Prozess der berufsbezogenen Wissensschaffung eingebettet, weil damit eine gute Ausgangsidee geprüft und in etwas umgeformt wird, das einer systematischeren Validierung unterzogen werden kann. Wenn eine Gruppe von Lehrkräften Ideen ausprobiert, die einem Wissensgenerierungsprozess entstammen, so prüfen sie damit, in welchem Ausmass die im Entstehen begriffenen Praktiken transferier- und transponierbar sind. Beim Ausprobieren sind die Erschaffung und die Umsetzung von Wissen nicht etwa voneinander getrennte und nacheinander ablaufende Vorgänge, sie bilden vielmehr einen interaktiven Prozess, in dem die Umsetzung von Wissen Teil des kreativen Vorgangs wird.

Wissenstransfer ist schwer zu erreichen, da es dabei um viel mehr geht als bloss darum, Informationen zu liefern oder mitzuteilen. Wenn eine Lehrkraft einer anderen von gewissen Unterrichtspraktiken erzählt, die sie als wirksam erachtet, so hat die zweite Lehrkraft bloss Informationen entgegengenommen, nicht aber Wissen. Eigentlicher Wissenstransfer findet nur dann statt, wenn das Wissen der einen Lehrkraft zu Information für die andere wird und letztere die Information verarbeitet, so dass sich die Information in einen bedeutsamen Kontext einfügt und Teil von bereits vorhandenen Methoden und bestehendem Wissen wird. Wissenstransfer bedeutet die Übertragung von Informationen über die Praktiken einer bestimmten Person in den Wissensschatz einer anderen. Am einfachsten ist dies zu erreichen, indem eine Lehrkraft die Erkenntnisse ausprobiert, die aus der beruflichen Praxis einer anderen Lehrkraft stammen. Das Problem bei gescheitertem Wissenstransfer liegt oft darin, dass das Element des Ausprobierens oft übergangen wurde. Die Verbreitung von good practice – ob durch das Department for Education and Employment (DfEE), die Teacher Training Agency (TTA), die Qualifications und Curriculum Authority (QCA), das Office for Standards in Education (OfSTED) oder durch Beacon-Schulen – geschieht meist in Form von der Verbreitung von Informationen über *good practice*, wobei zuwenig beachtet wird, dass das Ausprobieren sowie der notwendige Platz und die Unterstützung von grundlegender Wichtigkeit für die Umwandlung von Information in neues berufsbezogenes Wissen sind. Wissenstransfer zwischen Lehrkräften hat vor allem dann Aussicht auf Erfolg, wenn die Lehrkräfte Gelegenheit haben, neues Wissen auszuprobieren.

(2) Eine zweite Ursache für die Entstehung berufsbezogenen Wissens ist dort anzutreffen, wo sich eine Schule in hohem Masse im Bereich der Lehrerausbildung betätigt. Die Erklärung hierfür ist einfach: Wenn erfahrene PraktikerInnen (das heisst MentorInnen) Auszubildende (das heisst angehende Lehrkräfte) instruieren, müssen sie ihr explizites Wissen weitervermitteln (dies entspricht der *Sozialisierung* im Modell von Nonaka und Takeuchi) sowie ihr implizites Wissen in explizites Wissen umwandeln, damit der/die MentorIn mit der angehenden Lehrkraft über relevantes Wissen und relevante Praktiken sprechen kann (*Externalisierung*). MentorInnen wissen oft zu berichten, dass die Betreuung angehender Lehrkräfte zur Reflektion anregt. Durch gemeinsame Erfahrungen und das Learning by doing unter der Obhut einer Mentorin oder eines Mentors erwirbt die angehende Lehrkraft berufsbezogenes Wissen (*Internalisierung*). Auszubildende bringen oft neue Ideen aus ihrer Tätigkeit in der höheren Bildung mit. Wenn diese neuen Ideen der Mentorin bzw. dem Mentor in der Form eines internen Austauschs mitgeteilt werden, dann gibt es einen Zusammenstoss mit den etablierten Vorstellungen der erfahreneren Lehrkraft (*Kombinierung*). Die Ausbildung am Arbeitsplatz führt zur Wissensgenerierung am Arbeitsplatz, die wiederum sowohl die erfahrene als auch die angehende Lehrkraft zu weiterem Ausprobieren anspornt. Es handelt sich dabei aber nicht mehr um ein individuelles Ausprobieren, sondern vielmehr um ein Ausprobieren, das einer Form der Wissensgenerierung entspringt, die alle vier Kategorien der Wissensumwand-

lung in sich vereint. Es sind alle Elemente des Wissensgenerierungsmodells von Nonaka und Takeuchi vorhanden, und sie warten bloss darauf, aktiv umgesetzt zu werden. In der Industrie gibt es eine wichtige Form der Erneuerung, die unter der Bezeichnung *technology fusion* bekannt ist. Dabei werden bestehende Technologien neu kombiniert, sodass Hybridtechnologien entstehen. Inwiefern kann die Wirksamkeit von Lehrkräften verbessert werden, indem man das Prinzip der Kombinierung im schulischen Umfeld umsetzt und so hybride Unterrichtstechnologien entwickelt?

(3) Die dritte Ursache der Generierung berufsbezogenen Wissens stellen diejenigen Lehrkräfte dar, die Forschung betreiben. Dies kann wiederum als systematisierte Form des Ausprobierens betrachtet werden. Lehrkräfte, die z. B. auf einen bestimmten akademischen Grad hin arbeiten und in diesem Zusammenhang eine empirische Arbeit schreiben, werden im regelmässigen Gespräch mit ihrer akademischen Betreuungsperson oft auf die verschiedenen Arten der Wissensumwandlung zurückgreifen. Ausserdem wird in vielen Fällen als notwendiger Bestandteil der Untersuchung das dabei entstehende Wissen verschiedenen Validierungsverfahren unterzogen. Hier sind an Schulen durchgeführte Untersuchungen sowie im schulischen Umfeld verwurzelte Forschungskonsortien wichtig, wie sie die Teacher Training Agency erstmals eingeführt hat. Denn in den meisten Fällen werden mehrere Lehrkräfte an den Schulen tätig sein, die in eine bestimmte Untersuchung miteinbezogen werden, während Lehrkräfte, die an einer Universität einen höheren Abschluss anstreben, meist allein arbeiten. Von der Teacher Training Agency unterstützte Forschungsprojekte werden in vielen Fällen zu internem und externem Austausch führen; solches kollektives Ausprobieren fördert die Erschaffung von Wissen und ihre wirksame Transponierung und Transferierung.

(4) Einige Schulen machen hervorragenden Gebrauch von ihrer mittleren Führungsebene, und zwar sowohl im Lehrplan- wie auch im Betreuungsbereich; dies ist die vierte Ursache der Generierung berufsbezogenen Wissens. Im Modell von Nonaka und Takeuchi ist die mittlere Führungsebene von grundlegender Wichtigkeit für die erfolgreiche Generierung von Wissen im Industriebereich. Das oberste Führungssegment hat einen zu grossen Abstand von der Front, um die praktischen Erfahrungen machen zu können, die für die Entwicklung neuen Wissens und neuer Praktiken unabdingbar sind. An der Produktionsstätte ist die Arbeit zu eng abgesteckt und zu anspruchsvoll, um die zur Generierung neuen Wissens nötige Distanz zu gewinnen. Die mittlere Führungsebene

fungiert hier als strategischer Verbindungspunkt zwischen dem obersten Führungssegment und den IngenieurInnen an der Front, als Brücke zwischen der Vision einer Firma und der chaotischen Realität der Umsetzung, zwischen dem, was ist, und dem, was sein soll. Hier wird augenscheinlich, wie die Angehörigen der mittleren Führungsebene auf der Sekundarschulstufe sozusagen als entscheidende „WissensingenieurInnen" für bildungsbezogenes Wissen fungieren könnten. Für die Betreuung angehender Lehrkräfte, die an einer Schule ein Praktikum absolvieren, ist ja die mittlere Führungsebene unmittelbar zuständig.

Kurz, die Generierung bildungsbezogenen Wissens wird vor allem dann explizit und wirksam sein, wenn sich Schulen sowohl in der praktischen Lehrerausbildung wie auch aktiv in der Bildungsforschung betätigen, wenn sich die Angehörigen der mittleren Führungsebene zu WissensingenieurInnen entwickeln und wenn verschiedene Ausprägungen des professionellen Ausprobierens gefördert und unterstützt werden, da diese die Prozesse verwenden und zugleich auch vorantreiben, die für die Dynamik der Generierung und Verbreitung berufsbezogenen Wissens wesentlich sind.

4 Wissensverbreitung: Das ungelöste Problem

Vor kurzem sind weitläufige Vermittlungsstrukturen zwischen Forschung und Anwendergruppen vorgeschlagen worden, um eine weitere Verbreitung der Resultate der Bildungsforschung zu erreichen (vgl. Hillage et al. 1998). Bisher sind aber Versuche zur Verbesserung der Kommunikation, z. B. durch Neugestaltung des Stils von Forschungsberichten und der Art, wie sie vorgestellt werden, von AnwenderInnen kaum beachtet worden. Solche Ansätze berücksichtigen nicht die Kluft, die zwischen der Forschung und den Anwendergruppen besteht, und können diese Kluft auch nicht überbrücken. Eine radikalere Lösung ist angesagt. Wie wird dieses Problem im Hochtechnologiebereich gelöst?

Die Antwort ist einfach: Der Kontakt zwischen Forscher- und Anwendergruppen wird verbessert, indem Forschungs- und Entwicklungsabteilungen aufgelöst oder verkleinert werden. Um ForscherInnen Seite an Seite mit jenen arbeiten zu lassen, die in der eigentlichen Herstellung tätig sind, werden Forschungs- und Entwicklungsabteilungen in die Fabrikationshalle verlegt (vgl. Jelinek/ Schoonhoven 1990; Fruin 1997; Harryson 1998). Es gibt keine klare Grenze mehr zwischen der Generierung von Wissen und seiner Umsetzung und Verbreitung: Die Prozesse sind in der Theorie wie in der Praxis miteinander verwoben (vgl. Roos/Dragonette/Edvinsson 1997).

Es dürfte niemanden erstaunen, der im Bildungsbereich tätig ist, dass IngenieurInnen im Hochtechnologiebereich radikale Schritte unternehmen, um den Graben zwischen Forschung und Anwendergruppen zu überbrücken; Huberman hat im Bildungsbereich eine ähnlich enge Beziehung zwischen der Forschung einerseits und den PraktikerInnen andererseits, zwischen der Generierung von Wissen und ihrer Umsetzung, gefordert. Er hat gezeigt, dass die Umsetzung dann am wirksamsten ist, wenn ein intensiver Austausch zwischen Forschung und Praxis stattfindet – nicht nur nach Vollendung eines Forschungsprojekts, sondern auch während seiner Entwicklung und idealerweise sogar schon bei seiner Konzeptualisierung. Kurz, bei wirksamer Forschung und Entwicklung wird die Trennung zwischen der akademischen Forschergemeinschaft und der an der Schule tätigen Praktikergemeinschaft auf ein Minimum reduziert. Er folgert, dass

„Untersuchungen, die auf Kontakten beruhen – sowohl solchen, die während der Untersuchung entstanden sind, als auch solchen, die schon vorher Bestand hatten –, erfahren später eine weitere und energischere Verbreitung, was wiederum zur intensiveren Verwertung der Ergebnisse führt. Das ist sicherlich nützlich, und es zeigt, dass ein intensiverer Austausch in direktem Zusammenhang mit der Verbreitung von Forschungsergebnissen steht." (Huberman 1990)

So weit, so gut. Hier kommen wir in den Genuss einer auf empirischen Daten beruhenden Lektion über wirksame Forschung und Entwicklung im Bildungsbereich. Huberman fährt aber weiter:

„Dennoch sind die Ergebnisse einer einzigen Untersuchung – egal, wie gross diese angelegt ist – kurzlebig und nur begrenzt verwendbar: Sie verfallen. Ihr Verfall kann verzögert werden, indem beide Parteien lange genug den Kontakt aufrechterhalten, um von den neuen Erkenntnissen zu neuen oder anderen Ideen eine Brücke zu schlagen. So gesehen ist es kurzsichtig, sich nur auf replizierbare Technologien zur Verbreitung von Forschungsergebnissen zu konzentrieren. Weitaus nützlicher wäre es, ausfindig zu machen, inwiefern Verbreitungsversuche zu vermehrter und vielfältigerer Zusammenarbeit zwischen Forscher- und Anwendergruppen führen. Eine Untersuchung, die einen Kontakt zwischen diesen Gruppen herstellt, wird mit aller Wahrscheinlichkeit nicht nur eine längere Halbwertszeit geniessen, sie wird auch weitere fruchtbare Interaktionen zwischen der Forschung und der Praxis nach sich ziehen, und zwar unter Umständen auch lange, ... nachdem sie in Vergessenheit geraten ist. Schliesslich führt ein verstärkter Austausch ... zu günstigen Bedingungen für die Verbreitung der Ergebnisse eines etwaigen Nachfolgeprojekts, an dem beide Gruppierungen beteiligt sind – was wiederum hilft, die Brücke zwischen den ErschafferInnen von Wissen einerseits und den Anwendergruppen andererseits zu schlagen, eine Brücke, die im Erziehungsbereich schon lange angestrebt wird, jedoch noch nicht erbaut werden konnte."

Während Huberman richtig bemerkt, dass solche langfristigen Beziehungen zwischen Forschungs- und Anwendergruppen unzählige Vorteile hätten, so gäbe es dabei doch auch Probleme. Die meisten ForscherInnen können keinen langfristigen Kontakt mit ein und derselben Gruppe von Lehrkräften aufrechterhalten, nicht zuletzt deshalb, weil von Projekt zu Projekt die Problemstellungen ändern und die zu untersuchenden Schulen wechseln. Ferner können langfristige Beziehungen sehr wohl der Wissensverbreitung unter den beteiligten Lehrkräften dienen, sie sind aber kaum nützlich bei der Wissensverbreitung unter der riesigen Anzahl von Schulen und Lehrkräften, die in keiner engen Beziehung zu den Universitäten stehen und in dieser Anzahl gar nicht stehen können. Für die Mehrheit der Zielgruppe der Bildungsforschung ist also die Wissensverbreitung trotz aller Bemühungen der Forschungsgemeinschaft nach wie vor mangelhaft.

Nicht nur befinden sich Forschungs- und Anwendergruppen an unterschiedlichen Orten, was einen intensiven Austausch schwierig macht, sondern die beiden Gruppen haben auch ein gänzlich verschiedenes Basiswissen. Manchmal ist dieser Unterschied nicht von weiterer Bedeutung, aber wo die Generierung von berufsbezogenem Wissen den Bildungs- und Lernbereich oder die Leitung von Schulen und Klassen tangiert, ist die Wissenskluft zwischen Forschung und Praxis gross genug, um die Generierung von praktisch umsetz- und verwendbaren Wissens durch die Forschung besonders beschwerlich zu machen. Wenn, wie Nonaka und Takeuchi behaupten, die Generierung von Wissen hauptsächlich auf die Mobilisierung und Umwandlung impliziten Wissens zurückgeführt werden kann, so hat ein Grossteil der Forschergemeinschaft schlicht und einfach keinen Anteil am impliziten Wissen von Lehrkräften, weil ForscherInnen entweder nie selbst unterrichtet haben oder aber dies schon einige Jahre her ist. Die Basis an implizitem Wissen einer Forscherin, eines Forschers unterscheidet sich wesentlich von der einer praktizierenden Lehrkraft. Darüber hinaus fehlt ForscherInnen in vielen Fällen spezifisches örtliches Wissen bezüglich der an einem Forschungsprojekt beteiligten Schulen, Klassen, Lehrkräfte und SchülerInnen. In Firmen, die im Bereich der Hochtechnologie tätig sind, spielt örtliches Wissen bei der Wissensgenerierung eine zentrale Rolle; solche Firmen haben ein Interesse daran, örtliches Wissen aktiv zu fördern, da sich das explizite wie auch das implizite Wissen darauf abstützen, und diese die Grundlage bilden für die vier verschiedenen Arten der Wissensgenerierung (vgl. Jelinek/Schoonhoven 1990). Der Transfer und die Transponierung berufsbezogenen Wissens und berufsbezogener Praxis sind zwischen der Forschung und praktizierenden Lehrkräften komplexer als unter Lehrkräften, weshalb es kaum verwundert, dass herkömmliche Modelle der Wissensverbreitung oft versagen. Wirksame Wissensverbreitung bedingt die Wiederherstellung des Kontakts zwischen Schulen und Universitäten, wobei die Generierung und die Verbreitung von Wissen neu überdacht werden müssen.

5 Für eine andere Form der Forschung und Entwicklung im Bildungsbereich

Die Generierung von qualitativ hochstehendem Wissen über wirksames, in Klassenzimmern umsetz- und anwendbares Unterrichten und Lernen ist nur möglich, wenn im Mittelpunkt dieses Prozesses die praktizierenden Lehrkräfte stehen. Die Forschung muss näher an sie herantreten. Es ist für an Universitäten tätige AusbildnerInnen schwer zu akzeptieren, dass in der Ausbildung von Lehrkräften nicht sie die Hauptrolle spielen, sondern praktizierende Lehrkräfte, und dass diese doppelt so viel Zeit mit den Auszubildenden verbringen wie sie. Genauso schwer wird es für sie sein, die umfassende Kontrolle abzugeben, die sie heute über die Bildungsforschung ausüben. Das lineare Modell, wonach die Forschung Wissen erschafft, welches sich dann verbreitet und von Lehrkräften schliesslich umgesetzt wird, ist von der Forschung in letzter Zeit hinterfragt und immer öfter auch verworfen worden. Die weiteren Schritte, die nun unternommen werden müssen, führen direkt zu einer anderen Methode der Bildungsforschung.

In Wissenschaft und Technologie sind zwei Kategorien der Generierung von Wissen unterschieden worden (vgl. Gibbons et al. 1994). Die erste wird von universitären Fachkompetenzen praktiziert und überprüft; sie ist rein, diszipliniert, homogen, durch das Angebot bestimmt und hierarchisch aufgebaut. Aus dieser Kategorie entsteht die zweite, welche in der Praxis zum Zug kommt, Rechenschaft über ihren Erfolg ablegen muss, in Beziehungsnetzen eingebettet, problem- und bedürfnisorientiert, transdisziplinär, heterogen, hybrid, unternehmerisch und durch die Nachfrage bestimmt ist. Weil die erste Kategorie die dominante ist, wird sie schneller verstanden und anerkannt. Die zweite Kategorie befasst sich mit Wissen, das von einer Regierung oder einer anderen Anwendergruppe unmittelbar umgesetzt werden kann, jedoch erst dann entsteht, wenn ihre Erschaffung von verschiedenen Gruppen mit unterschiedlichem Wissen ausgehandelt wird. Die zweite Wissenskategorie wird nicht generiert und anschliessend angewendet, sondern sie entwickelt sich in der Praxis, wobei sie sich nicht in jedem Fall in die Strukturen der ersten Wissenskategorie einfügen lässt. Die wissensgenerierende Gruppe kann aus Individuen mit ganz verschiedenen Erfahrungen bestehen, die kurzfristig zusammenarbeiten, um eine bestimmte Aufgabe zu lösen. Die Anzahl der Orte, wo solches Wissen erschafft werden kann, ist sehr gross, da sie durch gut funktionierende Beziehungsnetze miteinander verknüpft sind. Das so entstandene Wissen verbreitet sich am besten, wenn sich alle, die zu seiner Entstehung beigetragen haben, in neue Situationen begeben und dort offen und frei kommunizieren. Der Antriebsfaktor der ersten Wissenskategorie ist individuelle Kreativität; die zweite Wissenskategorie entsteht in der Gruppe, deren Mitglieder aber zum Teil mit Formen der ersten Kategorie vertraut sein können.

Meine Darlegungen laufen darauf hinaus, dass erstens gewisse Teilgebiete der Bildungsforschung eine Wandlung von der ersten zur zweiten Kategorie der Wissensgenerierung durchlaufen und dass zweitens diese Wandlung begrüssenswert ist, da sie ein zugkräftiges Mittel zur Generierung von praktischem und umsetzbarem Wissen im Bildungsbereich darstellt. Viele Bildungsforscher sind nach wie vor in der ersten Wissenskategorie verhaftet, und die Entwicklung in Richtung zweite Kategorie mag ihnen bedrohlich erscheinen. Diese aber wird qualitativ hochstehende Projekte der ersten Kategorie auch in Zukunft nicht ersetzen können.

Nachfolgend sind vier Möglichkeiten dargestellt, wie an Universitäten die zweite Kategorie der Bildungsforschung zur Verbesserung beruflicher und institutioneller Wirksamkeit im Bildungswesen eingesetzt werden kann.

1. Förderung und Unterstützung der Fähigkeiten praktizierender Lehrkräfte auf dem Gebiet der Forschung, damit sie vor Ort, an den Schulen, vermehrt Forschung zur Generierung berufsbezogenen Wissens betreiben können.

Einige akademische AusbildnerInnen von Lehrkräften sind hier bereits tätig, es gibt aber noch viel zu tun. Die Mehrheit aller Lehrkräfte erwirbt ihre Forschungsmethodik nicht während der Grundausbildung – eine denkbar schlechte Zeit dafür – sondern während des Studiums für einen höheren Abschluss, meist im Zusammenhang mit einer empirischen Untersuchung. Nach dem Abschluss aber machen wenige dieser Lehrkräfte jemals wieder von diesen Fähigkeiten Gebrauch, da sie nie Zeit oder Gelegenheit haben, weitere Untersuchungen zu tätigen. Vor dem Hintergrund der Bemühungen der Teacher Training Agency müssen Schulen Mittel und Wege finden, den Lehrkräften ausreichende Freiräume zur Verfügung zu stellen, damit sie Forschung betreiben und berufsbezogenes Wissen generieren können. Viele Lehrkräfte sind willens und fähig, solche Aufgaben zu übernehmen, aber es mangelt an einer ausreichend finanzierten Infrastruktur, die die dafür nötige Zeit bereitstellt.

Die meisten Lehrkräfte brauchen Unterstützung bei der Wissensvalidierung. Es ist bekannt, dass die Umsetzung neuen Wissens unter bestimmten Voraussetzungen besonders gut gedeiht: Auf Empfehlung einer anderen Lehrkraft, nach einer praktischen Demonstration des Wissens im Unterricht oder bei der Überzeugung, dass das Wissen den eigenen Bedürfnissen angepasst werden kann. Dieser auf einzelne Lehrkräfte bauende Erneuerungs- und Verbreitungsansatz ist weit davon entfernt, vollständig entwickelt zu sein oder nationale Dimensionen angenommen zu haben, und ist weniger wirkungsvoll als das vorherige Zentrum-Peripherie-Modell, da nicht gewährleistet ist, dass das auf diese Weise neu generierte Wissen auf einer vertrauenswürdigen Basis steht. Die Ausbildung von Lehrkräften in der Forschungsmethodik sollte vor allem die Wissensvalidierung zum Thema haben. Nur wenn höher ausgebildete Fachkräfte als BeraterInnen in der von praktizierenden Lehrkräften geleiteten Forschung zugezogen werden, wird die Wissensvalidierung zufriedenstellend ausfallen.

2. Beiträge zur Unterstützung bei der Externalisierung und Kombinierung in von praktizierenden Lehrkräften geleiteten Prozessen der Generierung berufsbezogenen Wissens.

Nach dem Wissensgenerierungsmodell von Nonaka and Takeuchi (1995) bedeutet Kombinierung

> „das Zusammenlaufen verschiedener Ansammlungen expliziten Wissens. Individuen tauschen Wissen aus und kombinieren es mittels verschiedener Methoden wie z. B. Dokumenten, Sitzungen, Telefongesprächen und automatisierter Kommunikationsnetze. Die Neuzusammensetzung bestehender Informationen durch das Sortieren, Hinzufügen, Kombinieren und Kategorisieren expliziten Wissens (wie dies in Computer-Datenbanken geschieht) kann zu neuem Wissen führen."

Viele universitäre Studiengänge für Lehrkräfte sehen jetzt schon entsprechende Aktivitäten vor. Ein grosser Teil der auf Universitätsebene angebotenen Weiterbildungskurse für Lehrkräfte profitiert von dem Wissen, das die Lehrkräfte in den Austausch einbringen, und wird nicht etwa dadurch beeinträchtigt. Die Lehrkräfte ihrerseits profitieren vom kreativen Prozess der Kombinierung, den der direkte Kontakt mit akademischem Wissen ermöglicht. Wenn Lehrkräfte mit AkademikerInnen Wissen austauschen, sollte dabei *die Fähigkeit der Lehrkraft, an ihrer Schule den Prozess der Wissensgenerierung weiterzuführen,* explizit und gezielt gefördert werden. Es darf nicht vergessen werden, dass das fragliche Wissen explizit vorhanden sein muss, damit es kombiniert werden kann. Im Gegensatz zur Wissensbasis von Personen, die z. B. im Ingenieurwesen oder als MedizinerInnen tätig sind, ist in der Wissensbasis von Lehrkräften der weitaus grössere Wissensanteil nicht kollektiv und explizit, sondern persönlich und implizit. Dies bedeutet, dass eine Externalisierung erreicht werden muss, um eine fruchtbare Kombinierung zu ermöglichen. Der Besuch eines Kurses an der Universität sollte mehr sein als nur eine zeitlich begrenzte Gelegenheit für Lehrkräfte, sich zu besinnen; er sollte eine langfristige Investition darstellen, die das Verständnis dafür weckt, wie die Prozesse der Externalisierung und Kombinierung die Generierung berufsbezogenen Wissens im schulischen Umfeld fördern.

Es ist üblich, dass Lehrkräfte, die normalerweise an Schulen unterrichten, für ein Jahr an einer Universität tätig sind. Vielleicht ist es an der Zeit, ForscherInnen, die normalerweise an der Universität tätig sind, einjährige Aufenthalte an Schulen absolvieren zu lassen, damit sie in unmittelbarer Nähe zur Praxis einen Beitrag zur Externalisierung und Kombinierung leisten können und erfahren, was Lehrkräfte von Theorien zur Wissensgenerierung und von der Fusion von Unterrichtstechnologien zu innovativen pädagogischen Ansätzen halten.

3. Entwicklung eines neuen Verständnisses von der Generierung berufsbezogenen Wissens sowie seiner Verbreitung als Ergebnis „ausprobierender Beziehungsnetze", die besser unterstützt und koordiniert werden müssen.

Die Generierung berufsbezogenen Wissens kann nicht auf das individuelle Ausprobieren einzelner Lehrkräfte beschränkt werden, da dies wenig zur Veränderung des Systems beitragen würde. Ein bewusster, expliziter und kollektiver Prozess der Generierung berufsbezogenen Wissens im schulischen Umfeld muss den verschiedenen Ausprägungen interner Kontaktpflege zwischen funktionalen sowie funktionsübergreifenden Teams zugänglich gemacht werden. Das diesbezügliche Potenzial einer einzelnen Schule ist eher begrenzt, aber wenn ein Zusammenschluss von mehreren Schulen – in der Form eines geographischen oder virtuellen Konsortiums – sich mit der Generierung und Validierung berufsbezogenen Wissens befasst, indem externe Beziehungsnetze aufgebaut werden, könnte auf nationaler Ebene eine rapide und kumulative Verbesserung der Qualität des Unterrichtens und Lernens erfolgen. Die neuen IKTs schaffen Möglichkeiten zur Knüpfung von Netzen für die Generierung berufsbezogenen Wissens, das gemeinsame Ausprobieren und die gleichzeitige Wissensverbreitung in einem Umfang und einer Geschwindigkeit, die bis anhin unvorstellbar waren. Netze zur Generierung fachspezifischen Wissens müssen geknüpft werden, damit Lehrkräfte, die sich auf ein Fach spezialisiert haben, das an ihrer Schule von gar keiner oder bloss einer weiteren Lehrkraft unterrichtet wird, nicht mehr isoliert dastehen. Solche Netze sind besonders für kleine und isolierte Schulen wichtig, weil deren Lehrkräfte von der Erfahrung und dem Wissen von Lehrkräften profitieren können, die anderswo unterrichten.

Netze sind der Schlüssel zu diesem alternativen Verbreitungsmodell, da jetzt durch die neuen IKTs *alle* Schulen miteinander verbunden werden können, womit auch *alle* an der Generierung, Umsetzung und Verbreitung berufsbezogenen Wissens mitarbeiten können. Auch hier kann die Geschäftswelt dem Bildungsbereich als Vorbild dienen. In Industrien, wo das Fachwissen komplex ist und immer weiter zunimmt und zudem die Wissensquellen weit auseinander liegen, ist das Wissensnetz das eigentliche Innovationszentrum. Innovative Firmen

„machen fast jeden Schritt im Produktionsprozess, von der Entdeckung bis zur Verbreitung, mit externer Hilfe. Diese verschiedenen Formen firmenübergreifender Allianzen sind ganz unterschiedlich ... Der technologische Entwicklungsstand eines Industriesektors und die Intensität, mit der Forschung und Entwicklung betrieben wird, stehen in direktem Zusammenhang mit der Intensität und der Häufigkeit von Allianzen ... Wenn das Zentrum der Innovation in einem firmenübergreifenden Netz liegt, ist der Zugang zu diesem Netz von grundlegender Bedeutung. Forschungs- und Entwicklungsallianzen sind gewissermassen die Eintrittskarte dazu, sie sind die Grundlage für vielfältige Formen der Zusammenarbeit, sie sind der Angelpunkt, an dem eine Mehrzahl von Firmen zentral miteinander verbunden sind ... Als Folge dieses gegenseitigen Lern- und Lehrprozesses entstehen sowohl auf der *Firmen-* als auch auf der *Industrie-Ebene* neue Praktiken." (Powell/Koput/ Smith-Doerr 1996, Hervorhebung durch den Autor; vgl. Meyer-Krahmer 1990)

Diese Ausführungen zertrümmern Klischees von industriellen Abläufen und zeigen, wie intra- und interschulische Netze die Generierung berufsbezogenen Wissens an einzelnen Schulen *und im Bildungsbereich als Ganzem* fördern könnten. Netze sind das zentrale Merkmal der höheren Stufen der Kommunikation und des Informationsaustauschs, jener Stufen also, von denen die Generierung, Verbreitung und Verwendung berufsbezogenen Wissens stark abhängig sind.

Eine Vorstellung davon, wie – im Gegensatz zu einer blossen wissensgenerierende *Schule* – ein wissensgenerierendes Schul*system*, also ein Netz miteinander verbundener wissensgenerierender Schulen, beschaffen sein könnte, kann wiederum aus der Industrie gewonnen werden:

„Die ... Firma nimmt also einige Merkmale eines Spinnennetzes an. Jeder Verbindungspunkt ist ein Problemlösungsteam, das eine einzigartige Kombination von Fähigkeiten aufweist. Mit den anderen Verbindungspunkten ist dieses Team mittels einer möglicherweise grossen Anzahl von Kommunikationslinien verbunden. Um sich behaupten zu können, muss eine Firma offen für neue Wissensformen sein, und so wird *der Sektor als Ganzes* immer stärker intern vernetzt. Die Verbindungen umfassen nicht nur andere Firmen, sondern eine ganze Reihe weiterer wissensgenerierender Teams, ob das nun staatliche Forschungslabors, Forschungsinstitute, Beratungsfirmen oder Universitäten sind ... Diese neue Infrastruktur ist abhängig von Innovationen im

Telekommunikations- und Computerbereich, da nur durch sie der immer intensivere Austausch zwischen der wachsenden Anzahl von Wissenszentren möglich wird." (Gibbons et al. 1994, Hervorhebung durch den Autor).

Universitäten haben die Möglichkeit, hier eine bedeutende Rolle zu spielen, indem sie das, was wir nun als *Netze zur Bildungsforschung und zur Generierung berufsbezogenen Wissens* bezeichnen sollten, einführen, unterstützen und koordinieren. Das würde sowohl die im Kleinen angelegte erste Wissensgenerierung durch Konsortien von zwei oder drei Schulen einschliessen als auch umfangreiche, mehrere Orte umfassende Experimente, welche dann durchgeführt werden, wenn das im Entstehen begriffene Wissen einen Zustand erreicht hat, wo es einer differenzierten Validierung unterzogen werden muss. Mehr noch: Wenn Universitäten diese Funktionen nicht wahrnehmen, so kann die zweite Kategorie der Bildungsforschung kaum Erfolg haben. Eine bestimmte Anzahl Universitäten, jede mit Forschungs- und Entwicklungskompetenzen für eine bestimmte Region, sollte in Zusammenarbeit mit den jeweiligen Kreisschulämtern (Local Education Authorities, LEAs) diese Aufgaben wahrnehmen. Die Universitäten wären eine Wissens- und Hilfequelle, an die sich die wissensgenerierenden Schulen wenden könnten, und sie könnten auch die Verbreitung validierter Praktiken vorantreiben. Universitäten und Kreisschulämter müssten Konsortienplaner zur Verwaltung ihrer Netze bestimmen, wobei die Universitäten die verschiedenen Netzwerktypen testen und deren Verwendbarkeit bewerten müssten.

4. Etablierung der Untersuchung der im Netzwerk stattfindenden Generierung, Validierung und Verbreitung berufsbezogenen Wissens als neuer Schwerpunkt akademischer Forschung.

Im Unterrichts- und Lernbereich ist es normalerweise problematisch, neues Wissen und neue Praktiken in einem fremden Kontext umzusetzen. Kontextuelle Unterschiede sind zum Teil durch unterschiedliche Bedürfnisse und Vorlieben der einzelnen Zielgruppen bedingt, zum Teil auch durch die unterschiedlich stark ausgeprägte Fähigkeit von Lehrkräften, diese Bedürfnisse und Vorlieben zu berücksichtigen. Unterrichts- und lernbezogenes Wissen wird, während es von Kontext zu Kontext weitergegeben wird, ständig neu angepasst – manchmal sanft, manchmal radikal. Um das Wissen um „das, was funktioniert", zu verbessern, muss untersucht und kommuniziert werden, was für Anpassungen in der Praxis gemacht werden, weshalb sie gemacht werden und ob sie Erfolg haben. Die Generierung solchen kumulativen Wissens bedingt koordinierte Forschungs- und Entwicklungsprogramme und eine enge Zusammenarbeit zwischen Universitäten und Schulen.

Die Unterstützung wissensgenerierender Schulen als Möglichkeit, wirksamere Schulen und eine bessere Bildungsforschung zu erreichen, darf nicht mit einer 68er-mässigen Politik des Schalten- und Waltenlassens im Bildungswesen verwechselt werden. Die Wissensgenerierung mit ihrer Betonung der Wissensvalidierung ist unvereinbar mit einer Philosophie des Laisser-faire; sie verlangt einen klaren und disziplinierten Rahmen für die Entwicklung und Verbreitung qualitativ hochstehender Unterrichtspraktiken. Des Weiteren ist nicht zu befürchten, dass die zweite Kategorie der Bildungsforschung die erste ablöst. Die beiden Kategorien können und sollen einander ergänzen und Seite an Seite wachsen und gedeihen. Die zweite Kategorie der Bildungsforschung ist eine nützliche Ergänzung bisheriger Errungenschaften im Bildungsbereich; sie ist auch ein wichtiger Faktor bei der Lösung von Problemen, die in jüngsten Veröffentlichungen angesprochen wurden; weiter ist sie eine Brücke zwischen Lehrkräften, Forschung und Bildungsplanung der Gegenwart und den Schulen der Zukunft.

6 Massnahmenkatalog

Die Generierung neuen Wissens und besserer Praktiken für Lehrkräfte und Schulleitungen darf weder dem Zufall noch universitären Einrichtungen für die Lehrkraftausbildung überlassen werden. Die Generierung und Verbreitung von Wissen wurzeln im interaktiven Lernen, in Prozessen, die durch strukturelle und institutionelle Einrichtungen bestimmt werden. Handlungsspielraum entsteht dann, wenn Schulen – in gemeinsamen Netzwerken sowie in Zusammenarbeit mit Universitäten – zu „Innovationsmilieus" werden (vgl. Castells/Hall 1994).

> „Die Entstehung der zweiten Wissenskategorie schafft für die Regierung neue Herausforderungen. Nationale Institutionen müssen dezentralisiert und durchlässiger werden – ein Prozess, der durch eine Regierung und insbesondere durch eine entsprechende Bildungspolitik gefördert werden kann. Eine Bildungspolitik wird vor allem dann erfolgreich sein, wenn die betreffende Regierung im Prozess der Wissensgenerierung eine Mittlerrolle einnimmt." (Gibbons et al. 1994)

Im Folgenden sind sechs Handlungsvorschläge für die gegenwärtige Reformperiode in der Bildungsforschung notiert:

- Das DfEE und andere nationale Regierungsstellen, die sich mit dem Bildungswesen befassen, sollen der Entwicklung der Wissensgenerierung und -verbreitung Vorschub leisten, indem sie im Bildungsbereich für Bedingungen sorgen, die dieser Entwicklung förderlich sind.
- Es ist von zentraler Wichtigkeit, IKTs zur Unterstützung interaktiver Netze zwischen im Bildungswesen tätigen Individuen und Institutionen zu entwickeln. Ein Hauptziel und Hauptergebnis von Projekten im Bereich der IKTs sollte qualitativ besseres berufsbezogenes Wissen sein.
- Die Beacon-Schulen und die Education Action Zones bieten besonders interessante Gelegenheiten für die zweite Kategorie der Generierung und Verbreitung von Wissen, da dort neuartige institutionelle Strukturen und Partnerschaften vorherrschen. Projekte in diesem Umfeld sollen in Anbetracht ihres Potenzials zur Generierung neuen Wissens unterstützt und beobachtet werden.
- Das vom DfEE geplante National Education Research Forum müsste einem besseren Gleichgewicht zwischen der ersten und der zweiten Kategorie der Wissensgenerierung im Bildungsbereich und einer wirksameren gegenseitigen Beeinflussung förderlich sein.
- Schulen, die Lehrkräfte ausbilden, sollen einzeln oder als Konsortien zeitlich bestimmte (z. B. drei- bis fünfjährige) formelle Partnerschaften mit designierten „Forschungsschulen" eingehen. Es sollen mehr Gelder zur Verfügung gestellt werden, damit praktizierende Lehrkräfte an gemeinsam entworfenen Forschungsprojekten teilnehmen können. Forschungsschulen sollen als Verbindungspunkte im lehrkraft- und schulübergreifenden Netz der Generierung und Verbreitung von Wissen fungieren.
- Der ESRC (Economic and Social Sciences Research Council) und andere geldgebende Institutionen sollen weiterhin Grundlagenforschung und die erste Kategorie der Forschung im Bildungsbereich unterstützen, es sollten aber Brücken zur zweiten Kategorie geschlagen werden.

Literaturverzeichnis

Alexander, Robin J. (1992): Policy and Practice in Primary Education, London 1992.

Castells, Manuel (1988): End of Millennium, Oxford 1988.

Castells, Manuel/Hall, Peter (1994): Technopoles of the World: The Makings of 21st Century Industrial Complexes, London 1994.

Davenport, Thomas H. (1997): Information Ecology, Oxford 1997.

Dodgson, Mark/Bessant, John (1997): Effective Innovation Policy, London 1997.

Fruin, Mark (1997): Knowledge Works, Oxford 1997.

Gibbons, Michael/Limoges, Camille/Nowotny, Helga S./Scott, Peter/Trow, Martin (1994): The New Production of Knowledge, London 1994.

Glaser, Edward Meynard/Abelson, H. H./Garrison, K. N. (1983): Putting Knowledge to Use, San Francisco 1983.

Goodman, Paul S. (1968): The Measurement of an Individual's Organization Map. In: Administrative Science Quarterly, 3. Jg. 1968, Nr. 13, S. 246-65.

Harryson, Sigvald J. (1998): Japanese Technology and Innovation Management, London 1998.

Hillage, Jim/Pearson, Richard/Anderson, Alan/Tamkin, Penny (1998): Excellence in Research in Schools, London (Department for Education and Employment) 1998.

Huberman, Michael (1983): Recipes for Busy Kitchens: A Situational Analysis of Routine Knowledge Use in Schools. In: Knowledge: Creation, Diffusion, Utilization, 5. Jg. 1983, Nr. 4, S. 478-510.

Huberman, Michael (1990): Linkage between Researchers and Practitioners: A Qualitative Study. In: American Educational Research Journal, 27. Jg. 1990, Nr. 2, S. 363-391.

Huberman, Michael (1992): Teacher Development and Instructional Mastery. In: Understanding Teacher Development, hrsg. v. Andy Hargreaves und Michael G. Fullan, Cassell 1992.

Hussey, David E. (Hrsg.) (1997): The Innovation Challenge, London 1997.

Jelinek, Mariann/Schoonhoven, Claudia B. (1990): The Innovation Marathon, Oxford 1990.

Kennedy, Mary M. (1983): Working Knowledge. In: Knowledge: Creation, Dissemination and Utilization, 5. Jg. 1983, Nr. 2, S. 193-211.

Kerwin, Ann (1993): None too Solid: Medical Ignorance. In: Knowledge: Creation, Diffusion, Utilization, 15. Jg. 1993, Nr. 2, S. 166-185.

Leonard-Barton, Dorothy (1995): Wellsprings of Knowledge, Boston 1995.

McGee, James V./Prusak, Laurence (1993): Managing Information Strategically, London 1993.

Meyer-Krahmer, Frieder (1990): Science and Technology in the Federal Republic of Germany, London 1990.

Nonaka, Ikujiro/Takeuchi, Hirotaka (1995): The Knowledge-Creating Company, Oxford 1995.

Powell, Walter W./Koput, Kenneth W./Smith-Doerr, Laurel (1996): Inter-Organizational Collaboration and the Locus of Innovation: Networks of Learning in Biotechnology. In: Administrative Science Quarterly, Nr. 41, S. 116-145.

Roos, Johan/Roos, Göran/Dragonetti, Nicola C./Edvinsson, Leif (1997): Intellectual Capital: Navigating the New Business Landscape (Macmillan) 1997.

Sammons, Pamela/Hillmann, Josh/Mortimore, Peter (1995): Key Characteristics of Effective Schools (London, University of London Institute of Education/Office for Standards in Education) 1995.

Skyrme, David/Amidon, Debra M. (1997): Creating the Knowledge-Based Business (Business Intelligence), London 1997.

Sveiby, Karl Erik/Lloyd, Tom (1987): Managing Knowhow, London 1987.

Weick, Karl E./Bougon, Michael G. (1986): Organizations as Cognitive Maps. In: The Thinking Organization, hrsg. v. Henry P. Sims und Dennis A. Gioia, San Francisco 1986.

Teil 3
Personalmanagement und Organisation

Beurteilung und Entlöhnung von Lehrpersonen

Reto Steiner und Adrian Ritz

1 Einleitung 208
2 Lehrkräftebeurteilung 209
   2.1 Lehrkräftebeurteilung als Informationsquelle 209
   2.2 Ziele der Lehrkräftebeurteilung 212
   2.3 Elemente der Lehrkräftebeurteilung 214
       2.3.1 Beurteilungskriterien (WAS?) 214
       2.3.2 Beurteilende Personen (WER?) 216
       2.3.3 Beurteilungsverfahren (WIE?) 219
   2.4 Mögliche Hindernisse auf dem Weg zu einer
       Lehrkräftebeurteilung 221
   2.5 Einführung im Rahmen von Qualitätssystemen 222
3 Die Entlöhnung von Lehrpersonen 224
   3.1 Übersicht über die Entlöhnungssysteme in den Kantonen 225
   3.2 Gründe für und gegen eine lohnwirksame Qualifikation 227
   3.3 Der Zusammenhang zwischen Entlöhnung und Motivation 228
   3.4 Die Gestaltung von Entlöhnungssystemen für Lehrpersonen 232
       3.4.1 Zusammensetzung des Gesamtlohns durch mehrere
           Lohnbestandteile 232
       3.4.2 Ausweitung der Anreizformen für die einzelne
           Lehrperson 233
       3.4.3 Strategieorientierte Anreizgestaltung für die
           Gesamtschule 234
   3.5 Empfehlungen zur Gestaltung und Einführung von
       Lohnsystemen 235
Literaturverzeichnis 236

Die regelmässige Beurteilung von Lehrkräften ist ein vieldiskutiertes Instrument der Personalpolitik und der Führung, um die Qualität des Unterrichts und der Schule zu erhöhen. Sie liegt sowohl im Interesse der Schulleitungen als auch der Lehrerschaft. Entscheidend für den Erfolg ist, dass sich die für die Umsetzung Verantwortlichen Gedanken machen über die Ziele, die beurteilenden Personen mit ihren jeweiligen spezifischen Stärken und Schwächen im Hinblick auf die Beurteilungskompetenz und über die eingesetzten Verfahren.

Während die Lehrkräftebeurteilung in der Praxis auf Akzeptanz stösst, ist die Verknüpfung mit dem Lohn sehr umstritten. Anhand von Motivationstheorien und empirischen Untersuchungen wird aufgezeigt, welcher Einfluss der Lohn auf die Motivation und die Leistung der Lehrkräfte hat und welche Konsequenzen daraus bei einer allfälligen Einführung lohnwirksamer Qualifikationssysteme (LQS) gezogen werden sollten. Der Beitrag entwickelt ein Lohnsystem, welches die Qualität der Schule verbessern hilft und auch von der Lehrerschaft akzeptiert werden könnte.

1 Einleitung

Die Bertelsmann-Stiftung hat im Rahmen einer Preisvergabe für das innovationsfreundlichste Schulsystem Kriterien herausgearbeitet, welche eine „gute Schule" kennzeichnen: Die Stiftung kommt nach der Evaluation von Bildungseinrichtungen verschiedener Länder zum Schluss, dass es Schulen seien, in welchen unter anderem ein innovatives Führungssystem anzutreffen sei und Mitarbeiterinnen- und Mitarbeiterpotenziale gefördert würden (vgl. Bertelsmann-Stiftung 1996).

Mit diesen Merkmalen einer „guten Schule" greift die Bertelsmann-Stiftung ein Anliegen verschiedener Autoren auf, welche seit den 1990er Jahren vermehrt eine Qualitätsdiskussion an den Schulen fordern. Den Modellen ist gemeinsam, dass sie das Einzelkämpfertum der Lehrkräfte weitgehend ersetzen durch eine Kultur der integrierten Schulführung und der Selbst- und Fremdevaluation. Die Autoren betonen dabei, dass vor allem die *Lehrpersonen die Qualität einer Schule beeinflussen*. Sie seien der „kritische Erfolgsfaktor" zur Erreichung der schulischen Ziele (vgl. Rolff 1999: 6). Durch eine regelmässige *Beurteilung und Förderung* der Lehrkräfte könne die Qualität des Unterrichts verbessert werden.

Dieser Artikel zeigt im ersten Teil die Ziele der Lehrerinnen- und Lehrerbeurteilung auf. Dabei wird auf die möglichen Akteure, Kriterien und Formen der Beurteilung eingegangen. Zwei in der Schweiz verbreitete Beurteilungssysteme werden vorgestellt und beurteilt (2Q und FQS). Den Schwerpunkt des zweiten Teils dieses Artikels bildet die Verknüpfung von Beurteilung und Entlöhnung. Ein Überblick zeigt den aktuellen Stand der Diskussion um Lohnsysteme in den Schweizer Kantonen. Anhand ausgewählter Motivationstheorien und internationaler Erfahrungen werden die Chancen und Gefahren von lohnwirksamen Qualifikationssystemen analysiert und Erweiterungsmöglichkeiten zu einem umfassenden Anreizsystem aufgezeigt.

2 Lehrkräftebeurteilung

2.1 Lehrkräftebeurteilung als Informationsquelle

In den meisten Organisationen stellt die Personalbeurteilung ein wichtiges Führungsinstrument dar. Angesichts der automatischen Beförderung und der starren Einreihungs- und Entlöhnungspolitik hatte die Personalbeurteilung jedoch im öffentlichen Sektor bis in die 1990er Jahre keine herausragende Bedeutung. So kannten 1991 lediglich zwölf von zwanzig Deutschschweizer Kantonen ein Beurteilungssystem für ihre Mitarbeitenden (vgl. Schedler 1994: 55). Erst durch die Reformen des New Public Managements wurde der Fokus von der traditionellen Personalbewirtschaftung hin zu einer motivations-, qualifikations-, leistungs- und flexibilitätsfördernden Personalfunktion verlagert.

An den Schulen wurden ab Mitte der 1980er Jahre die ersten Versuche mit Beurteilungs- und Qualifikationssystemen für Lehrpersonen durchgeführt (z. B. an der Gewerblichen Berufsschule St. Gallen) (vgl. Buerkli 2001: 24). Im Rahmen der Revision der kantonalen Besoldungsordnungen stand die breite Einführung von Lehrerqualifikationen seit Ende der 1980er Jahre erstmals in den Kantonen Zürich und Schwyz offiziell zur Diskussion. Grundsätzlich ist die Lehrkräftebeurteilung mit einer Personalbeurteilung in anderen Organisationen vergleichbar. Ein wesentlicher Unterschied besteht aber darin, dass die Beurteilung in einem Umfeld stattfindet, welches mit einem systematischen Personalmanagement bisher noch wenig vertraut ist.

Welchen Nutzen könnte nun eine Lehrkräftebeurteilung stiften? Abbildung 1 versucht dies zu verdeutlichen (vgl. auch Thom/Ritz 2004: 104). Das Verhalten und die Leistung einer Lehrperson hängen von drei Faktoren ab: Der *Fähigkeit* („Können"), der *Bereitschaft* („Wollen") und der *Situation* („Dürfen/Sollen"). Aufgabe der Schulleitung und der Behörden ist es, durch das Schaffen geeigneter Rahmenbedingungen und durch den Einsatz von Personalführungsinstrumenten auf diese Faktoren einzuwirken. Eine partizipative Führung strebt dabei an, dass die individuellen Ziele der Lehrperson und diejenigen der Schule bestmöglich aufeinander abgestimmt werden und der Einsatz der Instrumente gemeinsam festgelegt wird.

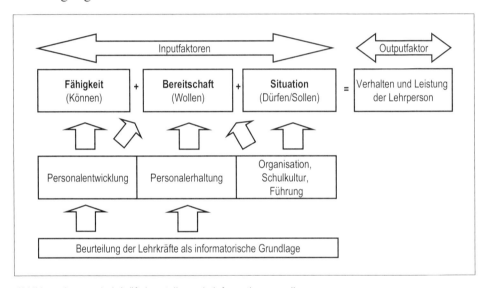

Abbildung 1: Lehrkräftebeurteilung als Informationsgrundlage

Die Lehrkräftebeurteilung ist einsetzbar zur *informatorischen Fundierung* von Planungen und Entscheidungen bei der Gestaltung der Rahmenbedingungen und der Personalführungsinstrumente. Dies soll im Folgenden in Bezug auf die personalwirtschaftlichen Funktionen aufgezeigt werden.

Das Erkennen von Fortbildungsnotwendigkeiten, fördernde Anstösse und Entwicklungshinweise werden erst durch die informatorische Grundlage der Lehrkräftebeurteilung möglich. Es handelt sich hierbei um die *Personalentwicklung*. Diese umfasst alle bildungs- und stellenbezogenen Massnahmen (Ausbildung,

Weiterbildung, Aufstiegsplanung usw.), welche zur Qualifizierung der Lehrkräfte dienen und sich auf Informationen über Personen (Eignungs- und Fähigkeitsprofile, Leistungen, Potenziale usw.) stützen (vgl. Thom 1999: 212). Sie versteht sich einerseits schulorientiert und andererseits lehrkräfteorientiert. Die Personalentwicklung beeinflusst vor allem die *Fähigkeit* und auch die *Bereitschaft* einer Lehrperson nachhaltig. Die einzelne Lehrkraft wird durch *Aus- und Weiterbildungsmassnahmen* in ihrer persönlichen und beruflichen Entwicklung gefördert. Damit sollen u. a. die in der Persönlichkeit der Lehrperson liegenden Potenziale weiterentwickelt werden, damit sie die Zukunft besser bewältigen kann (vgl. Ridder 1999: 236 f.).

Unter *Personalerhaltung* versteht man alle Massnahmen, welche dazu geeignet sind, die guten Lehrkräfte weiterhin an die Schule zu binden und zu verhindern, dass es zu Austrittsentscheidungen kommt. Die Lehrkräftebeurteilung bildet dazu die informatorische Grundlage. Durch die Verknüpfung mit materiellen und immateriellen Anreizen soll die Leistungsmotivation der Lehrperson erhöht und dadurch das personelle Leistungspotenzial aktiviert werden. Man erhofft sich durch Personalerhaltungsmassnahmen, dass die Zufriedenheit der Lehrerschaft gefördert wird. Durch die Personalerhaltung wird in erster Linie die *Bereitschaft* beeinflusst.

Neben den klassischen Funktionen Personalentwicklung und Personalerhaltung, welche die Lehrkräftebeurteilung als informatorische Grundlage verwenden, kann die Beurteilung auch Einfluss haben auf die *Personalgewinnung* und den *Personaleinsatz*. Wird ein Personalbeurteilungssystem von potenziellen Mitarbeitenden als attraktiv erachtet, dann gewinnt die Schule auf dem inner- und ausserbetrieblichen Arbeitsmarkt an Attraktivität. Die Lehrkräftebeurteilung erleichtert aber auch die Zuteilung der bereits in der Schule verfügbaren Lehrpersonen zu den zu erfüllenden Aufgaben in qualitativer, quantitativer, zeitlicher und örtlicher Hinsicht, indem die Lehrkräfte entsprechend ihrer Eignung eingesetzt werden können. Die Personalentwicklung und der Personaleinsatz sind eng miteinander verknüpft.

Die Lehrkräftebeurteilung bildet nicht nur die informatorische Grundlage für die personalwirtschaftlichen Funktionen, sondern gibt auch wichtige Anstösse zur Gestaltung der Rahmenbedingungen für die Lehrkräfte, d. h. insbesondere der *Organisationsstrukturen* und *-abläufe*, der *Schulkultur* und der *Führung* einer Schule. Diese Faktoren wirken sich sowohl auf die *Situation* als auch auf die *Be-*

reitschaft einer Lehrkraft aus, d. h. sie geben den Rahmen vor, welche Freiheitsgrade die Lehrkraft bei der Ausübung ihres Berufs hat.

2.2 Ziele der Lehrkräftebeurteilung

In der Praxis werden als konkrete Ziele der Beurteilung sehr unterschiedliche Aspekte genannt, wobei letztendlich immer eine Einwirkung auf das Verhalten und die Leistung der Lehrkraft angestrebt wird. Je nach Ausgangslage und konkreter Situation an der Schule treten unterschiedliche führungspolitische Ziele in den Vordergrund. Aus Sicht der Schulleitung können als Ziele genannt werden:

- Die Lehrkräfte erhalten ein systematisches *Feedback*. Der Motivationsaspekt und die Verhaltenssteuerung stehen im Vordergrund. Neben einem Rückblick auf die geleistete Tätigkeit und einer Standortbestimmung schliesst ein Feedback jeweils auch zukünftige Verhaltens- und Ergebniserwartungen mit ein. Die Beurteilung kann eine Möglichkeit sein, um erbrachte Leistungen sichtbar zu machen und sie dadurch anzuerkennen.

- Zusammen mit der Lehrkraft werden *Ausbildungs- und Weiterbildungsmassnahmen* geplant.

- Die Beurteilung dient als Grundlage für *personelle Entscheidungen* auf individuellem Niveau (Platzierung, Arbeitsplatzgestaltung) und kollektivem Niveau (Personalplanung der gesamten Schule).

- Denkbar ist auch eine dienstliche Anlassbeurteilung bei anstehenden Anstellungs- oder Beförderungsentscheidungen und dem Ausstellen von Referenzen/Zeugnissen bei Stellenwechsel auf Verlangen der Lehrperson (vgl. Strittmatter 1999: 20).

- Die Beurteilung bildet die Grundlage für individuelle *Beratung und Förderung* sowie Kriseninterventionen.

- Es können personelle Entscheide, Ausbildungsmassnahmen oder Organisationsentwicklungsmassnahmen *geplant* und *evaluiert* werden.

- Die Beurteilung kann mit einer nachvollziehbaren differentiellen Leistungsfeststellung in ein Entlöhnungssystem integriert werden.

- Die Beurteilung dient als Mittel, um das Vertrauen der Öffentlichkeit in die Schule zu steigern.

Diese Ziele sind aus Sicht der Schulleitung formuliert. Die Lehrkräftebeurteilung sollte aber auch im Interesse der Lehrkraft liegen, um sie auf einer Vertrauensbasis durchführen zu können und die gewünschten Auswirkungen zu erreichen. Mögliche Ziele aus Sicht der Lehrerschaft sind (vgl. Buerkli 2001: 30):

- Orientierung durch Feedback: Die beurteilte Lehrperson erhält Informationen über die eigene Situation für eine *Standortbestimmung* und Entwicklung von *Zukunftsperspektiven*. Die Lehrperson erfährt, wie sie bei der Schulleitung und bei den Lehrerkollegen „ankommt", was letztlich auch ihrem Selbstwert und Ansehen bei anderen Personen dient.

- Lerneffekte: Transparent gemachte Beurteilungen und die Anregung zur Selbstreflexion und Selbstkontrolle tragen zu einer *Weiterentwicklung der Persönlichkeit* bei.

- Verbesserung der Zusammenarbeit: Die Klärung der zwischenmenschlichen Beziehungen ist Voraussetzung für eine *Verbesserung des Kooperationsklimas*. Durch die Abgabe von Stellungnahmen werden Missverständnisse abgebaut, das Vertrauensverhältnis vertieft, Informationsbedürfnisse befriedigt usw.

- Intensivierung der Unterrichtsvorbereitung und damit *Unterrichtsverbesserung*: Die Lehrkraft lernt erweiterte Unterrichtsformen kennen und kann diese ausprobieren.

- Rollenverständnis: *Überdenken der Rollen* und der Verhältnisse zwischen Lehrperson und den Schülern, zwischen der Lehrperson und der Schulleitung, zwischen dem Beurteilten und dem Beurteilenden.

- Motivation: Anerkennungsbedürfnisse werden befriedigt, durch positive Rückmeldungen wird die Lehrkraft motiviert und *in ihrem Engagement bestärkt*.

Dass die Ziele der Schulleitung jeweils zu den gewünschten Auswirkungen führen, kann nicht ohne weiteres angenommen werden. Es sind auch *dysfunktionale Auswirkungen* der Lehrerinnen- und Lehrerbeurteilung denkbar (vgl. Gebert/

Rosenstiel 1996: 233). Möglich ist etwa, dass die Beurteilten die Beurteilungskriterien kennen und ein entsprechendes Verhalten zeigen. Die Leistung der Lehrkraft wird dann in den beurteilten Kriterien (z. B. Unterrichtsgestaltung) vielleicht besser, aber in den nicht beobachteten Kriterien verschlechtert sie sich (z. B. Skilager werden nicht mehr durchgeführt). Weitere mögliche negative Effekte sind, dass sich die Beziehung zwischen der Schulleitung und der Lehrkraft verschlechtert und die Schulleitung zeitlich stark belastet wird. Zudem besteht die Gefahr einer Beunruhigung der Lehrkräfte und der Förderung eines egoistischen Verhaltens der Lehrkräfte.

2.3 Elemente der Lehrkräftebeurteilung

Die Mitarbeiterinnen- und Mitarbeiterbeurteilung kann definiert werden als die geplante, formalisierte und standardisierte Bewertung von Organisationsmitgliedern (= Beurteilte) im Hinblick auf bestimmte Kriterien durch von der Organisation dazu explizit beauftragte Personen (= Beurteilende) auf der Basis sozialer Wahrnehmungsprozesse im Arbeitsalltag (vgl. Domsch/Gerpott 1992: Sp. 1632). Auf die Kernelemente dieser Definition wird im Nachfolgenden eingegangen. Damit wird die Frage beantwortet, *was* bewertet wird, *wer* bewertet und *wie* bewertet wird.

2.3.1 Beurteilungskriterien (WAS?)

Unter Beurteilungskriterien versteht man „evaluative Dimensionen, die im Hinblick auf die Organisationsmitglieder eingeschätzt werden sollen" (Domsch/Gerpott 1992: Sp. 1636). Generell gültige Beurteilungskriterien gibt es nicht. Die Auswahl muss eng auf die Ziele der Beurteilung, die Beurteilten sowie den Beurteiltenkreis abgestimmt werden. Ein Personalbeurteilungsbogen eines Dienstleitungsbetriebes kann also nicht uneingeschränkt auf eine Schule übertragen werden. Grundsätzlich mögliche Kriterien in der Lehrkräftebeurteilung sind:

- *Personale Eigenschaften* wie z. B. Kompetenz oder Initiative,
- *Aufgabenbezogene Verhaltensweisen* wie z. B. Unterrichtsvorbereitung oder Unterrichtsgestaltung sowie
- *Arbeitsergebnisse* wie z. B. vermittelter Stoff oder durchgeführte Projekte.

Auf die Beurteilung von personalen Eigenschaften sollte verzichtet werden, denn es besteht die Gefahr einer sehr subjektiven Beurteilung und der systematischen Bevorzugung gewisser Menschentypen, wie z. B. von extrovertierten Lehrkräften (vgl. Dubs 1990: 119 ff.).

Sinnvoll ist eine kombinierte Beurteilung von Arbeitsergebnissen und aufgabenbezogenen Verhaltensweisen. Bei der Beurteilung von Arbeitsergebnissen ist es wichtig, dass diese anhand von zuvor *gemeinsam festgelegten Zielen* erfolgt. Die Lehrkraft muss einen wesentlichen unmittelbaren Beitrag zur Zielerreichung leisten können. Sind die Ziele allgemein gehalten (z. B. „guter Unterricht"), ist es sehr schwer, den Zielerreichungsgrad zu messen und zu beurteilen. Denkbar ist neben einer Beurteilung der unmittelbaren Arbeitsergebnisse auch die Bewertung der Wirkungen, welche eine Lehrkraft mit ihrem Unterricht erzielt. Dies könnte beispielsweise der Notenschnitt bei einer standardisierten Abschlussprüfung oder allgemein die fachliche Kompetenz einer Klasse nach einem Schuljahr sein. Solche Wirkungsmessungen sind sehr aufwändig zu realisieren und umstritten. Sie haben deshalb in der Schweiz noch keine Verbreitung gefunden.

Da die Unterrichtsqualität und damit das Arbeitsergebnis von vielen Faktoren abhängen, welche eine Lehrkraft nicht direkt beeinflussen kann, wie z. B. die soziale Struktur der Klasse oder die häusliche Umwelt der Schülerinnen und Schüler, wird die Ergebnisbeurteilung sinnvollerweise durch eine Verhaltensbeurteilung ergänzt oder sogar weitgehend ersetzt. Die Art und Weise wie der Stoff vermittelt wird, prägt nämlich massgeblich das Unterrichtsergebnis. Das von der Lehrkraft verursachte Ergebnis ist sowohl kurz- als auch langfristig nur schwer fassbar. Im Rahmen von Unterrichtsbesuchen wird in der Regel das Verhalten beurteilt.

Mit der Kriterienauswahl sind zwangsläufig die zentralen Fragen verbunden, was eine *„gute Lehrperson"* oder *„guter Unterricht"* ist. Die Antwort ist letztlich eine *Wertentscheidung*, denn diesen Fragestellungen liegen normative Vorstellungen über die „gute Lehrperson" zu Grunde (vgl. Buerkli 2001: 32). Für die einen ist z. B. eine Lehrperson erfolgreich, welche mit traditionellem Unterricht ihre Schüler zu Höchstleistungen führt. Für die anderen ist es eine Lehrperson, die z. B. mit neuartigen Unterrichtsformen vorherrschende Werthaltungen überwinden will.

Der gegenwärtige Stand der pädagogisch-psychologischen Forschung zeigt, dass Lehrpersonen auf eine *sehr unterschiedliche,* aber nicht beliebige Art und Weise gleichermassen guten und erfolgreichen Unterricht halten können. Aufgrund umfangreicher theoretischer und empirischer Arbeiten bestehen heute gute Gründe zur Annahme, dass folgende vier Wissens- bzw. Könnensbereiche als Beurteilungskriterien der Lehrerkompetenz gelten können (vgl. Helmke/Weinert 1997: 71 ff.):

- Sachwissen: u. a. Organisiertheit, Verfügbarkeit und didaktische Transformiertheit.

- Management: u. a. Disziplin, Zielausrichtung und Zeitnutzung.

- Methodik: u. a. Repertoire, Entwicklung und Nutzung von Konzepten, Techniken und Fähigkeiten.

- Diagnose: u. a. Wissen über die Schüler, Berücksichtigung ihrer Fähigkeiten, ihrer Stärken und Schwächen.

Die Wirkungen der einzelnen Lehrerkompetenzen liegen im kognitiven Bereich (Leistungszuwachs und Leistungsausgleich innerhalb der Klasse) sowie im affektiv-sozialen Bereich (Befindlichkeit, Entwicklung der Motivation und Klima in der Klasse).

Die Kriterien, welche zur Lehrkräftebeurteilung hinzugezogen werden, sollten diese Faktoren unbedingt berücksichtigen. Da eine Schulleitung jedoch nicht nur die Verbesserung des individuellen Unterrichts zum Ziel hat, sondern die Weiterentwicklung einer gesamten Schule, müssen auch Kriterien einbezogen werden, welche die Teamarbeit und die Mitwirkung an Tätigkeiten ausserhalb des Unterrichts berücksichtigen.

2.3.2 Beurteilende Personen (WER?)

Die Verhaltensbeurteilung wie auch die Ergebnisbeurteilung stellen sehr hohe Anforderungen an die beurteilende Person, damit es nicht zu Fehlinterpretationen kommt. In der Literatur wird deshalb gefordert, dass die beurteilenden Personen gewisse *Gütekriterien* erfüllen müssen (vgl. Domsch/Gerpott 1992: Sp. 1634 f.): Sie sollten zur Abgabe zieladäquater Beurteilung motiviert sein. Zudem müssen sie die Arbeitsziele und -anforderungen für den Beurteilten kennen und auch genügend Gelegenheit zur Leistungsbeobachtung haben. Dies setzt in der Regel die für eine angemessene Interpretation der Leistungsbeobachtungen erforderliche Fachkompetenz voraus. Die Zuhilfenahme der Gütekriterien hilft beispielsweise, das an verschiedenen Schulen zurzeit erprobte 360-Grad-Feedback mit Augenmass einzusetzen. Unter 360-Grad-Feedback versteht man die Beurteilung einer Lehrkraft durch Vorgesetzte, Kolleginnen und Kollegen (Peers), Schülerinnen und Schüler und gegebenenfalls andere Anspruchsgruppen. In der Regel wird zudem die Fremdbeurteilung durch eine Selbstbeurteilung ergänzt. Die Gütekriterien helfen bei der Prüfung, welche Rolle diese verschiedenen Personengruppen bei der Beurteilung einnehmen können.

Lehrkräftebeurteilungen werden am häufigsten von den *vorgesetzten Instanzen* durchgeführt. Dies können sowohl die Schulleitung, als auch die Schulbehörden und Inspektorate sein. Den Schulbehörden als Laiengremium fehlt in der Regel die Fachkompetenz zur Beurteilung. Zudem haben Kommissionsmitglieder nur beschränkt Einsicht in den Arbeitsalltag einer Lehrkraft. Das Verhalten an Sitzungen, in Arbeitsgruppen und in Lagern entzieht sich deren Beobachtung. Ein paar Schulbesuche im Jahr reichen für ein objektives Bild nicht aus. Ein ähnliches Problem stellt sich den oft überlasteten Inspektoraten.

Hier drängt sich eine neue Rollendefinition auf. Kommissionsmitglieder können durchaus für Beurteilungen hinzugezogen werden. Wird ein solcher Schritt gefordert, müssen sie aber zuerst geschult und auch verpflichtet werden, die Lehrkraft während des Schuljahres regelmässig mit Schulbesuchen und Gesprächen zu begleiten. Nicht alle Schulkommissionen sind dazu bereit, wie die Praxis im Kanton Zürich zeigt, wo Kommissionen Lehrkräfte beurteilen müssen. Das Inspektorat sollte sich vermehrt auf die Schulung und Begleitung der Schulleitungen sowie Behörden fokussieren und Kriseninterventionen durchführen.

Die eigentliche Beurteilungsinstanz für Lehrkräfte ist sinnvollerweise die Schulleitung, welche das Arbeitsverhalten am besten beurteilen kann. Damit die Schulleitungen diese Funktion zieladäquat wahrnehmen können, ist eine verstärkte Professionalisierung und Unterrichtsentlastung notwendig.

Gegenseitige Unterrichtsbesuche durch *Kolleginnen und Kollegen* (Peers) werden zurzeit an verschiedenen Schulen eingeführt. Diese Form der Beurteilung kann eine sinnvolle Ergänzung zur Vorgesetztenbeurteilung sein. Diese können zu einer erheblichen Intensivierung sozialer Kontrolle führen und haben deshalb nur dann Erfolg, wenn sie bei freiwilliger Zustimmung der Betroffenen zur partizipativen Verbesserung der Zusammenarbeit zwischen Gleichgestellten führen und auf alle Fälle nicht zur Vergabe von Belohnungen eingesetzt werden, wie z. B. Lohnerhöhungen.

Denkbar ist eine Beurteilung durch die *Schülerinnen und Schüler*. Hier hat sich in der Praxis als kritischer Erfolgsfaktor gezeigt, dass der Fragebogen valide Beurteilungen ermöglicht (d. h. kurze, präzise, den Schülerinnen und Schülern angepasste Fragen) und die Anonymität gewährleistet wird. Zudem muss das Alter der Klasse berücksichtigt werden. Gerade bei älteren Schülerinnen und Schülern ist das Feedback durchaus konstruktiv und hilfreich. Studien zeigen, dass die Rückmeldungen der Schüler hinsichtlich des Unterrichtsverhaltens und der Unterrichtsorganisation in hohem Masse mit der Selbsteinschätzung der Lehrpersonen übereinstimmen. Aber auch hier gilt, dass das Schülerfeedback lediglich ein Element einer umfassenden Beurteilung ist und nicht überbewertet werden darf.

Die Beurteilung der Lehrkraft durch die *Eltern* der von ihr unterrichteten Kinder ist nicht zu empfehlen. Sie verfügen nur über einseitige Informationen und haben zu den Stärken und Schwächen ihrer Kinder keine genügende Distanz, um ein differenziertes Urteil über die betroffene Lehrkraft abzugeben. Die praktischen Erfahrungen legen nahe, dass die Validität von Elternurteilen über Lehrkräfte bzw. deren Unterrichtsführung von verschiedenen Faktoren abhängt (sozialer Status der Eltern, Art der Beziehungen zwischen Kindern und Eltern, Altersstufe der Kinder bzw. der Jugendlichen usw.) (vgl. Strittmatter 1999: 22 f.). Aus diesen Gründen sollte vom Elternurteil im Rahmen routinemässiger dienstlicher Beurteilungen Abstand genommen werden. Im Rahmen formativer Feedbacks an die Lehrkräfte können die Eltern hingegen zweifellos eine wertvolle zusätzliche Quelle sein. Ähnliches kann für weitere Abnehmergruppen wie Lehrmeister, weiterführende Schulen usw. gesagt werden.

Selbstbeurteilungen schliesslich sind in der Personalführung sehr sinnvoll. Die Lehrkraft kann sich dadurch auf das Beurteilungsgespräch mit der vorgesetzten Person vorbereiten. Im gemeinsamen Fördergespräch wird dann die Eigenbeurteilung der Fremdbeurteilung gegenübergestellt. So ist eine Analyse der Abweichungen und Übereinstimmungen möglich. Für die Schulleitung kann diese Gegenüberstellung die Ausgangslage für die Planung von gezielten Entwicklungsmassnahmen sein.

2.3.3 Beurteilungsverfahren (WIE?)

Eine Lehrkräftebeurteilung ist zu verschiedenen Zeitpunkten möglich: Es wird dabei zwischen der formativen und summativen Beurteilung unterschieden (vgl. Bessoth 1994: 49 und 51):

- Die *formative Beurteilung* wird als jene Form bezeichnet, die während eines Entwicklungsprozesses *kontinuierlich* eingesetzt wird. Die Ergebnisse dienen dazu, um auf den Gesamtprozess zurückzuwirken, ihn zu korrigieren, zu modifizieren bzw. zu optimieren. Beurteilung in diesem Sinne ist eine Form von Feedback und wird in Bezug auf die Lehrkräftebeurteilung in der Umgangssprache häufig als *„Beratung"* bezeichnet (wobei auch eine Beratung summative Aspekte hat). Sie ist primär eine Informationsgrundlage für Personalentwicklungsmassnahmen und dient der Entwicklung einer Feedbackkultur, der Teamentwicklung und der Umsetzung von Schulinnovationen. Voraussetzung ist die Bereitschaft zur Selbstevaluation, Vertrauen und Kooperationsbereitschaft zwischen Vorgesetzten und Beurteilten. Merkmale sind die Handlungsbezogenheit, die Diagnose und die Fokussierung auf das Beschreibende. Sie kann sowohl formal als auch informal sein, hat prozessualen Charakter, ist anspruchsvoll und multifunktional (d. h. stiftet Nutzen für verschiedene Gruppen).

- Bei der *summativen Beurteilung* geht es um die Beurteilung der Leistungen einer Lehrperson in der Vergangenheit in Form einer abschliessenden Bewertung. Sie ist in der Regel eine dienstliche Beurteilung und wird nur zu bestimmten Zeitpunkten fällig. Umgangssprachlich wird summative Beurteilung häufig mit den Begriffen *„Bewertung"* gleichgesetzt. Die summative Beurteilung bietet insbesondere die Informationsgrundlage für Entscheide bezüglich der Personalauswahl und des Personaleinsatzes. Sie hat auch die Rechenschaftslegung gegenüber der Öffentlichkeit zum Ziel. Voraussetzungen sind die Bereitschaft, sich extern bewerten zu lassen oder Durchsetzungsmacht. Die summative Beurteilung ist ergebnisbezogen und normorientiert. Sie ist formal, statisch und auf Bewertung ausgerichtet.

Diese Umschreibungen machen deutlich, dass sich die beiden Beurteilungstypen in Bezug auf die *Ziele*, auf die Art der zu sammelnden *Daten*, in den Merkmalen der eingesetzten *Instrumente* und *Verfahren* sowie in Hinsicht auf die *Interpretation und Einschätzung* der Ergebnisse fundamental unterscheiden.

Für den Erfolg einer Lehrkräftebeurteilung sind nicht allfällige technische Hilfsmittel wie Beurteilungsformulare[1] letztlich entscheidend, sondern vor allem das *Beurteilungsgespräch*, in welchem die Ergebnisse zusammen mit der Lehrkraft erörtert, analysiert und daraus Konsequenzen gezogen werden. Einige Tipps helfen, dass das Gespräch für die Beteiligten bereichernd ausfällt:

- Lehrkraft und Schulleitung sollten das Gespräch *gut vorbereiten* und es ohne Zeitdruck und Unterbrechungen durchführen können.

- Das Gespräch sollte als *dialogische, offene und angstfreie* Problemlösungssitzung stattfinden. Dabei sollten auch Ziele, berufliche Perspektiven und Weiterbildungsmassnahmen für das kommende Schuljahr festgelegt werden (Führen durch Zielvereinbarung, MbO).

- Formative Mitarbeiterinnen- und Mitarbeitergespräche sollten mindestens *einmal jährlich*, idealerweise aber häufiger stattfinden. Summative Beurteilungen, welche konkrete finanzielle oder funktionsmässige Auswirkungen haben, sind dagegen höchstens einmal im Jahr sinnvoll.

Damit die Beurteilungsergebnisse von allen Betroffenen akzeptiert werden, ist darauf zu achten, dass die Beurteilungen *valide* („Wird wirklich gemessen, was gemessen werden soll?") und *reliabel* („Würden andere Beurteilungspersonen oder dieselben zu einem anderen Zeitpunkt zum gleichen Ergebnis gelangen?") sind und die Ergebnisse nicht von der Stimmung der Beurteilenden abhängen oder auf andere Weise verzerrt sind. Es braucht deshalb eine strategische Steuerung (Controlling) durch die Behörden oder das Inspektorat. Systematische Verzerrungen kommen häufig vor: z. B. die Tendenz zur Milde, Similar-to-me-Effekte („Diese Lehrkraft verhält sich genau gleich wie ich"), Halo-Effekte

---

[1] Das Formular ist das Hilfsmittel, mit dem die Beobachtungen nach bestimmten Regeln in schriftliche und wertende Aussagen umgesetzt werden. Ein standardisiertes und strukturiertes Formular erleichtert eine analytische Beurteilung und ermöglicht damit eine gewisse intersubjektive Vergleichbarkeit. Scheingenauigkeiten sollten vermieden werden. 5 bis 9 Beurteilungskriterien und Skalen mit maximal 5 Abstufungen sowie Platz für offene Kommentare genügen in der Regel und helfen, sich auf das Wesentliche zu konzentrieren (vgl. Thom/Ritz 2004: 297).

("Bei diesem Kriterium schneidet die Lehrkraft hervorragend ab, also ist sie sicher eine hervorragende Lehrkraft") oder die Gewichtung von personalen Faktoren (Geschlecht, Nationalität usw.). Die Beurteilenden müssen deshalb regelmässig geschult werden und ein Feedback über ihr Beurteilungsverhalten erhalten.

2.4 Mögliche Hindernisse auf dem Weg zu einer Lehrkräftebeurteilung

Die Einführung der Lehrkräftebeurteilung ist in der Schweiz nicht unumstritten. Eine oft aufgeworfene Frage ist, ob die Beurteilung überhaupt Sinn macht. Diese Frage kann mit „Ja" beantwortet werden, wenn man davon ausgeht, dass sich Lehrkräfte entwickeln können und auch wollen. Ohne eine Beurteilung der Stärken und Schwächen ist eine gezielte Personalentwicklung nur schwer möglich. Die *beurteilten Lehrkräfte* profitieren davon, dass sie durch die Beurteilung die Möglichkeit einer Standortbestimmung erhalten, eine Stellungnahme abgeben können, Missverständnisse abgebaut werden, eine Vertiefung des Vertrauensverhältnisses möglich ist und sowohl das Anerkennungs- als auch das Informationsbedürfnis befriedigt werden. Die *Beurteilenden* lernen die Wünsche und Probleme der Mitarbeitenden kennen und erhalten Informationen über das Betriebsklima, ihr eigenes Führungsverhalten sowie organisatorische und personelle Schwachstellen und Stärken. Zudem können sie das Vertrauensverhältnis vertiefen, Konflikte vermindern und die Motivation der Beurteilten steigern.

Damit die Beurteilung tatsächlich Sinn macht, sollte die Beurteilung nicht nur *valide* Ergebnisse liefern, sondern auch hohe *Akzeptanz* bei allen Betroffenen haben und *ökonomisch* durchgeführt werden können. Der Aufwand muss sich in Grenzen halten.

Kritisiert wird zuweilen der Inhalt der Beurteilung. Es sei nicht möglich zu definieren, was eine gute Lehrkraft ausmache. Dies stimmt insofern, als es tatsächlich eine normative Frage ist, die je nach Kulturkreis unterschiedlich ausfallen wird. Eine Schule hat aber das Recht und sogar die Pflicht, gewisse Qualitätsstandards festzulegen und auch zu definieren, welche Kriterien als wichtig erachtet werden.

Ein weiterer Kritikpunkt richtet sich an die zuweilen unprofessionelle Form der Durchführung: Geschulte Beurteilerinnen und Beurteiler, eine institutionalisierte

Schulleitung und der Aufbau einer Feedbackkultur an der Schule sind notwendige Massnahmen, um einem solchen Vorwurf zu begegnen.

Am umstrittensten ist wohl die Verknüpfung der Beurteilung mit materiellen Anreizen. Sie wird deshalb im zweiten Teil dieses Artikels umfassend diskutiert.

2.5 Einführung im Rahmen von Qualitätssystemen

In der Schweiz wird die Lehrkräftebeurteilung öfter als Teil eines Qualitätssystems eingeführt. Zwei gängige Konzepte sind das *2Q-Verfahren* der Akademie Frey und das *Formative Qualitätsevaluations-System* (FQS) der pädagogischen Arbeitsstelle des Dachverbandes der Schweizer Lehrerinnen und Lehrer, welche hier unter der Perspektive der Lehrkräftebeurteilung kurz vorgestellt werden (vgl. Gonon et al. 2001: 46 ff.).

Das 2Q-Verfahren (Qualität und Qualifizierung) ist vom Zürcher Professor Karl Frey im Auftrag des Kantons Schwyz für die Lehrerinnen- und Lehrerqualifikation entwickelt worden und wird heute an verschiedenen Schulen eingesetzt. Es ist ein zielorientiertes Personalentwicklungs- und Führungsinstrument, bei welchem regelmässige Zielvereinbarungen und Beurteilungsgespräche mit den Lehrkräften über die Erreichung der vereinbarten Ziele im Zentrum stehen. Starkes Gewicht hat die *Selbstführung*: Die Ziele und Vorgaben, welche den Beurteilungsgesprächen zugrunde liegen, sind von den Lehrkräften selbst erarbeitet. Bei der Beurteilung der Lehrkraft wird zunächst ein Entwicklungsgebiet („Optionenkatalog") festgelegt. Die Lehrkraft bestimmt darin, was aus ihrer Sicht „gute Schule" ist und guten Unterricht ausmacht. Basis kann das Leitbild sein, das Curriculum oder der Leistungsauftrag. In einem zweiten Schritt legt die Lehrkraft *individuelle Entwicklungsvorgaben* fest, die sie in einem Gebiet in einer vereinbarten Zeitspanne erreichen möchte und die der Qualitätssteigerung von Schule und Unterricht dienen. Diese münden in die individuellen Q-Pläne (z. B. Unterrichtsvorbereitung, Lernmaterialien, Kooperation mit Partner, Unterrichtsmethoden, Klassenklima). Die Planung und Durchsetzung dieser individuellen Q-Pläne werden dann als Grundlage für die Qualifizierungsgespräche (Eröffnungs- und Auswertungsgespräch) mit der Schulleitung benutzt.

Das 2Q-Verfahren ist geschützt und darf nur im Zusammenhang mit einer Beratung und Schulung durch die Frey-Akademie eingeführt werden. Dieser konsequent erwähnte Urheberrechtsschutz ist schwer begreiflich, denn es handelt sich beim 2Q-Verfahren um eine leicht veränderte Variante des in der Wirtschaft weit verbreiteten *MbO (Management by Objectives = Führen mit Zielvereinbarung)* und damit um wenig grundlegend neue Gedanken. Einzig die Adaption auf Schulen ist neu.

Ganzheitlicher ist das FQS-System, das ein umfassendes Konzept für die Qualitätsüberprüfung und Qualitätsentwicklung von schulischen Organisationen ist. Es legt grossen Wert auf die Art und Weise der Leistungserbringung, denn hier entscheidet sich die Qualität. Evaluiert werden die beiden Bereiche *Individualfeedback und Schulqualität*. Es geht bei FQS also um die Kompetenzen der Lehrpersonen wie auch um die Qualität der ganzen Schule.

Die individuelle Beurteilung der einzelnen Lehrkraft wird mit einer Selbst- und Fremdbeurteilung der Schule als Ganzes ergänzt. Die Zielsetzung, Planung und Durchführung der Evaluation bestimmt die Institution selbst. Es gibt kein Verfahrenssystem wie z. B. bei 2Q. FQS geht bei der Beurteilung der Lehrkräfte und der Schulqualität vom 360-Grad-Feedback aus. Zum Individual-Feedback gehören die Selbstbeobachtung, Peer-Reviews (gegenseitige Unterrichtsbesuche), das Expertenfeedback, das Schulleitungsfeedback, das Schülerinnen- und Schülerfeedback und das Eltern- und Abnehmerfeedback. FQS stellt Werkzeugkästen zur Verfügung, welche bei der Umsetzung dieser Beurteilung hilfreich sind. Die Bezeichnung FQS ist geschützt, der Dachverband der Lehrerinnen und Lehrer ist jedoch an einer Verbreitung des modularen Systems interessiert.

In Tabelle 1 sind die wichtigsten Vor- und Nachteile dieser beiden Systeme im Hinblick auf die Lehrkräftebeurteilung dargestellt. Ob die Lehrkräftebeurteilung unabhängig oder zusammen mit einem dieser Qualitätssysteme eingeführt werden soll, muss jede Schule und jeder Kanton individuell beantworten. Dasselbe gilt für die Frage, ob ein eigenes Konzept entwickelt oder sinnvollerweise ein bestehendes übernommen werden soll. Dies hängt von den vorhandenen *Ressourcen und Rahmenbedingungen* ab. Die im Artikel dargestellten Gütekriterien können den Entscheidungsprozess erleichtern.

	2Q	FQS
Vorteile	• Die Mitbestimmung der Lehrperson bei der Erarbeitung des individuellen Qualifizierungsplanes ist gegeben. Dies ermöglicht eine Identifikation mit dem Plan. • Das System ist gut überschaubar und innerlich konsistent. • Das System stellt einen realisierbaren Weg für zielorientierte Mitarbeiterführung und -beurteilung dar. • Der Aufwand ist relativ gering.	• Das FQS ist sowohl auf die individuelle Förderung der Lehrkraft als auch auf die Schulqualität hin ausgerichtet. • Die Teamkultur wird berücksichtigt. • Das System ist modular aufgebaut und kann an die Bedürfnisse der Schule angepasst werden. Es besteht kein Dogmatismus. • Verschiedene beurteilende Gruppen (360-Grad-Feedback) ermöglichen eine ganzheitliche Beurteilung der Lehrkraft.
Nachteile	• Die Förderung der Teamkultur wird vernachlässigt. • Viele Schulen übernehmen das Konzept ohne Anpassung an ihre eigene Schulkultur. • Die Beurteilung stützt sich nur auf die Schulleitung. • Die Beurteilung beschränkt sich auf ein paar wenige Aspekte. • Es besteht eine Expertenabhängigkeit von der Frey-Akademie.	• Es besteht die Gefahr der Beliebigkeit, weil das System offen konzipiert ist. • FQS stellt hohe Anforderungen an die Betroffenen. • FQS ist zeitintensiv und dadurch mit der Zeit auch kostenintensiv (z. B. Schulung und Beratung). • Es fehlt ein Handlungsmodell. • Es existiert keine externe Evaluation.
Zu beachten	• Das System erfordert ein Umdenken der Schulleitung von der administrativen zur pädagogischen Schulführung. • Das System kann an Lohnwirksamkeit gekoppelt werden.	• Die bisherigen Erfahrungen zeigen, dass 2 bis 3 Jahre Entwicklungsarbeit nötig sind, bis die wichtigsten Elemente von FQS mit Aussicht auf Dauer installiert sind. • Es besteht eine heikle Gratwanderung zwischen den hohen gestellten Ansprüchen und der Realisierbarkeit des komplexen Systems.

Tabelle 1: Beurteilung von 2Q und FQS im Hinblick auf die Lehrkräftebeurteilung

3 Die Entlöhnung von Lehrpersonen

Die Diskussion um die Entlöhnung von Lehrern und Lehrerinnen erhitzt die Gemüter im Bildungswesen zurzeit wohl noch mehr als die Frage nach der Beurteilung. Lehrpersonen werden in der Öffentlichkeit öfter als Gutverdienende mit geringer Stundenpräsenz bezeichnet, was nicht stimmt. Im internationalen Vergleich verdienen Schweizer Lehrkräfte am meisten, haben jedoch auch die *höchsten Stundenpensen* und gemessen am durchschnittlichen Pro-Kopf-Einkommen der Bevölkerung oder dem kaufkraftbereinigten Stundenlohn standen 1997 die irischen, portugiesischen, spanischen und auch die deutschen Lehrkräfte besser da (vgl. Bundesamt für Statistik 1997: 35 ff.). Die absolute Lohnhöhe ist jedoch nur ein Teil der aktuellen Diskussion, ebenso wichtig sind die Zusammensetzung der Lohnbestandteile und die dahinter stehenden Motive. Denn hinter der Lohnpolitik steht letztlich die Wertvorstellung, nach welchen Kriterien sich die materielle und immaterielle Ausstattung von Lehrpersonen in der Gesellschaft richten soll. In diesem Zusammenhang hat die empfundene *Lohnzufriedenheit und -gerechtigkeit* aus der Sicht der einzelnen Lehrkraft, aber auch aus organisatorischer Perspektive, einen entscheidenden Einfluss auf die langfristige Qualitätssicherung des Bildungssystems insgesamt. Wir betrachten in der Folge insbesondere die Thematik der lohnwirksamen Qualifikation als Bestandteil einer in das gesamte Schulsystem integrierten Lohnpolitik.

3.1 Übersicht über die Entlöhnungssysteme in den Kantonen

Abbildung 2 zeigt eine aktuelle Übersicht über die auf der Volks- und Sekundarstufe I verbreiteten Entlöhnungssysteme. Diese Angaben basieren auf einer Umfrage, welche mit Stichtag 1. April 2001 bei allen 26 Erziehungsdirektionen durchgeführt wurde (vgl. Buerkli 2001: 53 ff.).

Die Antworten stammen (in alphabetischer Reihenfolge) aus den Kantonen Aargau, Appenzell-Innerrhoden, Appenzell-Ausserrhoden, Bern, Freiburg, Graubünden, Luzern, Neuenburg, Nidwalden, Obwalden, Tessin, Uri, Wallis und St. Gallen von den Erziehungsdirektionen. In den Kantonen Basel-Land, Basel-Stadt, Schaffhausen, Schwyz, Zug und Zürich kommen die Antworten von den kantonalen Lehrerverbänden. Die Kantone Genf, Glarus, Jura, Solothurn, Thurgau und Waadt haben an der Umfrage nicht teilgenommen. Die Situation in diesen Kantonen wurde mithilfe von Expertengesprächen erfasst.

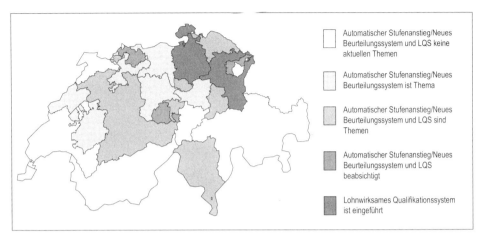

Abbildung 2: Übersicht über die Entlöhnungssysteme in der Schweiz

Die schriftliche Befragung kommt zum folgenden Ergebnis:

- In die Kategorie, wo der *automatische Stufenanstieg* (meist aufgrund der Anzahl Dienstjahre) die Entlöhnung bestimmt und neue Beurteilungssysteme sowie LQS keine aktuellen Themen sind, gehören die Kantone Appenzell-Innerrhoden, Basel-Stadt, Genf, Graubünden, Jura, Waadt, Wallis und Uri.

- Neue *Beurteilungssysteme* werden in den Kantonen Aargau, Freiburg, Luzern, Neuenburg, Schwyz und Solothurn *diskutiert*, der automatische Stufenanstieg bestimmt aber die Entlöhnung. *LQS* sind in diesen Kantonen zurzeit *keine Themen,* resp. im Kanton Solothurn[2] kein Thema mehr: Die politischen Instanzen haben in diesem Kanton entschieden, Modelle der Qualitätssicherung ohne Lohnwirksamkeit einzuführen.

- In den Kantonen Bern, Glarus, Nidwalden, Tessin, Thurgau und Zug werden neue *Beurteilungsmodelle* und LQS in der Politik *diskutiert*. Konkrete *Vorschläge* sind am Entstehen, d. h. es bestehen z. B. Projektgruppen.

---

[2] Die Kantone Schwyz und Solothurn kennen eine lohnwirksame Beurteilung auf der Sekundarstufe II.

- In der vierten Kategorie sind bereits konkrete *Vorschläge für neue Beurteilungssysteme und LQS vorhanden* (gesetzliche Vorstösse, in Vernehmlassung usw.). In diese Kategorie gehören die Kantone Appenzell-Ausserrhoden, Basel-Land und Obwalden.
- In den Kantonen Schaffhausen, St. Gallen und Zürich sind *LQS bereits eingeführt*.

Die Befragung zeigt die aktuelle Tendenz, dass neue Beurteilungssysteme und LQS in der Schweiz ins Auge gefasst und erprobt werden. In zwölf Kantonen sind LQS ein konkretes Thema, resp. in drei Kantonen wurden sie bereits umgesetzt. Es fällt auf, dass ein Unterschied in der Reformaktivität zwischen den deutschsprachigen und den französischsprachigen Kantonen besteht. Dies dürfte in Zusammenhang mit der Verbreitung von NPM zusammenhängen, ein Konzept, welches in den deutschsprachigen Kantonen eine stärkere Unterstützung erfährt.

Diese neuen Systeme in den bezeichneten Kantonen dürfen nicht mit *Leistungslohnsystemen aus der Privatwirtschaft* und dem dort oft recht hohen Leistungsanteil (20 Prozent und mehr) verglichen werden. Es handelt sich vielmehr um vergleichsweise geringe Lohnbeiträge in der Form von Einzelprämien oder Lohnerhöhungen im Ausmass von ein bis maximal fünf Prozent.

3.2 Gründe für und gegen eine lohnwirksame Qualifikation

Die *Argumente gegen eine lohnwirksame Qualifikation* sind sehr vielfältig und kommen zu einem grossen Teil aus der Lehrerschaft selbst. Zum einen wird bezweifelt, dass sich Lehrpersonen durch materielle Lohnbestandteile zu mehr oder besserer Leistung motivieren lassen, da ihrer Berufsausübung primär ideelle Motive zu Grunde liegen. Zum anderen betrifft die Kritik das System der leistungsorientierten Entlöhnung. Fehlende «objektive» Beurteilbarkeit der Leistung, Beurteilungswillkür je nach Beurteilungspersonen, grosser administrativer Arbeitsaufwand, zu geringer Leistungsanteil sowie die Förderung destruktiver Konkurrenz und kurzfristiger Einschmeichelungsstrategien von Lehrpersonen bei der Schulleitung seien mögliche Folgen. Auf der Seite der *Befürwortenden* werden die Prämierung ausserordentlicher Leistungen, neue Entwicklungsalternativen für Lehrkräfte, die Gleichbehandlung mit Angestellten der Privatwirtschaft und der Verwaltung, die Steigerung der Berufsattraktivität sowie die Verhaltenssteuerung durch Leistungsanreize in den Vordergrund gerückt. Zu diesen Argumenten gesellt sich die Frage, ob denn das bisherige Lohnsystem wirklich gerechter als neue Ansätze der lohnwirksamen Qualifikation ist oder nur aufgrund seiner nicht offensichtlichen Ungerechtigkeiten allgemein geduldet wird.

Ausgehend von dieser Kontroverse muss man nach der Bedeutung der *Entlöhnung an sich* fragen. Lohn ist primär ein Entgelt für die der Institution zur Verfügung gestellte Arbeitskraft einer Person. Daneben ist die Entlöhnung aber auch ein Mittel, um beispielsweise Mitarbeitende mit ihrer Arbeit zufrieden zu stellen, sie zur Arbeit zu motivieren, die Identifikation mit dem Arbeitgeber zu steigern und den Arbeitnehmer an die Institution binden zu können (vgl. Lawler 1971: 1 f.). Zudem ist die Entlöhnung ein wichtiger Faktor für die Personalwerbung und -auswahl. Diese Aspekte interessieren bei der Beurteilung geeigneter Entlöhnungsformen für Lehrpersonen besonders.

3.3 Der Zusammenhang zwischen Entlöhnung und Motivation

Die Veränderung der Motivation durch den Lohn entspricht einer *Verhaltensbeeinflussung durch einen Anreiz*, der je nach personenspezifischer Bedürfnisstruktur unterschiedliches Verhalten zur Folge hat (vgl. March/Simon 1958). Die Bedeutung, welche jemand einem Anreiz beimisst, bestimmt also auch dessen Wirkung auf das individuelle Verhalten. Aus theoretischer Sicht können wir aus verschiedenen Motivationstheorien Schlüsse über den Einfluss von Anreizen auf die Motivation ziehen. Keine *Motivationstheorie* gibt aber eine vollständig umfassende und korrekte Antwort betreffend der Ursachen von gezieltem Verhalten. Im Folgenden werden aus den kurz erläuterten Theorien zentrale Erkenntnisse für die Entlöhnung herausgefiltert.

Maslows Bedürfnishierarchie unterscheidet in Grund-, Sozial- und Entfaltungsbedürfnisse, welche der Mensch unterschiedlich zu befriedigen versucht. Individuen verändern folglich ihre Bedürfnisstrukturen, wodurch auch ihre Motivation variiert. Zudem können Bedürfnisse befriedigt sein und weitere Anreize zur Aktivierung dieser Bedürfnisse haben keine positive Wirkung mehr.

McGregors Theorien X und Y beziehen sich auf die grundlegende Arbeitshaltung eines Menschen und auf das darauf aufbauende Menschenbild. Die Theorie X besagt, dass der durchschnittliche Arbeitnehmer eher faul ist, nicht gerne arbeitet, keine Verantwortung übernehmen will und deshalb zur Arbeit gezwungen, klar angeleitet und kontrolliert werden muss. Im Gegensatz dazu die Theorie Y, die behauptet, dass für die meisten Menschen Arbeiten normal ist, sie sich dafür interessieren, die Arbeit gerne selber steuern und Verantwortung übernehmen wollen. Aus der Perspektive dieses Menschenbilds identifizieren sich Mitarbeitende mit den Organisationszielen, wenn die Belohnung mit diesen Zielen zusammenhängt. Interessant an McGregors Theorie ist, dass die Annahme (z. B. der Vorgesetzten) über das Menschenbild der Mitarbeitenden einen nicht zu unterschätzenden Einfluss auf deren Motivation und Verhalten hat.

Herzbergs Zwei-Faktoren-Theorie unterscheidet grundsätzlich zwischen der intrinsischen und extrinsischen Motivation. Intrinsische Motivation wird erzeugt durch sogenannte «Motivatoren», welche einen nicht zufriedenen Mitarbeitenden zu echter Zufriedenheit bewegen können. Zu den Motivatoren gehören primär der Arbeitsinhalt, die eigens erbrachte Leistung, Anerkennung, Verantwortung und Aufstiegsmöglichkeiten. Daneben definierte Herzberg die sogenannten «Hygiene-Faktoren», welche alleine keine volle Zufriedenheit bewirken können. Diese generell äusseren Rahmenbedingungen zur Beeinflussung der extrinsischen Motivation umfassen Anreize aus dem Arbeitsumfeld, bspw. den Führungsstil, die Entlöhnung, Sicherheit, Status und die Organisationspolitik. Die Grundaussage der Zwei-Faktoren-Theorie ist, dass äussere Bedingungen nicht ausschliesslich zur Erlangung von Zufriedenheit genügen und nur einen geringen Einfluss auf die Leistung haben. Sie sind dennoch notwendig und dürfen nicht unter das Niveau vergleichbarer Arbeitgeber fallen. Echte Zufriedenheit und die Motivation zur Leistungserbringung hängen aber letztlich von den Motivatoren ab.

Die *Erwartungswert-Theorien von Vroom sowie Porter und Lawler* sehen Motivation als Ergebnis der Erwartungen eines Mitarbeitenden, eine Arbeit für eine zukünftige Belohnung erbringen zu können, multipliziert mit dem Wert, der dieser Belohnung beigemessen wird. Der resultierende Leistungseinsatz wird folglich hoch sein, wenn die Erwartung hoch ist, dass der erbrachte Leistungseinsatz zu einem Arbeitsergebnis und zu einer Belohnung führt, die für den Mitarbeitenden einen hohen Wert besitzen.

Die *Gleichheitstheorie von Adams* rückt das Verhältnis von Einsatz und Ertrag einer Arbeitsleistung in den Vordergrund. Dieses Einsatz-/Ertrags-Verhältnis wird in Beziehung zu einer Vergleichsperson, einer Vergleichsposition oder einem Vergleichsberuf gesetzt. Wahrgenommene Ungleichheit führt zu Versuchen der Ungleichheitsreduktion, indem Arbeitseinsatz oder -ertrag zu verändern versucht wird. Eine empfundene Unterbezahlung wirkt sich danach negativ auf die Leistungsqualität und -quantität aus.

Aus einem Vergleich dieser fünf grundlegenden Motivationstheorien lassen sich folgende Erkenntnisse ableiten (vgl. dazu auch Lawton/Rose 1994: 104 ff.):

- Es gibt *unterschiedliche individuelle Bedürfnisarten*. Der Lohn stellt nur eine Form zur Bedürfnisbefriedigung dar und muss für den Empfänger wichtig sein.

- Bedürfnisse, z. B. nach Lohn, können einen *individuellen Sättigungsgrad* erreichen.

- Die *Annahmen über das Menschenbild* von Mitarbeitenden können deren Bedürfnisse, Motivation und Verhalten beeinflussen.

- Die *äusseren Arbeitsbedingungen* wie z. B. der Lohn bestimmen die Motivation und Zufriedenheit nicht abschliessend, ermöglichen aber, dass Zufriedenheit eintreten kann, wenn der *Arbeitsinhalt* stimmt.

- Die Entlöhnung muss einen positiven *Wert für den Mitarbeitenden* haben, damit die Motivation gesteigert wird.

- Die Entlöhnung muss in direktem *Zusammenhang mit dem Leistungsniveau* stehen.

- Die Lohnform und -höhe müssen mit *vergleichbaren Personen* oder Berufsgruppen übereinstimmen (vgl. dazu den spannenden Artikel von Weibel/Rota 2000).

Die 1997 von der *OECD* durchgeführte Studie zu den Wirkungen des individuellen Leistungslohns auf Kaderangestellte des öffentlichen Sektors kommt zu folgenden weiteren Schlüssen (vgl. OECD 1997):

- Der *Stellenwert des Lohnes* ist im Vergleich zur beruflichen Unabhängigkeit, zur Situationsbewältigung bei der Arbeit, zur beruflichen Herausforderung und zur empfundenen Gerechtigkeit gering.

- Die *Wichtigkeit des Leistungslohnes* wird mehrheitlich als mässig wichtig bis wichtig eingestuft.
- Der Leistungslohn stärkt die *Beziehung zwischen individuellen Arbeitszielen und Zielsetzungen der Organisation* kaum.
- Leistungslohn hat primär einen positiven Einfluss auf die „Topleute", *weniger auf den grossen „Durchschnitt".*
- Die Kombination verschiedener Beurteilungsmethoden erhöht die *Akzeptanz* von leistungsorientierten Lohnsystemen.

Wird auch die Übersicht an weiteren Forschungsresultaten mit einbezogen, dann ist der *Nutzen von individualorientierten Leistungslohnsystemen* auf die Lehrerleistung und die Schulqualität fragwürdig (vgl. Dubs 1996: 58 ff.). Eine echte Motivationssteigerung aufgrund eines höheren Lohnniveaus ist empirisch nicht bestätigt und der Leistungslohn entfaltet bei einkommensmaximierenden Mitarbeitenden nur in einem beschränkten Rahmen Wirkungen, nämlich bei einfachen Tätigkeitsstrukturen, was kaum ein Merkmal des Lehrberufs sein dürfte (vgl. Frey 2000: 84 ff.). In England und Wales ist die Einführung von lohnwirksamen Qualifikationssystemen zurzeit in vollem Gang. Neben individuumsorientierten Anreizen zur Rekrutierung, Erhaltung und Motivation der einzelnen Lehrkraft enthält das von der Regierung beschlossene System auch *übergeordnete Ziele* zur Statusanhebung des Lehrberufs und zur Qualitätssicherung an Schulen. Immer stärker kommen jedoch Meinungen auf, welche einen schulhaus- resp. gruppenorientierten Ansatz der Entlöhnung favorisieren (vgl. Forrester 2000).

Den theoretischen und empirischen Erkenntnissen kann entnommen werden, dass der Lohn ein wichtiger, aber nicht der primäre Anreiz zur Leistungserbringung bei Lehrpersonen ist. Zudem vermögen individuumszentrierte Lohnanreize den angestrebten Zielen nicht vollauf zu genügen. Ausgehend davon ist nicht ein ausschliessliches Pro oder Contra Leistungslohn, sondern die konkrete *Ausgestaltung von Lohnsystemen der zentrale Ansatzpunkt*.

3.4 Die Gestaltung von Entlöhnungssystemen für Lehrpersonen

Bei der Ausgestaltung des Entlöhnungssystems erachten wir drei Punkte als entscheidend, damit die Leistungen und Qualität einer Schule kontinuierlich verbessert werden und neue Systeme auch bei der Lehrerschaft auf Akzeptanz stossen:

- Die Zusammensetzung des Gesamtlohns durch mehrere Lohnbestandteile.
- Eine Ausweitung der Anreizformen für die einzelne Lehrperson.
- Die strategieorientierte Anreizgestaltung für die Gesamtschule.

3.4.1 Zusammensetzung des Gesamtlohns durch mehrere Lohnbestandteile

Der Lohn einer Lehrpersonen sollte erstens einen *Kompetenzanteil* (was kann ich?), zweitens einen *Leistungsanteil* (was tue ich?) und drittens einen *Effektivitätsanteil* (wie gut tue ich es?) enthalten, welche zusammen mit dem stellenbezogenen *Grundlohn*, Einmalprämien und den Zulagen das Brutto-Gehalt ergeben (vgl. Abbildung 3 und Dubs 1996: 58 ff.). Der beruflichen Erfahrung wird mit der Bandbreite und der Bewertung der Kompetenzen Rechnung getragen. Sie ist aber längst nicht mehr so dominant wie im traditionellen System mit dem automatischen Stufenanstieg nach Anzahl Dienstjahren. Das Verhältnis zwischen Leistungs- und Kompetenzanteil ist variabel. Bei Lehrpersonen empfiehlt es sich, stärker auf die Kompetenz- und Qualifikationskomponente Wert zu legen als auf den schwierig messbaren Leistungsanteil.

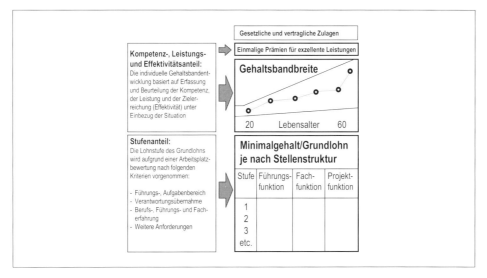

Abbildung 3: Zusammensetzung des Lohns (Quelle: Thom/Ritz 2004: 303)

Ebenso kann die Gehaltsbandbreite durch Gesamtschul- oder Gruppenleistungen beeinflusst werden. Solche neuen Lohnmodelle für den Bildungsbereich setzen die Entwicklung von Schulleitungsstrukturen und daraus folgender Personalführungsverantwortung vor Ort voraus. Dadurch wird sich die Stellenstruktur erweitern und die Bildung von Führungs-, Fach- oder Projektaufgaben wird möglich, welche den Grundlohn beeinflussen.

3.4.2 Ausweitung der Anreizformen für die einzelne Lehrperson

In Anlehnung an die Unterscheidung zwischen intrinsischer und extrinsischer Motivation und die Tatsache, dass Menschen unterschiedliche und sich verändernde Bedürfnisstrukturen aufweisen sowie aufgrund der empirischen Ergebnisse, sind die Anreize besonders im Bildungssektor breit auszugestalten. Lehrpersonen wählen ihren Beruf nicht primär aufgrund *materieller Anreize*. Die finanziellen und auch hierarchischen Aufstiegsmöglichkeiten sind im Vergleich zu Kadermitarbeitern in der Wirtschaft gering. Ein guter Grundlohn, ein grosser Selbständigkeitsgrad, aber auch die Möglichkeit zur Aufgabenwahrnehmung im schulischen Umfeld und in anderen gesellschaftlichen Bereichen sind für viele Lehrkräfte von grösserer Bedeutung. Gehen wir davon aus, dass diese Faktoren sowie der Lernerfolg bei den Schülern, die berufliche Weiterentwicklung und die Mitwirkung an fach- oder schulbezogenen Entwicklungsprojekten mehr Bedeutung haben als ein möglichst hohes Gehalt, dann müssen *immaterielle Anreize* vermehrt an Bedeutung gewinnen.

Durch die stärkere Betonung materieller Anreize können aber auch verstärkt materielle Bedürfnisse bei Lehrpersonen gebildet werden, was entsprechende Wirkungen auf potenzielle Stellenbewerber und -bewerberinnen hat. Unabhängig davon wird in der momentanen Diskussion um die Neuentwicklung der Lohnsysteme im Bildungssystem *zu wenig Gewicht auf die immateriellen Anreize* gelegt. Entwicklungsmöglichkeiten in fachlicher und führungsorientierter Hinsicht, stimulierende Zusammenarbeit mit fähigen Kollegen und Kolleginnen sowie herausfordernde Verantwortungsübernahme als Bestandteile der Belohnung für gute Arbeit können die bisher finanziell dominierten Anreize erweitern (vgl. Abbildung 4 und Bayard 1997: 88).

Extrinsische Motivation				Intrinsische Motivation
Materielle Anreize		Immaterielle Anreize		
Finanzielle Anreize		Soziale Anreize	Organisatorische Anreize	Die Arbeit selbst
Direkt finanzielle Anreize	Indirekt finanzielle Anreize			
Lohn und Gehalt, Prämien	Alle Bezüge, die unabhängig von der Arbeitsleistung freiwillig von der Schule erbracht werden. Z.B. Schulbus	Gruppenmitgliedschaft, Führungsstil, Kolleginnen etc.	Schulstandort, -kultur, Arbeitszeitregelungen, Entwicklungsmöglichkeiten, Arbeitsplatzsicherheit etc.	Arbeitsinhalt, Tätigkeitsspielraum, Arbeitsvielfalt, Entwicklungspotenzial
Individuumsorientierte Anreize				Teamanreize

Abbildung 4: Elemente eines umfassenden Anreizsystems

3.4.3 Strategieorientierte Anreizgestaltung für die Gesamtschule

Wichtiger als rein individuumszentrierte Lohnformen ist die Ausweitung der Anreizgestaltung auf die Gesamtorganisation Schule. In den USA und zunehmend auch in Grossbritannien gewinnen Konzepte im Sinne des „New Pay" an

Wichtigkeit (vgl. Lawler 1990 und Forrester 2000: 7 ff.). Entlöhnungssysteme können demnach den Wandel und die Kultur einer Institution unterstützen. Voraussetzung dafür ist die Verknüpfung des Lohnsystems mit den Zielsetzungen und der Strategie einer Institution. Die strategische Führung einer Schule (zeigt sich etwa im Leitbild) spezifiziert demnach die erforderlichen organisatorischen, wirkungs- und leistungsorientierten Ziele, welche auch die Führungsgrundsätze bestimmen. Daraus lässt sich ein *strategieorientiertes Entlöhnungssystem* ableiten. Die Kaskade von den Oberzielen einer Schule bis zu individuellen Zielvereinbarungen und der Belohnungspolitik für die erbrachten Leistungen ist entscheidend für die gesamte Schulqualität. Damit ist nicht unbedingt die Neuerfindung der Entlöhnung nötig, sondern vielmehr die Beseitigung von Entlöhnungselementen, welche die gesamte Schulentwicklung hindern, wie etwa der automatische Stufenanstieg nach Dienstalter als einziges Kriterium für den Lohnanstieg.

3.5 Empfehlungen zur Gestaltung und Einführung von Lohnsystemen

Deshalb ist zu empfehlen, immer mehr von individuumszentrierten Anreizformen weg zu kommen und *Teamanreize*, resp. gesamtschulische Belohnungsarten einzuführen (vgl. dazu auch Dubs 1996: 56 ff.). Der individuelle Leistungslohn kann den Konfliktgehalt in einer Schule erhöhen, vor allem wenn aufgrund der noch wenig ausgebildeten Beurteilungskompetenzen Ungleichheiten wahrgenommen werden. Er entspricht aber auch insgesamt nicht dem Ziel, den Lehrberuf weg vom Einzelkämpfertum Richtung Teamarbeit und Nutzung von Synergien zu entwickeln. Die Vielfalt an Gruppenanreizen reicht von zusätzlicher Entlöhnung für Fachbereiche bis zum Vergleich von Schulen und daraus folgender Finanzierung gesamter Schulen. Die Grundlage hierzu bildet neben der institutionalisierten Schulleitung eine gewisse *Teilautonomie mit organisatorischem, finanziellem und personellem Handlungsspielraum* für die einzelne Schule. Dadurch wird das Beurteilungsproblem nicht gelöst, kann jedoch stärker auf institutionenbezogene Leistungs- und Wirkungsindikatoren abgestützt werden und unterliegt weniger der schwer messbaren individuellen Lehrerleistung. Auf individueller Ebene kann sodann losgelöster von lohnrelevanten Leistungskriterien die persönliche Entwicklung der Lehrkraft sowie deren Beitrag zur Schulentwicklung ins Zentrum der Beurteilung gerückt werden. Zusätzlich muss darauf geachtet werden, dass die Höhe angemessen ist, also nicht zu hoch und nicht zu tief, sowie eine stabile Entwicklung der Vergütungen gewährleistet werden kann. Andernfalls entfalten solche Systeme eine Alibifunktion und verlieren ihre Glaubwürdigkeit.

Bei der Einführung neuer Systeme ist die partizipative Entwicklung, die gründliche Schulung und Information unabdingbar, wenn die Neuerung von den Lehrern und Lehrerinnen unterstützt werden soll. Es empfiehlt sich, zuerst das System einzuführen und in einer Erprobungsphase zu evaluieren, bevor die Beurteilung mit Anreizen verknüpft wird. In der Erprobungsphase kann die Freiwilligkeit zur Teilnahme an einer Beurteilung positive Wirkungen entfalten und das Vertrauen in das neue System stärken.

Literaturverzeichnis

Bayard, Nicole (1997): Unternehmens- und personalpolitische Relevanz der Arbeitszufriedenheit, Bern, Stuttgart, Wien 1997.

Bertelsmann Stiftung (Hrsg.) (1996): Innovative Schulsysteme im internationalen Vergleich, Band 1, Gütersloh 1996.

Buerkli, Christoph (2001): Beurteilung und Entlöhnung von Lehrpersonen. Theoretische Grundlagen – Bezugsrahmen – Fallstudie – Gestaltungsempfehlungen, Lizentiatsarbeit am IOP, Bern 2001.

Bundesamt für Statistik (Hrsg.) (1997): Arbeitsbedingungen der Lehrkräfte, Bern 1997.

Domsch, Michael/Gerpott, Torsten J. (1992): Personalbeurteilung. In: Handwörterbuch des Personalwesens, hrsg. v. Eduard Gaugler und Wolfgang Weber, 2. Aufl., Stuttgart 1992, Sp. 1631-1641.

Dubs, Rolf (1996): Schule, Schulentwicklung und New Public Management, St. Gallen 1996.

Dubs, Rolf (1990): Qualifikationen für Lehrkräfte. In: Schweizerische Zeitschrift für kaufmännisches Bildungswesen, Nr. 4, 84. Jg., 1990, S. 115-140.

Forrester, Gillian (2000): Rewarding Performance in a Reforming Profession: Schoolteachers in England and Wales. Unveröffentlichtes Arbeitspapier für das 4. Internationale Forschungssysmposium Public Management vom 4. April 2000 in Rotterdam, Rotterdam 2000.

Frey, Bruno S. (2000): Wie beeinflusst Lohn die Motivation? In: Managing Motivation, hrsg. v. Bruno S. Frey und Margit Osterloh, Wiesbaden 2000, S. 71-104.

Gebert, Diether/von Rosenstiel, Lutz (1996): Organisationspsychologie, 4. Aufl., Stuttgart, Berlin, Köln 1996.

Gonon, Philipp/Hügli, Ernst/Landwehr, Norbert/Ricka, Regula/Steiner, Peter (2001): Qualitätssysteme auf dem Prüfstand, 3., aktualisierte Aufl., Aarau 2001.

Helmke, Andreas/Weinert, Franz E. (1997): Bedingungsfaktoren schulischer Leistung. In: Enzyklopädie der Psychologie, hrsg. v. Niels Birbaumer, Göttingen, Bern, Toronto, Seattle 1997, S. 71-176.

Lawler, Edward E. (1990): Strategic Pay, San Francisco 1990.

Lawler, Edward E. (1971): Pay and Organizational Effectiveness: A Psychological View, New York 1971.

Lawton, Alan/Rose, Aidan (1994): Organisation and Management in the Public Sector, London 1994.

March, James G./Simon, Herbert A. (1958): Organizations, New York 1958.

Organisation for Economic Co-operation and Development OECD (1997): Performance Pay Schemes for Public Sector Managers: An Evaluation of the Impacts, Paris 1997.

Ridder, Hans-Gerd (1999): Personalwirtschaftslehre, Stuttgart 1999.

Rolff, Hans-Günter (1999): Lehrerbeurteilung und Qualitätsentwicklung. In: journal für schulentwicklung, Nr. 1, 1999, S. 6-15.

Schedler, Kuno (1994): Leistungsabhängige Besoldungssysteme im öffentlichen Dienst. In: Leistungslohn im öffentlichen Dienst, hrsg. v. Yves Emery, Bern 1994, S. 53-84.

Strittmatter, Anton (1999): Konfliktlinien in der Ausgestaltung von LehrerInnenbeurteilung. In: journal für schulentwicklung, 1999, Nr. 1, S. 17-26.

Thom, Norbert (2001): Einführung in die Führungslehre, 5. Aufl., Bern 2001.

Thom, Norbert/Ritz, Adrian (2004): Public Management: Innovative Konzepte zur Führung im öffentlichen Sektor, 2. Aufl., Wiesbaden 2004 (3. Aufl. 2006).

Weibel, Antoinette/Rotta, Sandra (2000): Fairness als Motivationsfaktor. In: Managing Motivation, hrsg. v. Bruno S. Frey und Margit Osterloh, Wiesbaden 2000, S. 193-206.

Formatives Qualitätsevaluations-System (FQS) und lohnwirksame Qualifikation

Das Beurteilungssystem „Lebo+" der Kantonsschule Olten: Konzept – Metaevaluation – Empfehlungen

Christoph Buerkli, Anton Strittmatter und Reto Steiner

1	Einleitung	240
2	Das Beurteilungssystem „Lebo+" der Kantonsschule Olten	241
	2.1 Die Kantonsschule Olten	241
	2.2 Vorgeschichte von Lebo+	242
	2.3 Übersicht über die einzelnen Elemente von Lebo+	244
3	Metaevaluation	246
	3.1 Zielsetzungen	246
	3.2 Vorgehen	246
	3.3 Statistische Angaben	248
	3.4 Zentrale Ergebnisse der Metaevaluation	249
4	Empfehlungen für die Kantonsschule Olten	256
	4.1 Strategische Gestaltungsempfehlungen	256
	4.2 Gestaltungsempfehlungen für die Personalentwicklung	257
	4.3 Gestaltungsempfehlungen für die Kommunikation	258
	4.4 Gestaltungsempfehlungen für die Führung	259
	4.5 Gestaltungsempfehlungen für Änderungen am Modell	260
	Literaturverzeichnis	261

1 Einleitung

Angesichts der in der Regel lebenslangen Beschäftigung, der automatischen Beförderung und der starren Einreihungs- und Entlöhnungspolitik erlangte die Personalbeurteilung im öffentlichen Sektor und somit auch in den Schulen bis in die 90er Jahre des 20. Jahrhunderts keine herausragende Bedeutung. 1991 verfügten lediglich zwölf von zwanzig Deutschschweizer Kantonen über ein Beurteilungssystem für ihre Mitarbeiter (vgl. Thom/Ritz 2004: 263 ff.). Erst durch die Reformen des Public Managements wurde der Fokus von der traditionellen Personalbewirtschaftung zu einem motivations-, qualifikations-, leistungs- und flexibilitätsfördernden Personalmanagement verlagert.

Moderne Qualitätssysteme für Schulen gehen von der Annahme aus, dass vor allem die Art und Weise der Lehrkräftebeurteilung einen nicht zu unterschätzenden Einfluss auf die Schulentwicklung ausübt (vgl. Rolff/Strittmatter 1999: 4 f.). Die Lehrerbeurteilung erweist sich aber als eine heikle Aufgabe, die besonders hohe Ansprüche an die Beurteiler und an die Beurteilten stellt. In dieser Situation ist es verständlich, dass gerade Lehrpersonen, welche sich als Fachleute für das Beurteilen verstehen, der Lehrkräftebeurteilung besonders kritisch begegnen.

Einzelne Politiker möchten die Beurteilung von Lehrpersonen mit Leistungslöhnen koppeln. Hauptmotiv für die Einführung von Leistungshonorierungssystemen ist in der Regel die Erhöhung der Leistungsmotivation, welche sich positiv auf die Leistungsbereitschaft resp. auf die Leistungen der Lehrkräfte auswirken soll. Aber auch die Prämierung ausserordentlicher Leistungen, neue Entwicklungsalternativen für Lehrkräfte, die Gleichbehandlung mit Angestellten der Privatwirtschaft und der Verwaltung, die Steigerung der Berufsattraktivität sowie die Verhaltenssteuerung durch Leistungsanreize werden in den Vordergrund gerückt. Dies entspricht der Idealvorstellung vieler Vertreter des New Public Managements, dass finanzielle Anreize zu mehr Effektivität und Effizienz führen.

Gegner der Leistungslöhne für Lehrpersonen argumentieren, dass leistungsbezogene Qualifikationssysteme weder in der Privatwirtschaft noch im öffentlichen Bereich befriedigende Resultate liefern. Sie bezweifeln, dass sich Lehrpersonen durch materielle Lohnbestandteile zu mehr oder besserer Leistung motivieren lassen, da ihrem Berufsethos primär ideelle Motive zu Grunde liegen. Die geringe Wirkung oder gar negativen Auswirkungen auf die Motivation des Personals, auf Postulate der Selbstentwicklung und -evaluation sowie der Entwicklung einer Teamkultur sind nachgewiesen (vgl. OECD 1997: 44; Strittmatter 1999: 23). Kritik betrifft aber auch das System der Leistungsentlöhnung: „Fehlende objektive Beurteilbarkeit der Leistung, Beurteilungswillkür je nach Beurteilungspersonen, grosser administrativer Arbeitsaufwand, zu geringer Leistungsanteil sowie die Förderung destruktiver Konkurrenz und kurzfristiger Einschmeichelungsstrategien von Lehrpersonen bei der Schulleitung seien mögliche Folgen" (Ritz/Steiner 2000: 37).

Die Wissenschaft ist sich einig, dass die betriebliche Leistungsbeurteilung von vielfältigen Problemen begleitet wird, wobei das Kriterienproblem für den Beurteilungsprozess eines der Schlüsselprobleme darstellt: Die Beurteilung einer menschlichen Leistung anhand von Bewertungs- und Qualifikationsbögen erfüllt die für eine Messung zentralen Gütekriterien (Objektivität, Reliabilität, Validität) nicht und ist deswegen „aus wissenschaftlicher Sicht [...] sehr fragwürdig" (Dubs 1996: 168). Die Frage nach der Wirksamkeit von Leistungslöhnen für Lehrkräfte ist bis heute nicht abschliessend geklärt. Es gibt dazu keine europäischen Untersuchungen und amerikanische Forschungsergebnisse sind sehr widersprüchlich (vgl. Dubs 1996: 166).

2 Das Beurteilungssystem „Lebo+" der Kantonsschule Olten

2.1 Die Kantonsschule Olten

Die Kantonsschule Olten wird von etwa 1 100 Schülerinnen und Schülern besucht und beschäftigt insgesamt 151 Lehrpersonen. Die Schule hat eine längere Tradition als fortschrittliches und entwicklungsorientiertes Institut. Hinzu kommt seit einigen Jahren das dynamische Umfeld: Insbesondere die dramatische Verschlechterung der Finanzlage des Kantons Solothurn in den neunziger Jahren und das neue eidgenössische Maturitäts-Anerkennungsreglement, welches im August 1998 eingeführt wurde, sorgten für zusätzliche Reformaktivitäten. Ausgehend von ihrem Leitbild legt die Schule zur Unterstützung dieser Veränderungsprozesse periodisch konkrete Entwicklungsschwerpunkte fest. Ein erster aktueller Schwerpunkt war und ist die Entwicklung einer Feedbackkultur, ein zweiter betrifft die Förderung und Anwendung neuer Unterrichtsformen.

In diesen Entwicklungsprozess „platzte" die allen kantonalen Schulen verordnete Auflage hinein, ein besoldungswirksames Beurteilungssystem für die Lehrpersonen selbst zu wählen und einzuführen. Es entstand das Beurteilungssystem „Lebo+"[1] als Ergebnis eines mehrjährigen Entwicklungsprozesses, welcher sich als Gratwanderung zwischen den rechtlichen Rahmenbedingungen des Kantons Solothurn und den pädagogischen Ansprüchen der Kantonsschule Olten gestaltete. Auf das Schuljahr 1998/99 hin wurde dieses neuartige Beurteilungssystem an der Kantonsschule Olten eingeführt und zwischen November 2000 und März 2001 einer ersten Metaevaluation unterzogen.

Im folgenden Kapitel wird die Vorgeschichte von Lebo+ beschrieben. Anschliessend wird das Beurteilungssystem in den Grobzügen vorgestellt und über die Metaevaluation sowie deren Ergebnisse berichtet. Im letzten Kapitel werden Gestaltungsempfehlungen für die Optimierung des Systems formuliert.

2.2 Vorgeschichte von Lebo+

Bereits 1987 forderten politische Kreise im Kanton Solothurn ein einheitliches Besoldungssystem für die kantonale Verwaltung und die Lehrerschaft mit einer Leistungslohnkomponenten. Als eigentliche Auslöser für das Modell Lebo+ der Kantonsschule Olten gelten aber der Beschluss des Kantonsrats zur Besoldungsrevision des Kantons Solothurn und der Regierungsratsbeschluss 2104 vom 28. September 1998, dass in die Besoldung der Lehrpersonen künftig eine „Leistungskomponente" einzubauen sei. Dafür werden 2,5 % der bestehenden Besoldungssumme reserviert. Sämtliche Lehrpersonen sollen alle zwei Jahre qualifiziert werden, was einen individuellen Leistungsbonus (Lebo) von 0 bis 5 % bewirken kann.

In der Folge wurden die unter kantonaler Direkthoheit stehenden Schulen (Gymnasien, Berufsschulen, DMS usw.) aufgefordert, ein örtlich passendes Modell für die Umsetzung des Lebo zu entwickeln und dem Erziehungsdepartement

---

[1] Die Abkürzung „Lebo" steht für „Leistungsbonus". Das „Plus" steht für die formative Komponente und soll darauf hinweisen, dass die Kantonsschule Olten mehr als bloss eine Verteilung des Lebo will: Es soll eine Kombination der bisher als unvereinbar geltenden Systeme FQS (Formatives Qualitätsevaluations-System) und LQS (Lohnwirksames Qualifikations-System) stattfinden.

zur Genehmigung zu unterbreiten. Es entstand so eine Vielzahl unterschiedlicher Verfahrensweisen. Für die Volksschulen erwies sich die Umsetzung als sehr schwierig, u. a. weil die Lehrerschaft geschlossen dagegen opponierte und weil einige Gemeinden Probleme mit der finanziellen Mitbeteiligung äusserten. Die „Lebo-Umsetzung" für die Volksschulen wurde in der Folge sistiert – „konsequenterweise" unter Verzicht auf die Ausschüttung der 2,5 Lohnprozente.

Da die Kantonsschule Olten eine längere Tradition mit progressiven pädagogischen Ansätzen wie Intervisionsgruppen u. ä. hatte, standen die Lehrerschaft und die Schulleitung der Kantonsschule Olten der Ausschüttung eines Lebo sehr kritisch gegenüber. Die Schule entschloss sich aber, den prinzipiellen Widerstand durch die Suche nach einer „verträglichen" Verbindung von fördernder Personal- und Schulentwicklung mit der gesetzlichen Lebo-Verpflichtung abzulösen. Es erschien zudem vielen Lehrpersonen paradox, auf den Bonus zu verzichten, wo doch die Überzeugung bestand, dass gerade an dieser Schule ausserordentliche Leistungen erbracht würden. Die Schule fragte Strittmatter (Pädagogische Arbeitsstelle des Dachverbandes der Schweizer Lehrerinnen und Lehrer), ob er den Lösungsfindungsprozess begleiten würde, welcher u. a. durch die Integration des von ihm entwickelten FQS (Formatives Qualitätsevaluations-System) geprägt sein sollte. Strittmatter lehnte zunächst ab, weil er die Verbindung von FQS und LQS (Lohnwirksames Qualifikations-System) für unvereinbar hielt. Weitere Gespräche liessen ihn dann aber in einen Versuch einstimmen, wenn zwei Bedingungen erfüllt seien:

1. Es wird ein Lebo-Modell bzw. LQS gefunden, welches möglichst frei von anmassender (oder mogelnder) Beurteilung ist. Insbesondere wird darauf verzichtet, die schlecht objektivierbare individuelle Unterrichtsqualität durch punktuelle Fremdbeurteilung zu benoten.

2. Ein mögliches Resultat wird einer externen Evaluation unterzogen, welche in seriöser, unvoreingenommener Weise das Zusammenspiel von FQS und LQS und eventuelle Interferenzen bzw. ungewollte Nebenwirkungen aufzeigt.

Eine Arbeitsgruppe mit Vertretern aus der Schulleitung und der Lehrerschaft erarbeitete zusammen mit Strittmatter das Modell Lebo+, welches im Vergleich zu anderen Modellen im Kanton Solothurn drei herausragende Merkmale aufweist:

1. Das Modell verzichtet darauf, die im Rahmen einer „dienstlichen Beurteilung" schlecht objektivierbaren Qualitätsunterschiede in der Unterrichtsführung zu verrechnen. Stattdessen werden primär Anstrengungsunterschiede in unterschiedlichen, für die Personal- und Schulentwicklung relevanten Leistungsfeldern bewertet.[2]

2. Das Modell setzt auf eine strukturell gesicherte Verbindung von Selbst- und Fremdbeurteilung. Der Anteil Selbstbeurteilung ist gross und wird eingerechnet. Dabei übernehmen die Lehrpersonen selbst und kollegiale Tutorate bzw. Qualitätsgruppen (Q-Gruppen) einen Teil der Verantwortung.

3. Die Schulleitung wird von der unmöglichen Aufgabe befreit, selbst die Qualität aller Lehrpersonen zu beurteilen. Sie behält aber ein Korrektiv in der Hand: Wenn die additiv durch die verschiedenen Beurteilungselemente zustande gekommene Punktzahl stark von Informationen und Bildern abweicht, welche die Schulleitung von der betreffenden Lehrperson hat, wird ein Differenzbereinigungs- bzw. Schiedsverfahren ausgelöst. Artefakte, die krass von der Alltagswahrnehmung über die einzelne Lehrperson abweichen, können so nicht oder zumindest sehr selten entstehen (was z. B. im Zürcher LQS für die Volksschulen öfters vorkommt!).

An der Lehrerkonferenz der Kantonsschule Olten vom 28. August 1998 wurde das Konzept mit grossem Mehr angenommen. Wenig später konnte mit der ersten Beurteilungsperiode (September 1998 bis November 1999) gestartet werden. Der erste Durchgang stand jedoch unter einem grossen Zeitdruck, denn mit dem Dezemberlohn 1999 musste der Leistungslohnanteil bereits zum ersten Mal ausbezahlt werden. Im August 2000 startete der zweite Durchgang, welcher im Juni 2002 abgeschlossen sein wird.

2.3 Übersicht über die einzelnen Elemente von Lebo+

Für das weitere Verständnis ist es notwendig, die vier Elemente (E1 bis E4) von Lebo+ zusammenfassend vorzustellen (vgl. Abbildung 1):

---

[2] Dieser Punkt ist zwar nur bedingt mit den kantonalen Vorgaben vereinbar. Verhandlungen mit der Erziehungsdirektion liessen diese das Modell am Ende aber doch bewilligen.

Formatives Qualitätsevaluations-System und lohnwirksame Qualifikation 245

> **E1: Mitarbeit in einer Q-Gruppe – zur Sicherung der Unterrichtsqualität (FQS-Teil)**
>
> Eine Q-Gruppe (Q = Qualitätssicherung und -entwicklung) ist ein Team von Lehrkräften, das gegenseitige Schulbesuche und Schülerfeedbacks organisiert und auswertet. Dieses Element ist das Kernstück des ganzen Systems und entspricht einem Entwicklungsschwerpunkt des Leitbildes (Einführung einer Feedbackkultur). Die Gruppe arbeitet für eine begrenzte Zeit (üblicherweise für eine Beurteilungsperiode von 2 Jahren) zusammen. Basis der Zusammenarbeit ist Vertraulichkeit, welche durch eine schriftliche Vertraulichkeitsvereinbarung gesichert und von allen Q-Gruppenmitgliedern unterzeichnet wird. Die Gruppenleitung wird einer Lehrperson der Q-Gruppe übertragen. Sie kontrolliert die Einhaltung von Minimalstandards und entscheidet, ob die Lehrpersonen der Gruppe das Element E1 ordnungsgemäss absolviert haben. Der Rektor beurteilt aufgrund der eingereichten Unterlagen die Qualität der geleisteten Arbeit jedes Einzelnen. Das Absolvieren von E1 gibt 50 % der totalen Punktzahl, d. h. 15 Punkte. Die Punkteanzahl wird nicht abgestuft. Die Mitarbeit in den Q-Gruppen ist für alle Lehrpersonen, welche bei Lebo+ mitmachen, obligatorisch.
>
> **E2: Entwicklung neuer Projekte – zur Förderung der schulischen Innovation**
>
> Neue Unterrichtsprojekte, die Verbesserung von Unterrichtseinheiten, die Weiterentwicklung der Tätigkeiten für und um den Unterricht können für den Lebo angerechnet werden. Gemeint sind innovative Projekte in konventionellen oder erweiterten Unterrichtsformen, Erarbeitung von Unterrichtsmaterialien, Kommunikationstrainings, Zusammenarbeit mit Eltern, Schülerbetreuung usw. Eine Betreuungsperson begleitet das Projekt. Jede Lehrkraft bewertet ihr Projekt gemäss einem vorgegebenen Punkteraster selbst. Die Projekte werden auch anderen Lehrkräften zur Verfügung gestellt. Für das Element E2 kann sich die Lehrperson maximal sechs Punkte (im ersten Durchgang neun Punkte) anrechnen lassen. Die Entwicklung neuer Projekte ist nicht obligatorisch.
>
> **E3: Aufgaben ausserhalb des Unterrichts – zur allgemeinen Schulentwicklung**
>
> Für den Lebo werden auch Aufgaben ausserhalb des Unterrichts (Klassenlehreramt, Mitarbeit in Kommissionen, Aufnahme- und Abschlussprüfungen, Organisation von schulischen Anlässen usw.) und gute Sonderleistungen berücksichtigt. Das Element E3 ergibt maximal neun Punkte (im ersten Durchgang sechs Punkte), welche durch den zuständigen Rektor verteilt werden.
>
> **E4: Fremdbeurteilung durch Inspektorat und Schulleitung**
>
> Wie bis anhin werden die Lehrkräfte von Inspektoren und Schulleitungsmitgliedern besucht und beurteilt. Falls diese Beurteilung von der Einstufung gemäss E1 bis E3 abweicht, hat der zuständige Rektor die Kompetenz, in einem „Differenzbereinigungsverfahren" eine Korrektur vorzunehmen.

Abbildung 1: Die einzelnen Elemente von Lebo+

Aus oben stehender Abbildung ist ersichtlich, dass die maximal erreichbare Punktzahl bei 30 Punkten liegt. Die Prädikatvergabe wurde folgendermassen vorgenommen: 26 bis 30 Punkte = ausgezeichnet; 20 bis 25 Punkte = sehr gut; 14 bis 19 Punkte = gut; 8 bis 13 Punkte = genügend; weniger als 8 Punkte = ungenügend. Die Bezeichnungen für die Prädikate sind vom Kanton vorgegeben. Die Punkteskala stammt von der Arbeitsgruppe Lebo+ (= Steuergruppe), die das Konzept erarbeitet hat. Der Kanton hat die Skala aber genehmigt.

3 Metaevaluation

3.1 Zielsetzungen

In der Zeitspanne zwischen November 2000 und März 2001 wurde die erste Runde von Lebo+ einer Metaevaluation unterzogen. Das Hauptziel war zu untersuchen, ob an der Kantonsschule Olten mit dem Konzept Lebo+ eine Synthese von FQS und LQS gelungen ist. Diesem Hauptziel wurden die folgenden sechs Teilziele beigeordnet:

1. Erheben von Steuerdaten für die Projektleitungsinstanzen, damit diese wissen, ob Lebo+ auf dem „richtigen Kurs" ist.

2. Anregen der Akteure zum Nachdenken, zum Verarbeiten von Erfahrungen, zum Lernen aus Fehlern, zum klärenden Austausch von Erlebtem und Schaffen individueller Lerngelegenheiten.

3. Liefern von verallgemeinerbaren Erkenntnissen über das Funktionieren, die Gelingens- und Misslingensbedingungen und die Zukunft der Qualitätsevaluation und Personalentwicklung an der Kantonsschule Olten (und evtl. im Kanton Solothurn).

4. Liefern von praktischen Hilfen für den Alltag der Selbstevaluation und für die Personalentwicklung. Gute Beispiele sollen entdeckt und erprobte, erfolgreiche Instrumente den anderen zugänglich gemacht werden.

5. Die externe Evaluation sollte mithelfen, den gewonnenen Erkenntnissen Vertrauenswürdigkeit zu geben. Wenn Evaluationsergebnisse nachvollziehbar sind, kann den entsprechenden Folgerungen mehr Anerkennung und Prestige zukommen.

6. Und nicht zuletzt sollte die Evaluation helfen, unqualifizierter Kritik und Polemik zu begegnen.

3.2 Vorgehen

Die Breite des Untersuchungsgegenstandes und die obigen Zielsetzungen führten zu mehreren qualitativen Befragungen der lokalen Rektorenkonferenz (welche durch die drei Rektoren und dem Verwalter der Kantonsschule Olten gebildet wird), der Arbeitsgruppe Lebo+ (die das Konzept erarbeitet hat) und der Q-Gruppen. Von den 21 möglichen Q-Gruppen wurden fünf ausgelost. Diese qualitativen Untersuchungen wurden durch eine quantitative Befragung der Schülerinnen und Schüler ergänzt. Die Auswahl der 50 Schülerinnen und Schüler beruhte ebenfalls auf einem Zufallsverfahren. Die Grundgesamtheit wurde durch diejenigen Schülerinnen und Schüler gebildet, welche in den vergangenen zwei Jahren an der Kantonsschule Olten unterrichtet wurden. Die befragten Schülerinnen und Schüler waren 17 oder 18 Jahre alt.

Bei den Schulleitungsorganen, der Steuergruppe und den Q-Gruppen wurde als Erhebungsverfahren das problemzentrierte Interview angewendet. Die Fragestellungen basierten für die Elemente E1 und E2 zum Grossteil auf den Beurteilungskriterien, die bereits bei der Entwicklung des Konzepts Lebo+ formuliert wurden. Zusätzlich wurden Kriterien für die Elemente E3 und E4 sowie Hypothesen im Sinne von Synergie- und Interferenzvermutungen zum Zusammenspiel von FQS und LQS verfasst und darauf aufbauend die Interviewleitfäden entworfen. Alle Interviews fanden im Schulhaus der Kantonsschule Olten statt. Sie wurden nach der Unterzeichnung einer Vertraulichkeitserklärung an drei Tagen mit der Unterstützung eines zweiten Interviewpartners durchgeführt.[3] Die Befragungen dauerten zwischen 100 und 140 Minuten und wurden mit dem Einverständnis der interviewten Lehrpersonen auf ein Tonband aufgezeichnet.

Die Schülerinnen und Schüler wurden mit einem zehnseitigen, standardisierten Fragebogen befragt. Dieser enthielt viele offene Fragen, was sich bei der Auswertung als besonders gewinnbringend erwies: Die Urteile der Schülerinnen und Schüler fielen sehr klar und differenziert aus, was die Autoren als Frucht einer entsprechenden Schulkultur deuten, die offenbar an der Kantonsschule Olten gelebt wird.

Das Element E1 wurde im Fragebogen in zweierlei Hinsicht berücksichtigt: Erstens wollte die Metaevaluation eruieren, wie die Schülerinnen und Schüler das Einholen der Feedbacks durch die Lehrpersonen erlebt haben. Fragen über die

---

[3] Für die wertvolle Mithilfe von André Duss sei an dieser Stelle von den Autoren ein „herzliches Dankeschön" ausgesprochen.

Haltung des Wissenwollens[4] bei der Lehrperson, über die Äusserungsfreiheit der Schülerinnen und Schüler und darüber, ob sich das Verhalten der Lehrkräfte nach einer Befragung ändert, bildeten den ersten Teil des Fragebogens. Zweitens sollten die Antworten der Schülerinnen und Schüler Daten liefern, ob die Lehrperson während externen Visitationen (durch die eigene Q-Gruppe, durch Inspektoren oder durch die Schulleitung) nur eine „Show abgezogen" hatte oder ob die Lektion repräsentativ für das Alltagserleben des einzelnen Schülers war.

Die im Rahmen des Elementes E2 geförderten Projekte wurden ebenfalls in den Fragebogen einbezogen.

3.3 Statistische Angaben

Obwohl die Teilnahme an der ersten Lebo-Runde freiwillig war, haben sich von den 151 Lehrpersonen, welche an der Kantonsschule Olten unterrichten, 100 Lehrkräfte zum Mitmachen verpflichtet.[5] Es bildeten sich insgesamt 20 Q-Gruppen. Die Verteilung der Prädikate „ausgezeichnet", „sehr gut", „gut" usw. ist nur den Rektoren und dem Personalamt bekannt. Auf eine Veröffentlichung von detaillierten Angaben wurde bewusst verzichtet, damit die Kantonsschule Olten nicht gegen andere Schulen im Kanton Solothurn ausgespielt werden kann. Es ist aber bekannt, dass die Lehrkräfte grossmehrheitlich in die Kategorien „sehr gut" und „gut" eingestuft wurden. Die Einstufung in die Kategorien „ausgezeichnet" und „genügend" bildete die Ausnahme. Mit dem Dezemberlohn 1999 wurde der Leistungslohnanteil zum ersten Mal ausbezahlt. Im ersten Durchgang wurden bewusst kleine Abstufungen zwischen den Prädikaten gut (1), sehr gut (1,25) und ausgezeichnet (1,5) vorgenommen. Ob also jemand das Prädikat „gut", „sehr gut" oder „ausgezeichnet" erreicht hatte, wirkte sich finanziell nur wenig aus: So betrug der absolute Unterschied zwischen den ein-

---

[4] Unter diesem Begriff wird in den folgenden Ausführungen die Einstellung und Haltung der Lehrperson verstanden, dass sie sich ehrlich und überzeugt für eine Analyse und eine Verbesserung des eigenen Unterrichts bemüht.

[5] Die Teilnahme an der zweiten Runde (Start im August 2000) war ebenfalls freiwillig. Es gab die Möglichkeit, dass jemand zustieg, der in der ersten Runde nicht mitmachte, und dass jemand ausstieg, der nicht mehr mitmachen wollte.

zelnen Prädikaten bei einer Lohnsumme von 100 000 Franken etwa 500 Franken.

3.4 Zentrale Ergebnisse der Metaevaluation

Auf den folgenden Seiten werden die zentralen Ergebnisse der Metaevaluation vorgestellt. Dem allgemeinen Fazit folgen die Erfahrungen aus der Sicht der Schülerinnen und Schüler, anschliessend werden die wichtigsten Befunde zu jedem einzelnen Element geschildert und weitere Erkenntnisse beschrieben.

1. Allgemeines Fazit

Die Befürchtungen haben sich bestätigt, dass die Verbindung von pädagogischen Bemühungen und lohnwirksamer Beurteilung grossmehrheitlich als hemmende Konstruktion erlebt wird. Hingegen kann gesagt werden, dass das System Lebo+ unter den gegebenen Rahmenbedingungen als gemeinsam gesehener Kompromiss funktioniert.

2. Erfahrungen aus der Sicht der Schülerinnen und Schüler

Die Schule hatte bewusst darauf verzichtet, den Schülerinnen und Schülern das System Lebo+ zu kommunizieren. Die Lehrerschaft hat also Feedbacks, Unterrichtsbesuche und Projekte durchgeführt, ohne sie als Bestandteil eines Beurteilungssystems zu deklarieren. So ist es nicht verwunderlich, dass drei Viertel der befragten Schüler den Begriff Lebo+ noch nie gehört haben. Zu Beginn der Befragung fühlten sich deshalb viele Schülerinnen und Schüler nicht in der Lage, über die konkreten Auswirkungen des neuen Beurteilungssystems Auskunft zu geben.

Für Schülerinnen und Schüler ist es aus verschiedenen Gründen schwirig, Aussagen über das System zu machen: Erstens können Schülerinnen und Schüler, welche sich der Existenz eines solchen Systems nicht bewusst sind, logischerweise auch kaum von Wirkungen berichten. Zweitens ist es für die Schülerinnen und Schüler i. d. R. sehr anspruchsvoll, Kausalzusammenhänge zwischen einem Beurteilungssystem und den konkreten Auswirkungen auf den Unterricht zu erfassen. Und drittens kommt es erfahrungsgemäss immer wieder vor, dass Veränderungen im Unterricht, welche die Lehrperson als Reaktion auf das SchülerInnen-Feedback vornimmt, von ihr aktiv „getarnt" werden: Sie hegt mit diesem

Verhalten die (meist unbewusste) Absicht, bei den Schülerinnen und Schülern einer eventuell aufkommenden „Bestellmentalität" vorzubeugen.[6]

Interessant ist, dass in den Augen der Schülerinnen und Schüler etwa zwei Drittel der Lehrpersonen die Feedbackarbeit ernst nehmen, ein Drittel sie aber als Pflichterfüllung betreibt. Bei diesem Drittel wird von den Schülern offenbar keine überzeugte Haltung des Wissenwollens resp. des Optimierens des eigenen Verhaltens im Unterricht wahrgenommen. Entscheidend für das Gelingen des Zusammenspiels von Entwicklung und Evaluation sind aber die Einstellungen und Haltungen der Beteiligten. Unter den Schülerantworten sind zudem Hinweise zu finden, dass offenbar an der Kantonsschule Olten Auswirkungen von Lebo+ auf den Unterricht nicht als Konsequenz des neuen Konzepts vermittelt werden. In Bezug auf den Anspruch der Förderung der Selbständigkeit der Schülerinnen und Schüler ist deshalb eine Interpretation sehr schwierig. Es kann die These aufgestellt werden, dass Lebo+ offenbar eine „Wahrnehmungsverschiebung" bei den Schülern hervorruft: Die Schülerinnen und Schüler erkennen zwar nicht, dass es die neuen Elemente sind, welche den Unterricht verbessern; sie fühlen sich aber vor allem auf Grund der vermehrten Feedbackgelegenheiten ernster genommen und mit mehr Respekt behandelt als bisher. Das müsste sich letztlich positiv auf den Unterricht auswirken.

3. Erfahrungen mit den einzelnen Elementen

Element E1: Aus den Fragebogen geht hervor, dass bei knapp zwei Dritteln der befragten Schülerinnen und Schüler schriftliche Feedbacks und bei einem Drittel Kombinationen von mündlichen und schriftlichen Feedbacks (Mischformen) durchgeführt worden sind. Die Vielfalt der durchgeführten Feedbacks war klein, mit einem Schwergewicht auf der „SOFT-Analyse".[7] Etwas mehr als die Hälfte der Schülerinnen und Schüler würden aber Mischformen bevorzugen. Mit dieser

---

[6] Gemeint ist damit die Befürchtung, die Schülerinnen und Schüler würden – wenn man sie nach ihren Bedürfnissen fragt – in eine frivole Anspruchshaltung verfallen: Kritik und Wünsche würden zu Bestellungen, die in jedem Fall und möglichst sofort auszuführen seien.

[7] Eine „SOFT-Analyse" ist eine Einschätzung von Zuständen/Situationen in vier Feldern: Satisfactions (Stärken), Opportunities (Brachland, noch wenig genutzte Chancen), Faults (Mängel, Schwächen) und Threats (absehbare Gefährdungen).

Aussage bringen sie zum Ausdruck, dass trotz der vielen Nachteile eines mündlichen Feedbacks auf eine „face-to-face" Befragung nicht vollständig verzichtet werden sollte. Es ist anzunehmen, dass die mündlichen Formen deshalb schlecht bewertet wurden, weil die Methodenkompetenzen vieler Lehrpersonen dafür noch zu wenig ausgebildet sind.

In eineinhalb Schuljahren hat ein Schüler im Durchschnitt zwischen sechs oder sieben Feedbacks abgegeben. Fast die Hälfte der Schüler und Schülerinnen fühlte sich durch ihre Lehrpersonen vor der Befragung mangelhaft oder nicht informiert.[8] Trotzdem finden zwei Drittel der Schülerinnen und Schüler, dass sie äussern konnten, was sie fühlen und denken. Die ungenügende Haltung des Wissenwollens eines Teils der Lehrpersonen kommt insofern zum Ausdruck, als über 40 % der Schülerinnen und Schüler der Ansicht sind, dass sich ihre Lehrpersonen nicht für das Feedback der Klasse interessierten. Wenn man bedenkt, dass im ersten Durchgang die Lehrpersonen freiwillig am System Lebo+ mitgemacht haben, ist das ein sehr hoher Prozentsatz.

Eine grosse Diskrepanz zwischen den Lehrpersonen und den Schülerinnen und Schülern besteht in der Wahrnehmung der Angemessenheit der Anzahl abgegebener Feedbacks: Von fast 50 % der Schülerinnen und Schüler wurde die Anzahl der abgegebenen Feedbacks als „eher zu wenig" und von 40 % als „gerade richtig" empfunden. In allen Q-Gruppen wurde von den Lehrpersonen aber vermutet, dass die Schülerinnen und Schüler feedbackmüde sind. Dieser Widerspruch ist schwierig zu interpretieren: Die Verfasser vermuten, dass von einem Teil der (evtl. selber feedbackmüden) Lehrpersonen eine „Schutzbehauptung" vorliegen könnte, um die Menge der Feedbacks begrenzen zu können. Dies würde wiederum die Vermutung unterstützen, dass eine echte Haltung des Wissenwollens nicht bei allen Lehrpersonen vorhanden ist. Obschon diese Interpretation durch andere Befunde Plausibilität erhält, könnte die Diskrepanz auch durch Mängel in der Repräsentativität der Befragten (v. a. Q-Gruppen) mitverursacht sein.

---

[8] Dieser Sachverhalt kann nicht durch den Entscheid entschuldigt werden, den Kontext „Lebo+" den Schülern und Schülerinnen nicht offenzulegen. Wer ein Feedback einholt, hat die Feedbackgebenden über seine/ihre Interessen und die geplante Art der Auswertung zu informieren.

Die Information der Schüler und Schülerinnen und über Sinn und Zweck der gegenseitigen Unterrichtsbesuche ist mangelhaft. Interessant ist, dass sich die Schülerinnen und Schüler in einem hohen Ausmass (fast 80 %) wünschen, bei der anschliessenden Besprechung dabei zu sein. Die Schülerantworten lassen den Schluss zu, dass sich die grosse Mehrheit den Lehrpersonen gegenüber fair verhält und die „gewisse Künstlichkeit" der Unterrichtssituation während eines Besuches toleriert. Fast 90 % der befragten Schülerinnen und Schüler fühlen sich nicht mit Unterrichtsbesuchen übersättigt. Es kann abgeleitet werden, dass die Akzeptanz der gegenseitigen Unterrichtsbesuche unter den Lehrpersonen in der Schülerschaft gross ist. Aus den offenen Fragen geht aber hervor, dass ein Grossteil der Schülerinnen und Schüler die Wirksamkeit von Unterrichtsbesuchen bezweifelt. Sie wünschen sich insbesondere mehr unangemeldete Unterrichtsbesuche.

Zusammenfassend lässt sich sowohl aus der qualitativen als auch aus der quantitativen Befragung ableiten, dass die qualitätsfördernden Eigenschaften des Elements E1 unbestritten sind. Das Strukturelement der Q-Gruppen hat sich einstimmig als gewinnbringend und unverzichtbar erwiesen. Von zwei Q-Gruppen wurde sogar vorgeschlagen, nur noch das Element E1 durchzuführen und die restlichen Elemente zu streichen. Die andernorts häufig als heikel empfundene Zusammensetzung der Q-Gruppen und die Handhabung der Diskretionsregeln (Vertraulichkeitserklärung) haben nirgends Probleme bereitet. Interessant ist auch, dass sich die Aussagen der Lehrpersonen und der Schülerinnen und Schüler zum Wert des Elements E1 im Wesentlichen decken.

Element E2: Weil die Lehrpersonen ihre Projekte nicht als Bestandteil von Lebo+ deklariert hatten, wusste nur gerade einer von fünfzig Schülern davon. In Bezug auf das Element E2 machen die Antworten der Q-Gruppen einen zwiespältigen Eindruck. Das Element E2 muss als „kritischer Baustein" von Lebo+ bezeichnet werden, der viel Zündstoff beinhaltet. Viele der interviewten Lehrpersonen finden es unfair, dass viele Banalitäten als Element E2 in das Lebo+ eingeschleust und als „aufgemotztes Projekt" von der Schulleitung akzeptiert wurden. Die Kriterienliste für die Bewertung der Projekte musste mehrmals überarbeitet werden, was zu vielen Missverständnissen führte. Es war weniger das Geld resp. die absolut erreichte Punktzahl, welche zum negativen Empfinden der Lehrpersonen führte. Vielmehr fühlte sich die Mehrheit der Lehrkräfte im relativen Vergleich zu ihren Lehrerkollegen ungerecht behandelt. Zusammengefasst kann gesagt werden, dass im Element E2 deshalb Probleme entstanden sind, weil letztlich eine Qualifikation vorliegen musste, aber eine gerechte Bewertung aufgrund der „Unvergleichbarkeit" nicht möglich ist.

Aus drei Gründen ist für das Element E2 spätestens im dritten Durchgang mit Abnützungserscheinungen zu rechnen: Erstens finden viele Lehrpersonen, dass bereits jetzt schon eine grosse Anzahl origineller Projekte und gute Themen dokumentiert worden sind. Als logische Konsequenz wird es zweitens zunehmend schwieriger, neue Ideen zu finden. Und drittens sind u. a. wegen der Bewertungsproblematik und der schwierigen Vergleichbarkeit der Projekte die Lehrpersonen immer weniger bereit, ihre knappe Zeit in die Entwicklung neuer Ideen und in die „mühselige Dokumentation" zu investieren. Die punktemässige Abwertung von neun auf sechs Punkte wird von der Mehrheit der Lehrpersonen als richtig empfunden.[9]

Element E3: Die Lehrpersonen stehen dem Element E3 positiv gegenüber und wünschen sich, dass Belastungsungerechtigkeiten im Lehrerkollegium endlich finanziell entschädigt werden. Offenbar bereitete die Fremdbeurteilung durch die Rektoren keine allzu grossen Probleme. Den Rektoren wird von allen Lehrpersonen redliches Bemühen attestiert, dass sie die Punktevergabe nach bestem Wissen und Gewissen vorgenommen haben. Kritik wird aber geäussert, dass nur das Etikett (z. B. Klassenlehreramt) gepunktet wird und nicht die Qualität der Aufgabenerfüllung zählt (z. B. intensive Betreuung einer Klasse mit schwierigen Schülern). Die Lehrpersonen sehen aber keine Notwendigkeit, aufwändige und komplizierte Alternativen für eine bessere Bewertung zu generieren. Teilweise wird vorgeschlagen, das Element E3 vom Konzept Lebo+ abzukoppeln.[10]

---

[9] Der Abtausch der Punktezahl von E2 (zählt im zweiten Durchgang neu 6 Punkte) und E3 (zählt im zweiten Durchgang neu 9 Punkte) könnte sich folgendermassen auswirken (a) Das Element E2 verliert für die Lehrpersonen an Attraktivität, d. h. in Zukunft werden noch *weniger seriöse und innovative Projekte* realisiert. (b) Wegen der Abwertung wird inflationären Tendenzen vorgebeugt: Die Durchführung von *„Pseudoprojekten"* lohnt sich für die einzelne Lehrperson weniger. (c) Die *Rektoren* erhalten durch die drei zusätzlichen Punkte, welche ihnen für das Element E3 zur Verfügung stehen, einen grösseren *Spielraum*. Im Endergebnis werden damit *grössere Abstufungen* zwischen den einzelnen Lehrpersonen ermöglicht, was zur Glaubwürdigkeit des Systems beiträgt.

[10] Falls der *binäre Charakter* von E1 aber beibehalten werden soll, kann das *Element E3 unmöglich aus dem Konzept gestrichen werden.* Element E3 ist *faktisch nämlich die ein-*

Element E4: Obwohl die Rektoren über die Kompetenz verfügen, Lehrpersonen im Rahmen des Elements E4 zurückzustufen, haben sie davon nicht Gebrauch gemacht. Aus den Antworten der Schülerinnen und Schüler lässt sich aber ableiten, dass es durchaus Fälle gab, wo eine Korrektur durch die Rektoren zumindest ins Auge gefasst hätte werden können. Unter dem Anspruch, intern den guten Ruf des Systems nicht zu gefährden, ist das Verhalten der Rektoren in der ersten Runde von Lebo+ aber nachvollziehbar. Allerdings zeigen Erfahrungen aus anderen Metaevaluationen von FQS, dass auf 100 Lehrpersonen durchschnittlich mit fünf problematischen Fällen – wo Schein und Sein erheblich voneinander abweichen – zu rechnen ist.

4. Weitere Erkenntnisse

Negative Erfahrungen aus der Sicht der Lehrpersonen: Von den fünf befragten Q-Gruppen fand sich eine Gruppe mit dem Konzept Lebo+ nicht zurecht. Die Hochrechnung, dass ein Fünftel der Q-Gruppen mit dem Konzept Lebo+ schlecht leben kann oder in gruppendynamischen Schwierigkeiten steckt, stimmt aber nach Einschätzung der Leitungsorgane und der Steuergruppe nicht. Trotzdem ist davon auszugehen, dass es evtl. weitere Q-Gruppen gibt, welche gefährdet sind.

Zusammenspiel FQS-LQS: Lebo+ hat nicht zu einem allgemeinen Punktesammeln geführt. Dass der zeitliche Aufwand und der finanzielle Ertrag in einem schlechten Verhältnis zueinander stehen, spielt für die Lehrpersonen nur eine untergeordnete Rolle.

Unterrichtsqualität: Die Befürchtung, dass aufgrund der Anstrengungsorientierung von Lebo+ die Unterrichtsqualität nicht genügend berücksichtigt wird, ist nicht eingetreten. Insbesondere das Element E1 und die gute Zusammenarbeit in den Q-Gruppen konnten eine Verbindung von Lebo+ und der Unterrichtsqualität herstellen.

Beanspruchung von Problemlösehilfen: Erfahrungen mit FQS zeigen, dass durchschnittlich etwa 15 % der Q-Gruppen innerhalb von zwei Jahren Probleme

---

zige Möglichkeit, feinere Abstufungen zwischen den einzelnen Lehrpersonen herbeizuführen.

anmelden und um Hilfe nachsuchen. Im ersten Durchgang gab es viele Fragen und organisatorische Probleme. Diese Probleme wurden auf informeller Ebene gelöst, beispielsweise im Gespräch des Q-Gruppenleiters mit einem Mitglied der Steuergruppe. Keine der Q-Gruppen hat grundlegende Schwierigkeiten signalisiert oder offiziell bei der Schulleitung oder bei der Steuergruppe um Hilfe nachgesucht. Dieser Sachverhalt kann als befriedigend gewertet werden. Trotzdem empfiehlt sich die ständige Hinterfragung, wieweit es in diesem System (der Verbindung formativer Selbstevaluation mit einem Besoldungsbonus „bei Wohlverhalten im System") subjektiv erlaubt erscheint, Schwierigkeiten offen anzumelden.

Problematische Prädikatvergabe: Die vom Kanton vorgeschriebene Prädikatvergabe „ausgezeichnet", „sehr gut" usw. wird von der Schulleitung, der Steuergruppe und den Lehrpersonen als missverständlich und in manchen Fällen kränkend erlebt. Ein Prädikat Lebo+ „gut" wird im Sinne von „ich bin eine gute Lehrperson" empfunden. Das Schlussprädikat „gut" bedeutet aber lediglich, dass eine Lehrperson die von Lebo+ fokussierten Bereiche „gut" absolviert hat. Das heisst aber nicht, dass sie deswegen eine „gute" Lehrperson ist. Sie könnte durchaus auch eine ausgezeichnete Lehrperson sein. Diese moralisierende Beurteilungssemantik führte zur Absurdität, als die Rektoren bekannt geben mussten, dass die Qualifikation nichts mit der Qualität der einzelnen Lehrperson zu tun hat. Durch diese Prädikatvergabe geriet das System in einen Widerspruch, was u. a. auch zur Folge hatte, dass dem Arbeitgeber (Kanton Solothurn) in vielen Interviews Inkompetenz vorgeworfen wurde.

Abschlussgespräche mit den Rektoren: Die Beziehung zwischen der Lehrerschaft und der Schulleitung hat sich vor allem auch wegen dem Abschlussgespräch mit der Schulleitung verbessert. Dieses trug dazu bei, die Zufriedenheit und die Motivation der Lehrpersonen zu erhöhen. Die Schulleitung fühlte sich nicht in einer Beurteilungs- sondern in einer Beratungsfunktion. Das wurde einstimmig von den Lehrpersonen bestätigt. Insbesondere die Würdigungen für ihr Engagement an der Schule, welche die Schulleitung im Abschlussgespräch ausgesprochen hatte, wurden als ausgesprochen motivierend erlebt und haben die Lehrpersonen befriedigt.

4 Empfehlungen für die Kantonsschule Olten

4.1 Strategische Gestaltungsempfehlungen

1. Längerfristig einen höheren Autonomiegrad beantragen

Wie bereits erwähnt, weist das System Lebo+ per se Konstruktionsmängel auf, welche im Kontext der zwingenden lohnwirksamen Beurteilung nicht befriedigend lösbar sind. Trotzdem funktioniert es nach übereinstimmender Aussage der meisten Befragten als gemeinsam gesehener Kompromiss recht gut. Dass der Entscheidungs- und Handlungsspielraum für Änderungen am Modell durch die bestehenden rechtlichen Rahmenbedingungen unzweckmässig eingeschränkt ist, wirkt sich u. a. negativ auf die Motivation und die Verwirklichung innovativer Ideen der Schulleitung und der Lehrpersonen aus. So können die an der Kantonsschule Olten vorhandenen Potenziale nicht optimal genutzt werden.

Die Kantonsschule Olten sollte deshalb zukünftig mehr Druck bei den politischen Instanzen aufsetzen, um mittel- bis langfristig einen höheren Autonomiegrad in Fragen der Qualitätssicherung und -entwicklung zu erhalten.

2. Strategische Ziele definieren

Die Schulleitung muss sich Gedanken machen, in welche Richtung sich das Konzept Lebo+ mittel- bis langfristig entwickeln soll. Strategische Überlegungen, welche die Bedürfnisse der Lehrpersonen berücksichtigen, sind notwendig. Zum jetzigen Zeitpunkt spricht sich z. B. eine Mehrheit der Lehrpersonen dafür aus, Lebo+ durch ein FQS zu ersetzen, was aber aufgrund der kantonalen Rahmenbedingungen zurzeit unmöglich ist. Eine grosse Mehrheit der Lehrkräfte möchte weiterhin Belastungsungerechtigkeiten im Lehrerkollegium besser erfassen und schlägt vor, Aufgaben ausserhalb des Unterrichts und gute Sonderleistungen (Klassenlehreramt, Mitarbeit in Kommissionen, Aufnahme- und Abschlussprüfungen, Organisation von schulischen Anlässen usw.) vom Beurteilungssystem abzukoppeln und höher als bisher zu entschädigen. Es ist wichtig, solche Meinungen der Lehrerschaft kontinuierlich zu erfassen, damit sie in die aktuelle politische Diskussion eingebracht und als Basis für die längerfristige Entwicklung von Lebo+ verwendet werden können.

3. Metaevaluationen bei anderen Schulen vorantreiben

Bestrebungen, wissenschaftlich gestützte Metaevaluationen bei anderen Schulen im Kanton Solothurn durchzuführen, müssen vorangetrieben werden. Es ist wichtig, dass negative Erfahrungen und Konflikte mit den bestehenden rechtlichen Rahmenbedingungen möglichst bald an die Oberfläche kommen. Nur so ist es möglich, dass Politiker und die Öffentlichkeit die positiven und negativen Konsequenzen ihrer Entscheide erkennen können.

4.2 Gestaltungsempfehlungen für die Personalentwicklung

1. Verbesserung der Einstellungen und der Haltungen der Lehrpersonen

Absolut entscheidend für das Gelingen des Zusammenspiels von Selbstevaluation und Schulentwicklung ist die Ausbildung von professionellen Haltungen bei der Lehrerschaft (vgl. Strittmatter 2000: 4). Die Schulleitung sollte für die Lehrpersonen kontinuierliche Angebote für die methodische Weiterbildung bereitstellen. Um die Nachhaltigkeit des Elements E1 zu unterstützen, sollte insbesondere die Vielfalt der angewandten Feedbacks mit einem Schwergewicht bei der Vermittlung mündlicher Methodenkompetenzen gefördert werden. Es wäre wichtig, weitere Massnahmen zu ergreifen, um die Feedback-Arbeit wirksam zu unterstützen. Die Beziehung und Kommunikation zwischen den Lehrpersonen, zwischen der Lehrperson und den Schülern, zwischen der Schulleitung und den Behörden müssen verbessert werden. Das Vermeiden von Rahmenbedingungen, welche Haltungen des Wissenwollens schwächen (Rollenkonfusionen, Sanktions- und Kränkungspotenziale), gehört ebenfalls dazu.

2. Schulung und Coaching der Leiter von Q-Gruppen

Die Q-Gruppenleiter müssen zwecks Verbesserung der Systemtreue und für den besseren Umgang mit gruppendynamischen Schwierigkeiten geschult und von der Schulleitung, der Steuergruppe oder einer externen Fachperson „gecoached" werden.

4.3 Gestaltungsempfehlungen für die Kommunikation

1. Transparente Informationsflüsse

Die Informationsflüsse zwischen den Akteuren innerhalb der Schule (Q-Gruppen, Steuergruppe, Schulleitung, Verwaltung) und gegen aussen (Eltern, Behörden, Öffentlichkeit) sind z. T. noch nicht effektiv und transparent genug. Obwohl sich die Schulleitung darum bemüht, sind insbesondere bei den Lehrpersonen Informationsdefizite aufgetreten. Über den Umgang mit „heiklen" Daten (z. B. die Verteilung der ausgeschütteten Leistungsbonusse in der ersten Runde) muss noch vertieft nachgedacht werden. Die Defizite könnten z. B. durch die Institutionalisierung von Informationsveranstaltungen über Lebo+ oder mittels anhaltenden Informationen der Lehrpersonen durch die Steuergruppe behoben werden.

Dass zu Beginn – in der Versuchsphase – der Lebo-Kontext den Schülerinnen und Schülern nicht kommuniziert wurde, ist verständlich. Mittelfristig lässt sich das aber nicht umgehen. Denn erstens steht solche Transparenz einer Schule gut an, welche ihre Lernenden auf die „Reife" vorbereitet; und zweitens dürfte sich dieser Kontext rasch unter einem Teil der Lernenden herumsprechen, womit dann ein unschönes Problem der ungleichen und teils unqualifizierten Informiertheit in der Schülerschaft entstünde.

2. Klare Standpunkte vermitteln

Die Lehrpersonen wollen wissen, welches die Standpunkte der Schulleitung sind und wo sie sich den kantonalen Rahmenbedingungen beugen muss. Die Lehrerschaft sollte noch besser in das Mittragen von Ziel- und Rollendilemmata der Schulleitung eingebunden werden.

3. Das Konzept Lebo+ auf dem externen Arbeitsmarkt kommunizieren

Die Kantonsschule Olten sollte das Konzept Lebo+ auf dem externen Arbeitsmarkt kommunizieren, um ihr Image als attraktive und innovative Arbeitgeberin und ihre Wettbewerbsfähigkeit auf dem ausgetrockneten Arbeitsmarkt zu steigern. Als mögliche Kommunikationsinstrumente kommen beispielsweise Stelleninserate, Artikel in Zeitungen und Zeitschriften usw. in Frage.

4.4 Gestaltungsempfehlungen für die Führung

1. Verstärkte Coaching-Angebote für Q-Gruppen in Schwierigkeiten

Nicht alle Lehrpersonen fühlen sich im System Lebo+ wohl. Insbesondere in der laufenden zweiten Runde muss es zur Daueraufgabe der Schulleitung und der Steuergruppe werden, den Q-Gruppen Problemlösehilfen besser zu kommunizieren und bei auftauchenden Schwierigkeiten konkrete Unterstützung anzubieten resp. zu vermitteln (z. B. externe Beratung, Schulung, vorübergehende Dispensationen usw.). Dabei muss den Gründen für fehlende Motivation oder für Widerstände Raum gegeben werden. Druck und Belehrung wäre in vielen Fällen kontraproduktiv, würde das „So-tun-als-ob" fördern, vor allem wo der Widerstand gegen Lebo nur Ausdruck anderer Probleme ist. Es braucht eine Anlaufstelle, welche weder direkt noch indirekt mit der Beurteilung und Bonusvergabe verbunden ist.

2. Würdigung der Arbeit der Steuergruppe und der Lehrerschaft

Es gehört zur Daueraufgabe aller Rektoren, den zusätzlichen und engagierten Mehraufwand, der von der Steuergruppe und von den Lehrpersonen geleistet wird, in gebührendem Ausmass anzuerkennen.

3. Gefässe schaffen, welche die „leisen Töne" besonders gut erfassen

Es müssen vermehrt Begegnungs- und Kommunikationsmöglichkeiten geschaffen werden, damit Wissen und Ideen über Lebo+ ausgetauscht werden können (z. B. institutionalisierte Treffen der Q-Gruppenleiter). Aussagen von einzelnen Lehrpersonen, welche das Konzept Lebo+ als Kompensation für Schwächen in der Schulleitung bezeichnen, sind ernst zu nehmen und auf deren „wirkliche" Thematik hin zu untersuchen.

4. Insistieren auf den periodischen Wechsel der Zusammensetzung der
  Q-Gruppen

Um Nivellierungen der Ansprüche nach unten zu vermeiden, muss von der Schulleitung nach Ende der zweiten Runde auf den periodischen Wechsel der Zusammensetzung der Q-Gruppen insistiert werden.

5. Das Element E4 muss vermehrt angewendet werden

Es ist nicht plausibel, dass es in der ersten Runde keine Anwendung des Elements E4 gegeben hat. Damit das Element E4 aber seine Glaubwürdigkeit nicht verliert, sollte es von der Schulleitung vermehrt erwogen und angewendet werden. Lebo+ hat gemäss den Evaluationsresultaten mittlerweile genügend Rückhalt im Kollegium, um das auszuhalten.

4.5 Gestaltungsempfehlungen für Änderungen am Modell

1. Keine neuen Elemente, sondern Schwachpunkte am bestehenden Modell optimieren

Anstatt neue Elemente einzuführen, sollten Schwachpunkte am bestehenden Modell optimiert werden. Zwei Gründe sprechen dafür: Erstens leidet das Klima innerhalb der Lehrerschaft unter den sehr schlechten kantonalen Rahmenbedingungen. Insbesondere in der gegenwärtigen konjunkturellen Lage fordern die Lehrpersonen vom Kanton ein „Entgegenkommen in vielfacher Hinsicht". Zweitens ist die Akzeptanz des bestehenden Modells in der laufenden Runde immer noch gross, sodass nicht mit einem Aufstand seitens der Lehrerschaft gerechnet werden muss.

2. Einrichten eines externen Forums

Es muss ein Instrument eingerichtet werden, welches erlaubt, Konflikte von Lehrpersonen mit dem Lebo-Konzept auch ausserhalb der direkten Führungslinie auszutragen. Die Institutionalisierung eines externen Forums, z. B. aus Mitgliedern der Aufsichtskommission, aus progressiven Schulpolitikern und aus Wissenschaftlern könnte hilfreich sein und künftige politische Schritte zum Erreichen besserer kantonaler Rahmenbedingungen erleichtern.

3. Grösse der Q-Gruppen: Im Minimum vier Personen

Obschon die geringe Anzahl der interviewten Q-Gruppen kaum Schlüsse über die Funktionalität der Gruppenzusammensetzungen zulassen, machen wir auf einen Erfahrungswert aus anderen solchen Metaevaluationen aufmerksam: Dreiergruppen sind am gefährdetsten bezüglich übergrosser Homogenität („groupthink" und entsprechende Anregungsarmut) oder aber bezüglich gruppendynamischer Schwierigkeiten (anspruchsvolle Balance im Dreieck). Es sollte daher in Zukunft vermehrt darauf geachtet werden, dass Q-Gruppen aus mindestens vier Lehrpersonen bestehen.

4. Abschied von der Prädikatvergabe

Die Prädikatvergaben „ausgezeichnet", „sehr gut", „gut" usw. sollten durch andere Bezeichnungen (z. B. Stufe 1, Stufe 2 usw.) ersetzt werden.

5. Anderer Verteilschlüssel für Teilzeitangestellte

Teilzeitangestellte sollten in Bezug auf die Höhe der Ausschüttung des Bonusses eine Sonderbehandlung erfahren. Ihr zeitlicher Aufwand für die Teilnahme an Lebo+ ist gleich hoch wie für die anderen Lehrpersonen; die Entschädigung wird aber nach ihrem Anstellungsgrad berechnet.

Literaturverzeichnis

Dubs, Rolf (1996): Schule, Schulentwicklung und New Public Management. In: Schweizerische Zeitschrift für kaufmännisches Bildungswesen, 90. Jg. 1996, Nr. 3, S. 114-179.

Organisation for Economic Co-Operation and Development (OECD) (1997): Performance Pay Schemes for Public Sector Managers: An Evaluation of the Impacts. Occasional Paper No. 15, Paris 1997.

Ritz, Adrian/Steiner, Reto (2000): Beurteilung und Entlöhnung von Lehrpersonen. In: Schweizer Schule, 108. Jg. 2000, Nr. 6, S. 27-44.

Rolff, Hans-Günter/Strittmatter, Anton (1999): Lehrerbeurteilung und Qualitätsentwicklung. In: journal für schulentwicklung, 1999, Nr. 1, S. 4-15.

Strittmatter, Anton (1999): Konfliktlinien in der Ausgestaltung von LehrerInnenbeurteilung. In: journal für schulentwicklung, 1999, Nr. 1, S. 17-26.

Strittmatter, Anton (2000): Worauf bei der Selbstevaluation zu achten ist. 10 Lehren aus fünf Jahren FQS – ein Forschungsbericht. In: Schulleitung und Schulentwicklung, hrsg. v. Herbert Buchen, Leonhard Horster und Hans-Günter Rolff, Berlin 2000, E 4.2 (Loseblattwerk).

Thom, Norbert/Ritz, Adrian (2000): Public Management: Innovative Konzepte zur Führung im öffentlichen Sektor, Wiesbaden 2000.

Arbeitsbewertung und Beanspruchungsanalyse von Schulleitungen

Robert J. Zaugg und Adrian Blum

1 Einleitung 264
   1.1 Grundsätze der Arbeitsbewertung 264
   1.2 Aufbau des Artikels 266
2 Grundlagen der Arbeitsbewertung im Überblick 266
   2.1 Summarische Arbeitsbewertungsverfahren 267
   2.2 Analytische Arbeitsbewertungsverfahren 269
3 Prozess der Arbeitsbewertung und Beanspruchungsanalyse 270
   3.1 Analysemodell und Vorgehenskonzept 270
   3.2 Erarbeitung von Stellenbeschreibungen und Ableitung von Anforderungsprofilen 274
   3.3 Bestimmung der Anforderungen und der Aufgaben 274
   3.4 Wahl und Konzeption des Erhebungsinstrumentes 279
   3.5 Vernehmlassung und Pretest 282
   3.6 Durchführung der Erhebung 282
   3.7 Berechnung der Arbeits- und Beanspruchungswerte (Auswertung) 283
   3.8 Validierung der Ergebnisse in Workshops mit den Anspruchsgruppen 285
   3.9 Erarbeitung des Einstufungs- bzw. Beanspruchungsmodells 286
4 Erfolgsfaktoren einer Arbeitsbewertung und Beanspruchungsanalyse 287
Literaturverzeichnis 289

1 Einleitung

1.1 Grundsätze der Arbeitsbewertung

Sowohl der Grundsatz „Gleicher Lohn für gleiche Arbeit" als auch der Grundsatz „Gleicher Lohn für gleichwertige Arbeit" sind rechtlich verankert (vgl. Bundesverfassung der schweizerischen Eidgenossenschaft Art. 8, Abs. 3 und Bundesgesetz über die Gleichstellung von Frau und Mann Art. 3, Abs. 2) und als anzustrebendes Ziel gesellschaftlich weitgehend akzeptiert (vgl. Katz/Baitsch 1996: 119 ff.). Im ersten Fall geht es um die Frage, ob Menschen im gleichen Beruf auf gleicher Qualifikationsstufe gleich viel verdienen. Hier sind vor allem Diskriminierungen aufgrund des Geschlechts, der Nationalität oder sonstiger demographischer Faktoren angesprochen. Konkret gilt es u. a. zu prüfen, ob Ärztinnen gleich viel verdienen wie Ärzte oder Polizistinnen gleich viel wie Polizisten. Begründete zusätzliche Lohnkomponenten, die sich auf Zusatzqualifikationen, zusätzliche Anforderungen bzw. Erfahrungen oder den familiären Status einer Person beziehen, beeinträchtigen diese Form der Lohngerechtigkeit nicht.

Im zweiten Grundsatz steht die Frage im Vordergrund, wie eine bestimmte Tätigkeit im Vergleich zu einer anderen Tätigkeit bewertet bzw. entlöhnt wird. Ein klassisches Beispiel stellt der Vergleich der Arbeit einer Krankenschwester mit derjenigen eines Polizisten dar. Die Beurteilung einer Tätigkeit kann in Abhängigkeit der eingenommenen Perspektive, der Situation oder des kulturellen Hintergrunds unterschiedlich ausfallen. So wird eine kranke Person, den Arbeitswert einer Krankenschwester höher einschätzen als denjenigen eines Polizisten. Für eine Person, die mehrfach bestohlen wurde, dürfte eine umgekehrte Beurteilung der Fall sein. Während handwerkliche Berufe in ländlichen Gebieten in der Regel einen hohen Stellenwert geniessen, haben sie in urbanen Gebieten gegenüber Verwaltungstätigkeiten oft einen tieferen Status. *Es zeigt sich, dass der Arbeitswert einer Tätigkeit nicht objektiv messbar ist. Das heisst, bei wiederholten Messungen durch unterschiedliche Personen ergeben sich nicht identische Ergebnisse.* Der Arbeitswert einer Tätigkeit ist immer von gesellschaftlichen, betrieblichen sowie persönlichen Normen und Werten abhängig.

Vor diesem Hintergrund ist das hier beschriebene Arbeitsbewertungsverfahren zu verstehen. Dieses Verfahren gewährleistet keine objektive Bewertung im oben erwähnten Sinne. Es basiert aber auf aktuellen sowie fundierten arbeitswissenschaftlichen Erkenntnissen und ist durch einen klar strukturierten Prozess gekennzeichnet, der für Aussenstehende *nachvollziehbar* ist. In diesem Sinne können für sozialwissenschaftliche Beurteilungen dieser Art wichtige Anforderungen wie Plausibilität, Offenheit, Flexibilität und Konsistenz erreicht werden (vgl. z. B. Becker 1993: 123). Da jede Bewertung – auch eine systematisch aufgebaute und transparent dargestellte – von Personen vorgenommen wird, die bewusst oder unbewusst auf Normen und Werte zurückgreifen und daher subjektiv urteilen, ist mit dem hier vorgestellten Konzept lediglich eine *relative Gerechtigkeit* gewährleistet.

Die hier angesprochene Anforderungsgerechtigkeit ist klar von der Leistungsgerechtigkeit bzw. -orientierung von Entlöhnungssystemen abzugrenzen. Unternehmungen und öffentliche Institutionen versuchen, die Beiträge ihrer Mitarbeitenden an die Unternehmungsleistung mit leistungsorientierten Entlöhnungssystemen zu steuern. Probleme im Bereich der Leistungsmessung und -bewertung sowie die Erkenntnis, dass mit dominant materiellen Anreizkomponenten nur eine zeitlich begrenzte Motivationswirkung zu erzielen ist (vgl. Frey/Osterloh 2002: 9 ff. zum Crowding-Out-Effect), erschweren die Umsetzung leistungsorientierter Entlöhnungssysteme. Die Arbeitsbewertung kann zur Bewältigung dieser Herausforderung nur beschränkt Hilfe leisten. Während es bei der Leistungsbewertung nämlich um die Beurteilung der Leistung einer Person geht, steht bei der Arbeitsbewertung die Beurteilung der Anforderungen der Tätigkeit im Vordergrund. Die Arbeitsbewertung kann insofern nur zur Bewertung des Arbeitswertes einer Stelle und nicht zur Beurteilung der Leistung einer Person herangezogen werden. Parallelen ergeben sich aber im Messungs- und Beurteilungsprozess, der bei beiden Methoden auf vergleichbaren arbeitswissenschaftlichen Grundlagen basiert.

1.2 Aufbau des Artikels

Das Konzept basiert auf einem Projekt, in dem die Autoren die Grundlage für ein anforderungsgerechtes Entlöhnungssystem und eine beanspruchungsgerechte Ressourcenausstattung für Schulleitungen in einem Schweizer Kanton erarbeiten. Die Erreichung dieser beiden Zielsetzungen macht es erforderlich, neben der Arbeitsbewertung auch die zeitliche Beanspruchung zu ermitteln, welche die Ausübung von Schulleitungsaufgaben mit sich bringt.

Im Folgenden stellen die Autoren die zentralen Grundlagen der Arbeitsbewertung vor. Anschliessend erläutern sie das Modell zur Arbeitsbewertung und Beanspruchungsanalyse sowie das acht Schritte (inkl. flankierende Massnahmen) umfassende Vorgehenskonzept. Ausgewählte Resultate der Studie sind an den entsprechenden Textstellen durch eine Randmarkierung gekennzeichnet. Der Beitrag schliesst mit der Beschreibung der gewonnenen Erfahrungen bzw. der Vorstellung von Erfolgsfaktoren.

2 Grundlagen der Arbeitsbewertung im Überblick

In der Literatur wird für die Messung des Arbeitswertes einer Tätigkeit überwiegend der Terminus Arbeitsbewertung (vgl. Scholz 2000: 735 ff.; Hentze 1995: 75 ff.; Katz/Baitsch 1996 und Zülch 1992: Sp. 70 ff.) verwendet. Andere Autorinnen und Autoren sprechen auch von Funktionsbewertung, Arbeitsplatzanalyse (Berthel 1997: 124), Anforderungsbewertung, Anforderungsermittlung (vgl. REFA 1989), von Tätigkeitsanalyse und -bewertung oder von Stellenbewertung (vgl. z. B. Schüpbach 1993: 180 f.).

Die Arbeitsbewertung orientiert sich an der vom Stelleninhaber bzw. von der Stelleninhaberin zu erfüllenden Aufgabe (Stelle, Tätigkeit, Funktion, Arbeitsplatz, Arbeit etc.). Es geht also nicht um die Person als solche bzw. deren Qualifikationen oder Leistungen, sondern um die Anforderungen, welche die Stelle an eine Person stellt. Der Schwierigkeitsgrad dieser Stelle (Aufgabenbündel) schlägt sich in einem Arbeitswert (Punktwert) nieder, welcher sich aus der Summe der Bewertungen sämtlicher Anforderungen der Stelle ergibt. Im Sinne einer anforderungsgerechten Entlöhnung dient dieser Punktwert zur Bemessung des Basisgehalts. Individuelle Leistungsaspekte der Mitarbeitenden oder der Erfolg der Unternehmung bleiben im Rahmen der Arbeitsbewertung unberücksichtigt. Das Basisgehalt hängt primär vom Arbeitswert und weiteren marktspezifischen sowie sozialen Faktoren (z. B. Marktwert der Stelle, soziale Sicherheit, Alter) ab. Dabei ist es von zentraler Bedeutung, dass es sich dabei nicht um leistungs- oder erfolgsabhängige Faktoren handelt.

Bei der Bestimmung des Arbeitswertes im Rahmen der Arbeitsbewertung kann summarisch oder analytisch vorgegangen werden:

- Die *summarische Arbeitsbewertung* nimmt eine globale Beurteilung der Anforderungshöhe einer Arbeitsstelle vor. Die einzelnen Anforderungsarten werden summarisch berücksichtigt.
- Anhand der *analytischen Arbeitsbewertung* lassen sich die Anforderungsarten bezogen auf eine Stelle einzeln bewerten und gewichten.

Die Analyse der Arbeitstätigkeiten kann zudem anhand einer Reihung oder einer Stufung quantifiziert werden. Daraus ergeben sich vier mögliche Arbeitsbewertungssysteme (vgl. Abbildung 1). Beim vorliegenden Konzept zur Arbeitsbewertung von Schulleitungen handelt es sich um ein Verfahren der Stufenwertzahlmethode (point rating method).

2.1 Summarische Arbeitsbewertungsverfahren

Die *Rangfolgemethode* (job ranking method) ist eine summarische Methode der Arbeitsbewertung und baut auf dem Prinzip der Reihung auf. Bei dieser Methode werden alle in einer Unternehmung vorkommenden Stellen aufgelistet, miteinander verglichen und dann in eine Rangfolge nach Schwierigkeitsgrad gebracht. Diese Rangfolge bildet die Grundlage für die Lohndifferenzierungen.

Die *Vorteile* der Rangfolgemethode bestehen in der einfachen Handhabbarkeit und in der guten Verständlichkeit. Sie kann mit relativ geringem Aufwand durchgeführt werden und ist insbesondere für kleinere Unternehmen bzw. Organisationen geeignet. Diesen Vorteilen stehen einige gewichtige *Nachteile* gegenüber: So dominiert beispielsweise bei der summarischen Bewertung einer Tätigkeit im Sinne einer Reihung häufig ein Kriterium bewusst oder unbewusst (z. B. Ausbildung). Dieser Aspekt wird der Multidimensionalität der Anforderungen nicht gerecht. Mit der Reihung der Tätigkeiten ist zudem das Problem der Entgeltdifferenzierung noch nicht gelöst, da die Methode keine Aussage zu den Abständen zwischen den gereihten Tätigkeiten macht. Da exakte Werte fehlen, sind Annahmen erforderlich, die wiederum zu Ungerechtigkeiten führen können, da sie auf subjektiven Einschätzungen beruhen.

Methoden der Quantifizierung	Methoden der *qualitativen Analyse*	
	summarisch	analytisch
Reihung	Rangfolgemethode (job ranking)	Rangreihenmethode (factor ranking)
Stufung	Lohngruppenmethode (job grade system)	Stufenwertzahlmethode (point rating)

Abbildung 1: Methoden der Arbeitsbewertung

Bei der Lohngruppenmethode (job grade system) kommt das Prinzip der Stufung zur Anwendung. Zu diesem Zweck werden eine bestimmte Anzahl von Lohn- und Gehaltsgruppen ermittelt, welche Arbeiten mit ähnlichem Schwierigkeitsgrad zusammenfassen. Die einzelnen Gruppen werden danach inhaltlich beschrieben und mit Beispielen ergänzt, welche eine Einstufung erleichtern. Dieses Verfahren stösst in der Praxis auf relativ grosses Interesse, weil es eine hohe Praktikabilität aufweist. Insbesondere in öffentlichen Verwaltungen wird häufig ein anhand von Lohngruppen differenzierendes Modell angewandt.

Die *Vorteile* dieser Methode bestehen wiederum in der leichten Verständlichkeit und der Einfachheit der Bewertung. Die Praktikabilität hängt in entscheidendem Ausmass von der Präzision der Lohngruppenmerkmale ab. Ist diese nicht ausreichend oder sind die Richtbeispiele unvollständig, kann es leicht zu Fehlzuordnungen kommen. Obwohl diesem Verfahren gegenüber der Rangfolgemethode der Vorzug zu geben ist, kann es deren Nachteile nur zum Teil ausgleichen. Die Zusammenfassung der Tätigkeiten in Lohnklassen zwingt zu einer Vereinfachung und wird dadurch der Vielschichtigkeit der Anforderungen nur bedingt gerecht. Der Wert der Lohngruppenmethode steigt und fällt mir der Genauigkeit der Gruppenbeschreibung. Sie ist dann treffsicher, wenn sie die Anforderungen der Stellen an die Mitarbeitenden einzeln festhält und bewertet. Ist dies der Fall, nähern sich die Eigenschaften dieser Methode denjenigen der analytischen Arbeitsbewertung.

2.2 Analytische Arbeitsbewertungsverfahren

Die wichtigsten Nachteile der summarischen Methoden werden bei den *analytischen Bewertungsverfahren* dadurch vermieden, dass diese nicht von der Arbeitstätigkeit als Ganzes ausgehen. Analytische Verfahren basieren auf unterschiedlichen, vorgängig definierten Kriterien bzw. Anforderungen, welche die Eigenschaften von Arbeitstätigkeiten operationalisieren. Beispiele solcher Anforderungssysteme sind das aus den 50er Jahren stammende *Genfer-Schema*, welches zwischen geistigen Anforderungen (Kenntnisse, geistige Belastung), körperlichen Anforderungen (Geschicklichkeit, muskelmässige Belastung), Verantwortung und Arbeitsbedingungen unterscheidet (vgl. Scholz 2000: 309 ff.) oder die Anforderungsarten nach REFA, welche zwischen Kenntnissen, Geschicklichkeit, Verantwortung, geistiger Belastung, muskelmässiger Belastung und Umgebungseinflüssen differenzieren (vgl. REFA 1989). Da diese beiden Systeme sehr stark auf körperliche Tätigkeiten ausgerichtet sind und administrativen Arbeiten sowie Führungsfunktionen nur bedingt gerecht werden, kommen im nachfolgend beschriebenen Projekt Kriterien (Anforderungen) zur Anwendung, welche die Verhaltensdimension ausgeprägter berücksichtigen (vgl. Abbildung 4).

Analytische Arbeitsbewertungen umfassen die folgenden Komponenten bzw. Schritte:

- Beschreibung der Arbeitstätigkeiten
- Bestimmung der Kriterien (Anforderungen)
- Gewichtung der Kriterien (Anforderungen)
- Erfassung und Einstufung der Arbeitstätigkeiten in Bezug auf die festgelegten Kriterien (Anforderungen)
- Berechnung des Arbeitswertes durch Addition der Punktwerte pro Kriterium (inkl. Gewichtung)

Auch die analytische Bewertung unterscheidet zwischen Methoden der Reihung und Methoden der Stufung. Im Gegensatz zur Rangfolgemethode, welche von der Tätigkeit als Ganzes ausgeht, unterteilt die *Rangreihenmethode* (factor ranking method) die Tätigkeit in charakteristische Anforderungen und ordnet die Arbeitstätigkeiten für jede Anforderung getrennt in eine Rangreihe ein. Bei fünf Anforderungen führt dieses Verfahren beispielsweise zu fünf Rangreihen. Die gewichteten oder ungewichteten Rangwerte pro Anforderungen ergeben in Summe den Arbeitswert der Tätigkeit.

Die *Stufenwertzahlmethode* (point rating method) definiert für jede Anforderung Stufen, welchen jeweils ein Punktwert zugeordnet ist. Diese Punktwerte werden anschliessend gewichtet und zu einem Gesamtarbeitswert addiert.

Analytische Methoden zeichnen sich im Vergleich zu summarischen Methoden durch eine deutlich höhere Differenzierung in der Analyse, Beschreibung und Gewichtung der Anforderungsstrukturen aus, wodurch zentrale Gütekriterien wie Objektivität und Nachvollziehbarkeit positiv beeinflusst werden. Der Einsatz solcher Methoden setzt bei den Anwenderinnen und Anwendern allerdings spezifisches Know-how voraus und ist relativ aufwändig. Als weiterer Nachteil werden in der Literatur oft die Schwierigkeiten bei der Gewichtung der Anforderungen genannt (vgl. Krieg/Ehrlich 1998: 142). Die Tragweite dieses Problems kann beispielsweise durch die empirische Ermittlung der Gewichtungen reduziert werden.

3 Prozess der Arbeitsbewertung und Beanspruchungsanalyse

3.1 Analysemodell und Vorgehenskonzept

Grundlage der in diesem Artikel beschriebenen Arbeitsbewertung und Beanspruchungsanalyse ist ein Konzept in acht Schritten. Es basiert auf einem Analysemodell, das sich an der analytischen Arbeitsbewertung orientiert. Gemäss den Zielsetzungen des Projektes besteht das Modell aus zwei Teilen (vgl. Abbildung 2). Im ersten Teil werden die Anforderungen an Personen mit Schulleitungsfunktion analysiert. Im zweiten Teil geht es um die Ermittlung der zeitlichen Beanspruchung der entsprechenden Schulleitungen bei der Aufgabenerfüllung.

Die Schullandschaft im geografischen Raum des hier beschriebenen Projektes zeichnet sich durch eine hohe Heterogenität bezüglich folgenden Strukturmerkmalen aus: Schulstufe(n), Anzahl Schulort(e), geleitete Schulen, Klassen, Lektionen, Lehrkräfte, Auszubildende, Schulhäuser, Mitarbeitende sowie Anteil ausländischer Auszubildender, Art der Schulleitung (einpersonig, mehrpersonig), durchschnittliche Klassengrösse etc. Aus diesem Grund haben die Autoren in einem zusätzlichen Teil unterschiedliche Strukturvariablen erhoben. Dadurch lassen sich ein genaues Abbild der Schulstruktur erstellen und entsprechende homogene Schul-Cluster (1) bilden. Schul-Cluster sind bezüglich ausgewählten Strukturvariablen (z. B. solchen mit hohem Einfluss auf den Arbeitswert) weitgehend einheitliche Gruppen von Schulleitungen. Die Bildung von Schul-Clustern ermöglicht eine einfachere Interpretation der Daten, da bei besonders heterogenen Grundgesamtheiten schnell die Übersicht über die Daten und deren Aussagewert verloren gehen kann.

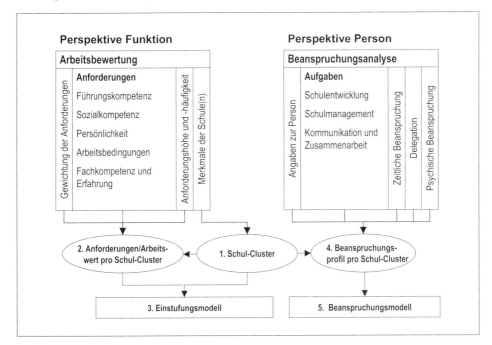

Abbildung 2: Modell zur Arbeitsbewertung und Beanspruchungsanalyse

Nach der Berechnung des Arbeitswertes als Summe aller Anforderungswerte, welche sich aus dem gewichteten Verhältnis von Anforderungshöhe und Anforderungshäufigkeit ergeben (vgl. Abschnitt 3.7), können sowohl die Anforderungen pro Schul-Cluster als auch die entsprechenden Arbeitswerte ausgewiesen werden (2). Aus den Zwischenergebnissen (1) und (2) lässt sich ein Einstufungsmodell für Personen mit Schulleitungsfunktion (3) ableiten.

Die einzelnen Schul-Cluster sind auch für die Berechnung der jeweiligen Beanspruchungsprofile (4) relevant. Hier lässt sich ermitteln, welche Schulleitungsaufgaben in welchem Ausmass (zeitliche Beanspruchung) in den jeweiligen Schulen ausgeübt werden. Daraus resultiert ein Modell (5), welches eine beanspruchungsgerechte Ressourcenausstattung erlaubt. So müssen beispielsweise Überlastungen nicht in jedem Fall auf einen ungenügenden Beschäftigungsgrad zurückgehen, sondern können auch organisatorische und personalwirtschaftliche Gründe haben. Die Verbesserung von Arbeitsabläufen und die Förderung der Delegation bewirken unter Umständen mehr als finanzielle Massnahmen (mehr Stellenprozente). Aus diesem Grund werden neben den Aufgaben und der zu ihrer Bewältigung benötigten Zeit auch das Ausmass an Delegation und die Delegierbarkeit der Aufgaben erfasst. Aussagen zur psychischen Beanspruchung runden das Bild ab.

Abbildung 3: Vorgehenskonzept

Das nachfolgend beschriebene Vorgehenskonzept umfasst acht Schritte und mehrere *flankierende Massnahmen* (vgl. Abbildung 3). Im Sinne eines heuristischen Problemlösungsprozesses sind Feedbackschlaufen denkbar bzw. erwünscht. So müssen Rückmeldungen aus der Vernehmlassung und dem Pretest (Phase 4) in die Konzeption des Erhebungsinstrumentes (Phase 3) einfliessen. Die Arbeit der Begleitgruppe als flankierende Massnahme stellt sicher, dass die Interessen aller Anspruchsgruppen im Prozess angemessene Berücksichtigung finden (z. B. Interessen von Kindergärten, Gymnasien sowie Behörden und Verwaltungen). Fragestellungen mit Problempotenzial können so frühzeitig identifiziert und diskutiert werden. Dadurch lassen sich die Akzeptanz und der Implementierungswillen des in Phase 8 konzipierten Einstufungs- und Beanspruchungsmodells erhöhen. Bei der Zusammensetzung der Begleitgruppe empfiehlt es sich, neben Vertreterinnen und Vertretern verschiedener Schultypen und der Verwaltung auch Politikerinnen bzw. Politiker sowie externe Expertinnen und Experten zu berücksichtigen. Der Einbezug politischer Entscheidungsträger steigert die Chancen, dass die für Projekte im Entlöhnungsbereich erforderlichen finanziellen Mittel zur Verfügung stehen oder bei Bedarf Umverteilungen vorgenommen werden können.

Zusätzlich zur Begleitgruppe gilt es, alle am Prozess Beteiligten – insbesondere die Schulleiterinnen und Schulleiter – rechtzeitig, adressatengerecht und umfassend zu informieren. Ein entsprechendes *Informationskonzept* sollte die folgenden Phasen umfassen:

- *Information im Vorfeld der Erhebung:* In dieser Phase geht es um die Sensibilisierung der Anspruchsgruppen und deren Information über die Ziele des Projektes.

- *Informationen zur Durchführung:* Das Erhebungsinstrument (in diesem Beispiel ein Fragebogen) wird idealerweise zusammen mit einem vom politischen (Macht-)Promotor unterzeichneten Begleitschreiben versandt. Dies unterstreicht die Bedeutung des Vorhabens und erhöht die Verpflichtung, die Ergebnisse der Erhebung in konkreten Verbesserungsmassnahmen umzusetzen. In den Fragebogen ist zudem eine Anleitung zum Ausfüllen einzuarbeiten, die Unklarheiten und Fehler bei der Beantwortung verhindert. Nach dem Ablauf der Rücksendefrist ist auch der Versand eines Erinnerungsschreibens zur Erhöhung der Rücklaufquote sinnvoll. Des weiteren empfiehlt sich der

Betrieb einer Telefon- bzw. E-Mail-Hotline. So können Fragen zur Methodik rasch und kompetent beantwortet sowie die Beteiligung gesteigert werden.

- *Information zu den Ergebnissen der Befragung:* Nach Abschluss der Auswertungen sind sowohl die Befragten als auch die anderen Anspruchsgruppen (z. B. Vertreterinnen und Vertreter der öffentlichen Verwaltung) über die Ergebnisse zu informieren.

Das Informationskonzept hält für jede einzelne Phase fest, welcher Zielgruppe, welche Informationsinhalte, zu welchem Zeitpunkt und über welchen Kanal vermittelt werden sollen. Im besonderen Fall der Schulleitungen ist aufgrund des öffentlichen Interesses auch eine externe Kommunikationsstrategie zu erarbeiten.

3.2 Erarbeitung von Stellenbeschreibungen und Ableitung von Anforderungsprofilen

Als ersten Schritt der Arbeitsbewertung und Beanspruchungsanalyse gilt es, die Aufgaben, Kompetenzen und Verantwortung der Schulleitungen in Stellenbeschreibungen festzuhalten. Diese Stellenbeschreibungen sollten das angestrebte Schulleitungsverständnis abbilden und sind daher mit dem Leitbild der Schulen sowie anderen Grundsatzdokumenten der übergeordneten Behörde abzustimmen. Besonders wichtig ist es auch, diese Stellenbeschreibungen nicht nur als Pflichtenhefte zu verstehen. Es geht vor allem auch darum, den Kompetenzrahmen der Schulleitungen und deren Verantwortung zu umreissen.

In einem nächsten Schritt sind aus diesen Stellenbeschreibungen einerseits ein Anforderungsprofil an Personen mit einer Schulleitungsfunktion und andererseits ein Aufgabenprofil abzuleiten. Das Anforderungsprofil wird zur Konzeption der Arbeitsbewertung, das Aufgabenprofil zur Erarbeitung der Beanspruchungsanalyse benötigt.

3.3 Bestimmung der Anforderungen und der Aufgaben

Die in den Anforderungsprofilen für Personen mit einer Schulleitungsfunktion genannten Kompetenzen werden in die folgenden vier Kompetenzdimensionen bzw. Hauptmerkmale eingeteilt: Führungskompetenz, Sozialkompetenz, Persönlichkeit und Fachkompetenz. Wie aus Abbildung 4 ersichtlich, lassen sich diese Hauptmerkmale in mehrere Anforderungskategorien differenzieren. Diese werden durch einen Indikator oder mehrere Indikatoren (bzw. Fragen im Erhebungsinstrument) operationalisiert. Bei der Festlegung der Indikatoren bzw. der einzelnen Fragen ist darauf zu achten, dass diese nicht kofundieren. Eine Kofundierung ist dann gegeben, wenn das Erhebungsinstrument identische Anforderungsaspekte mehrmals misst bzw. diese nicht trennscharf voneinander abgrenzt. Falls die Indikatoren gleiche Aspekte messen, werden einzelne Kompetenzen (unbewusst) mehrfach abgefragt und erhalten dadurch ein höheres Gewicht.

Zusätzlich zur Bestimmung der Anforderungsindikatoren gilt es, die Arbeitsbedingungen zu beschreiben, welche die Tätigkeit eines Schulleiters bzw. einer Schulleiterin fördern oder behindern. Im Einzelnen geht es hier unter anderem um das Ausmass der Planbarkeit von Aufgaben, die Art von psychischen Belastungssituationen und Kritikmöglichkeiten durch Dritte (Öffentlichkeit, Medien, Eltern etc.) an der Arbeit der Schulleitungen. Die Arbeitsbedingungen werden ebenfalls durch Indikatoren operationalisiert.

Anforderungen an Personen mit Schulleitungsfunktion

Führungskompetenz
- Personalführung
- Entscheidungs- und Durchsetzungsvermögen
- Delegationsfähigkeit
- Motivation
- Information
- Überzeugungskraft
- Organisation und Planung
- Verantwortung

Sozialkompetenz
- Kommunikationsfähigkeit
- Teamfähigkeit
- Fähigkeit zur Kooperation
- Konflikt- und Problembewältigung

Persönlichkeit
- Kreativität
- Lernfähigkeit und Lernbereitschaft
- Engagement
- Kulturelle Sensibilität
- Fairness und Integrität
- Gesellschaftliche Sensibilität (Toleranz)

Fachkompetenz
- Grundkompetenz (Ausbildung)
- Zusatzkompetenz (Weiterbildung)
- Pädagogische Kompetenz
- Nicht unmittelbar fachspezifisches Wissen
- Erfahrung

Abbildung 4: Hauptmerkmale und Anforderungen

Die Auswertung der Hauptmerkmale bei der Studie im erwähnten Kanton zeigt, dass die Schulleitungen in einer Selbsteinschätzung insbesondere der Persönlichkeit eine hohe Bedeutung beimessen. Der Fachkompetenz weisen sie die geringste Wichtigkeit zu (vgl. Abbildung 5). Zur Berechnung wird jeweils der gewichtete Arbeitswert des einzelnen Hauptmerkmals ausgewiesen, welcher maximal 250 Punkte erreichen kann. Betrachtet man die Anforderungskategorien des Merkmals Persönlichkeit im Detail, so erhalten Aspekte wie Engagement und Fairness ein deutlich höheres Gewicht als beispielsweise kulturelle Sensibilität und Kreativität. In der Kategorie Führungsanforderungen weisen die Schulleitungen insbesondere den Anforderungskategorien Information, Delegationsfähigkeit und Überzeugungskraft eine hohe Bedeutung zu. Den Kategorien Entscheidungs- und Durchsetzungsvermögen sowie Verantwortung geben sie ein vergleichsweise geringes Gewicht.

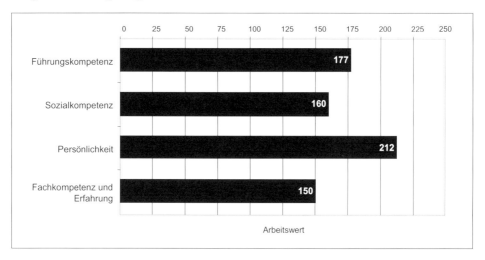

Abbildung 5:   Gewichtete Arbeitswerte der Hauptmerkmale

Die im Rahmen der Beanspruchungsanalyse erhobene zeitliche Beanspruchung der Schulleitungen geht ebenfalls auf die Stellenbeschreibungen und auf Grundsatzdokumente zum Schulleitungsverständnis bzw. auf die Beschreibung der Aufgaben zurück. Im Einzelnen wird zwischen den folgenden Aufgabenkategorien sowie Einzelaufgaben unterschieden:

- *Schulentwicklung:* Schul- und Qualitätsentwicklung, fachliche und pädagogische Beratung der Lehrkräfte, Fort- und Weiterbildung der Lehrkräfte/Mitarbeitenden, Gestaltung und Umsetzung der Lehrpläne (inhaltliche Aspekte).

- *Schulmanagement:* Personalführung, Finanz- und Rechnungswesen, Organisation des Spezialunterrichts, Organisation von Gruppen und Klassen, Schulorganisation und -administration, Organisation und Durchführung von Prüfungen, Regelung der ausserschulischen Benutzung von Schulanlagen, Beantragen bzw. Treffen von Aufnahme-, Promotions-, Dispensations- und Disziplinarentscheidungen, Ablage/Aufbewahrung von Akten (Dokumentation).

- *Kommunikation/Zusammenarbeit:* Marketing und Öffentlichkeitsarbeit; Information der Eltern, Auszubildenden, Lehrbetriebe, Behörden und Mitarbeitenden; Zusammenarbeit mit Mitarbeitenden, Eltern, Ausbildungspartnern, Behörden, Lehrbetrieben und Verbänden.

Die Beanspruchungsanalyse im betroffenen Kanton zeigt, dass die Schulleitungen fast die Hälfte der Arbeitszeit für den Bereich Schulmanagement aufwenden (vgl. Abbildung 6). Ausgewiesen wird jeweils die durchschnittliche Beanspruchung über ein ganzes Jahr hinweg in Stunden pro Monat. Insbesondere die Schuladministration und -organisation nimmt mit knapp einem Fünftel einen bedeutenden Teil der Gesamtarbeitszeit ein. Mit Schulentwicklungsaufgaben befassen sich die Schulleitungen am wenigsten (zu rund einem Fünftel der Arbeitszeit).

Aufgabenart	Stunden/Monat	in %
Schul- und Qualitätsentwicklung	5	8
Fachliche und pädagogische Beratung der Lehrkräfte	4	6
Fort- und Weiterbildung der Lehrkräfte/Mitarbeitenden	2	3
Gestaltung und Umsetzung der Lehrpläne (Inhalt)	2	3
Total Schulentwicklung	**13**	**20**
Personalmanagement	4	6
Finanz- und Rechnungswesen	4	7
Organisation des Spezialunterrichts	1	2
Organisation der Gruppen und Klassen	3	4
Schulorganisation und Schuladministration	11	17
Organisation und Durchführung der Prüfungen	1	2
Nutzung der Schulanlagen	1	1
Aufnahmeentscheide etc.	3	4
Dokumentation	3	4
Total Schulmanagement	**31**	**47**
Marketing und Öffentlichkeitsarbeit	2	4
Information Eltern, AZUBIS etc.	3	5
Information Mitarbeitende	5	8
Zusammenarbeit mit Mitarbeitenden	6	9
Zusammenarbeit mit Eltern, Behörden etc.	5	7
Total Kommunikation/Zusammenarbeit	**21**	**33**
Gesamttotal	**65**	**100**

Abbildung 6: Zeitliche Beanspruchung von Schulleitungen

Neben der Ermittlung der durchschnittlichen zeitlichen Beanspruchung in Stunden pro Monat erfolgte die Analyse der Delegation und Delegierbarkeit von Einzelaufgaben.

Die Erkenntnisse daraus lassen sich beispielsweise in einem Portfolio darstellen (vgl. Abbildung 7), das die Ergebnisse der Studie als Grundlage heranzieht. Die Diagonale kennzeichnet dabei den „optimalen Delegationspfad". Je weiter eine Aufgabe von dieser Diagonalen entfernt ist, umso grösser ist das Missverhältnis zwischen möglicher und erfolgter Delegation. Anhand des Beispiels der Dokumentationsaufgaben lässt sich dieser Sachverhalt illustrieren: Dokumentationsaufgaben beinhalten laut der Analyse beispielsweise ein relativ hohes Potential für zusätzliche Delegationsmöglichkeiten, um die Schulleitungen von Administrationsaufgaben zu entlasten. Das Portfolio hilft Verantwortungsträgerinnen und -trägern bei der Ableitung von Gestaltungsmassnahmen zur Erzielung einer beanspruchungsgerechten Ressourcenausstattung und Arbeitsorganisation.

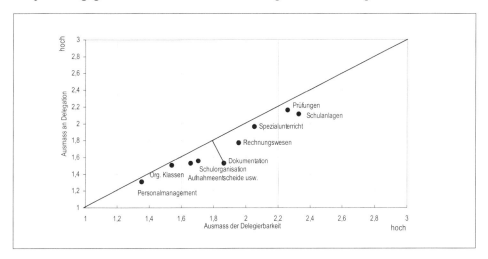

Abbildung 7: Delegationsportfolio (Aufgaben des Schulmanagements)

Im Zusammenhang mit der zeitlichen Beanspruchung wird auch die psychische Beanspruchung der Personen mit Schulleitungsfunktion ermittelt. Anhand einer Korrelation mit Merkmalen der Schulstruktur (Anzahl zu betreuende Lehrkräfte, Anzahl Auszubildende etc.) lassen sich besonders belastende Schultypen oder Arbeitssituationen ermitteln.

3.4 Wahl und Konzeption des Erhebungsinstrumentes

Bei der Umsetzung des Analysemodells galt es, die grosse Zahl an Themenstellungen in ein nachvollziehbares und mit vertretbarem zeitlichen Aufwand beantwortbares Erhebungsinstrument zu überführen. Die Heterogenität der Grundgesamtheit (unterschiedliche Schulstufen, Schulgrössen, Standorte etc.) und die Komplexität der Themenstellung führten zur Entscheidung für eine postalische *Vollerhebung* mittels Selbsteinschätzung anhand eines schriftlichen und weitgehend *standardisierten Fragebogens*.

Trotz der Gefahr einer bewussten „Höherbewertung" im Rahmen dieser *schriftlichen Selbstbewertung durch die Schulleitungen*, wurde dieses Verfahren gegenüber anderen Möglichkeiten (z. B. eine mündliche Befragung durch Interviewende, Beobachtung) aus den folgenden Gründen bevorzugt:

- Die Datenerhebung und -auswertung lässt sich bei grossen Stichproben im Rahmen einer schriftlichen Befragung deutlich kostengünstiger realisieren als mit dem Instrument des persönlichen Interviews. Die Anzahl möglicher Interviews ist aus finanziellen Gründen beschränkt. Bei einer heterogenen Grundgesamtheit, wie sie in der Schullandschaft häufig vorkommt, würde dies zu einer Beeinträchtigung der Aussagekraft führen.
- Bei persönlichen Interviews werden die Befragten durch *das Verhalten* des Interviewenden beeinflusst. Interviewfehler und daraus resultierende Verzerrungen der Antworten lassen sich bei einer schriftlichen Befragung vermeiden.
- In einer Interviewsituation entsteht häufig ein Zeitdruck, der beim Ausfüllen eines Fragebogens aufgrund der Selbstbestimmung nicht auftritt. Die Befragten haben mehr Zeit, die Fragen zu reflektieren.
- Das Ziel eines transparenten und nachvollziehbaren Vorgehens kann in einem schriftlichen und standardisierten Fragebogen besser gewährleistet werden als in einer Befragung durch Interviewende, da Interpretationsfehler bei der Übertragung bzw. Codierung von Interviewaussagen wesentlich häufiger auftreten als bei der Übertragung von Daten aus einem Fragebogen.
- Die Akzeptanz der Resultate und der abgeleiteten Modelle dürfte im Rahmen einer Vollerhebung höher sein, da alle Zielpersonen die Chance zur Teilnahme an der Befragung haben. Bei relativ sensiblen Themenbereichen wie der Arbeitsbewertung, ist eine hohe Akzeptanz unabdingbar.

Im ersten Teil des Fragebogens stand die Arbeitsbewertung im Vordergrund. Dabei wurde von der Annahme ausgegangen, dass sich die Anforderungen einer Stelle aus dem Verhältnis von Anforderungshöhe und Häufigkeit der Anforderungen ergeben. Die Anforderungen an das Entscheidungs- und Durchsetzungsvermögen lassen sich beispielsweise anhand der folgenden Aussage (Anforderungsindikatoren) in Abbildung 8 operationalisieren.

Arbeitsbewertung und Beanspruchungsanalyse 281

Entscheidungs- und Durchsetzungsvermögen	Beurteilung		Häufigkeit	
	stimme voll zu	stimme gar nicht zu	mehrmals täglich	nie
25. Als Schulleiterin bzw. Schulleiter muss ich ohne jegliche fremde Hilfe folgenschwere Entscheidungen durchsetzen, die auf grossen Widerstand bei den Betroffenen stossen (z. B. Schulausschlüsse, Entlassungen).	☐₁ ☐₂ ☐₃ ☐₄ ☐₅ ☐₆		☐₁ ☐₂ ☐₃ ☐₄ ☐₅ ☐₆	

Abbildung 8: Auszug aus dem Erhebungsinstrument

Die Befragten konnten anhand des Fragebogens beurteilen, in welchem Ausmass und wie häufig die genannte Anforderung für eine einwandfreie Ausübung ihrer Tätigkeit als Schulleiterin bzw. Schulleiter notwendig sind. Dabei kamen die folgenden beiden sechspoligen Ratingskalen zur Anwendung (vgl. Abbildung 9). Es handelt sich hierbei um Ordinalskalen. Dieses Skalenniveau erlaubt lediglich die Berechnung spezifischer Lageparameter wie beispielsweise den Median. Da die Berechnung der Arbeitswerte metrische Daten (also mindestens eine Intervallskala) verlangt, wird von einer Abstandsgleichheit der Merkmalsausprägungen ausgegangen (vgl. Röthig/Thom 1987: 14; Berekoven/Eckert/Ellenrieder 1993: 71 und Bühl/Zöfel 2000: 96). Aus diesem Grund enthält die erste Skala zusätzlich eine Nennung des Zustimmungsgrades in Prozent.

Beurteilung der Anforderung	1 stimme voll zu (Zustimmung zu 100%)	2 stimme grösstenteils zu (Zustimmung zu 80%)	3 stimme eher zu (Zustimmung zu 60%)	4 stimme eher nicht zu (Zustimmung zu 40%)	5 stimme grösstenteils nicht zu (Zustimmung zu 20%)	6 stimme gar nicht zu (Zustimmung zu 0%)
Häufigkeit der Anforderung	1 mehrmals täglich	2 mehrmals wöchentlich	3 mehrmals monatlich	4 mehrmals im Jahr	5 einmal pro Jahr	6 nie

Abbildung 9: Beurteilungsskalen

Aus der Summe der pro Anforderungsindikator (vgl. Abbildung 4) errechneten Punktwerte ergibt sich der Arbeitswert einer Tätigkeit. Da aber nicht alle Anforderungen für die Ausübung einer Tätigkeit gleich wichtig sind, müssen diese vor der Berechnung des Arbeitswertes gewichtet werden. Dabei ist zwischen einer inneren (versteckten) und einer äusseren (erkennbaren) Gewichtung zu unterscheiden. Die *innere Gewichtung* bezeichnet die Gewichtung der einzelnen Indikatoren einer Anforderungskategorie (z. B. Belastung und Durchsetzungsvermögen), die äussere hingegen die Gewichtung der einzelnen Hauptmerkmale (z. B. Sozialkompetenz). Eine Variation in der inneren Gewichtung der Anforderungen, wie sie beispielsweise aus unterschiedlichen Maximalwerten pro Kategorie oder unterschiedlichen Skalen resultiert, lässt sich wissenschaftlich nicht begründen. Aus diesem Grund werden für alle Anforderungskategorien im Fragebogen die gleichen Maximalpunktezahlen vergeben.

Im Unterschied zu anderen arbeitsanalytischen Verfahren (vgl. z. B. Katz/ Baitsch 1996: 40 f.) wird die *äussere Gewichtung* der Anforderungen *nicht* durch ein Bewertungsgremium vorgegeben, sondern von den Betroffenen selbst beurteilt. Diese empirisch ermittelte Gewichtung verspricht eine höhere Akzeptanz bei den Betroffenen. Hinzu kommt, dass grosszahlige Befragungen Extremwerte besser ausgleichen und dadurch zu einer „objektiveren" Gewichtung führen.

3.5 Vernehmlassung und Pretest

Vor dem Versand der Befragungsunterlagen empfiehlt es sich, ein Vernehmlassungsverfahren und einen Pretest durchzuführen. Während das Vernehmlassungsverfahren bei ausgewählten Personen wie politische Behörden, Verbände etc. darauf abzielt, potenzielle Widerstände frühzeitig aufzufangen, geht es im Pretest um die Verbesserung der Verständlichkeit der Erhebungsunterlagen und die Vermeidung von Fehlinterpretationen der Fragen. Die für den Pretest zur Verfügung stehenden Personen sollten die Grundgesamtheit möglichst gut abbilden (Vertretung aller Schulstufen und Schulgrössen). Allfällige Feedbacks sind in der definitiven Fassung der Erhebungsunterlagen zu berücksichtigen. Falls diese zudem in mehrere Sprachen übersetzt werden, ist pro Sprachversion ein separater Pretest vorzusehen.

3.6 Durchführung der Erhebung

Im Anschluss an die Fertigstellung der Erhebungsunterlagen (Begleitbrief und Fragebogen mit Anleitung) erfolgte deren Versand an Personen mit Schulleitungsaufgaben. Die ausgefüllten Fragebogen konnten mit einem mitgelieferten pauschalfrankierten Rückantwortcouvert direkt an die mit der Konzeption, Durchführung und Auswertung betraute externe Beratungsunternehmung zurückgesandt werden. Die Kooperation mit einer externen Beratungsinstitution empfiehlt sich aus mehreren Gründen:

- Die *Anonymität* der Befragten lässt sich auf diese Weise besser sicherstellen und glaubhafter kommunizieren als bei einer internen Durchführung.

- Spezialisierte Beratungsunternehmungen verfügen über das erforderliche *Know-how*, das intern nur mit sehr grossem Aufwand aufgebaut werden kann. Eine *wissenschaftlich abgesicherte Methodik* ist wichtig, damit sich die Diskussionen nicht primär um den Prozess der Datenerhebung drehen, sondern sich rasch auf deren Interpretation und Validierung konzentrieren können.

- Unabhängigen, externen Institutionen wird von den Befragten *Neutralität* attestiert. Solche Unternehmungen haben kein Interesse, die Daten zu verfälschen. Dies fördert die Akzeptanz der Betroffenen.

Während der Befragung bestand die Möglichkeit, über die Telefon- und E-Mail-Hotline Fragen zu stellen. Nach Ablauf der Rücksendefrist erfolgte der Versand eines Erinnerungsschreibens. Die eingehenden Fragebogen wurden codiert, elektronisch erfasst und anschliessend mit Hilfe einer Statistiksoftware ausgewertet.

3.7 Berechnung der Arbeits- und Beanspruchungswerte (Auswertung)

Die Ermittlung des Arbeitswertes für eine Schulleitung beginnt mit der Berechnung der Arbeitswerte für die einzelnen Anforderungen. Dabei werden die Anforderungshöhe und die Häufigkeit der Anforderung zueinander in Bezug gesetzt. Im konkreten Fall hat sich die Nutzung einer Bewertungsmatrix bewährt, welche beide Dimensionen abbildet. Anschliessend gilt es, allfällige Verzerrungen in der internen Gewichtung, welche auf eine unterschiedliche Zahl von Indikatoren pro Anforderungskategorie zurückgeht, zu korrigieren. Aus der Multiplikation mit der empirisch ermittelten äusseren Gewichtung resultieren die Arbeitswerte pro Anforderungskategorie, welche in Summe den Arbeitswert der Funktion ergeben.

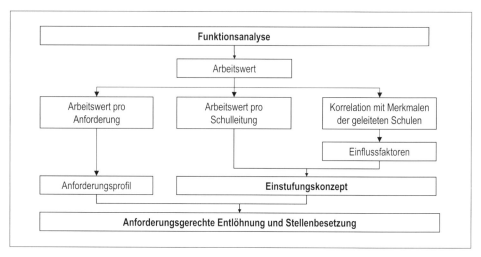

Abbildung 10:   Funktionsanalyse

Mit der Hilfe einer Korrelationsanalyse lässt sich berechnen, welche Strukturvariablen einen Einfluss auf den Arbeitswert der Schulleitung haben. Einflussfaktoren mit hohem und signifikantem Einfluss sind die Schulstufe, die Anzahl der Lehrkräfte, die Anzahl der Auszubildenden, die Anzahl Klassen und Lektionen sowie die Anzahl der Standorte. Zusammen mit den Arbeitswerten der einzelnen Schulleitungen kann daraus ein Einstufungsmodell abgeleitet werden (vgl. Abbildung 10). Dieses zeigt auf, welcher Arbeitswert bzw. welche lohnmässige Einstufung eine Schulleitung erfährt. Durch die Berechnung der Arbeitswerte pro Anforderung lassen sich zudem die für bestimmte Schulleitungen oder Schulleitungstypen erforderliche Führungs-, Sozial- und Fachkompetenz sowie die notwendigen Persönlichkeitsausprägungen in einem Anforderungsprofil verdichten. Solche Anforderungsprofile fördern die anforderungsgerechte Stellenbesetzung und können bei Rekrutierungs- und/oder Selektionsprozessen wirkungsvoll genutzt werden.

Für die Berechnung der *Beanspruchungswerte* wird die durchschnittliche zeitliche Beanspruchung (z. B. in Stunden pro Monat, bezogen auf die einzelnen Aufgaben), direkt bei den Befragten erhoben. Auch hier ist die Berechnung von Einflussfaktoren sinnvoll. Interessante Erkenntnisse ergeben sich aus der Korrelation der Beanspruchungswerte mit dem Dienstalter der befragten Schulleitungspersonen, mit dem Ausmass der Beanspruchung einer externen Schulberatung, der Nutzung von Delegationsmöglichkeiten sowie den zur Verfügung stehenden Entlastungskapazitäten im administrativen Bereich (z. B. durch ein Sekretariat).

3.8 Validierung der Ergebnisse in Workshops mit den Anspruchsgruppen

Bei der im vorliegenden Konzept angewandten Beantwortung des Fragebogens handelt es sich um eine Selbsteinschätzung der Schulleiterinnen und Schulleiter, also um eine Innensicht. Diese Innensicht gilt es einer Aussensicht gegenüberzustellen. Das zu diesem Zweck gebildete Validierungs- bzw. Begleitgremium, welches aus verschiedenen Anspruchsgruppen zusammengesetzt ist (z. B. den Schulleitungen vorgesetzte Behörden), hat die Aufgabe, die Ergebnisse kritisch zu hinterfragen und einem Plausibilitätstest zu unterziehen.

In dieser Phase des Prozesses macht es sich bezahlt, wenn die Begleitgruppe die Entstehung des Konzeptes und der Befragungsunterlagen mitverfolgt hat und die Ergebnisse nachvollziehen kann. Sie kann sich dadurch rasch auf die Interpretation der Daten konzentrieren und die einzelnen Resultate auf Plausibilität prüfen (z. B. durch Vergleich der Arbeitswerte ähnlich gelagerter Schulleitungen). In dieser Phase ist es häufig der Fall, dass einzelne Ergebnisse korrigiert werden müssen, da die Selbsteinschätzung zu Verzerrungen führt. Diese Anpassungen lassen sich in der Regel nicht empirisch begründen. Sie sind aber aus Gründen der Umsetzbarkeit und der Kommunizierbarkeit notwendig und zweckmässig. Es ist allerdings darauf zu achten, Veränderungen im Sinne der Aufrechterhaltung einer hohen Nachvollziehbarkeit zu dokumentieren und zu begründen. Nach dem Abschluss dieser Phase sollte ein breiter Konsens über die zur Konzeption der effektiven Modelle herangezogene Datenbasis bestehen.

Im Zusammenhang mit der Beanspruchungsanalyse kann die Begleitgruppe diskutieren, welche Massnahmen geeignet sind, festgestellte Über- oder Unterlastungen auszugleichen. Es kann sich dabei neben der Korrektur des Beschäftigungsgrades auch um personalwirtschaftliche Massnahmen (Schulung der Delegationsfähigkeit, des Zeitmanagements und der Arbeitsorganisation) oder um organisatorische Massnahmen (Prozessoptimierungen, Klärung von Aufgaben, Kompetenzen und Verantwortungen etc.) handeln.

3.9 Erarbeitung des Einstufungs- bzw. Beanspruchungsmodells

Am Schluss dieses Prozesses stehen die Entwicklung eines Einstufungs- und eines Beanspruchungsmodells für Schulleitungen. Während das erste, bereits erläuterte Modell eine *anforderungsgerechte* Bemessung des Basisgehalts auf der Grundlage von Arbeitswerten gewährleistet (vgl. Abbildung 10), dient das zweite Modell einer *beanspruchungsgerechten* Ausstattung der Schulleitungen mit Beschäftigungsgradprozenten (Stellenprozente) (vgl. Abbildung 11).

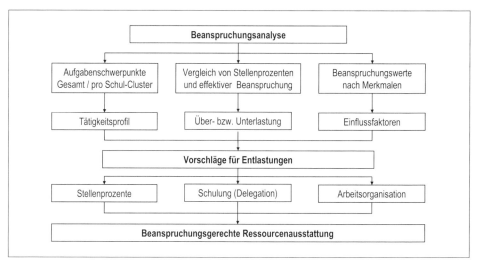

Abbildung 11: Beanspruchungsanalyse

Die statistisch signifikanten Einflussfaktoren (vgl. Abschnitt 3.7) auf den Arbeitswert eignen sich zur Entwicklung von Entlöhnungssystemen mit Lohnbändern und Lohnklassen. Gegenüber Lohnsystemen, welche anhand eines dominanten Kriteriums differenzieren (z. B. Ausbildung) hat das im Zusammenhang mit diesem Projekt entwickelte Modell den Vorteil, dass es eine empirisch begründbare, differenzierte und daher (anforderungs-) gerechte sowie nachvollziehbare Bemessung des Basisgehalts erlaubt.

Die Beanspruchungsanalyse liefert detaillierte Angaben zum Tätigkeitsprofil, zur zeitlichen Über- bzw. Unterlastung und zu den Einflussfaktoren der Beanspruchung (vgl. Abbildung 11). Neben einer Berechnungsgrundlage für die Zuordnung adäquater Beschäftigungsgradprozente (Beanspruchungsmodell), kann geprüft werden, ob die tatsächlich ausgeübten Aufgaben mit den in den Stellenbeschreibungen oder in Grundsatzdokumenten (Schulleitungsverständnis, Schulleitbild etc.) vorgesehenen Aufgaben übereinstimmen. Falls grosse Abweichungen auftreten, sind Steuerungs- und Informationsmassnahmen erforderlich.

4 Erfolgsfaktoren einer Arbeitsbewertung und Beanspruchungsanalyse

Auf Basis der Erfahrungen, welche die Autoren im vorgestellten Projekt gewonnen haben, lassen sich einige zentrale Erfolgsfaktoren für Arbeitsbewertungen und Beanspruchungsanalysen bei Schulleitungen ableiten. Die Berücksichtigung dieser Faktoren bei der Konzeption, Durchführung und Auswertung der Untersuchung ist die Basis für die erfolgreiche Gestaltung einer anforderungsgerechten Entlöhnung und einer beanspruchungsgerechten Ressourcenausstattung von Schulleitungen:

- Die obersten politischen Behörden, welche letztlich die Verantwortung für Entlöhnungssysteme tragen, müssen die Studie vollumfänglich unterstützen und bereit sein, daraus abgeleitete Schlüsse zu vertreten. Andernfalls wird die Untersuchung nicht die notwendige Akzeptanz bei den Betroffenen finden und die Einleitung von Folgemassnahmen erschweren.

- Resultate aus Arbeitsbewertungen und Beanspruchungsanalysen können bestehende Modelle zur Entlöhnung und Vergabe von Beschäftigungsgradprozenten grundsätzlich in Frage stellen und neue Lösungen erfordern, die deutlich von bestehenden Ansätzen abweichen. Die Auftraggeberinnen und -geber bzw. die Verantwortungsträgerinnen und -träger müssen sich dieser Auswirkungen bewusst sein und dürfen den Handlungsspielraum nicht von vornherein einschränken. Zusätzlich weckt eine Arbeitsbewertung eine grosse Erwartungshaltung bei den Betroffenen. Werden daraus abgeleitete notwendige Verbesserungsmassnahmen nicht umgesetzt, können Widerstände und Unzufriedenheit bei den Betroffenen entstehen.

- Die Studie stellt hohe Anforderungen an methodisches und fachliches Knowhow im Bereich der Arbeitswissenschaften und der empirischen Sozialforschung. Die Konzeption der Untersuchungsanlage, die Durchführung und die Auswertung der Studie ist systematisch zu planen, damit die Resultate die für die Zielerfüllung notwendige wissenschaftliche Qualität und Praktikabilität erreichen. Der gesamte Prozess ist weiter mit unterschiedlichen Begleitmassnahmen (insbesondere im Rahmen der Kommunikation) zu unterstützen, damit das Projekt die notwendige Akzeptanz bei den Betroffenen erhält.

- Die Gesamtheit der geleiteten Schulen zeichnet sich in der Regel durch eine relativ grosse Heterogenität bezüglich Merkmalen wie Anzahl Standorte, Anzahl Auszubildende, Anzahl Mitarbeitende etc. aus. Aus diesem Grund sind Datenerhebungs- und Datenanalysemethoden anzuwenden (z. B. Clusteranalysen), welche eine übersichtliche und leicht interpretierbare Abbildung der vielfältigen Resultate erlauben.

- Sowohl die Arbeitsbewertung als auch die Beanspruchungsanalyse erfassen komplexe Sachverhalte, die in direktem Zusammenhang mit der Arbeitssituation der Betroffenen stehen (z. B. Entlöhnung). Die zu erfassenden Variablen müssen klar und eindeutig sein, damit diese von den Betroffenen verstanden und interpretiert werden können. Aus diesem Grund sind die Betroffenen frühzeitig in die Konzeption und Durchführung des Projektes einzubeziehen (z. B. durch Mitarbeit im Projektteam, Durchführung von Pretests).

- Bei der Durchführung und Auswertung der Erhebung kommt dem Faktor Anonymität eine hohe Bedeutung zu. Selbstbeurteilungen erfordern offene und ehrliche Antworten, damit die Resultate aussagekräftig und interpretierbar sind (d. h. keine systematischen Überschätzungen aufweisen). Solche Antworten sind nur unter Gewährleistung vollständiger Diskretion im Umgang mit den Daten zu erwarten. Eine neutrale Institution, die mit der Konzeption und Durchführung der Analyse beauftragt wird, kann diesen Ansprüchen besser gerecht werden, als ein internes und daher nicht unabhängiges Projektteam.

- Sowohl Resultate aus Arbeitsbewertungen als auch aus Beanspruchungsanalysen, die auf einer Selbstbeurteilung beruhen, müssen durch externe, mit der Schulleitungstätigkeit vertraute Personen (z. B. vorgesetzte Behörden) im Rahmen einer Validierungsphase auf Plausibilität geprüft werden. Dadurch können Verzerrungen reduziert und die Akzeptanz der Resultate bei den politischen Verantwortlichen und den Betroffenen vergrössert werden.

Zusammenfassend lässt sich festhalten, dass es sich bei der Arbeitsbewertung und der Beanspruchungsanalyse um methodisch-konzeptionell und prozessual anspruchsvolle Verfahren handelt. Sie erfordern eine hohe Bereitschaft der Betroffenen aktiv am Projekt mitzuarbeiten. Wenn es gelingt, die Betroffenen zu Beteiligten zu machen und die Resultate einer zweckmässigen Validierung zu unterziehen, ist eine wichtige Erfolgsvoraussetzung gegeben.

Literaturverzeichnis

Berekoven, Ludwig/Eckert, Werner/Ellenrieder, Peter (1993): Marktforschung. Methodische Grundlagen und praktische Anwendung, 6. Aufl., Wiesbaden 1993.

Becker, Fred G. (1993): Explorative Forschung mittels Bezugsrahmen – ein Beitrag zur Methodologie des Entdeckungszusammenhangs. In: Empirische Personalforschung. Methoden und Beispiele, hrsg. v. Fred G. Becker und Albert Martin, München/Mering 1993, S. 111-127.

Berthel, Jürgen (1997): Personalmanagement, 5. Aufl., Stuttgart 1997.

Bühl, Achim/Zöfel, Achim (2000): SPSS Version 9, Einführung in die moderne Datenanalyse unter Windows, 6. Aufl., München et al. 2000.

Frey, Bruno S./Osterloh, Margit (2002): Motivation – A-Dual-Edged Factor of Production. In: Successful Management by Motivation, hrsg. v. Bruno S. Frey und Margit Osterloh, Bern/Heidelberg/New York 2002, S. 3-26.

Hentze, Joachim (1995): Personalwirtschaftslehre 2, 6. Aufl., Bern/Stuttgart/Wien 1995.

Katz, Christian/Baitsch, Christof (1996): Lohngerechtigkeit für die Praxis. Zwei Instrumente zur geschlechtsunabhängigen Arbeitsbewertung, Zürich 1996.

Krieg, Hans-Jürgen/Ehrlich, Harald (1998): Personal, Stuttgart 1998.

REFA (Hrsg.) (1989): Methodenlehre der Betriebsorganisation. Anforderungsermittlung (Arbeitsbewertung), München 1989.

Röthig, Peter/Thom, Norbert (1987): Tätigkeits- und Anforderungsprofil des Organisators in kleinen und mittleren Unternehmen, hrsg. v. der Arbeitsgemeinschaft für wirtschaftliche Verwaltung e. V., Eschborn 1987.

Scholz, Christian (2000): Personalmanagement, 5. Aufl., München 2000.

Schüpbach, Heinz (1993): Analyse und Bewertung von Arbeitstätigkeiten. In: Lehrbuch Organisationspsychologie, hrsg. v. Heinz Schuler, Bern et al. 1993, S. 167-187.

Zülch, Gert (1992): Arbeitsbewertung. In Handwörterbuch des Personalwesens, 2. Aufl., hrsg. v. Eduard Gaugler und Wolfgang Weber, Stuttgart 1992, Sp. 70-83.

Wirkungsorientierte Führungsstrukturen zur Umsetzung von New Public Management an Schulen

Fallbeispiel Kantonsschule Zürcher Unterland

Rahel Bodor-Hurni und Adrian Ritz

1 New Public Management – der Retter in der Not?....................292
2 Grundlagen zur Anwendung wirkungsorientierter Führungsstrukturen in NPM-Schulen..................293
   2.1 Geeignetes NPM-Verständnis für das Bildungswesen....................293
   2.2 Organisation und Führung von Schulen....................295
3 Die organisatorische Gestaltung einer NPM-Schule 296
   3.1 Der Bezugsrahmen zur organisatorischen Gestaltung einer Schule....................298
   3.2 Die Umsetzung einer neuen Schulorganisation....................301
4 Fallbeispiel Kantonsschule Zürcher Unterland 304
   4.1 Organisation der Kantonsschule Zürcher Unterland 304
   4.2 Problembereiche der Schulorganisation....................305
   4.3 Organisatorische Lösungsalternativen....................308
   4.4 Notwendige Begleitmassnahmen für den organisatorischen Wandel....................313
5 Fazit und Ausblick 314
Literaturverzeichnis....................314

1 New Public Management – der Retter in der Not?

Angesichts des Wandels in der westlichen Welt von der Industrie- zur Wissensgesellschaft wird dem Bildungssektor auch zukünftig eine sehr hohe Bedeutung zukommen. Die Bereitstellung von Ausbildungs- und Qualifikationschancen ist für die Entwicklung einer modernen Volkswirtschaft zentral (vgl. Willke 1997: 6 und Cortolezis-Schlager/Nagel 1999: 5). Das Bildungswesen steht zurzeit jedoch vor grossen Herausforderungen. Die Erwartungen an die Ausbildungsleistungen und an die Erziehungsaufgaben sind stark gestiegen und das schulische Umfeld ist härter geworden (vgl. Herrmann 1996: 315). Die Klassengrössen nehmen zu, ohne dass Betriebs- und Investitionsmittel Schritt halten. Defizite in der Staatskasse sind im Bildungsbereich besonders spürbar. Arbeitsüberlastung und Demotivation machen sich breit und wirken sich negativ auf die Bildungsqualität aus (vgl. Rhyn 1997: 165).

Ist vielleicht die neue Reform New Public Management (NPM) der Retter in der Not? Befürworter versprechen sich eine Minderbelastung der Staatskasse und durch den Einsatz neuer Managementmethoden eine Verbesserung der Führung sowie der Ausbildungsqualität an den einzelnen Schulen. Bislang erfreut sich NPM jedoch nur geringer Beliebtheit im Bildungssektor. Mit dem Einsatz neuer Steuerungsmechanismen und Führungsinstrumentarien nehmen die Aufgaben der Bildungsstätten, insbesondere auf der Ebene der Schulleitung, zu. Fehlende Delegationsmöglichkeiten, unzureichende Aufgabenzuteilungen und mangelnde Transparenz beim Aufgabenerfüllungsprozess verunmöglichen die wirkungsvolle Umsetzung der Reform und führen stattdessen zu einem ineffizienten und unzureichenden Schulmanagement (vgl. Brägger 1995: 17). Damit die Ziele der NPM-Reform im Bildungsbereich erreicht werden können, sind organisatorische Veränderungen unumgänglich. Institutionelle „Arrangements" und damit verbundene Anreize sind zentrale Grundlagen des angestrebten Wandels. Der vorliegende Artikel soll Handlungsmöglichkeiten dazu aufzeigen. Unter Berücksichtigung der schulischen Rahmenbedingungen werden organisatorische Gestaltungsalternativen vorerst theoretisch und danach anhand der Fallstudie „Kantonsschule Zürcher Unterland" praktisch erläutert.

2 Grundlagen zur Anwendung wirkungsorientierter Führungsstrukturen in NPM-Schulen

Zur Herleitung einer geeigneten Führungs- und Organisationsstruktur von NPM-Schulen muss die Reform vorerst richtig verstanden werden. Zudem ist der Einblick in die Organisations- und Führungsgrundsätze von Schulen unumgänglich. Die nachfolgenden Abschnitte vertiefen diese Aspekte.

2.1 Geeignetes NPM-Verständnis für das Bildungswesen

Grundsätzlich kann New Public Management als Konzept für eine seit Beginn der 90er Jahre des letzten Jahrhunderts erneuerte Verwaltungsführung bezeichnet werden, das durch den Einsatz neuer Steuerungsinstrumente die Kommunikations- und Leistungsprozesse öffentlicher Institutionen reorganisiert (vgl. Ritz/ Thom 2000: 22 ff.).

Im Bildungswesen zeichnet sich die Reform hauptsächlich durch folgende Ideen und Ziele aus:

- *Output-Steuerung:* Der Bildungsbereich soll nicht mehr über die Verteilung der Mittel gesteuert werden, sondern über die Frage, welche schulischen Wirkungen mit welcher Handlung erzielt werden können (vgl. Fehr 1997: 4). Die Leistungen werden anhand von Wirtschaftlichkeits-, Effizienz- und Effektivitätsindikatoren gemessen (vgl. Buschor 1993: 10).

- *Kostenbewusstsein:* Es ist unumgänglich die Kosten bei der Aufgabenerfüllung im Schulwesen transparent darzustellen. Daher wird die Einführung eines schulgerechten Rechnungswesens erforderlich.

- *Trennung von politischen Zielsetzungen und Management-Verantwortung:* Politiker kümmern sich um die längerfristige Ausrichtung der Bildungs- und Schulziele. Die Schulleitungen haben die operativen Aufgaben eigenverantwortlich umzusetzen (vgl. Haldemann 1995: 10).

- *Kunden- und Marktorientierung:* Die verschiedenen Leistungsabnehmer der Schule werden klar identifiziert, deren Bedürfnisse ermittelt sowie in die Bildungsplanung einbezogen.

- *Personalmanagement:* Neue Instrumente der Personalführung, umfassende Anreizstrukturen, funktionelle Umgruppierungen sowie Personal- und Organisationsentwicklungsmassnahmen sollen für Rückhalt und Motivation der Lehrkräfte sorgen.
- *Qualitätsmanagement:* Ein umfassendes, möglichst alle Anspruchsgruppen einbeziehendes Qualitätsmanagement sorgt für kontinuierliches organisationales (kollektives) Lernen an Schulen.

Da das Bildungswesen aufgrund seiner Systemkomplexität nicht ohne weiteres anderen Verwaltungsbereichen gleichgestellt werden kann, stellt es eine besondere Herausforderung für das New Public Management dar. Zum einen wirken viele politische Entscheidungsebenen und -träger mit, zum anderen befindet sich die Schule in einem vielschichtigen Umfeld und muss versuchen den Anforderungen verschiedenster Anspruchsgruppen gerecht zu werden. Besonders Betriebswirten fehlt oft die Einsicht in das Geschehen und in die Befindlichkeit von Lehrkräften (vgl. Dubs 1996: 330). Pädagogen befürchten daher, dass die Reform unverändert aus anderen Bereichen der Verwaltung übernommen und auf den Bildungsbereich angewendet wird. Sie neigen deshalb dazu, jegliche Neuerungen abzulehnen.

NPM im Schulwesen muss demzufolge von den betroffenen Institutionen und deren Mitarbeitenden verstanden und getragen werden, als Philosophie und Selbstzweck ist die Reform zum Scheitern verurteilt (vgl. Mägli 1996: 8 f.). Daher sollte bei deren Einführung im Bildungswesen das Augenmerk hauptsächlich auf den *Ansatz zur Reorganisation der schulischen Steuerungsabläufe* gerichtet werden und nicht auf die Umsetzung ökonomischer Modelle (vgl. Dubs 1998: 391 f.). Ziel und Zweck muss die Verbesserung der Schulorganisation und der daraus folgenden Bildungsqualität sein. Wird NPM umfassend verstanden, so können alle Führungsinstrumente einer Schule als Teil der Reform betrachtet werden. Dazu gehören vor allem Leistungsvereinbarungen und Globalbudget, Leitbildentwicklung, Qualitätsmanagement (mit Controlling und Evaluation), Benchmarking, Team-, Organisations- und Personalentwicklung.

Nachdem wir uns mit der „NPM-gemässen" Sichtweise zu den Reformen im Bildungswesen auseinander gesetzt haben, folgt nun die Erläuterung grundlegender Gedanken zur Organisation und Führung von Schulen.

2.2 Organisation und Führung von Schulen

Organisation im Sinne der organisatorischen Gestaltungsaufgabe gehört zu den wichtigsten Führungsfunktionen und dient der Steuerung des Leistungsprozesses (vgl. Thom 2000: 5 ff.). Da die Mitarbeitenden in der Schule weitreichende Aufgaben und Kompetenzen haben, ist die Führungs- und Steuerungsfunktion schwierig und bedarf einer geeigneten Organisationsform. Diese muss die Kooperation der Mitglieder gewährleisten und zur Bildung von Lehrgemeinschaften beitragen, die sich aufgrund gemeinsam erarbeiteter Werte selber entwickeln und kontrollieren. In diesem Sinne bewegen sich die Schulen in Richtung einer Selbstorganisation, welche durch den Einsatz flexibler Organisationsmodelle mit flachen Hierarchien umsetzbar ist. Damit kann die Förderung der Mitwirkung und Innovation vorangetrieben werden (vgl. Dubs 1994: 34 ff.). Teamstrukturen scheinen in vielen Schulen die geeignete Antwort auf die gestiegene Eigenkomplexität des Systems zu sein. Unterschiedliche Wissens- und Informationsbereiche können in schulischen Teams am besten gesammelt und synchronisiert werden. Angestrebt wird in Zukunft eine Verlagerung der Entscheidungskompetenzen hin zu eigenständigen Organisationseinheiten innerhalb eines Schulbetriebs. Die Herausforderung liegt darin, eine funktionierende Organisation des Zusammenwirkens weitreichend selbständiger und eigenverantwortlicher Teams zu entwickeln (vgl. Cartolezis-Schlager/Nagel 1999: 8).

Gerade wenn sich die Bildungsstätten in Richtung Selbstorganisation entwickeln, brauchen insbesondere die Teams eine koordinierende Führung. Die Schulleitung muss den Prozess zur Selbstorganisation steuern und vorantreiben. Sie übernimmt die Führungsfunktion, braucht klare Entscheidungskompetenzen und muss angemessene Strukturen schaffen. Zur Leitung von Teamstrukturen ist ein kooperativer Führungsstil notwendig, der jeweils an die Gegebenheiten situativ angepasst werden muss (vgl. Thom/Ritz 2004: 346 ff.).

In der Praxis funktioniert Teamarbeit jedoch noch nicht überall, denn Lehrpersonen sind sich aus der Vergangenheit eher ein Einzelkämpfertum als Teamarbeit gewohnt. Sofern Teams bestehen, sind diese meistens informell entstanden und haben kaum Entscheidungs- oder Weisungsbefugnisse. Momentan scheinen die Hierarchien zu flach zu sein, was sich durch folgende Auswirkungen zeigt:

- *Wenig Delegationsmöglichkeiten:* Die Schulleitungen sind für sehr viele Aufgabenbereiche verantwortlich. Da es neben der Abordnung auf Sekretariatsangestellte keine weiteren Delegationsmöglichkeiten gibt, liegen nicht nur die Entscheidungs- und Weisungsbefugnisse beim Rektorat, sondern gleichzeitig auch die volle Ausführung und Kontrolle. Schulleitungen sind daher meistens überlastet. Sie können die Aufgaben nur mit grosser Mühe und in keinem Verhältnis zum dafür verfügbaren Zeitbudget wahrnehmen (vgl. Der Bund 2001: 37).

- *Mangelnde Wahrnehmung der Führungsverantwortung:* Aufgrund der flachen Hierarchie und der grossen Leitungsspanne entsteht ein „Flaschenhals". Entscheide und Weisungen gehen ausschliesslich von der Schulleitung aus. Die Zahl der direkt Untergebenen übersteigt in den meisten Fällen ein gesundes Mass („optimal" wären in Schulen ca. zehn bis zwölf Unterstellte), was bewirkt, dass die Führungskräfte die Führungsaufgaben und -verantwortungen nicht mehr vollständig wahrnehmen können.

Nach dieser kurzen Situationsanalyse erläutern wir im nächsten Kapitel ein Konzept, das die Schule als Gesamtsystem erfasst und in diesem System organisatorische Gestaltungsvarianten aufzeigt.

3 Die organisatorische Gestaltung einer NPM-Schule

In den Gestaltungsprozess der Organisationsstruktur müssen zwingend alle Einflüsse und Rahmenbedingungen des äusseren und inneren Systems einbezogen werden (vgl. Abbildung 1 sowie Brägger 1995: 37 und Hurni 1999: 41 ff.). Der hier erarbeitete Bezugsrahmen stellt einen Versuch dar, diesem Erfordernis gerecht zu werden und wird anschliessend erklärt.

Wirkungsorientierte Führungsstrukturen zur Umsetzung von NPM

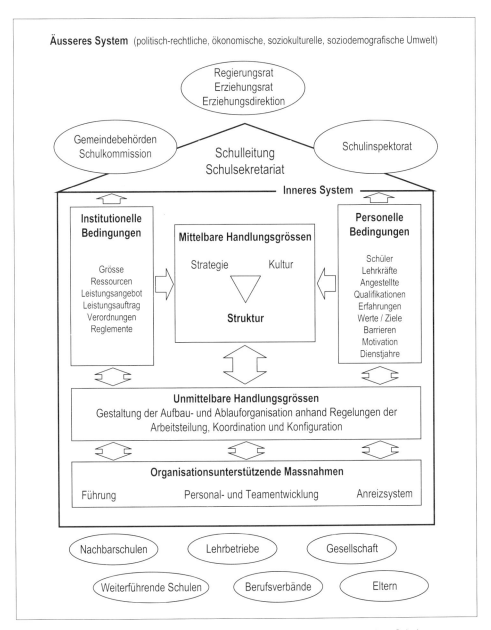

Abbildung 1: Bezugsrahmen für die Gestaltung der Organisationsstruktur einer Schule

3.1 Der Bezugsrahmen zur organisatorischen Gestaltung einer Schule

Äusseres System

Schulen agieren in einem vielschichtigen Umfeld. Zum einen gehören ins äussere System die verschiedenen Umweltsphären, in die das Schulwesen eingebettet ist. Mit der Einführung von NPM gewinnen insbesondere die politischrechtliche und die ökonomische Sphäre an Bedeutung. Zum anderen finden wir im äusseren System die verschiedenen politischen Entscheidungsträger (Schulbehörde, Erziehungsdirektion, Schulinspektorat) und die vielfältigen Anspruchsgruppen (Nachbarschulen, weiterführende Schulen, Berufsverbände, Eltern etc.), welche in direktem Kontakt mit der Schule stehen. Dabei haben die Gemeindebehörde, die Schulkommission und das Schulinspektorat eine Sonderstellung inne. Die Schulleitung und die Lehrerschaft stehen in einem sehr engen Verhältnis zu diesen Stellen, so dass letztere praktisch zum Schulbetrieb gehören. Die Erziehungsdirektion ist das bestimmende Organ auf der kantonalen Ebene. Sie macht mit Hilfe des Leistungsauftrags oder der Leistungsvereinbarung den einzelnen Schulen Vorgaben, die der Wirkungssteuerung dienen.

Bedingungen im inneren System

Im inneren System sind es institutionelle und personelle Bedingungen sowie organisationsunterstützende Massnahmen, die den Handlungsspielraum der Schulorganisation beeinflussen. Die institutionellen Bedingungen einer Bildungsinstitution umfassen alle Eigenschaften, welche ihren individuellen Charakter prägen. So sind Grösse, Ausstattung und Angebotsprogramm in jeder Bildungsstätte verschieden. Die personellen Bedingungen sind für die Umgestaltung der Führungsstruktur einer Schule von tragender Bedeutung. Ziele, Einstellungen und Eigenschaften der Lehrerschaft und der Schulbehörden wirken sich entscheidend auf die Ausgestaltung und Umsetzung der Führungsstruktur aus. Lehrer gelten im Volksmund eher als reformscheu, was aufgrund der vielen Neuerungen in der Vergangenheit auch nicht überrascht. Reformen stehen und fallen aber mit der Akzeptanz der Lehrkräfte. Die Mitwirkungsbereitschaft und der Reformwille sind somit durch organisationsunterstützende Massnahmen wie z. B. Teamentwicklung, Kommunikationskonzepte und zielgerechter Personalentwicklung zu fördern. Diese organisationsunterstützenden Massnahmen werden hier nicht weiter behandelt (vgl. dazu Hurni 1999: 66 ff. und Thom/Ritz 2004: 261 ff.).

Handlungsgrössen

Handlungsgrössen dienen der Schulleitung zur Ausgestaltung der geeigneten Führungsstruktur. Die mittelbaren Handlungsgrössen wirken eher langfristig und indirekt, die unmittelbaren tragen direkt zur Erreichung der organisatorischen Reformziele bei (vgl. Zaugg 1996: 94).

Zu den mittelbaren Handlungsgrössen gehören Strategien, die Schulkultur und die Struktur (inklusive Prozesse). Diese vier Parameter beeinflussen sich – insbesondere in einem Veränderungsprozess – gegenseitig sehr stark (vgl. Thom 1995: 870). Die Strategie kommt an Schulen in der Ausrichtung der Entscheide aufgrund der durch die Politik gesetzten pädagogischen und betriebswirtschaftlichen Ziele zum Tragen und wird wesentlich aus dem Leistungsauftrag abgeleitet. Die neue Verwaltungsführung fordert die Schulen zusätzlich auf, mittels eines Teamprozesses die geltenden Werte auszuarbeiten und diese in einem Leitbild festzuhalten, das ebenfalls strategieleitend sein soll (vgl. Luzern 1998: 5 f.). Die Schulkultur wird massgeblich durch die personellen Bedingungen der Akteure und durch die Führung bestimmt. Teamentwicklung, Kommunikations- und Personalmanagement sind einige wichtige Instrumente zur Beeinflussung der Schulkultur. Zu den mittelbaren Handlungsgrössen im Sinne der Prozesse gehören alle Verfahren, Regelungen, Instrumente und Abläufe des Schulbetriebs. Mit der Einführung von NPM werden bestehende Prozesse verändert und neue Prozesse eingeführt. Die Schulen werden z. B. angehalten, ein Qualitätsmanagement aufzubauen, ein Controlling-System zu entwickeln und sich in einem Benchmarking mit anderen Schulen zu messen. Die Parameter Strategie und Kultur haben einen merklichen Einfluss auf die Gestaltung der Struktur. Die Schulorganisation dient zur Verwirklichung der Schulentwicklung, so dass die Schulen flexibler, zielorientierter, besser führbar und weniger koordinationsaufwändig werden sowie über optimale Abläufe verfügen. Ferner soll es damit möglich sein, schneller und umsichtiger zu entscheiden, die Akteure der Schule zu motivieren sowie ihr Fähigkeitspotenzial besser zu entfalten resp. zu aktivieren (vgl. Thom/Wenger 1996: 47 ff.).

Die unmittelbaren Handlungsgrössen Arbeitsteilung, Koordination und Konfiguration kennzeichnen die entscheidenden Einflussfaktoren zur Veränderung der konkreten Schulorganisation. Was bedeuten diese Begriffe?

- *Arbeitsteilung:* Im Schulbetrieb werden die Aufgaben gezielt sowie stufengerecht auf die Schulkommission, die Schulleitung, den Konvent (Lehrerkonferenz), die Lehrkräfte und Fachschaften sowie das Sekretariat aufgeteilt. Diese übernehmen alle Aufgaben, welche tagtäglich anfallen.

- *Koordination:* Die Art und das Ausmass der Koordination lässt sich anhand der Teildimensionen Kompetenzverteilung (Zuweisung von Entscheidungs- und Weisungsbefugnissen) und Formalisierung (Festlegung der Arbeitsprozesse durch Regeln) bestimmen (vgl. Schreyögg 1996: 164). Die Kompetenzverteilung kann unterschiedlich ausfallen. In fortschrittlichen Schulen ist grundsätzlich folgende Stellung der einzelnen Akteure ersichtlich:

  - Oberstes Organ bildet die lokale Schulbehörde. Sie trägt die Hauptverantwortung für die Schulführung und schafft die Voraussetzungen dafür, dass die Schulen ihre Aufgaben möglichst selbständig lösen können. Hauptaufgabe der Schulbehörde ist die strategische Ausrichtung und die Controlling- sowie Aufsichtsfunktion in den einzelnen Schulen. Schulkommissionen sind als Laiengremien nur beschränkt kompetent, direkten Führungseinfluss zu nehmen. Sie sollten sich daher aus dem operativen Geschäft heraushalten und die Führungsaufgaben den Schulleitungen überlassen (vgl. Brägger 1995: 38 f.).

  - Die Schulleitungen sind für das gesamte operative Geschäft verantwortlich, initiieren Prozesse und übernehmen in administrativen und pädagogischen Belangen die Führung (vgl. Marty 1997: 6). Zur Erledigung der täglichen Arbeiten benötigen sie weitreichende Entscheidungs- und Weisungsbefugnisse. Gewisse Arbeiten können sie an das Sekretariat und an die Lehrerschaft delegieren.

  - Der Konvent bildet das Mitbestimmungsorgan der Lehrkräfte (evtl. der Schülerschaft). Gewichtige, grundsätzliche und für die Lehrerschaft bedeutungsvolle Entscheide werden in den jeweiligen Sitzungen gefällt (vgl. Zürich 1999: 3).

  - Die Fachschaften bestehen eher auf einer informellen Basis. Fachvorstände werden meistens nach dem Rotationsprinzip gewählt und haben daher keine Weisungs- und Entscheidungsbefugnisse. Sie sind mit der Aufgabe betraut, die Fachgruppensitzungen zu leiten sowie zu koordinieren und die Schulleitung kann ihnen weitere Führungsaufgaben anvertrauen.

- *Konfiguration:* Die Zahl der hierarchischen Ebenen, die Leitungsspanne und die Verteilung der Aktionsträger auf die strukturellen Einheiten sind Teile der Konfiguration. Schulen bestehen meistens aus zwei hierarchischen Ebenen – Schulleitung und Lehrerschaft bzw. Sekretariat. Die Lehrkräfte und Sekretariatsangestellten sind der Schulleitung direkt unterstellt, was je nach Anzahl Lehrkräfte zu einer sehr grossen Leitungsspanne (bis zu 50 Untergebene pro Schulleiter) führt.

3.2 Die Umsetzung einer neuen Schulorganisation

Zur Neugestaltung der Schulorganisation werden im Folgenden drei praktische Alternativen organisatorischer Gestaltungsmassnahmen dargestellt; das Projektmanagement, die Einführung einer neuen Hierarchieebene und die Matrixorganisation.

- *Ausbau des Projektmanagements:* Eine organisatorische Möglichkeit zur Entlastung der Schulleitung besteht im Aufbau bzw. im Ausbau des Projektmanagements. Damit sind Arbeitsgruppen gemeint, die nur auf Zeit bestehen und meistens neuartige und einmalige Aufgaben erledigen. Sie eignen sich besonders zur Lösung von komplexen Problemstellungen. Durch den Einsatz von Projektgruppen werden Delegationsmöglichkeiten geschaffen. Da die Idee der verstärkten Kooperation und Teamarbeit der Lehrkräfte im Vordergrund steht, kann dies direkt zur gesamten Schulentwicklung beitragen. Ein Projektmanagement weist insofern Vorteile auf, als dass die Lehrkräfte eher zur Mitwirkung bereit sind, da es sich um eine Organisation auf Zeit handelt. Zudem bilden Projekte eine Abwechslung zur täglichen Arbeit und fördern die Motivation. Dies muss jedoch zuerst einmal kommuniziert werden und erfordert unbedingt einen neigungsgerechten und „freiwilligen" Projekteinsatz. Als Nachteile können die meist grosse Arbeitsbelastung während der Projektmitarbeit und die hohen Anforderungen an die Beteiligten betreffend Führungs- und Fachqualifikationen angeführt werden. Ferner ist zu beachten, dass nicht alle Arbeiten in Projekten erledigt werden können. Die Organisationsform ist primär für innovative, zeitlich beschränkte und neuartige Aufgaben geeignet.

- *Fachvorstände als neue Hierarchieebene:* Im Schulwesen eignet sich grundsätzlich eine divisionale Organisation (Aufteilung der ersten Hierarchieebene nach Fächern). Zum Abbau des Flaschenhalses und zur Entlastung des Rektorats ist in vielen Schulen, insbesondere in grösseren Institutionen, die Einführung einer zusätzlichen Hierarchieebene sinnvoll, welche die Delegation von Aufgaben und Verantwortungen durch die Schulleitung ermöglicht. Da das Denken in Fachgruppen und Fachvorständen bereits vorhanden ist, könnte diesen in einem ersten Schritt mehr Aufgaben- und Verantwortungsbereiche übertragen werden. Sie sollten insbesondere die Betreuung und Führung der untergebenen Lehrkräfte übernehmen (bis hin zur massgeblichen Teilnahme an Personalauswahlverfahren!) und damit zur Entlastung der Schulleitung beitragen. Durch die verkleinerte Leitungsspanne ist es den verschiedenen hierarchischen Ebenen möglich, volle Führungsverantwortung zu übernehmen. Dies führt zu verbesserter Schulqualität und zu mehr Motivation. In einer solchen Organisation haben Lehrkräfte Aufstiegschancen und erleben einen Lehreralltag, der mit echten Führungsaufgaben bereichert ist. Problematisch scheint die Lösung insofern, als dass durch die neue Hierarchieebene die Organisation komplexer wird und mehr organisatorische Regeln benötigt. Diese Lösung ist dann zweckmässig, wenn die Schule eine gewisse Grösse aufweist und die Schulleitung Führungskompetenzen erlernt hat. Zu beachten ist auch, dass die Leitung gewisse Lehrkräfte als Fachverantwortliche auswählen muss, was zu Unmut und Inakzeptanz in der Lehrerschaft führen kann. Ferner muss man zur Unterstützung der neuen Hierarchieebene ein geeignetes Anreizsystem schaffen. Dabei müssen unter Umständen gewisse Lehrkräfte zurückgestuft werden, was sicherlich zu Akzeptanzproblemen führt.

- *Matrixorganisation:* Eine weitere Möglichkeit zur Schaffung von Delegationsmöglichkeiten besteht in der Errichtung einer Matrixorganisation, bei welcher sich zwei Weisungslinien überschneiden. Die Matrixorganisation einer Schule kann folgende zwei hierarchische Dimensionen aufweisen:
  - Fachvorstände: Die erste hierarchische Dimension bilden die Fachvorstände. Wie in der vorangehenden Lösung besprochen, sollen auch in der Matrixorganisation die Fachvorstände erweiterte Entscheidungs- und Weisungsbefugnisse erhalten. Ihre Aufgabe besteht hauptsächlich in der pädagogisch-didaktischen Führung bezüglich einer Fachrichtung.

- Produktgruppenverantwortliche: Die zweite hierarchische Dimension bilden die Produktgruppenverantwortlichen. Sie sind für die Betreuung der Produktgruppen zuständig, was sich an den Schulen sinnvollerweise auf die Ausbildungsgänge (Weiterbildung, Profil A, Profil B usw.) bezieht. Damit wird das Denken in Produkt- resp. Leistungsgruppen gefördert. Den Ideen des NPM (Output-Steuerung und vermehrter Anspruchsgruppenorientierung) wird dadurch Rechnung getragen.

Durch die Einführung von Fachvorständen mit erweiterten Aufgaben und Produktgruppenverantwortlichen kann die Schulleitung erheblich entlastet werden, was dazu beiträgt, dass die Organisation besser führbar wird. Die Führungsaufgaben der mittleren Hierarchieebene sind auf mehr Personen aufgeteilt als in einer Linienorganisation. Die Organisation ist dadurch weniger hierarchisch und bürokratisch und bietet den Lehrkräften Entwicklungsmöglichkeiten zur Übernahme von Führungsverantwortung. Ferner bewirkt die Ausrichtung nach Produkten und nach Fächern eine sehr flexible Organisationsstruktur, die rasch auf die verschiedenen Anliegen eingehen kann. Ein wichtiger Vorteil besteht bei der Matrixorganisation darin, dass der Einsatz der Produktverantwortlichen dazu verhilft, dem NPM-Gedanken der Prozess- und Kundenorientierung besser gerecht zu werden. Die Effizienz und Effektivität von Lehrangeboten kann dadurch auch produktbezogen überprüft und gesteuert werden. Der grösste Nachteil der Matrixorganisation ist ihre Komplexität. Lehrer unterrichten meistens Klassen unterschiedlicher Ausbildungsgänge. In einer Matrixorganisation kann dies leicht dazu führen, dass eine Lehrkraft mehr als zwei Vorgesetzten unterstellt ist. Die Mehrfachunterstellung führt sehr rasch zu Kompetenzkonflikten. Aufgaben, Entscheidungs- und Weisungsbefugnisse müssen daher klar verteilt und schriftlich festgelegt werden. Des Weiteren kann mit einer sorgfältigen Vergabe von Lektionen und mit angepassten Kommunikationsflüssen der erhöhten Komplexität entgegen gewirkt werden.

Die drei organisatorischen Gestaltungsvorschläge der Projektorganisation, der zusätzlichen Hierarchieebene und der Matrixorganisation zur Verbesserung der Führbarkeit von Schulen wurden bislang aus theoretischer Sicht erläutert. Im Folgenden sollen am Beispiel der Kantonsschule Zürcher Unterland die Gestaltungsalternativen vertieft werden.

4 Fallbeispiel Kantonsschule Zürcher Unterland

Die Kantonsschule Zürcher Unterland (KZU) in Bülach gehört dank dem Engagement aller Beteiligten zu den fortschrittlichsten Mittelschulen in der Schweiz. Bereits seit den 80er Jahren des letzten Jahrhunderts ist sie für ihre Reformaktivitäten bekannt. Mit der Einführung von NPM im Bildungsbereich des Kantons Zürich begannen sich die eigenen Reformbewegungen der Kantonsschule Bülach und die Neuerungen, welche durch das kantonale „wif-Projekt" der Erziehungsdirektion vorgegeben wurden, anzunähern.

4.1 Organisation der Kantonsschule Zürcher Unterland

Die KZU beschäftigt rund 150 Lehrkräfte, wovon ein Drittel ein volles Pensum und die restlichen Lehrpersonen Teilpensen unterrichten. Insgesamt besuchen zwischen 900 und 1000 Schüler diese Mittelschule. Die Schulleitung besteht aus einem Rektor und zwei Prorektoren, welche durch drei Sekretariatsmitarbeiterinnen und einen EDV-Supporter unterstützt werden. Mehr als zwölf Vollzeitstellen sind zur Pflege der grossen Schulanlage sowie zum Unterhalt des Unterrichtsmaterials notwendig. Die gesamte Schulorganisation umfasst folgende Gremien:

- *Schulkommission:* Oberstes Schulorgan, genehmigt Entscheide des Konvents, wählt Lehrkräfte auf Antrag der Schulleitung aus und beurteilt diese.

- *Schulleitung:* Ist nach dem Schulgesetz von 1999 für die pädagogische, administrative und finanzielle Führung der Schule verantwortlich und vertritt die Schule nach aussen.

- *Sekretariat:* Die Mitarbeitenden des Sekretariats unterstützen die Schulleitung in administrativen Belangen.

- *Lehrerkollegium:* Lehrkräfte sind in fachlicher und erzieherischer Hinsicht für ihren Unterricht zuständig. Erwartet wird die Mitarbeit im Konvent und in verschiedenen Arbeitsgruppen.

- *Fachkreise und Fachvorstände:* Alle Lehrkräfte eines Faches bilden den Fachkreis zur Behandlung inhaltlicher Fragen. Die Fachvorstände leiten die Fachkreise, ihnen stehen jedoch keinerlei Entscheidungs- und Weisungsbefugnisse zu.
- *Gesamtkonvent:* Hauptlehrkräfte und Lehrbeauftragte mit grösseren Unterrichtspensen sowie Mitglieder der Schülerorganisation. Er dient zur Vernehmlassung, verabschiedet das Leitbild und stellt den Antrag für den Lehrplan.
- *Konventsrat:* Schulleitung, Gesamtkonventspräsident, drei Lehrpersonen und zwei Mitglieder der Schülerorganisation bereiten Geschäfte des Gesamtkonvents vor.
- *Klassenkonvent:* Alle Klassenlehrkräfte entscheiden mit der Schulleitung über klassenbezogene Promovierungen und pädagogische Massnahmen.
- *Arbeitsgruppen:* Eingesetzte Gruppen zur Bearbeitung ausgewählter Themen.
- *Schülerorganisation:* Schülervertreter, die in praktisch allen Gremien willkommen sind.
- *Foren:* Schulinterne, freiwillige Diskussionsveranstaltungen, stellen Anträge an den Gesamtkonvent.

Trotz der vielen Gremien verfügt die KZU über eine flache und dezentrale Schulorganisation. Nur die Schulkommission, die Schulleitung sowie der Klassen- und Gesamtkonvent sind weisungs- und entscheidungsbefugt.

4.2 Problembereiche der Schulorganisation

Die bestehende Organisation und die Einführung der neuen Verwaltungsführung durch das kantonale Projekt haben bei der KZU zu Mängeln geführt. Nachstehend werden die gravierendsten Problempunkte und mögliche Ursachen erläutert.

Arbeitsanfall und Zeitmangel

Das grösste Problem der Schulleitung besteht im enormen Arbeitsanfall, welcher mit den bestehenden organisatorischen Strukturen und Ressourcen nicht bewältigt werden kann. Die Kernaufgaben können nur durch ein Übermass an Arbeitsstunden und mit viel freiwilligem Einsatz gelöst werden. Die Folgen sind schwerwiegend:

- Die Schulleiter stehen unter einem ständigen Druck. Zeit zum Nachdenken, zur Zielsetzung und zur pädagogischen Ausrichtung gibt es praktisch nicht.
- Die ständige Belastung führt zu einem schlechten Arbeitsklima, vermindert die Motivation und wirkt sich negativ auf die Gesundheit der Rektoren aus.
- Die Betreuung des Lehrkörpers wird auf ein Minimum beschränkt. Obwohl vermehrte Rückmeldungen gewünscht wären, erhalten die Lehrkräfte nur alle drei Jahre im Rahmen des lohnwirksamen Qualifikationssystems (LQS) ein Feedback.

Die Überlastung der Schulleitung ist auf verschiedene Ursachen zurückzuführen. Mit der Einführung von NPM sind zum einen viele neue Aufgaben an die Schulleitungen delegiert worden (z. B. Verwaltung des Globalbudgets, Verantwortung über Gebäude und Parkplätze, Einführung des LQS usw.). Bis anhin erhielten sie jedoch weder zusätzliche finanzielle noch personelle Mittel zur Bewältigung der neuen Arbeiten. Aufgrund kantonaler Sparmassnahmen ist es ferner nicht möglich, den Schulen mehr Stellenprozente zur Verfügung zu stellen. Mittel, die momentan zur Verfügung stehen, können zwar umverteilt, aber nicht erhöht werden. Zum andern entsteht aufgrund fehlender Delegationsmöglichkeiten ein „Flaschenhals". Die Schulleiter müssen häufig Routinearbeiten selber übernehmen und haben sehr viele Direktunterstellte zu betreuen (bis zu 50 und mehr Lehrkräfte pro Schulleiter). Zudem fehlen den Führungskräften für die Erledigung von Verwaltungsarbeiten die nötigen Qualifikationen. Sehr oft besitzen sie einen pädagogischen Hintergrund und müssen als Schulleiter administrative und führungstechnische Arbeiten ausführen, für die sie gar nicht qualifiziert sind. Des Weiteren sind die Rektoren von Gesetzes wegen verpflichtet, eine gewisse Anzahl Lektionen zu erteilen. Die sieben bis zwölf Stunden Unterricht bilden einen zusätzlichen Belastungsfaktor. Ein Minimalpensum wird jedoch nach heutiger Ansicht noch als wichtig erachtet, damit ein aktueller Einblick in den Schulalltag möglich ist.

Unzureichendes Anreizsystem

Das Anreizsystem an der Kantonsschule Bülach entspricht kaum den zeitgemässen Anforderungen. Personen, die sich vermehrt engagieren, verrichten vielfach zusätzliche Arbeit ohne jegliche Entschädigung. Die Motivation und das Engagement der Lehrkräfte sinken zunehmend. Bereits sind Tendenzen sichtbar, dass in Zukunft verschiedene Gremien nicht mehr besetzt werden können. Nach Ansicht der befragten Personen sind die Ursachen davon:

- Anreize in Form von Geld spielen für die Mitglieder der Schule eine geringere Bedeutung als eine Entlastung in Form eines Lektionenabbaus. An der KZU sind solche Entlastungsmöglichkeiten jedoch minimal und können aufgrund der kantonalen Sparmassnahmen nicht ausgebaut werden. Man steht vor der kaum bewältigbaren Herausforderung, die bestehenden Mittel optimal zu verteilen.

- Das finanzielle Anreizsystem wird durch die kantonalen Behörden bestimmt. Mit der Anstellung als Lehrperson wird man in eine bestimmte Besoldungsklasse eingestuft. Ein Stufenanstieg innerhalb dieser Klasse erfolgt mit einer positiven Beurteilung durch die bei den Lehrpersonen durchgeführten Unterrichtsbesuche.

- Mit der kürzlichen Einführung des neuen Personalgesetzes wurden neue Besoldungsklassen gebildet. Voll ausgebildete Lehrkräfte werden zukünftig in die Lohnklassen 21 und 22 eingestuft. Die höhere Lohnklasse ist für „Mittelschullehrer mit besonderen Aufgaben" vorgesehen. Die vorgesetzten Behörden müssen diese „besonderen Aufgaben" noch definieren und die Lehrkräfte neu klassifizieren. Grundsätzlich kann man annehmen, dass alle Hauptlehrkräfte und evtl. Lehrbeauftragte mit zusätzlichen Aufgaben in die höhere Lohnklasse 22 gelangen werden, was keinen Spielraum für die Schulleitung ergibt.

- An der KZU fehlt ein System von immateriellen Anreizen, da diese sehr oft mit finanziellen Aufwendungen verbunden sind (z. B. verbilligte Mahlzeiten, Kurse usw.) und andere Möglichkeiten bisher nicht ausgeschöpft werden oder der dazu notwendige Freiraum fehlt.

Mangelndes unternehmerisches Denken

Die Erziehungsdirektion kritisiert das fehlende unternehmerische Denken der Schulleiter. Entscheide werden meistens sehr vorsichtig und konservativ gefällt. Die Führungskräfte der Schulen sind zu wenig innovativ und scheuen sich davor, neue Wege zu gehen. Die Ursache liegt darin, dass die Aufrechterhaltung des täglichen Schulbetriebs an die Grenzen der Belastbarkeit geht, so dass keine weitere Zeit zur Ideengenerierung und Innovationsrealisierung investiert werden kann. Auch der gezielte Aufgabenabbau bisheriger Tätigkeiten angesichts vieler neuer Aufgaben wird zu wenig wahrgenommen. Zudem sind die Führungskräfte durch fehlende Führungserfahrung und mangelnde Ausbildung gehemmt, bisher ungewohnte und neuartige Entscheide zu fällen.

4.3 Organisatorische Lösungsalternativen

Die organisatorischen Lösungsvorschläge, welche in Kapitel 3 mit Hilfe des Bezugsrahmens theoretisch abgeleitet worden sind, wurden mit den Mitgliedern der KZU in Form von Interviews auf die praktische Umsetzbarkeit eingehend geprüft. Die folgenden Erläuterungen zeigen die Ergebnisse dieser Interviews auf.

Ausbau der Projektarbeit

Die KZU arbeitet bereits sehr intensiv im Rahmen von Projekten in „Arbeitsgruppen". Alle grösseren Vorhaben werden im Rahmen eines Projektmanagements realisiert, weil es einfacher ist, die Lehrkräfte für beschränkte Zeit zu gewinnen, als für eine ständige Mithilfe. Ferner bilden Projekte eine willkommene Abwechslung zur täglichen Arbeit. Da sie jedoch häufig grossen zeitlichen Einsatz erfordern und entsprechende Entlastungsmöglichkeiten fehlen, können sie für den Lehrkörper zur Last werden. Besondere Mühe machen der Schulleitung die wiederkehrenden Verwaltungsaufgaben, die nicht in Form von Projekten ausgeführt werden können. Infolgedessen ist die Projektarbeit beizubehalten und allenfalls zu fördern. Entscheidend für die Zukunft ist aber die Schaffung von Delegationsmöglichkeiten für Routinearbeiten. Nur so wird die Schulleitung ihre Führungsaufgabe wahrnehmen können, die sich oft auch in der übergeordneten Steuerung von Projekten erweist.

Einfügen von zusätzlichen Hierarchiestufen

Mit der Stärkung des Fachvorstandes im Sinne der Einführung einer mittleren Hierarchieebene wird die Leitungsspanne verringert, und es werden Delegationsmöglichkeiten für die oberste Führungsebene geschaffen (vgl. Abbildung 2). Der Fachvorstand hätte nicht nur mehr Aufgaben, sondern auch festgesetzte Weisungs- und Entscheidungsbefugnisse. Diese Möglichkeit wurde an der KZU im Zusammenhang mit der Einführung des Lohnsystems besprochen. Damals hat sich der Konvent gegen die Einführung einer Hierarchieebene entschieden, da er die Teamkultur gefährdet sah. Der Fachvorstand wurde als Lehrkraft definiert, die nur gewisse administrative Arbeiten übernimmt und die Fachschaft als Gruppe organisiert.

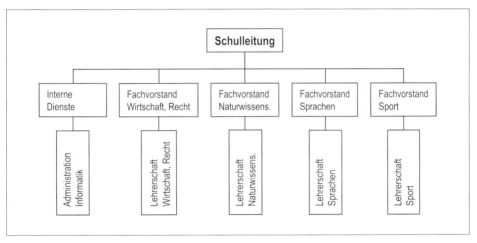

Abbildung 2: Divisionale Schulorganisation mit neuer Hierarchieebene

Diese Gestaltungsmassnahme ist daher nur anwendbar, wenn folgende Aspekte beachtet werden:

1. Das Kollegium muss den Sinn und Zweck einer solchen organisatorischen Lösung erkennen, so dass die neuen Vorgesetzten als solche akzeptiert werden, d. h. als Vorgesetzte mit den dazugehörenden Kompetenzen. Die Schulkultur (insbesondere die Kultur in den Teams) ist von der organisatorischen Änderung nicht bedroht, wenn die Stärkung des Fachvorstandes und die Kompetenzabgrenzungen von allen befürwortet werden.

2. Die Besetzung der Fachvorstände kann nicht mehr durch ein Rotationsprinzip erfolgen. Lehrkräfte mit Führungsfähigkeiten müssen von der Schulleitung ausgewählt und zu Fachvorständen befördert werden. Neben der fachlichen Qualifikationsschiene entstehen so auch „Führungslaufbahnen" an der Schule.

3. Damit die Führungskräfte von den Untergebenen besser akzeptiert werden, wäre die Wahl der Fachvorstände durch die Fachschaft denkbar, eine Bestätigung des durch die Schulleitung vorbereiteten und gefällten Entscheides durch die Fachschaft erscheint uns jedoch als weniger konfliktträchtig.

4. Befürchtungen vor organisatorischen Veränderungen muss mit verschiedenen Mitteln entgegen gewirkt werden. Eine gezielte Personalauswahl, umfassende Anreizstrukturen, klare Stellenbeschreibungen sowie der Einbezug aller Betroffenen können dazu beitragen, Ängste abzubauen.

5. Damit die Arbeit weitgehend gleich verteilt werden kann, ist es nötig, die Gruppengrössen einander anzugleichen. Kleinere Fachschaften sollten zusammengelegt, grössere weiter unterteilt werden.

6. Die Lehrkräfte betrachten es nicht als zwingende Vorgabe, dass sie durch jemanden derselben Fachschaft qualifiziert werden. Die Beurteilung des Unterrichts könnte ergänzend auch ein Fachvorstand einer anderen Fachschaft vornehmen, was sich sehr wahrscheinlich weniger belastend auf die Teamkultur auswirkt.

Die Einführung einer divisionalen Organisation im Schulwesen, wie in Abbildung 2 dargestellt, ist aus betriebswirtschaftlicher Sicht keine besonders neuartige organisatorische Lösung. Sie scheint aber vor dem Hintergrund einer grossen Skepsis der Lehrerschaft gegenüber Organisationsänderungen und Kompetenzverlagerungen eine realisierbare Systemverbesserung. Grundsätzlich ist festzustellen, dass Schulstrukturen eher festgefahren und starr sind. Eine solche organisatorische Lösung würde im Bildungsbereich eine echte Neuerung bedeuten.

Matrixorganisation

Als langfristiges Ziel könnte die KZU eine Matrixorganisation anstreben (vgl. Abbildung 3). Diese Lösung entspricht besser dem Prozessgedanken von NPM und bewirkt eine ausgeglichene Arbeitsverteilung. Es ist sogar möglich, dass das

Kollegium eine Matrixorganisation eher akzeptiert als die Stärkung der Fachvorstände, denn im Vordergrund steht hauptsächlich die gemeinsame Aufgabenerfüllung durch die Fachvorstände (FV) sowie Produktverantwortlichen (PV) und nicht der Hierarchiegedanke. Ferner sind die Arbeiten auf eine grössere Anzahl Personen verteilt, wodurch mehr und vielfältigere Entwicklungsmöglichkeiten entstehen.

Bei der Einführung der Matrixorganisation ist folgenden Punkten vermehrte Aufmerksamkeit zu schenken:

- Es ist klar zu regeln, welche Aufgaben und Kompetenzen die Produktverantwortlichen und die Fachvorstände übernehmen. Dabei ist zu bedenken, dass den Lehrkräften genügend Freiraum erhalten bleibt. Wichtig ist die Einführung einfacher Kommunikations- und Weisungsregeln für den Alltag.

- Die erhöhte Komplexität in der hierarchischen Ordnung könnte sich koordinationsaufwändiger auswirken. Es ist jedoch anzunehmen, dass die Lehrkräfte mit einer Mehrfachunterstellung umgehen können, da sie von ihrer Ausbildung und der Berufsausübung her an selbständiges Arbeiten gewöhnt und gleichzeitig zu mehr Kooperation bereit sind.

- Einmal mehr stellt sich die Frage nach einem geeigneten Anreizsystem, das den neuen Vorgesetzten genügend Entlastungsmöglichkeiten bietet (vgl. dazu Kapitel 4.4).

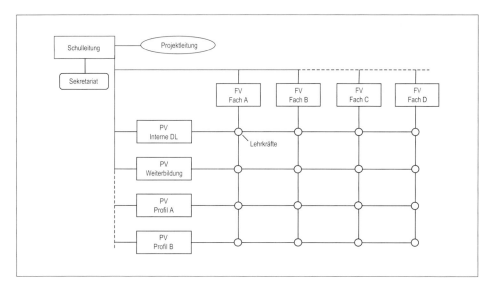

Abbildung 3:   Matrixorganisation in der Schule

Denkbar ist ein schrittweises Vorgehen zum Aufbau der Matrixorganisation. Die Einführung von Fachverantwortlichen als eine hierarchische Dimension könnte eine erste Veränderung in diese Richtung sein. Die Lehrkräfte müssten sich in der Anfangsphase an die Unterstellung unter die neue Hierarchiestufe gewöhnen. In einem weiteren Schritt könnten dann die Produktverantwortlichen als zweite hierarchische Dimension eingeführt werden.

Alle drei aufgeführten Lösungsmöglichkeiten haben das Ziel, die Schulleitung zu entlasten. Damit diese nämlich ihren Verantwortungen nachkommen kann, müssen freie Kapazitäten geschaffen werden. Die Schulleiter brauchen Zeit für die strategische Ausrichtung und die Ausarbeitung von innovativen Lösungsmöglichkeiten.

4.4 Notwendige Begleitmassnahmen für den organisatorischen Wandel

Umfassende Ausgestaltung von Anreizen

Damit überhaupt Lehrkräfte gefunden werden, die weitere Arbeiten übernehmen, muss wie bereits erwähnt die Frage nach einem möglichen Anreizsystem beantwortet werden. Da zurzeit keine zusätzlichen Mittel an die Schulen fliessen, können Lösungen nur in Form einer Umverteilung der Ressourcen erfolgen, was finanzielle Opfer bedingt.

Eine Möglichkeit, an der KZU Anreize für eine mittlere Hierarchiestufe zu schaffen, besteht darin, die den Aufstieg in die Lohnklasse 22 rechtfertigenden „besonderen Aufgaben" als diejenigen der Fachvorstände (bei der Matrixorganisation auch die der Produktverantwortlichen) zu definieren. Finanzielle Anreize sind jedoch weniger wichtig als die Schaffung von Kapazitäten in Form von Zeit. Da mit dieser Massnahme nicht alle Lehrkräfte automatisch in die oberste Lohnklasse gelangen, werden Mittel frei. Diese sollten in Form von Entlastungsstunden den Fachvorständen und Produktverantwortlichen zukommen. Da diese Lösung jedoch für viele Hauptlehrkräfte Lohnkürzungen zur Folge hat, ist anzunehmen, dass sie heftige Opposition auslösen würde.

Vorantreiben des Kulturwandels

Bevor solch grundlegende Strukturänderungen vorgenommen werden können, ist es unumgänglich den Kulturwandel einzuleiten. Die Befragungen verschiedener Mitglieder der KZU haben gezeigt, dass das NPM-Verständnis noch nicht bis an die Basis vorgedrungen ist. Sogar der Lehrkörper bräuchte vermehrt betriebswirtschaftliches Wissen, was nur durch kontinuierliche und stufengerechte Weiterbildung erreicht werden kann. Mit gezielten Fortbildungsveranstaltungen und entsprechendem Informationsmaterial können Wissensdefizite und Handlungsbarrieren abgebaut werden. Ferner sind strukturelle Änderungen nur mit der Unterstützung des Lehrkörpers erfolgreich. Die Basis muss daher den Handlungsbedarf zur Problembehebung erkennen können und verstehen. Ebenfalls entscheidenden Einfluss auf die Unternehmensziele haben die Kommunikationsformen, -inhalte und -gefässe sowie die oben erwähnten Anreizstrukturen (vgl. Thom/Ritz 2004: 92 ff.).

5 Fazit und Ausblick

Die Bemühungen zur Einführung von NPM im Schulwesen sind gross. Bis anhin verlief der Veränderungsprozess hauptsächlich auf der Prozessebene im Sinne neuer Instrumente. Ein kultureller und struktureller Wandel steht noch an. Besonders auf der Ebene der Schulleitungen besteht Handlungsbedarf. Damit ihre notwendige aktive und strategische Mitgestaltung am Bildungswesen möglich bleibt, ist eine grundlegende Umgestaltung der Struktur ins Auge zu fassen. Dabei ist man auf die Mitarbeit des Kollegiums angewiesen, welche nur bei einem echten Problemverständnis erfolgt. Zusätzlich zum Strukturwandel ist der Kulturwandel von Nöten. Ferner können wirksame Änderungen nur in Zusammenarbeit mit der Erziehungsdirektion durchgeführt werden. Beide Seiten müssen offen kommunizieren und Bereitschaft zur Kooperation zeigen.

Sofern zukünftig der Kultur und der Struktur vermehrt Aufmerksamkeit geschenkt wird, bestehen grosse Chancen für die erfolgreiche Verwirklichung der wirkungsorientierten Verwaltungsführung im Bildungswesen. Darauf aufbauend lässt sich die Qualität unseres Bildungswesens aus einer umfassenden, nämlich pädagogisch-didaktischen, anspruchsorientierten und betriebswirtschaftlichen Perspektive steigern.

Literaturverzeichnis

Brägger, Gerold (1995): Schulleitung gemeinsam gestalten, Zürich 1995.

Buschor, Ernst (1993): Wirkungsorientierte Verwaltungsführung, Zürich 1993.

Cortolezis-Schlager, Katharina/Nagel, Reinhart (1999): „Und sie bewegt sich doch!?", Steuerung und Organisation der Schulprozesse. In: Organisationsentwicklung, 18. Jg. 1999, Nr. 2, S. 4-15.

Der Bund (2001): Mehr Zeit und Kompetenzen für Schulleiter. In: Tageszeitung „Der Bund" vom Freitag 16. März 2001, 152. Jg., Nr. 63, S. 37.

Dubs, Rolf (1994): Die Führung einer Schule, Zürich 1994.

Dubs, Rolf (1996): Schule und New Public Management. In: Beiträge zur Lehrerbildung, 14. Jg. 1996, Nr. 3, S. 329-337.

Dubs, Rolf (1998): Recht und New Public Management im Schulwesen. In: Der Verfassungsstaat vor neuen Herausforderungen, hrsg. v. Bernhard Ehrenzeller et al., St. Gallen/Lachen 1998, S. 389-413.

Fehr, Jacqueline (1997): New Public Management – Risiken und Chancen. In: Forum der Berufsschulen des Kantons Zürich, o. Jg. 1997, Nr. 34, S. 4-6.

Haldemann, Theo (1995): New Public Management: Ein neues Konzept für die Verwaltungsführung des Bundes? Band 1, Bern 1995.

Herrmann, Ulrich (1996): Die Schule – eine Herausforderung für das New Public Management (NPM). In: Beiträge zur Lehrerbildung, 14. Jg. 1996, Nr. 3, S. 314-329.

Hurni, Rahel (1999): Wirkungsorientierte Führungsstrukturen zur Umsetzung von NPM an Schulen. Theoretische Grundlagen – Bezugsrahmen – Fallstudie, Lizentiatsarbeit am Institut für Organisation und Personal der Universität Bern, Bern 1999.

Zürich (1999): Mittelschulgesetz (ab 2000 in Kraft), hrsg. v. Kantonsrat des Kantons Zürich, Zürich 1999.

Luzern (1998): Schulleitbild an der Volksschule. Schriftenreihe Schulen mit Profil, Orientierungshilfe Nr. 2, hrsg. v. kantonales Erziehungs- und Kulturdepartement Luzern, Luzern 1998.

Mägli, Ueli (1996): NPM – die wissenschaftlich kontrollierte Freiheit. In: Zeitschrift für Berufsbildung, o. Jg. 1996, Nr. 3, S. 8-9.

Marty, Beno (1997): Schulleitung als Betriebs- und Geschäftsleitung. In: Schulblatt Obwalden/Nidwalden, o. Jg. 1997, Nr. 4, S. 5-6.

Mastronardi, Philippe/Schedler, Kuno (1998): New Public Management in Staat und Recht, Bern, Stuttgart, Wien 1998.

Ritz, Adrian/Thom, Norbert (2000): Internationale Entwicklungslinien des New Public Managements – Eine vergleichende Analyse von 11 Länderentwicklungen. Arbeitsbericht Nr. 45 des Instituts für Personal und Organisation der Universität Bern, Bern 2000.

Rhyn, Heinz (1997): Länderbericht Schweiz. In: Schulleitung und Schulaufsicht, hrsg. v. Bundesministerium für Unterricht und kulturelle Angelegenheiten, Innsbruck-Igls 1997, S. 163-187.

Schedler, Kuno (1995): Ansätze einer wirkungsorientierten Verwaltungsführung: Von der Idee des New Public Managements (NPM) zum konkreten Gestaltungsmodell. Fallbeispiel Schweiz, 2. Aufl., Bern, Stuttgart, Wien 1995.

Schreyögg, Georg (1996): Organisation, Grundlagen moderner Organisationsgestaltung, Wiesbaden 1996.

Thom, Norbert (1995): Change Management. In: Handbuch der Unternehmensführung, hrsg. v. Hans Corsten und Michael Reiss, Wiesbaden 1995, S. 869-879.

Thom, Norbert (2000): Organisation I, 7. Aufl., Bern 2000.

Thom, Norbert/Ritz Adrian (2004): Public Management – Innovative Konzepte zur Führung im öffentlichen Sektor, 2. Aufl., Wiesbaden 2004 (3. Aufl. 2006).

Thom, Norbert/Wenger, Andreas (2000): Bewertung und Auswahl effizienter Organisationsformen. Die effiziente Organisationsstruktur als Kernkompetenz, Arbeitsbericht Nr. 39 des Instituts für Personal und Organisation der Universität Bern, Bern 2000.

Willke, Helmut (1997): Wissensarbeit. In: Organisationsentwicklung, 16. Jg. 1997, Nr. 3, S. 4-18.

Zaugg, Robert (1996): Integrierte Personalbedarfsdeckung, Bern, Stuttgart, Wien 1996.

Teil 4
Fallbeispiel

Schritte in die schulische Teilautonomie

Ein Fallbeispiel

Monika Pätzmann

1	Einleitung	320
2	Ausgangslage	321
3	Modul A: Organisationsentwicklung (OE)	325
	3.1 Rollen in OE-Prozessen	325
	3.2 Projektmanagement	329
	3.3 Teamentwicklung	333
4	Modul B: New Public Management (NPM)	337
	4.1 Produktdefinition	337
	4.2 Leistungsvereinbarung	342
	4.3 Organigramm	345
	4.4 Teilautonomie	349
5	Modul C: Führung	352
	5.1 Management und Leadership	352
	5.2 Mitarbeiterinnen- und Mitarbeitergespräche	355
	5.3 Anreizsysteme	358
6	Modul D: Qualitätsmanagement	363
	6.1 Was ist Qualität?	363
	6.2 Eine Evaluation	367
	6.3 Evaluationskultur	370
7	Schlussbetrachtung	373
Glossar		374
Literaturverzeichnis		382

1 Einleitung

Das vorliegende Fallbeispiel begleitet die Kaufmännische Berufsschule Musterthal auf ihrem mehrjährigen Weg in die Teilautonomie. Es werden wichtige Etappen eines Schulentwicklungsprozesses beschrieben und exemplarisch einzelne Aspekte ausführlicher behandelt. Der Unterricht – obwohl die zentrale Aufgabe, also das Kerngeschäft, einer Schule – steht in diesem Fallbeispiel nicht im Vordergrund. Es konzentriert sich vielmehr auf folgende vier Bereiche:

- Organisationsentwicklung (OE)
  Rollen in OE-Prozessen, Projektmanagement, Teamentwicklung

- New Public Management (NPM)
  Produktdefinition, Leistungsvereinbarung, Organigramm, Teilautonomie

- Führung
  Führung, Mitarbeiterinnen- und Mitarbeitergespräch, Anreizsysteme

- Qualitätsmanagement
  Qualität, Evaluation, Evaluationskultur

Jeder dieser vier Bereiche bildet ein Modul, das mehrere Teilgebiete mit je einem Falltext, einer oder zwei Problemstellungen sowie Beispiellösungen enthält. Diese sind als Vorschläge beziehungsweise als Diskussionsgrundlage zu verstehen. Am Ende des Kapitels sind stets Hinweise auf weiterführende Literatur zum entsprechenden Thema zu finden. Das Glossar am Schluss liefert Erklärungen und Definitionen zu den wichtigsten Begriffen, die im Text vorkommen. Ein Pfeil (→) weist jeweils auf einen Eintrag im Glossar hin.

Das vorliegende Fallbeispiel beschreibt den Schulentwicklungsprozess an einer fiktiven kaufmännischen Berufsschule. Es basiert auf eigenen Erfahrungen, auf Berichten von Lehrkräften, die an unterschiedlichen Schulen unterrichten, sowie auf Darstellungen aus der Literatur.

Zentrales Kriterium bei der Auswahl der einzelnen Teilbereiche war, inwieweit diese für Personen relevant sind, welche sich mit Schulentwicklung auseinandersetzen. Der Praxisnähe, der Anschaulichkeit sowie der Übertragbarkeit auf unterschiedliche Verhältnisse wurde besondere Beachtung geschenkt.

Wenn die Auseinandersetzung mit den verschiedenen Themenbereichen und den darin angesprochenen Problemfeldern den Leserinnen und Lesern Anregungen für ihre eigene Arbeit bietet, hat die vorliegende Fallstudie ihr Ziel erreicht.

2 Ausgangslage

Die Schule

Die Kaufmännische Berufsschule (KBS) Musterthal liegt in einer ländlichen Gegend der Schweiz. Sie hat ein grosses Einzugsgebiet und geniesst in der Region den Ruf, eine solide Ausbildung zu gewährleisten.

Die Schule ist in einem neuen Gebäude untergebracht. Platzprobleme sind zum jetzigen Zeitpunkt – und voraussichtlich auch in näherer Zukunft – kein Thema. Die Ausstattung der einzelnen Schulzimmer entspricht den Anforderungen der Zeit.

Die Schulleitung

Die Schule wird von zwei Personen geleitet: von Rektor *Heinz Frey* und von Vizerektorin *Christine Moser*.

Heinz Frey ist Handelslehrer, 55 Jahre alt. Er wurde vor sechs Jahren zum Rektor der Schule gewählt. Als Vorbereitung auf die neue Aufgabe absolvierte er einen Kurs für angehende Schulleiterinnen und Schulleiter. Er trat sein neues Amt zu einem Zeitpunkt an, als ein Rektor noch vornehmlich administrative Aufgaben wahrzunehmen hatte.

Seine Unterrichtsverpflichtung beträgt sieben Lektionen pro Woche, zusammen mit dem Rektorenamt ergibt das eine Vollzeitstelle. Die Sekretariatsstelle ist mit 80 Prozent dotiert.

Gegenüber den Lehrkräften pflegt *Heinz Frey* eine Politik der offenen Tür, d. h. er steht meistens auch kurzfristig als Ansprechpartner zur Verfügung. Da er regelmässig zusammen mit den Lehrkräften die Kaffeepause verbringt, können viele Angelegenheiten auf informeller Basis erledigt werden. Lediglich für Gespräche über administrative Angelegenheiten, z. B. Pensenverteilung, Regelung von längeren Abwesenheiten usw., werden Termine im Voraus festgelegt.

Kontakte gegen aussen, d. h. mit Behörden, Lehrbetrieben, Eltern usw., werden vollumfänglich von *Heinz Frey* wahrgenommen. Sehr viel Zeit reserviert sich der Rektor für Gespräche mit Schülerinnen und Schülern. Vor allem bei schwachen schulischen Leistungen ist es ihm ein Anliegen, zusammen mit den Betroffenen Lösungen zu erarbeiten.

Im Verlauf der letzten beiden Jahre hat *Heinz Frey* erkannt, dass die Veränderungen im Bildungswesen auch vor der KBS Musterthal nicht Halt machen werden. Er hat beschlossen, sich in einem ersten Schritt intensiv mit der Thematik Schulentwicklung auseinanderzusetzen und sich das nötige Know-how für die Zukunft anzueignen. Er hat zwei Seminare für Schulleiterinnen und Schulleiter besucht und Publikationen zu diesem Thema gelesen. Dabei ist in ihm der Wunsch gewachsen, in einem zweiten Schritt zusammen mit den Lehrkräften ein Schulentwicklungsprojekt in Angriff zu nehmen, damit die Schule dem Wandel, der im Bildungswesen ansteht, aktiv begegnen kann.

Christine Moser, die Vizerektorin, ist Sekundarlehrerin, 49 Jahre alt und seit zwölf Jahren an der KBS Musterthal tätig. Sie ist zu 60 Prozent angestellt; ihr Unterrichtspensum umfasst sechs Lektionen pro Woche. Sie wurde vor zwei Jahren als Vizerektorin gewählt. Zu diesem Zeitpunkt konnte die Schule zwei neue Klassen eröffnen.

Die Schulkommission war bestrebt, *Heinz Frey*, dessen Arbeit sie sehr schätzt, mit der Schaffung des Amtes der Vizerektorin zu entlasten. Die Aufgabenteilung überliess sie den beiden Mitgliedern der Schulleitung.

Heinz Frey und *Christine Moser* haben ihre Zusammenarbeit nie genau definiert. Wie mit seiner Sekretärin spricht sich der Rektor auch mit seiner Stellvertreterin von Fall zu Fall neu ab. Nach seinen Vorgaben stellt sie alljährlich die Stundenpläne zusammen. Bei schulischen Anlässen, wie z. B. Elternabenden, ist sie im Hintergrund für einen reibungslosen Ablauf zuständig. Repräsentationspflichten ausserhalb der Schule nimmt sie nicht wahr. In Ausnahmefällen leitet sie den Konvent (die Lehrerinnen- und Lehrerkonferenz). Wenn die Schule grössere Aufträge zu vergeben hat, betraut der Rektor *Christine Moser* jeweils mit dem Einholen der Offerten.

Sie schätzt die Zusammenarbeit mit *Heinz Frey*, der ihr im Rahmen seiner Aufträge sehr viel Freiraum lässt. Hin und wieder stellt sie sich aber doch die Frage, ob die Zusammenarbeit innerhalb der Schulleitung nicht optimiert werden könnte – insbesondere im Hinblick auf die anstehenden Veränderungen. Sie merkt dabei, dass es ihr schwer fällt, Lösungsansätze zu formulieren, fehlt ihr doch auf Grund ihrer Ausbildung als Sekundarlehrerin jegliches Know-how im Bereich Führung und Organisation.

Die Lehrerinnen und Lehrer

An der Schule unterrichten 32 Lehrkräfte; davon sechs mit einem Vollpensum. Einige haben neben ihrer Unterrichtstätigkeit an der KBS Musterthal noch andere berufliche Verpflichtungen; insbesondere diejenigen für das Fach Verkaufskunde. Das Alter der Lehrkräfte liegt zwischen 25 und 60 Jahren, wobei keine Altersgruppe über- oder untervertreten ist.

Die meisten Teilpensen umfassen zwischen sechs und zehn Lektionen pro Woche. Viele Lehrkräfte, auch solche, die an ein und derselben Klasse unterrichten, sehen einander lediglich an den zweimal pro Semester stattfindenden Konventen und vereinzelt während der Pausen. Das Lehrerzimmer wird kaum als Arbeitsraum verwendet, was weniger mit der Ausstattung zusammenhängt als mit der Tatsache, dass die meisten Lehrkräfte über einen relativ kompakten Stundenplan verfügen und sich nur während der Zeit ihres Unterrichts im Schulhaus aufhalten. Vereinzelt arbeiten Lehrkräfte innerhalb eines Faches zusammen. Fächerübergreifender Unterricht ist jedoch kein Thema.

Neben der Unterrichtstätigkeit werden von den Lehrkräften kaum andere Funktionen wahrgenommen. Vor zwei Jahren wurde das Amt der Klassenlehrerin und des Klassenlehrers mit dem vordringlichen Ziel eingeführt, den Informationsfluss zwischen Rektorat bzw. Sekretariat und den einzelnen Klassen zu optimieren. Die Fachvorstände übernehmen vor allem in Zusammenhang mit den Lehrabschlussprüfungen Aufgaben. Den Inhalt der Lehrabschlussprüfungen können sie nicht beeinflussen. Die Prüfungsaufgaben werden zentral vom Kaufmännischen Verband verfasst.

Die Lehrkräfte sind mit ihrer Stelle an der KBS Musterthal und der Schulleitung durchwegs zufrieden. Sie wissen es zu schätzen, dass ihre Wünsche betreffend Stundenplan wo immer möglich berücksichtigt werden und dass sie ausserhalb ihres Unterrichts kaum Aufgaben wahrzunehmen haben.

Die Schülerinnen und Schüler

In zwölf Klassen für Kaufmännische Angestellte (3-jährige Ausbildung) und sechs für Verkäuferinnen und Verkäufer (2-jährige Ausbildung) werden an der KBS Musterthal insgesamt etwa 400 Schülerinnen und Schüler unterrichtet. Die Schule kann diese Zahl kaum beeinflussen, da sie verpflichtet ist, diejenigen Jugendlichen aufzunehmen, die einen Lehrvertrag abgeschlossen haben. Die Lehrlinge besuchen während ein bis zwei Tagen pro Woche den Unterricht. Während der restlichen Zeit werden sie im Lehrbetrieb ausgebildet.

Die Bezugsgruppen

Für die KBS Musterthal bestehen zwei direkte Bezugsgruppen: die Lehrbetriebe und die Eltern. Da die meisten Schülerinnen und Schüler älter sind als 18 Jahre, werden aber kaum Kontakte zu den Eltern gepflegt. Die Jugendlichen stehen mit ihrem Lehrbetrieb in einem Vertragsverhältnis. Aus diesem Grund sind die in den einzelnen Betrieben für die Lehrlingsbetreuung zuständigen Personen die Hauptansprechpartner der Schule.

Von sich aus nimmt *Heinz Frey* lediglich in Ausnahmefällen mit Lehrbetrieben Kontakt auf, d. h. bei ausgesprochen schwachen schulischen Leistungen einzelner Schülerinnen oder Schüler sowie bei schwerwiegenden Disziplinproblemen. Nur selten setzt sich eine Lehrmeisterin oder ein Lehrmeister mit der Schule in Verbindung.

Mit Ausnahme des alljährlich stattfindenden Informationsabends für die beiden direkten Bezugsgruppen der KBS Musterthal bestehen keine definierten Gefässe für einen Austausch.

Der Beginn des Wandels

Heinz Frey erkennt, dass er den von ihm angestrebten Schulentwicklungsprozess nicht allein lancieren kann. In *Agnes Schmid* findet er eine Schulbegleiterin, die über Erfahrung in diesem Bereich verfügt. Gemeinsam mit *Christine Moser* entwickeln sie ein Grobkonzept für das erste Jahr der Zusammenarbeit. Als ersten Meilenstein legen sie die Erarbeitung eines Leitbildes fest.

Zuvor muss aber vor allem Überzeugungsarbeit geleistet werden. Es ist sowohl *Heinz Frey* als auch *Christine Moser* und *Agnes Schmid* ein Anliegen, dass die Lehrkräfte mit den anstehenden Veränderungen im Bildungswesen vertraut sind, dass sie die Notwendigkeit dieses Schulentwicklungsprozesses erkennen und dadurch dem Vorhaben positiv gegenüberstehen. Die drei informieren, beantworten Fragen und zeigen mögliche Vorgehensweisen auf. Zweiflerinnen und Zweifler werden gezielt auf ihre Einwände hin angesprochen.

Erst als eine klare Mehrheit die Absichten der Schulleitung unterstützt, steht die Erarbeitung des Leitbildes auf dem Programm. *Agnes Schmid* führt als Moderatorin umsichtig und mit viel Fingerspitzengefühl durch den Prozess. Aber auch sie kann nicht verhindern, dass es hin und wieder zu heftigen verbalen Auseinandersetzungen zwischen den Lehrkräften kommt. Es besteht die Gefahr, dass sich das Kollegium in ein eher konservatives und ein eher progressives Lager spaltet.

Mit dem Resultat der Leitbildarbeit können sich alle einverstanden erklären. Es fühlt sich keine Gruppe marginalisiert. Die Beteiligten anerkennen, dass sie ihre Anliegen haben einbringen können und dass sie sich im neuen Leitbild wiedererkennen.

Den Lehrkräften und den beiden Mitgliedern der Schulleitung ist jedoch bewusst geworden, dass sie keine Streit- und Diskussionskultur haben. Der Wille, daran etwas zu ändern, ist bei den meisten vorhanden. Als vorrangiges Ziel wird somit – neben der Umsetzung des Leitbildes – die Teamentwicklung festgelegt.

3 Modul A: Organisationsentwicklung (OE)

3.1 Rollen in OE-Prozessen

Agnes Schmid empfiehlt den Lehrkräften die Ernennung einer →Steuergruppe, die den Schulentwicklungsprozess im Allgemeinen und den Teamentwicklungsprozess im Speziellen im Auftrag des Lehrkörpers lenkt.

Bei der Wahl der Mitglieder in die Steuergruppe wird darauf geachtet, dass die einzelnen Gruppen innerhalb des Kollegiums vertreten sind.

Sybille Habegger, eine Sprachlehrerin, meldet sich freiwillig, weil sie die Aufgabe als neue Herausforderung und als willkommene Abwechslung zum Schulalltag sieht, der für sie allmählich zur Routine geworden ist.

Von den Handelslehrkräften stellt sich *Peter Wyss* zur Verfügung. Er steht dem Vorhaben der Schule eher kritisch gegenüber, anerkennt aber dessen Notwendigkeit. Er erhofft sich von seiner Mitarbeit eine direkte Einflussnahme auf das Geschehen, wie sie ihm als Aussenstehendem voraussichtlich nicht möglich wäre.

Die fünf Lehrkräfte, die sowohl Informatik und Textverarbeitung/Bürokommunikation als auch Turnen unterrichten, haben sich in der Vergangenheit von ihren Kolleginnen und Kollegen oft übergangen gefühlt. Sie entscheiden sich aus diesem Grund, einen Sitz in der neuen Steuergruppe zu beanspruchen. *Silvio Fonti* ist bereit, diesen einzunehmen.

Die drei Personen, die sich zur Verfügung gestellt haben, werden in der Folge diskussionslos und mit Akklamation in die Steuergruppe gewählt. Unklarheit herrscht bezüglich der Frage, ob ein Mitglied der Schulleitung ebenfalls der Steuergruppe angehören soll oder nicht. Dieser Entscheid wird auf unbestimmte Zeit vertagt.

⊃ *Aufgabe 3.1*

Nach der Wahl macht *Agnes Schmid* die Schulleitung und die Lehrkräfte darauf aufmerksam, dass eine Rollenklärung für den anstehenden Prozess unabdingbar ist. Wie könnte die Rollenverteilung zwischen Schulleitung, Schulbegleiterin, Steuergruppe und Lehrkörper an der KBS Musterthal kurz- und langfristig aussehen?

Beispiellösung 3.1

- Lehrerinnen und Lehrer

Der Lehrkörper bildet das →Client System, also das zu verändernde soziale System. Ein Grundgedanke der →Organisationsentwicklung lautet „Betroffene zu Beteiligten machen". Vor diesem Hintergrund können und müssen die Lehrkräfte ihren eigenen Wandel aktiv mitgestalten. Wie oben erwähnt, können nur sie Ist-Zustände detailliert beschreiben und Soll-Zustände definieren, die für das Gesamtkollegium erstrebenswert sind. Als direkt Betroffene haben sie die Möglichkeit, Schwierigkeiten bei der Umsetzung frühzeitig zu erkennen und entsprechende Massnahmen zu ergreifen.

- Schulbegleiterin (*Agnes Schmid*)

Wie bereits dargelegt, geht es bei einem OE-Prozess primär um Hilfe zur Selbsthilfe. *Agnes Schmid* wirkt somit kurz- und evtl. mittelfristig als Veränderungshelferin, d. h. als →Change Agent. In dieser Rolle unterstützt sie das Client System, d. h. den Lehrkörper, mit ihrem Methodenwissen (Veränderungstechniken) und ihren Erfahrungen. Sie soll die am Prozess direkt Beteiligten in einer ersten Phase auch inspirieren und motivieren.

Der Grundsatz „Hilfe zur Selbsthilfe" bedingt jedoch, dass sich *Agnes Schmid* mittel- oder langfristig zurückziehen kann und ihre Aufgaben von der Steuergruppe übernommen werden. Im Idealfall gestaltet sich dieser Übergang fliessend.

- Steuergruppe (*Silvio Fonti, Sybille Habegger* und *Peter Wyss*)

Die →Steuergruppe muss mittel- oder langfristig die Rolle der Schulbegleiterin als Change Agent wahrnehmen und ausfüllen. Dabei ist es wichtig, dass sich die Mitglieder dieses Gremiums die für diese Aufgabe nötigen Kompetenzen aneignen.

Da den Mitgliedern der Steuergruppe das Know-how im Bereich →Change Management fehlt, müssen sie in einer ersten Phase sehr eng mit *Agnes Schmid* zusammenarbeiten. Gleichzeitig müssen sie sich jedoch gezielt auf die Aufgabe (Fach- und Prozesspromotor) vorbereiten, die sie zu übernehmen haben. Dabei ist es wichtig, dass sich die Steuergruppe stets mit den aktuellen Tendenzen im Bildungswesen auseinandersetzt. Nur so kann die Steuergruppe ihre Aufgabe auch wirklich zielorientiert wahrnehmen.

- Schulleitung (*Heinz Frey* und *Christine Moser*)

Auf Grund ihrer Stellung in der Hierarchie fällt der Schulleitung die Rolle des Machtpromotors (→Change Catalyst) zu.[1] Es ist ihre Aufgabe, schulhausintern

---

[1] In der pädagogischen Fachliteratur wird der Schulleitung oft die Rolle des Change Agent zugeschrieben. Die KBS Musterthal hat sich für eine externe Schulbegleiterin als Change Agent entschieden. Somit steht diese Option hier nicht mehr zur Diskussion. Sollte der Rektor ebenfalls die Rolle des Change Agent übernehmen, stellt sich das Problem, dass der Grundsatz der Trennung von Legitimation und Ausführung nicht eingehalten wird.

die nötigen Voraussetzungen für den anstehenden Veränderungsprozess zu schaffen. Ebenfalls in ihren Bereich fallen diesbezügliche Kontakte mit übergeordneten Stellen (z. B. Schulkommission, Erziehungsdirektion).

Da die Schulleitung aus zwei Personen besteht, ist eine klare Aufteilung von Aufgaben, Kompetenzen und Verantwortung unumgänglich. *Christine Moser* ist jedoch bis anhin an der Schule weder gegen innen noch gegen aussen als Entscheidungsträgerin in Erscheinung getreten. Somit wirkt es zum jetzigen Zeitpunkt opportun, dass *Heinz Frey* die Rolle des Change Catalyst übernimmt. So bald wie möglich müssen aber die Aufgaben der beiden Schulleitungsmitglieder definiert werden (→Funktionendiagramm, →Stellenbeschreibungen).

Eine enge Zusammenarbeit – im Sinne einer Vermittlerrolle – zwischen der Schulleitung und dem Client System, d. h. dem Lehrkörper, und der Schulbegleiterin als Change Agent unterstützt die erfolgreiche Gestaltung des Veränderungsprozesses.

Die Rolle als Vermittler sowie die Rolle als Machtpromotor muss die Schulleitung sowohl kurz- als auch langfristig übernehmen.

Diese Rollenzuteilung verlangt von *Heinz Frey* (und damit auch von allen Lehrkräften) ein Umdenken. Er muss sich mehr als bisher zurücknehmen und die Lehrerinnen und Lehrer vermehrt in Entscheidungsprozesse einbeziehen.

In einzelnen Schulen nimmt ein Mitglied der Schulleitung Einsitz in der Steuergruppe. Dies hat einerseits den Vorteil, dass Entscheide, welche die Rahmenbedingungen (z. B. Finanzen) betreffen, sofort gefällt werden können. Andererseits sieht sich diese Person mit dem Problem konfrontiert, zwei Rollen gleichzeitig einnehmen zu müssen: die des Machtpromotors und die des Change Agent. Eine geeignete Aufteilung von Aufgaben, Kompetenzen und Verantwortung innerhalb der Schulleitung und der Steuergruppe kann in diesem Fall mithelfen, Konflikte zu vermeiden.

Zusammenfassend lässt sich sagen, dass jede einzelne Lehrerin und jeder einzelne Lehrer aktiv an den Veränderungen teilnehmen muss. In ihrem Handeln werden die Lehrkräfte in der Anfangsphase von der Schulbegleiterin *Agnes Schmid* unterstützt. In einer zweiten Phase übernimmt die Steuergruppe diese Funktion. Die Schulleitung gewährleistet die optimalen Rahmenbedingungen für den Veränderungsprozess.

Weiterführende Literatur

Dalin/Rolff/Buchen 1996; Hentze/Kammel/Lindert 1997: 474 ff.; Horster 1996; Rolff/Buhren/Lindau-Bank et al. 1999: 72 ff.; Schratz 1998; Thom/Ritz 2000: 119 ff.

3.2 Projektmanagement

Die beiden Mitglieder der Schulleitung, *Heinz Frey* und *Christine Moser*, haben sich entschieden, vorläufig nicht Einsitz in der →Steuergruppe zu nehmen.

Silvio Fonti, Sybille Habegger und *Peter Wyss* einigen sich – nach Absprache mit der Schulbegleiterin – über das weitere Vorgehen: Sie streben eine Politik der kleinen Schritte und der raschen Erfolge an. Einerseits wollen sie selber erste Erfahrungen im Bereich →Projektmanagement sammeln, andererseits soll das Leitbild Basis für ihre erste gemeinsame Arbeit sein. Geeignet scheint ihnen ein Einstieg, der sowohl alle Lehrkräfte mit einbezieht als auch einen Nutzen für die Schülerinnen und Schüler garantiert und zur Qualitätsentwicklung an der Schule beiträgt. Weiter sollen die Lehrkräfte der Schule zu einer Zusammenarbeit in einem neuen Bereich angeregt werden. Die Steuergruppe wählt folgende Aussage aus dem Leitbild:

„Optimale Förderung und Forderung der Schülerinnen und Schüler leitet das Handeln aller Lehrkräfte an der Schule."

Die Mitglieder der Steuergruppe beraten in einer Sitzung lange und intensiv über mögliche Projekte. Sie formulieren gemeinsam ihren ersten Auftrag an die Lehrkräfte und legen direkt nach der Besprechung allen eine Kopie ins Brieffach:

> Liebe Kolleginnen, liebe Kollegen
> Eure Steuergruppe meldet sich ein erstes Mal zu Wort.
> Wir alle stellen immer wieder fest, dass wir über die schulischen Leistungen unserer Schülerinnen und Schüler kaum einen Überblick haben. Die Klassenlehrkraft verteilt jeweils am Semesterende die Zeugnisse und merkt dabei, welche Mitglieder ihrer Klasse einen Warnbrief erhalten, also in mindestens zwei Fächern ungenügende Leistungen erbringen.
> Wir fordern deshalb alle Klassenlehrkräfte auf, mit den Kolleginnen und Kollegen, die an ihrer Klasse unterrichten, eine Sitzung abzuhalten.
> Wir sind gespannt auf die Resultate!
> Eure Steuergruppe
> *Silvio, Sybille und Peter*
>
> z. K. an Heinz Frey, Christine Moser

Die Reaktionen der Lehrkräfte in den Pausengesprächen am nächsten Tag fallen unterschiedlich aus:

- „Endlich tut sich was: So habe ich mir die Arbeit der Steuergruppe vorgestellt."
- „Moment mal, wer erteilt hier wem Aufträge?"
- „Das ist wirklich eine gute Idee! Ich bin gespannt, wie sich meine Klasse in andern Fächern verhält."
- „Was meinen die bloss? Von denen lasse ich mir sicher nichts sagen!"

Empört ruft *Heinz Frey* die Mitglieder der Steuergruppe in sein Büro. Diese drei haben keineswegs kritische Reaktionen erwartet.

➔ *Aufgabe 3.2a*

Die Rollen der Beteiligten innerhalb dieses Veränderungsprozesses sind zwar geklärt worden. Welcher zentrale Aspekt ist jedoch bei der Einsetzung der Steuergruppe zu wenig beachtet worden? Berücksichtigen Sie bei Ihrer Antwort die oben aufgelisteten Reaktionen der Lehrkräfte und zeigen Sie Lösungsansätze auf.

Beispiellösung 3.2a

Silvio Fonti, Sybille Habegger und *Peter Wyss* haben sich – ohne dies explizit zu erwähnen – als →Steuergruppe aufbauorganisatorisch in einer Linienfunktion gesehen. Aus diesem Grund haben sie gegenüber dem Lehrkörper Entscheidungs- und Weisungskompetenz beansprucht.

Heinz Frey und mehrere Lehrkräfte haben jedoch die Steuergruppe in einer Stabsfunktion gesehen, deren Aufgabe darin besteht, die Schulleitung zu informieren und zu beraten. Die Entscheidungskompetenz liegt in diesem Fall beim Rektor, der gegebenenfalls dem Lehrkörper die Möglichkeit zur Stellungnahme geben kann.

Die Beteiligten haben es also unterlassen, die Stellung der Steuergruppe innerhalb der →Aufbauorganisation festzulegen. Hier zeigt sich deutlich, dass zum jetzigen Zeitpunkt des Veränderungsprozesses viele überfordert sind (→Change Management).

Agnes Schmid hat zwar die wichtige Rollenklärung initiiert und abgeschlossen; sie hat aber leider nicht auf aufbauorganisatorische Aspekte hingewiesen. Die Schule muss sich jetzt noch entscheiden, ob für die Steuergruppe ein Linien- oder ein Stabssystem gewählt werden soll.

- Bei der Anordnung in der →Linie kann die Steuergruppe die Umsetzung ihrer Vorschläge direkt beeinflussen. Sie tritt als eine zweite Weisungsinstanz neben die Schulleitung. Dies kann jedoch zu Schwierigkeiten führen, wenn die Art der aufbauorganisatorischen Einordnung gegenüber dem Kollegium nicht deutlich genug vorgenommen wurde und wenn die Zuständigkeiten der verschiedenen Weisungsinstanzen zu wenig voneinander abgegrenzt wurden.

- Soll die Einheit der Auftragserteilung gewährleistet sein, drängt sich die Anordnung im →Stab auf. Diese Lösung kann aber möglicherweise zu Frustrationen in der Steuergruppe führen, weil ihre Mitglieder dann als blosse Zuarbeiter für die Schulleitung dienen. Sie arbeiten u. U. Vorschläge aus, ohne irgendeinen Einfluss auf Umfang und Art ihrer Realisierung zu haben.

- Eine Stabsstelle mit Weisungsbefugnissen in einem abgegrenzten Bereich trägt den Nachteilen des Linien- und des Stabssystems Rechnung. Die Steuergruppe erhält in diesem Fall für den Bereich „Schulentwicklung" Weisungsbefugnis gegenüber dem Kollegium.

Eine Stabsstelle mit klar definierten Weisungsbefugnissen räumt der Steuergruppe genügend Kompetenzen ein, ihre Aufgabe wahrzunehmen, d. h. den Schulentwicklungsprozess zu steuern, ohne *Heinz Frey* in seiner Funktion als Rektor zu bedrängen. Würde zusätzlich *Christine Moser* als gleichberechtigtes Mitglied in die Steuergruppe gewählt, könnte sie die Verbindung zwischen Schulleitung und Steuergruppe sicherstellen.

➲ *Aufgabe 3.2b*

Ein Ziel der Steuergruppe war, selber erste Erfahrungen im Bereich →Projektmanagement zu sammeln. Beurteilen Sie das Vorgehen der Steuergruppe und benennen Sie dabei mindestens drei Problembereiche. Zeigen Sie auf, wie diese Probleme hätten vermieden werden können.

Beispiellösung 3.2b

- Unklare Zielformulierung

Das eigentliche Ziel hat die Steuergruppe nicht bekannt gegeben. Ein mögliches Ziel ist, die Schülerinnen und Schüler mit schwachen schulischen Leistungen in mehreren Fächern auf ihre kritische Situation anzusprechen und ihnen Lösungsansätze aufzuzeigen. Ein anderes – anspruchsvolleres – Ziel ist, die Anzahl Warnbriefe, die pro Semester verfasst werden, um einen bestimmten Prozentsatz zu senken.

- Unklarer Projektauftrag

Die Steuergruppe hat es unterlassen, einen klaren Projektauftrag zu erteilen. Aus ihrem Schreiben ans Kollegium geht zum einen nicht hervor, welche Resultate in den Sitzungen erzielt werden sollen. Denkbar wäre eine Liste der Schülerinnen und Schüler mit ungenügenden Leistungen in mindestens zwei Fächern. Zusätzlich zu dieser Liste könnten die Lehrkräfte zu den einzelnen Namen ihre Beobachtungen und ihre Einschätzung der Situation notieren. Diese Aufstellung liesse sich durch Empfehlungen an die betroffenen Schülerinnen und Schüler erweitern. Zum andern fehlen im Brief der Steuergruppe Angaben, was mit den Resultaten zu geschehen hat. Soll nun jemand (und wenn ja, wer?) mit den betroffenen Schülerinnen und Schülern Kontakt aufnehmen? Soll der Lehrbetrieb informiert werden?

- Fehlende Termine

Im Auftrag ist kein zeitlicher Rahmen angegeben; es ist somit unklar, wann die Sitzungen stattfinden sollten. Bei der Festlegung des Termins muss darauf geachtet werden, dass die Lehrkräfte sich ein Urteil über die einzelnen Mitglieder der Klasse bilden können (also einige Wochen nach Semesterbeginn) und dass den betroffenen Schülerinnen und Schülern zudem noch genügend Zeit verbleibt, ihre Leistung bis zum nächsten Zeugnis zu steigern (also mehrere Wochen vor dem Notentermin).

- Einbezug der Beteiligten

„Betroffene zu Beteiligten machen" lautet ein OE-Prinzip. Die Lehrkräfte sind aber in den Entscheidfindungsprozess nicht einbezogen worden; die Steuergruppe hat sie mit ihrem Schreiben vor vollendete Tatsachen gestellt. Die Schülerinnen und Schüler wissen nicht, dass ihre Leistungen an Sitzungen thematisiert werden. Eine frühzeitige Rücksprache mit dem Kollegium und eine Information der Klassen über das geplante Vorhaben können der Steuergruppe die nötige Unterstützung für ihre jetzige und ihre zukünftige Arbeit sichern.

Weiterführende Literatur

Dubs 1994: 154 ff.; Erziehungsdirektion des Kantons Zürich 1998; Horster 1996; Rolff 1995; Rolff/Buhren/Lindau-Bank et al. 1999: 153 ff.; Schiersmann/Thiel 2000.

3.3 Teamentwicklung

Die Erfahrungen in Zusammenhang mit der Erarbeitung des Leitbildes haben der Schulleitung und den Lehrkräften der KBS Musterthal gezeigt, dass es für sie nicht einfach ist, gemeinsame Ziele auch wirklich gemeinsam anzugehen und zu erreichen. *Christine Moser* wird als gleichberechtigtes Mitglied in die →Steuergruppe gewählt, damit der Kontakt zwischen Schulleitung und Steuergruppe optimiert werden kann.

Agnes Schmid und die Steuergruppe beschäftigen sich in der Folge mit einem Modell, das aufzeigt, nach welchen Gesetzmässigkeiten sich eine Gruppe entwickelt, und merken, dass das Wissen um diese Gesetzmässigkeiten und die Auseinandersetzung mit ihnen einem Kollegium helfen können, zu einem echten →Team zu reifen (vgl. Schley 1998: 127 ff.).

Orientierungsphase (Forming)	Informationsbedürfnis; nach Vorgaben arbeiten; Höflichkeit; Sicherheit durch Regeln; vorsichtiges Abtasten
Konfliktphase (Storming)	Interessengegensätze; unterschwellige Konflikte; Methodenwiderstand; Cliquenbildung; Status-Kämpfe; Schuldzuweisungen; Polarisierungen
Organisationsphase (Norming)	Spielregeln für Zusammenarbeit; kooperative Suche nach Alternativen; Feedbackkultur; Harmonietendenz; Rollenklarheit; Methodenklarheit
Integrationsphase (Performing)	Flexible Selbstorganisation; Ideenreichtum und Effizienz; Wir-Gefühl; solidarische Hilfsbereitschaft; selbstverständliche Metakommunikation

Tabelle 1: Phasen der Gruppenentwicklung

Die Steuergruppe stellt dieses Modell dem Kollegium vor und gemeinsam erkennen sie, dass sie als Gruppe erst am Anfang eines Teamentwicklungsprozesses stehen. Agnes Schmid empfiehlt, in einem ersten Schritt eine fächerübergreifende Zusammenarbeit anzustreben. Dies erlaube ihnen als Lehrerinnen und Lehrer, in gewohnter Umgebung erste Erfahrungen im Bereich Teamarbeit zu sammeln.

Diese Anregung stösst zwar auf positives Echo, einige Lehrkräfte wünschen sich jedoch noch konkretere Angaben. Die Steuergruppe erhält deshalb vom Kollegium den Auftrag, ein Konzept mit Ideen zur fächerübergreifenden Zusammenarbeit auszuarbeiten.

Die Steuergruppe definiert als Erstes das übergeordnete Ziel, formuliert den Auftrag (vgl. Schratz/Steiner-Löffler 1998: 48) und legt den zeitlichen Rahmen fest:

- Ziel: Die Schülerinnen und Schüler der KBS Musterthal sollen mit interdisziplinärem Denken vertraut werden und die Lehrkräfte Erfahrungen in der Zusammenarbeit mit Kolleginnen und Kollegen sammeln.

- Auftrag: Je mindestens zwei Lehrkräfte schliessen sich zusammen und führen mit ihren Klassen im kommenden Semester ein fächerübergreifendes

→Projekt durch. Die Klassenlehrkräfte koordinieren die für ihre Klassen geplanten Projekte.

- Zeitlicher Rahmen: Bis zwei Wochen vor Semesterende ist das Projekt abgeschlossen und sind Rückmeldungen aus den Klassen eingeholt. Vor den Ferien tauschen die an einem Projekt beteiligten Lehrkräfte die dabei gemachten Erfahrungen aus. An der schulinternen Fortbildung zum Semesterbeginn wird Rückschau gehalten und über das weitere Vorgehen entschieden.

Danach erstellt die Steuergruppe mit Hilfe von Agnes Schmid je ein Merkblatt zum →Projektmanagement und zur Auswertung von Projekten sowie eine Liste von Möglichkeiten fächerübergreifender Zusammenarbeit.

⊃ *Aufgabe 3.3*

Welche Möglichkeiten für eine fächerübergreifende Zusammenarbeit im Kollegium gibt es? Formulieren Sie die Ziele und skizzieren Sie, wie das Projekt durchgeführt werden könnte.

Möglichkeiten der Zusammenarbeit	Ziel Die Schülerinnen und Schüler ...	Mögliches Vorgehen
Gegenseitige Unterrichtsbesuche	- erleben, dass die Lehrkräfte sich auch für andere Fachinhalte interessieren. - ...	- Anlässe für gegenseitige Unterrichtsbesuche schaffen. - ...
Fachinhalte ergänzen	- erkennen den interdisziplinären Charakter vieler Wissensgebiete. - können durch die Kenntnisse in einem Fach den Zugang zu andern Fächern gewinnen.	- Jahrespläne vergleichen, einander ergänzende Bereiche identifizieren. - Zeitliche Reihenfolge der Unterrichtseinheiten aufeinander abstimmen, um Vorkenntnisse fächerübergreifend zu nutzen.
Fachinhalte verknüpfen	- erkennen den Zusammenhang zwischen den einzelnen Fächern. - ...	- Jahrespläne vergleichen und Gemeinsamkeiten entdecken. - ...

(Fortsetzung auf der nächsten Seite)

Team Teaching	- ... - ...	- Jahrespläne vergleichen und Überschneidungen identifizieren. - ...
...	- ... - ...	- ... - ...

Tabelle 2: Möglichkeiten der fächerübergreifenden Zusammenarbeit

Beispiellösung 3.3

Möglichkeiten der Zusammenarbeit	Ziel Die Schülerinnen und Schüler ...	Mögliches Vorgehen
Gegenseitige Unterrichtsbesuche	- erleben, dass die Lehrkräfte sich auch für andere Fachinhalte interessieren. - profitieren von Rückmeldungen der Besucherinnen und Besucher an ihre Lehrkraft.	- Anlässe für gegenseitige Unterrichtsbesuche schaffen. - *Unterrichtsbesuche vor- und nachbesprechen.*
Fachinhalte ergänzen	- erkennen den interdisziplinären Charakter vieler Wissensgebiete. - können durch die Kenntnisse in einem Fach den Zugang zu andern Fächern gewinnen.	- Jahrespläne vergleichen und einander ergänzende Bereiche identifizieren. - Zeitliche Reihenfolge der Unterrichtseinheiten aufeinander abstimmen, um Vorkenntnisse fächerübergreifend zu nutzen.
Fachinhalte verknüpfen	- erkennen den Zusammenhang zwischen den einzelnen Fächern. - erleben den Unterrichtsstoff über die Fächer hinaus als Einheit.	- Jahrespläne vergleichen und Gemeinsamkeiten entdecken. - Unterrichtsinhalte und Zeitpläne abstimmen, damit Klassen den wechselseitigen Bezug wahrnehmen.

(Fortsetzung auf der nächsten Seite)

Team Teaching	- *erleben, dass gemeinsames Unterrichten von zwei Lehrkräften effektiver ist als die Summe ihres Einzelunterrichtes.* - *lernen die Fachinhalte im Hier und Jetzt des Unterrichts aus unterschiedlicher Perspektive kennen.*	- *Jahrespläne vergleichen und Überschneidungen identifizieren.* - *Gemeinsam eine Unterrichtseinheit planen und umsetzen.*
Projektunterricht	- *Planen ein Projekt gemeinsam mit den Lehrkräften und führen es auch gemeinsam mit ihnen durch.* - *erleben die Wirksamkeit von Lernen in komplexen Zusammenhängen.*	- *Jahrespläne vergleichen und Projektideen entwickeln.* - *Unterrichtsphasen auf Projekt abstimmen.*

Tabelle 3: Möglichkeiten der fächerübergreifenden Zusammenarbeit bei der KBS Musterthal

Weiterführende Literatur

Erziehungs- und Kulturdepartement des Kantons Luzern 1997; Hentze/Kammel/Lindert 1997: 464 ff.; Rolff/Buhren/Lindau-Bank et al. 1999: 173 ff.; Schley 1998; Schratz/Steiner-Löffler 1998.

4 Modul B: New Public Management (NPM)

4.1 Produktdefinition

Als Vorbereitung auf die Einführung von NPM im Bildungswesen bietet die Erziehungsdirektion einen Kurs für Schulleiterinnen und Schulleiter an. Der Kurs umfasst vier halbtägige Blockveranstaltungen. In Absprache mit *Agnes Schmid* melden sich *Heinz Frey* und *Christine Moser* an.

Im ersten Block des Kurses der Erziehungsdirektion geht es um Steuerungsinstrumente im Allgemeinen und um Produktgruppen und Produktdefinitionen im Speziellen, bilden doch →Produkte die Grundlage für eine Einführung von NPM.

Die Kursteilnehmerinnen und Kursteilnehmer erhalten den Auftrag, die Produktgruppen ihrer Schule zu benennen und danach zwei Produkte mit Hilfe der dafür vorgesehenen Produktblätter zu definieren.

Die Referentin macht in diesem Zusammenhang auf folgende Aspekte aufmerksam: „Bei der Bestimmung der Produkte sind bereits Überlegungen zu sinnvoll verwendbaren Leistungsindikatoren einzubeziehen. →Indikatoren sollen idealerweise resultatsbezogene Aussagen und Vergleiche betreffend Qualität, Menge, Wirkung, Effizienz und Führung ermöglichen. Sie müssen dazu stark von der eigenen Leistung und wenig von externen Einflüssen abhängig sein." (Erziehungsdirektion des Kantons Bern 1998: „Hinweise zur Produktdefinition")

Heinz Frey und *Christine Moser* legen für ihre Schule vier Produktgruppen fest und entscheiden sich, die beiden Produkte „First Certificate"[2], das die Schule im Rahmen der Ausbildung für Kaufmännische Angestellte anbietet, und „Sprachkurse" aus dem Bereich der Fortbildung für Kaufmännische Angestellte und Verkäuferinnen und Verkäufer zu definieren.

➲ *Aufgabe 4.1a*

Welche Produktgruppen empfehlen Sie für die KBS Musterthal? Nennen Sie je zwei Produkte pro Produktgruppe.

---

[2] Cambridge First Certificate in English: weltweit anerkanntes Diplom für nicht englischsprechende Personen.

Beispiellösung 4.1a

Produktgruppe	Produkte (Beispiele)
Ausbildung Kaufmännische Angestellte	Theoretischer Unterricht, Stützkurse, SIZ[3], First Certificate
Ausbildung Verkäuferinnen und Verkäufer	Theoretischer Unterricht, Stützkurse, Wahlfach Englisch
Interne Dienstleistungen	Sekretariat, Fachbibliothek für Lehrkräfte, schulinternes Fortbildungsangebot, Materialverwaltung
Externe Dienstleistungen	Fortbildung für Kaufmännische Angestellte und Verkäuferinnen und Verkäufer (Sprach- und Informatikkurse), Fortbildung für Lehrkräfte anderer Schulen

Tabelle 4: Produktgruppen und Produkte der KBS Musterthal

➲ *Aufgabe 4.1b*

Die beiden Produktblätter[4] (vgl. nachfolgende Tabellen) sind erst teilweise ausgefüllt. Definieren Sie die Leistungsempfängerinnen und -empfänger; benennen Sie für die vorgegebenen Ziele 1 und 2 je einen →Indikator und legen Sie je einen →Standard fest. Ziel 3 formulieren Sie selbst.

Produktblatt I	
Produktgruppe	Ausbildung Kaufmännische Angestellte
Produkt	First Certificate
Beschrieb des Produktes	Kurs als Vorbereitung auf die First-Certificate-Prüfung (Wahlfach)
LeistungsempfängerInnen	
Ziel 1	Vermitteln des von der University of Cambridge vorgegebenen Stoffes
Indikator	
Standard zu Indikator	

(Fortsetzung auf der nächsten Seite)

---

[3] Schweizerisches Informatik-Zertifikat.

[4] In Anlehnung an „NPM – ERZ Leistungsvereinbarung zwischen der Gewerblich-Industriellen Berufsschule Thun und der Erziehungsdirektion des Kantons Bern" (1998).

Ziel 2	Hohe Beliebtheit des Kurses unter den Schülerinnen und Schülern
Indikator	
Standard zu Indikator	
Ziel 3	
Indikator	
Standard zu Indikator	

Tabelle 5:   Produktblatt I

Produktblatt II	
Produktgruppe	Externe Dienstleistungen
Produkt	Sprachkurse
Beschrieb des Produktes	Kurse zur Ergänzung der beruflichen Ausbildung: Sprachen
LeistungsempfängerInnen	
Ziel 1	Hohe Zufriedenheit der Kursteilnehmerinnen und –teilnehmer
Indikator	
Standard zu Indikator	
Ziel 2	Hohe Effizienz der eingesetzten finanziellen Mittel
Indikator	
Standard zu Indikator	
Ziel 3	
Indikator	
Standard zu Indikator	

Tabelle 6:   Produktblatt II

Schritte in die schulische Teilautonomie 341

Beispiellösung 4.1b

Produktblatt I	
Produktgruppe	Kaufmännische Angestellte
Produkt	First Certificate
Beschrieb des Produktes	Kurs als Vorbereitung auf die First-Certificate-Prüfung (Wahlfach)
LeistungsempfängerInnen	*Schülerinnen und Schüler der Abteilung Kaufmännische Angestellte der KBS Musterthal*
Ziel 1	Vermitteln des von der University of Cambridge vorgegebenen Stoffes
Indikator	*Erfolgsquote an den Prüfungen*
Standard zu Indikator	*Mind. 80 % der Angemeldeten bestehen die Prüfung*
Ziel 2	Hohe Beliebtheit des Kurses unter den Schülerinnen und Schülern
Indikator	*Anzahl Teilnehmende pro Jahr*
Standard zu Indikator	*Mind. 10 % aller teilnahmeberechtigten Schülerinnen und Schüler*
Ziel 3	*Motivierte Kursteilnehmerinnen und –teilnehmer*
Indikator	*Anmeldequote für Prüfung*
Standard zu Indikator	*Mind. 80 % der Kursteilnehmerinnen und –teilnehmer*

Tabelle 7: Produktblatt I der KBS Musterthal

Produktblatt II	
Produktgruppe	Externe Dienstleistungen
Produkt	Sprachkurse
Beschrieb des Produktes	Kurse zur Ergänzung der beruflichen Ausbildung: Sprachen
LeistungsempfängerInnen	*Kaufmännische Angestellte sowie Verkäuferinnen und Verkäufer*
Ziel 1	Hohe Zufriedenheit der Kursteilnehmerinnen und –teilnehmer
Indikator	*Anzahl Anmeldungen für einen weiteren Kurs aus dem Programm der KBS Musterthal*
Standard zu Indikator	*Mind. 40 % der Teilnehmerinnen und Teilnehmer*
Ziel 2	Hohe Effizenz der eingesetzten finanziellen Mittel
Indikator	*Kostendeckungsgrad*
Standard zu Indikator	*Kostendeckungsgrad > 60 %*

(Fortsetzung auf der nächsten Seite)

Ziel 3	Orientierung am Markt
Indikator	Zustandekommen der Kurse
Standard zu Indikator	7 von 10 Kursen werden durchgeführt

Tabelle 8: Produktblatt II der KBS Musterthal

Weiterführende Literatur

Erziehungsdirektion des Kantons Bern 1998; Schedler 1996: 53 ff.; Thom/Ritz 2000: 194.

4.2 Leistungsvereinbarung

In der zweiten Sitzung des Kurses der Erziehungsdirektion steht die Leistungsvereinbarung als das „verbindliche Führungsinstrument zwischen dem einzelnen NPM-Betrieb und der Erziehungsdirektion" auf dem Programm. Sie „umschreibt die zu erbringenden Leistungen (→Produkte) und die dafür zur Verfügung stehenden Ressourcen" (Erziehungsdirektion des Kantons Bern 1996: 8).

Zunächst stellt die Referentin die Bestandteile einer Leistungsvereinbarung kurz vor (vgl. Erziehungsdirektion des Kantons Bern 1998: „Raster Leistungsvereinbarung"):

Vereinbarungspartner	Die NPM-Institution (im vorliegenden Fall die KBS Musterthal) und die Erziehungsdirektion.
Rechtliche Grundlagen	Rechtserlasse, in denen die Aufgaben, Leistungen und Zuständigkeiten festgehalten sind, welche die NPM-Institution betreffen.
Geltungsdauer	In der Regel vier Jahre, jedoch jährliche Überprüfung, gegebenenfalls Anpassung.
Übergeordnete Ziele des NPM-Betriebes	Die Ziele ergeben sich aus der Gesetzgebung, den Regierungsrichtlinien, dem Leitbild usw.
Aufträge	Aufträge, die der NPM-Betrieb zu erfüllen hat.

(Fortsetzung auf der nächsten Seite)

Schritte in die schulische Teilautonomie 343

Vereinbarte Leistungen	Leistungsvereinbarungen, inkl. Indikatoren und Standards, festgehalten in einem Produkte-Portfolio[5].
Ressourcen	Personelle Mittel (Direktion, Lehrkräfte, Verwaltungspersonal, technisches Personal), finanzielle Mittel, Infrastruktur.
Leitung	Regelung der Aufgaben und Kompetenzen der Schulleitung (d. h. RektorIn, Abteilungsvorstände usw.) sowie der Abgrenzung der Kompetenzen von Schulleitung und Aufsichtskommission.
Reporting/Controlling	Inhalt, Art und Häufigkeit der Berichterstattung. Ziel ist die Überprüfung sowohl der quantitativen als auch der qualitativen Vorgaben.
Qualitätsentwicklung/ -sicherung	Festlegung des Vorgehens (Instrumente, Indikatoren usw.) bei Evaluationsvorhaben.
Besondere Vorgaben	Prioritäten. Konsequenzen bei Nichterfüllung der Leistungsvereinbarung.

Tabelle 9: Bestandteile der Leistungsvereinbarung

Die Referentin geht in der Folge genauer auf den Bereich →Reporting/→Controlling ein. Sie gibt den Kursteilnehmerinnen und -teilnehmern einen Überblick über die Instrumente zur Überprüfung der quantitativen Vorgaben:[6]

- Jahresabschluss, Halbjahresabschluss, Hochrechnung
- Kostenrechnung mit Kostenarten[7], Kostenstellen[8], Kostenträgern[9]
- Kennzahlen[10]

---

[5] Das Produkte-Portfolio bildet den Anhang zur Leistungsvereinbarung und umfasst die einzelnen Produktdefinitionen sowie die Beschreibung der Produktgruppen.

[6] In Anlehnung an „NPM – ERZ Leistungsvereinbarung zwischen der Gewerblich-Industriellen Berufsschule Thun und der Erziehungsdirektion des Kantons Bern" (1998).

[7] In der Kostenrechnung werden alle Kosten und Erlöse einer Institution den einzelnen Leistungen/Produkten zugeordnet. Die wichtigste Kostenart einer Schule sind die Personalkosten.

[8] In der Kostenstellenrechnung werden die Kosten den organisatorischen Einheiten zugerechnet, von denen oder für die sie veranlasst wurden. Dies ermöglicht u. a. die Kontrolle über einzelne Bereiche und den Vergleich mit der Vorperiode. Bsp.: Schulleitung, Sekretariat.

[9] Die Kostenträger entsprechen den Produkten der Leistungsvereinbarung.

[10] Bsp.: Durchschnittliche Prüfungsleistungen oder Prozentsatz der krankheitsbedingten Abwesenheiten der Schülerinnen und Schüler.

- →Evaluation der einzelnen Produkte gemäss den quantitativen →Indikatoren

Sie fordert nun die Anwesenden auf, bis zur nächsten Sitzung die Instrumente für die Überprüfung der qualitativen Vorgaben an ihrer Schule zu benennen.

◆ *Aufgabe 4.2*

Welche Instrumente stehen der Schulleitung der KBS Musterthal zur Überprüfung der Einhaltung der in der Leistungsvereinbarung festgelegten qualitativen Vorgaben zur Verfügung?

Beispiellösung 4.2

Folgende Instrumente stehen der Schulleitung der KBS Musterthal zur Überprüfung der Einhaltung der in der Leistungsvereinbarung festgelegten qualitativen Vorgaben zur Verfügung:[11]

- Mitarbeiterinnen- und Mitarbeitergespräche mit den Lehrkräften und der Sekretärin[12]
- →Qualitätsmanagement-Konzept der Schule, evtl. festgehalten in einem Qualitätshandbuch
- →Evaluation der einzelnen →Produkte gemäss den quantitativen →Indikatoren

Langfristig kann die Schulleitung auch ein →Benchmarking-Konzept mit einer oder mehreren anderen Schulen ausarbeiten. Voraussetzung dafür sind jedoch vergleichbare Produkte und Kennzahlen. Eine vergleichende Darstellung von Inhalten, Qualität, Prozessen und Strukturen kann alle beteiligten Schulen in ihrer Qualitätsentwicklung unterstützen.

---

[11] In Anlehnung an „NPM – ERZ Leistungsvereinbarung zwischen der Gewerblich Industrielle Berufsschule Thun und der Erziehungsdirektion des Kantons Bern" (1998).
[12] Vgl. Kapitel 5.2 „Mitarbeiterinnen- und Mitarbeitergespräche". Die Einführung dieses Instruments bedingt jedoch eine Änderung der Aufbauorganisation der Schule (vgl. Kapitel 4.3 „Organigramm"), da die Leitungsspanne zum jetzigen Zeitpunkt zu gross ist.

Weiterführende Literatur
Dubs 1996: 15 ff.; Erziehungsdirektion des Kantons Bern 1996 und 1998; Schedler 1996: 70 ff. und 130 ff.; Thom/Ritz 2000: 192 ff.

4.3 Organigramm

Am dritten Nachmittag steht im Kurs der Erziehungsdirektion die →Aufbau- und →Ablauforganisation der Schule im Zentrum. Die Teilnehmerinnen und Teilnehmer sollen den Ist-Zustand ihrer Schule erfassen und erkennen, inwiefern im Hinblick auf die Einführung von NPM Änderungen vorgenommen werden müssen. In ihrem Vortrag thematisiert die Referentin insbesondere die Führungsstruktur der Schulen:

- „Die Einführung von NPM bedingt eine Anpassung der Führungsstruktur [...]. Die Führung einer NPM-Institution muss personell so besetzt sein, dass die vollumfängliche operative Leitung des Betriebes sichergestellt werden kann. Leiten bedeutet planen, informieren, organisieren, Entscheide treffen und die Ausführung bzw. die Zielerreichung kontrollieren.

- Zur Erfüllung der Anforderungen muss die Leitung über das erforderliche fachliche, aber auch das betriebswirtschaftliche Wissen und Können verfügen. Es ist zu erwarten, dass in einigen Fällen nicht eine einzige Person alle Voraussetzungen wird erfüllen können.

- Es dürfte sich aufdrängen, die Leitung von NPM-Institutionen so zu strukturieren, dass alle Spezialanforderungen abgedeckt werden können." (Erziehungsdirektion des Kantons Bern 1996: 15)

Die Anwesenden werden gebeten, den Ist-Zustand ihrer Schule in einem →Organigramm festzuhalten. *Heinz Frey* und *Christine Moser* stellen dabei schnell fest, dass das Amt der Vizerektorin einer Stabsstelle (→Stab) entspricht und die 32 Lehrkräfte alle direkt *Heinz Frey* unterstellt sind.

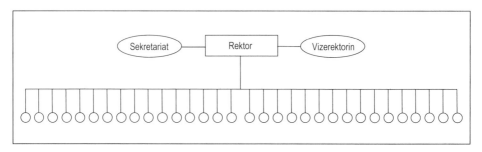

Abbildung 1: Organigramm des Ist-Zustandes der KBS Musterthal

Die Referentin macht die beiden darauf aufmerksam, dass bei der vorliegenden Struktur kaum Möglichkeiten bestehen, Aufgaben zu delegieren. Es ist also unumgänglich, die Aufbau- und Ablauforganisation der Schule neu zu gestalten.

In einem ersten Schritt tragen die beiden Schulleitungsmitglieder die Fakten zusammen, die ihnen im Hinblick auf die Erarbeitung eines neuen Organigramms relevant erscheinen:

- *Christine Moser* gefällt ihre Tätigkeit in der →Steuergruppe sehr gut – nicht zuletzt auf Grund der positiven Rückmeldungen aus dem Kollegium. Deshalb möchte sie dieses Amt weiterhin wahrnehmen. Sie ist bereit, ihr Arbeitspensum von derzeit 60 % zu erhöhen.

- Die Steuergruppe ist eine →Stabsstelle mit beschränkter Weisungsbefugnis.

- Die zuständigen Organe haben signalisiert, dass zusätzliche Stellenprozente im Hinblick auf die Einführung von NPM an der KBS Musterthal bewilligt werden.

- Auch in Zukunft wird die Schule zwei Abteilungen führen: Kaufmännische Angestellte sowie Verkäuferinnen und Verkäufer. Die Anzahl Klassen wird sich – soweit absehbar – nur marginal verändern. Eine BMS-Abteilung ist nicht vorgesehen. Geplant ist jedoch der Einstieg in die Fortbildung für Kaufmännische Angestellte sowie für Verkäuferinnen und Verkäufer in den Bereichen Informatik und Sprachen innerhalb der nächsten zwei Jahren. Die Kurse sollen von Lehrkräften der KBS Musterthal geleitet werden.

- Die Fachvorstände nehmen zur Zeit mehrheitlich Aufgaben in Zusammenhang mit den Lehrabschlussprüfungen wahr. Aus diesem Grund ist an der Schule auch eher von Chefexpertinnen und -experten als von Fachvorständen die Rede.

- Die Lehrkräfte des Faches Turnen unterrichten fast alle noch mindestens ein anderes Fach an der Schule (Bürokommunikation, Informatik und Textverarbeitung). Sie fühlen sich aber in ihrer Funktion als Turnlehrerinnen und -lehrer oft übergangen oder nicht ernst genommen.

- Die meisten der insgesamt 32 Lehrerinnen und Lehrer unterrichten mehrere Fächer. Die Sekundarlehrerinnen und -lehrer unterrichten zusätzlich zu den Sprachfächern noch Staatskunde, Wirtschaftsgeografie und Korrespondenz. Betriebs- und Rechtskunde, Rechnen, Rechnungswesen sowie Wirtschaft/Recht/Gesellschaft werden von Handelslehrkräften unterrichtet.

Zuerst soll nun ein neues Organigramm erarbeitet werden. Dieses soll dem Kollegium zur Stellungnahme sowie der Schulkommission zur Genehmigung vorgelegt werden. Weiter ist geplant, ein →Funktionendiagramm und →Stellenbeschreibungen zu erstellen. Daraus sollen dann – in Absprache mit dem Kollegium und der Schulkommission – die Anforderungsprofile für die neu einzurichtenden Stellen definiert werden.

➲ *Aufgabe 4.3*

Machen Sie einen Vorschlag, wie das →Organigramm der KBS Musterthal aussehen könnte, indem Sie die oben aufgelisteten Punkte in Ihre Überlegungen einbeziehen. Zeichnen Sie Ihre Lösung und begründen Sie Ihren Vorschlag.

Beispiellösung 4.3

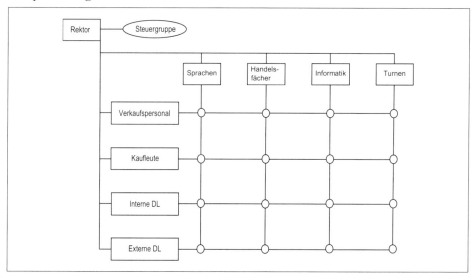

Abbildung 2: Mögliches Organigramm der KBS Musterthal

Folgende Überlegungen führen zum Organigramm der KBS Musterthal:

- Die Leitungsspanne war bis anhin zu gross, da alle Lehrkräfte dem Rektor direkt unterstellt waren. In der neuen Organisation wird die Leitungsspanne verkleinert und *Heinz Frey* in seiner Arbeit entlastet, da weitere spezialisierte Leitungsfunktionen definiert sind. *Christine Moser* übernimmt zusätzlich zu ihrer Aufgabe als Mitglied der Steuergruppe die Leitung eines Bereiches.

- In der vorgeschlagenen →Matrixorganisation werden zwei Dimensionen unterschieden: die vier Fachbereiche und die vier Produktgruppen mit je einer Vorsteherin oder einem Vorsteher.

  Die Fachbereiche:
  - Sprachen: Deutsch, Englisch, Französisch, Korrespondenz, Staatskunde, Wirtschaftsgeografie
  - Handelsfächer: Betriebs- und Rechtskunde, Rechnen, Rechnungswesen, Wirtschaft/Recht/Gesellschaft

- Informatik: Bürokommunikation, Informatik, Textverarbeitung
- Turnen

Die Produktgruppen:[13]
- Verkäuferinnen und Verkäufer
- Kaufmännische Angestellte
- Interne Dienstleistungen
- Externe Dienstleistungen

- Die Steuergruppe ist nach wie vor eine Stabsstelle (→Stab) mit beschränkten Weisungsbefugnissen.

Problematisch in einer →Matrixorganisation ist die Frage der Kompetenzabgrenzung. Diese lässt sich durch das Erstellen eines →Funktionendiagramms und von →Stellenbeschreibungen teilweise entschärfen. Dazu kommt, dass die Schule jetzt plötzlich Leiterinnen und Leiter für die einzelnen Bereiche benötigt und dass die Lehrkräfte nicht mehr dem Rektor direkt unterstellt sind. Eine gezielte und umfassende Personalentwicklung ist somit unumgänglich.

Alle Lehrkräfte, die dasselbe Fach unterrichten, sind in Fachschaften vereinigt. Diese Zusammenarbeit ist schon institutionalisiert. Es empfiehlt sich jedoch, eine Ansprechperson pro Fach zu benennen.

Weiterführende Literatur

Dubs 1994: 56 ff.; Erziehungsdirektion des Kantons Zürich 1998; Korndörfer 1995: 160 ff.; Thom/Ritz 2000: 232 ff.

4.4 Teilautonomie

Als Abschluss des Kurses der Erziehungsdirektion steht das Thema „Teilautonomie für Schulen" auf dem Programm. Wie weitreichend diese im Bereich Finanzen in Zukunft sein soll, ist im Detail noch nicht definitiv entschieden. Ein

---

[13] Vgl. Kapitel 4.1 „Produktdefinition".

Vertreter der Erziehungsdirektion nutzt deshalb die Chance zu einem Gespräch mit den Direktbetroffenen.

Zuerst stellt er die verschiedenen Formen von Schulautonomie vor (vgl. Dubs 1995: 318):

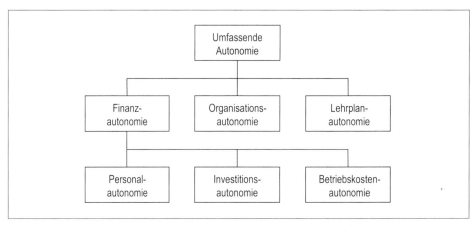

Abbildung 3: Die verschiedenen Formen von Schulautonomie

Danach geht der Referent noch kurz auf das Globalbudget ein: „Eine wie auch immer gestaltete Finanzautonomie setzt ein Globalbudget voraus, d.h. die zuständige politische Behörde stellt jeder einzelnen Schule für die selbständige Erstellung des Budgets einen Globalbetrag zur Verfügung. Dadurch kann jede Schule ihr Budget auf ihre eigenen pädagogischen Absichten und Zielsetzungen ausrichten." (Dubs 1996: 15)

→Organisations- und →Lehrplanautonomie stossen bei den Teilnehmerinnen und Teilnehmern auf wenig Interesse. Die verschiedenen Arten der Finanzautonomie werden aber hitzig diskutiert.

➲ *Aufgabe 4.4*

Finanzautonomie kann den Schulen entweder umfassend oder in einem oder mehreren der oben dargestellten Teilbereichen gewährt werden. Welche Chancen und Gefahren bergen die verschiedenen Arten der Finanzautonomie in sich?

Beispiellösung 4.4

- Umfassende Finanzautonomie ohne staatliche Hoheit

Nur in einem privatisierten Schulsystem lässt sich eine volle →Finanzautonomie realisieren. Die einzelnen Schulen finanzieren sich dabei über staatliche Bildungsgutscheine oder über Schulgelder, die von den Eltern bezahlt werden. Untersuchungen haben gezeigt, dass diese Art der Finanzierung jedoch zu schichtenspezifischen Schulen führt.

- Umfassende Finanzautonomie unter staatlicher Hoheit

Der Staat stellt jeder Schule (z. B. basierend auf der Anzahl Schülerinnen und Schüler) jährlich eine Budgetsumme zur Verfügung. Die Schule kann diese völlig frei auf die Löhne, Investitionen und Betriebskosten verteilen. Dabei besteht jedoch einerseits das Risiko, dass die Investitionen und Betriebskosten im Interesse der Löhne tief gehalten würden, was langfristig gefährlich ist. Und andererseits ist zu bezweifeln, ob solche „künstliche" Lohnunterschiede zwischen Schulen für die Schulqualität förderlich wären. Denkbar ist ebenfalls, dass die Zahl der Lehrkräfte reduziert wird, um die dadurch gewonnen Mittel anders einzusetzen. Dies könnte durch die Erhöhung der Pflichtstundenzahl oder die Vergrösserung der Klassenbestände erfolgen. Abgesehen von einer möglichen Einbusse bei der Unterrichtsqualität führt ein solches Vorgehen auch zu Verunsicherungen im Lehrkörper.

- Personalautonomie

Eine vollständige →Personalautonomie kann, wie oben erwähnt, zu unterschiedlichen Lohnniveaus an den einzelnen Schulen (auf Grund verschiedener leistungsabhängiger oder -unabhängiger Besoldungsregelungen) oder zu einer Diskriminierung älterer (und damit teurerer Lehrkräfte) führen. Gibt der Kanton weiterhin die Höhe der Besoldungen vor, können diese Nebeneffekte vermieden werden, indem einer Schule die Anzahl entlöhnter Lektionen oder die Personalkapazität in Beschäftigungsgraden pro Personalkategorie zugeteilt wird – und nicht Beträge.

Eine Autonomie im Personalbereich ist nur möglich, wenn klare Hierarchiestrukturen eingeführt werden. Eine solche Änderung lässt sich aber nur mit einem beträchtlichen Aufwand realisieren, da das aktuelle System meistens auf dem stark am Kollegium orientierten primus inter pares basiert.

- Investitionsautonomie

Eine →Investitionsautonomie ermöglicht den Schulen, die finanziellen Mittel gemäss ihrem Leitbild einzusetzen. Jedoch verzichten im Moment viele Schulleiterinnen und Schulleiter auf eine Autonomie in diesem Bereich, da der Umgang mit Investitionen für sie Neuland ist und sie sich überfordert fühlen.

- Betriebskostenautonomie

Die Betriebskosten machen nur 5 bis 12 % des Gesamtbudgets aus. „Trotzdem bringt die →Betriebskostenautonomie für die Verbesserung der Schulqualität grosse Vorteile. Wenn sich Schulen selbst entwickeln und eine eigene Schulkultur aufbauen wollen, so müssen sie die Möglichkeit haben, ihre Betriebsmittel ihren Zielen gemäss einsetzen zu können. So soll beispielsweise eine Schule, die sich in ihrem Freiraum mit einem modernen Informatikunterricht profilieren will, die Freiheit haben, ihre Betriebsmittel schwergewichtig für eine gewisse Zeit im Informatikbereich zu verwenden." (Dubs 1996: 13)

Weiterführende Literatur
Criblez 1996; Dubs 1996: 13 ff.

5 Modul C: Führung

5.1 Management und Leadership

Im Kurs der Erziehungsdirektion und während der Ausarbeitung des neuen →Organigramms stellt *Heinz Frey* fest, dass sein Selbstverständnis als Schulleiter sowie seine Art, Aufgaben anzugehen und Schwerpunkte zu setzen, nicht mehr den Anforderungen genügen. Er erkennt auch, dass *Christine Moser* in der →Steuergruppe den Schulentwicklungsprozess sehr weitsichtig angeht und Projekte effizient und effektiv umsetzt. Mit den Resultaten ihrer Arbeit ist er sehr zufrieden. Ihm ist jedoch klar, dass er mit der Einführung von New Public Management neu gefordert wird.

Er beschliesst deshalb, zuerst eine umfassende Analyse des Ist-Zustandes vorzunehmen. Diesen erfasst er auf zwei Ebenen: Zum einen erforscht er seine Einstellungen und sein Verhalten mit einem Fragebogen (vgl. Rolff/Buhren/Lindau-

Bank et al. 1999: 330 ff.). Zum andern untersucht er seinen Umgang mit der Zeit bzw. sein Zeitmanagement, indem er an einigen Tagen sämtliche Tätigkeiten genau aufzeichnet.

Den Fragebogen hat er zuerst selber ausgefüllt und anschliessend *Christine Moser* und *Agnes Schmid* um eine Einschätzung gebeten. Zu dritt haben sie sich auf folgende Aussagen geeinigt:

		Nie	Selten	Meistens	Immer
1	Ich halte mich auf dem Laufenden über neue Entwicklungen, die unsere Schule betreffen.				X
2	Ich habe eine klare Vorstellung von meiner „Philosophie" der Führung.			X	
3	Ich mache anderen meine Vorstellung deutlich, wie unsere Schule am besten geführt wird.		X		
4	Ich behandle andere Menschen mit Würde und Achtung.				X
5	Ich habe eine klare Vorstellung von unserer Schule in zwei Jahren.		X		
6	Ich stimme mein Handeln mit meiner Vision ab.		X		
7	Ich erläutere dem Kollegium mein Zukunftsbild.	X			
8	Ich vermittle klar und eindeutig ein positives und hoffnungsvolles Zukunftsbild unserer Schule.	X			
9	Ich lebe meine Wert- und Leitbilder.			X	
10	Ich halte Termine ein.				X
11	Ich hinterfrage die Art und Weise, wie ich arbeite.			X	
12	Ich delegiere Verantwortung.		X		
13	Ich kann Situationen umfassend analysieren.				X
14	Ich entscheide zügig.			X	
15	Ich suche nach innovativen Wegen, wie wir die Arbeit an unserer Schule verbessern können.			X	

Tabelle 10: Analyse des Verhaltens von Rektor Heinz Frei an der KBS Musterthal

Die wichtigsten Erkenntnisse zu seinem Zeitmanagement hat *Heinz Frey* stichwortartig festgehalten:

- Er kann selten während mehr als einer Stunde ungestört arbeiten. In seiner Arbeit wird er immer wieder vom Telefon oder von Lehrkräften, die „mal kurz was fragen wollen", unterbrochen.
- Er setzt viel Zeit für Gespräche mit Schülerinnen und Schülern ein.
- Während der untersuchten Zeitspanne hat er sich vorwiegend dem Tagesgeschäft und der Administration gewidmet. Er kann keine zukunftsorientierte Tätigkeit anführen.

⊃ *Aufgabe 5.1*

Analysieren Sie die Erkenntnisse von *Heinz Frey* und zeigen Sie auf, welcher Handlungsbedarf besteht. Worauf muss bei der Umsetzung dieser Massnahmen geachtet werden und welche Auswirkungen haben sie auf die Lehrkräfte?

Beispiellösung 5.1

Die Analyse zeigt, dass der Bereich →Management einen grossen Stellenwert einnimmt, bestimmt er doch vorwiegend das Tagesgeschäft, das Handeln von *Heinz Frey*. Der Bereich →Leadership wird dabei vernachlässigt. Die Vizerektorin *Christine Moser* zeigt in ihrem Tun zwar Leadership, dies geschieht jedoch eher unbewusst.

Es geht also darum, Massnahmen zu ergreifen, die für *Heinz Frey* zu Entlastungen im operativen Bereich führen, d. h. er muss Aufgaben, Kompetenzen und Verantwortung delegieren können. Die Implementierung des →Organigramms bietet ihm – in Verbindung mit den →Stellenbeschreibungen und dem →Funktionendiagramm – dazu Gelegenheit.

So kann er zum Beispiel

- gezielt Aufgaben, Kompetenzen und Verantwortung aus dem operativen Bereich an die Vorstände der einzelnen Bereiche oder an einzelne Lehrkräfte abgeben,
- die Position der Klassenlehrkräfte stärken, indem die Schülerinnen und Schüler dazu angehalten werden, sich in einem ersten Schritt mit ihren Anliegen an diese zu wenden und

- seine Verfügbarkeit für Telefongespräche restriktiver handhaben und die Lehrkräfte bitten, mit der Sekretärin einen Termin für ein Gespräch zu vereinbaren, damit sein Tagesablauf besser strukturiert werden kann.

Wird die Position von *Christine Moser* gestärkt und nimmt sie die Leadership-Qualitäten, über die sie unbewusst verfügt, auch bewusst wahr, vermag die Schulleitung als Ganzes diesen Bereich besser abzudecken.

Werden Aufgaben an Lehrkräfte (oder an Vorsteherinnen und/oder Vorsteher einzelner Bereiche) delegiert, muss die Schulleitung sicherstellen, dass zum einen Aufgaben, Kompetenzen und Verantwortung aufeinander abgestimmt sind und dass zum andern die mit einer Aufgabe Beauftragten fähig sind, diese auch auszuführen. Personalentwicklungsmassnahmen können den anstehenden Wandel im Führungsbereich unterstützen. Die Schulleitung muss sich ebenfalls bewusst sein, dass sie zwar Handlungs-, nicht aber Führungsverantwortung abgibt.

Die Vergrösserung ihres Tätigkeitsfeldes, verbunden mit der Erhöhung der Verantwortungsbereiche, der Anforderungen und der Kompetenzen, kann für die Personen, an die Aufgaben delegiert werden, eine neue Herausforderung bedeuten und ihnen Anerkennung und Bestätigung in einem neuen Bereich einbringen. Erhöhte Motivation sowie individuelle Zufriedenheit im Beruf können die Folge davon sein.

Weiterführende Literatur

Brägger 1995; Dubs 1994; Erziehungsdirektion des Kantons Zürich 1998; Erziehungs- und Kulturdepartement des Kantons Luzern 1999; Fischer/Schratz 1999; Hentze/Kammel/Lindert 1997; Korndörfer 1995: 202 ff.; Lohmann 1999; Lotmar/Tondeur 1994.

5.2 Mitarbeiterinnen- und Mitarbeitergespräche

An der Schule hat sich in den vergangenen Jahren einiges verändert. *Agnes Schmid* kann sich vermehrt zurückziehen. Sie trifft sich aber noch regelmässig mit der →Steuergruppe oder der Schulleitung. Bei einer Sitzung macht sie *Heinz Frey* darauf aufmerksam, dass ein Vorgesetzter, der Aufgaben delegiert, über ein Instrument verfügen muss, das ihm ermöglicht, im Rahmen regelmässiger Leistungsbeurteilungs- und Zielvereinbarungsgespräche seine Prioritäten systematisch, transparent und zukunftsorientiert einzubringen. Sie betont aber auch die Wichtigkeit von →Mitarbeiterinnen- und Mitarbeitergesprächen im Zusammenhang mit der Überprüfung der qualitativen Vorgaben aus der Leistungsvereinbarung und im Hinblick auf ein leistungsorientiertes Entlöhnungssystem, wie es auf kantonaler Ebene diskutiert wird.

Heinz Frey möchte deshalb innerhalb des kommenden Schuljahres das Mitarbeiterinnen- und Mitarbeitergespräch an der KBS Musterthal institutionalisieren. Da ihm ein kooperativer Führungsstil ein Anliegen ist, strebt er eine kooperative und wechselseitige Form der Beurteilung und Vereinbarung an.

Zuerst entwickelt er ein Formular, das als Grundlage für die Gespräche dienen soll. Dabei achtet er darauf, dass auch die Arbeitsbedingungen an der Schule und die Beziehung zu den direkten Vorgesetzten und deren Führungsverhalten aus der Sicht der Untergebenen thematisiert werden.

Danach plant *Heinz Frey* das weitere Vorgehen: Er will mit jeder Vorsteherin und jedem Vorsteher der einzelnen Bereiche (vgl. Organigramm) je ein Mitarbeiterinnen- oder Mitarbeitergespräch durchführen. Er verwendet das von ihm erarbeitete Formular zusammen mit den →Stellenbeschreibungen und dem →Funktionendiagramm als Grundlage für die Gespräche. Diese finden innerhalb einer Woche statt und ermöglichen ihm – neben der Ausarbeitung der Leistungs- und Zielvereinbarung mit den Betroffenen – sein Formular nachträglich zu optimieren. Jeder Bereichsvorstand lernt das neue Instrument im Rahmen dieses Gespräches selbst kennen. *Heinz Frey* geht davon aus, dass dieses Vorgehen den Vorsteherinnen und Vorstehern ermöglicht, ihrerseits die Gespräche mit ihren Mitarbeiterinnen und Mitarbeitern selbst durchzuführen.

➲ *Aufgabe 5.2*

Beurteilen Sie das geplante Vorgehen von *Heinz Frey* bei der Implementierung von →Mitarbeiterinnen- und Mitarbeitergesprächen an der KBS Musterthal.

Beispiellösung 5.2

Positiv zu werten ist die Tatsache, dass *Heinz Frey* sein Formular einem Pretest[14] unterzieht. Er hat es jedoch unterlassen, die Betroffenen zu informieren und in die Planung miteinzubeziehen. Weder die Angehörigen der zweiten Hierarchiestufe, also die Vorsteherinnen und Vorsteher der Fachbereiche, noch die übrigen Lehrkräfte wissen, dass Mitarbeiterinnen- und Mitarbeitergespräche eingeführt werden. Da der Rektor einen kooperativen Führungsstil pflegen und Aufgaben delegieren will, müsste er das neue Führungsinstrument in Zusammenarbeit mit den Vorsteherinnen und Vorstehern der Fachbereiche erarbeiten und umsetzen und alle Betroffenen frühzeitig und umfassend informieren. Eine andere Möglichkeit ist, eine Projektgruppe mit der Erarbeitung der entsprechenden Grundlagen zu beauftragen.

Ebenfalls positiv zu vermerken ist, dass er zusätzlich zum Formular die →Stellenbeschreibungen sowie das →Funktionendiagramm beizieht und dass er die Gespräche kurz hintereinander führen will.

Weiter ist positiv, dass die Mitarbeiterinnen und Mitarbeiter ihren Vorgesetzten eine Rückmeldung bezüglich deren Arbeit und Verhalten geben können. *Heinz Frey* unterlässt es jedoch, den Betroffenen das Formular vorher abzugeben, damit sie sich entsprechend vorbereiten können.

Dass er innerhalb der Organisationshierarchie kaskadisch vorzugehen plant, ist ein weiterer positiver Punkt. Die zweite Hierarchiestufe ist jedoch nur ungenügend auf ihre Aufgabe vorbereitet. Somit besteht das Risiko, dass die Mitarbeiterinnen- und Mitarbeitergespräche mit den einzelnen Lehrkräften nicht wunschgemäss verlaufen. Die Vorsteherinnen und Vorsteher der Fachbereiche müssen vorgängig entsprechend geschult werden.

Auf Grund der →Matrixorganisation[15] sind allen Lehrkräften zwei Personen vorgesetzt. Es muss somit geklärt werden, welche Stelle welche Mitarbeiterinnen- und Mitarbeitergespräche führt.

---

[14] Bei einem Pretest wird das erarbeitete Instrument vor dem eigentlichen Einsatz getestet, damit allfällige Schwachstellen noch eliminiert werden können.
[15] Vgl. Kapitel 4.3 „Das Organigramm der KBS Musterthal".

Weiterführende Literatur

Erziehungs- und Kulturdepartement des Kantons Luzern 1998; Personalamt des Kantons Luzern 1998; Thom/Ritz 2000: 296 ff.

5.3 Anreizsysteme

Im Leitbild der KBS Musterthal ist festgehalten, dass die Schulleitung und der Lehrkörper Entwicklungen, welche die Schule betreffen, wann immer möglich antizipieren und ihr Handeln entsprechend langfristig auf zu erwartende Veränderungen ausrichten.

In andern Kantonen sind bereits Pilotprojekte zur Einführung einer leistungsabhängigen Entlöhnung für Lehrkräfte lanciert worden. Im eigenen Kanton sind erste Bestrebungen diesbezüglich im Gang. Die Möglichkeit, dass an der KBS Musterthal ein leistungsabhängiges Lohnsystem eingeführt werden könnte, weckt bei vielen Lehrkräften Ängste. Sie formulieren diese mehrfach auch im Gespräch mit *Agnes Schmid*. Diese weist darauf hin, dass Leistungslohn nur ein Element des →Anreizsystems ist.

Unter den Lehrerinnen und Lehrern wird der Wunsch geäussert, mehr darüber zu erfahren: Zum einen möchten sie die verschiedenen materiellen und immateriellen Anreizarten kennenlernen, zum andern erhoffen sie sich Anstösse für Massnahmen, die das Wohlbefinden der Einzelnen bei ihrer Tätigkeit an der Schule steigern können.

Zwei Lehrkräfte erklären sich bereit, bis zum nächsten schulinternen Fortbildungstag eine Übersicht über Anreizsysteme zusammenzustellen. Als Erstes machen sie sich mit dem Einsatz dieses Instrumentes in der Privatwirtschaft vertraut. Danach überlegen sie sich, wie es sich auf Schulverhältnisse übertragen lässt.

➲ *Aufgabe 5.3*

Die beiden Lehrkräfte haben sich zuerst einen Überblick über die verschiedenen Anreizarten verschafft (vgl. nachfolgende Tabelle). Anschliessend haben sie entsprechende Beispiele aus der Privatwirtschaft aufgelistet. Überlegen Sie, wie diese Anreizarten konkret auf eine Schule übertragen werden können.

Anreizarten		Bsp. Privatwirtschaft	Bsp. Schulen
Materielle Anreize	Direkte finanzielle Anreize	Leistungsorientierte Entlöhnungssysteme, z. B. nach Leistung des Individuums, der Gruppe, des Unternehmens.	
	Indirekte finanzielle Anreize (Fringe Benefits)	Zusätzliche Versicherung Berufliche Vorsorge Firmenwagen Verbilligte Mittagsverpflegung Bildungsurlaub/Sabbatical Zinsgünstige Kredite Sportanlagen Gratis Halbtaxabonnement Cafeteria-Systeme	
Immaterielle Anreize	Anreize der Arbeit an sich	Arbeitsinhalt Entwicklungspotenzial Tätigkeitsspielraum Abwechslung/Vielseitigkeit	
	Organisatorische Anreize im engeren Sinn	Unternehmensgrösse Unternehmensstandort Unternehmensorganisation Unternehmenskultur Image des Unternehmens	
	Organisatorische Anreize im weiteren Sinn	Arbeitszeitsystem Personaleinsatz Personalentwicklung	
	Soziale Anreize	Führungsstil/Feedback Gruppenmitgliedschaft Kolleginnen/Kollegen Information, Kommunikation Soziale Beziehungen	

Tabelle 11: Die verschiedenen Anreizarten (mit entsprechenden Beispielen aus der Privatwirtschaft)

Beispiellösung 5.3

In der Tabelle ist eine Auswahl an Einsatzmöglichkeiten für Schulen aufgeführt, welche anschliessend vertieft betrachtet werden.

	Anreizarten	Bsp. Privatwirtschaft	Bsp. Schulen
Materielle Anreize	Direkte finanzielle Anreize	Leistungsorientierte Entlöhnung, z. B. nach Leistung des Individuums, der Gruppe, des Unternehmens.	*Leistungsorientierte Entlöhnung, z. B. nach Leistung des Individuums, der Fachschaft, der Schule.*
	Indirekte finanzielle Anreize (Fringe Benefits)	Zusätzliche Versicherung Berufliche Vorsorge Firmenwagen Verbilligte Mittagsverpflegung Bildungsurlaub/Sabbatical Zinsgünstige Kredite Gratis Halbtaxabonnement Cafeteria-Systeme	*Zusätzliche Versicherung Berufliche Vorsorge Verbilligte Mittagsverpflegung Bildungsurlaub/Sabbatical*
Immaterielle Anreize	Anreize der Arbeit an sich	Arbeitsinhalt Entwicklungspotenzial Tätigkeitsspielraum Abwechslung/Vielseitigkeit	*Arbeitsinhalt Entwicklungspotenzial Tätigkeitsspielraum Abwechslung/Vielseitigkeit*
	Organisatorische Anreize im engeren Sinn	Unternehmensgrösse Unternehmensstandort Unternehmensorganisation Unternehmenskultur Image des Unternehmens	*Grösse der Schule Standort der Schule Organisation der Schule Schulkultur Image der Schule*
	Organisatorische Anreize im weiteren Sinn	Arbeitszeitsystem Personaleinsatz Personalentwicklung	*Arbeitszeitsystem Personaleinsatz Personalentwicklung*
	Soziale Anreize	Führungsstil/Feedback Gruppenmitgliedschaft Kolleginnen/Kollegen Information, Kommunikation Soziale Beziehungen	*Führungsstil/Feedback Gruppenmitgliedschaft Kolleginnen/Kollegen Information, Kommunikation Soziale Beziehungen*

Tabelle 12: Die verschiedenen Anreizarten mit entsprechenden Beispielen aus der Privatwirtschaft und den Schulen

- Direkte finanzielle Anreize

Im Bereich Leistungslohn sind verschiedene Vorgehensweisen denkbar. Es kann die Leistung einer einzelnen Lehrkraft[16] oder eines →Teams, z. B. einer Fach-

---

[16] Vgl. Kapitel 4.4 „Chancen und Gefahren der Finanzautonomie".

schaft, beurteilt werden. Weiter kann die Lohnsumme auch von der Leistung der ganzen Schule abhängig sein. Im Bereich der individuellen Leistungslöhne werden neuerdings fähigkeits- und kompetenzorientierte Systeme entworfen. Beurteilt und belohnt werden die Unterrichtsführung, besondere Fähigkeiten, die für die Schulentwicklung bedeutsam sind, und Fachkompetenzen in bestimmten Gebieten. Solche Systeme sollen die Motivation der Lehrkräfte und ihr Einsatz bei den Arbeiten der Schulentwicklung positiv beeinflussen.

Diverse Fachleute weisen jedoch immer wieder darauf hin, dass mit der Bindung an den Lohn, wenn überhaupt, erst begonnen werden sollte, wenn die Lehrkräfte in ein System ohne finanzielle Anreize Vertrauen gewonnen haben. Andere betonen, vor der Einführung des Leistungslohnes müsse eine Beurteilungspraxis so gefestigt sein, dass die Beteiligten sich sicher fühlen; sonst würden die mit der Lohnwirksamkeit verfolgten Ziele nicht erreicht werden. Im Zusammenhang mit der Leistungsbeurteilung von Lehrkräften ist ebenfalls zu beachten, dass sie allein nicht zur Verbesserung der Qualität des Unterrichts führt und sie deshalb stets mit einer individuell orientierten Lehrerweiterbildung verbunden werden muss.

- Indirekte finanzielle Anreize/Fringe Benefits

Verfügt die Schule nicht über eine Personalautonomie, kann sie im Bereich der →Fringe Benefits kaum von sich aus tätig werden. Der Staat kann jedoch für Lehrkräfte durchaus interessante Angebote bereitstellen. Wendet er dabei das so genannte Cafeteria-System an, kann eine Lehrkraft, die Anrecht auf eine Sonderleistung hat, unter verschiedenen Angeboten dasjenige auswählen, das ihren Bedürfnissen am besten entspricht.

- Anreize der Arbeit

Die vier genannten Bereiche (Arbeitsinhalt, Entwicklungspotenzial, Tätigkeitsspielraum, Abwechslung/Vielseitigkeit) können schulintern bis zu einem gewissen Grad beeinflusst werden. Durch die Delegation von Aufgaben erhalten Lehrkräfte die Möglichkeit, ihr Tätigkeitsfeld zu erweitern. Dies kann sowohl für Lehrkräfte, die sich eine Aufstiegsmöglichkeit wünschen oder eine neue Herausforderung suchen, als auch für Lehrkräfte, denen das Unterrichten zunehmend schwerfällt, eine willkommene Alternative zum bisherigen Schulalltag bedeuten.

- Organisatorische Anreize im engeren Sinn

Die Grösse und der Standort der Schule können von der Schulleitung und den Lehrkräften kaum beeinflusst werden. Die Organisation der Schule ist aber mit wenigen Einschränkungen den Betroffenen selber überlassen. Das Schulklima hängt fast vollumfänglich von den Personen ab, die an dieser Schule tätig sind. Auch auf das Image der Schule haben die Schulleitung und die Lehrkräfte einen grossen Einfluss. Die vier genannten Punkte sind nur bedingt von den zur Verfügung stehenden finanziellen Ressourcen abhängig.

- Organisatorische Anreize im weiteren Sinn

Arbeitszeitsysteme an Schulen können in vielen Punkten nicht mit denjenigen anderer Organisationen verglichen werden. Die schulinterne Pensenbuchhaltung und die Gestaltung des Stundenplanes bieten jedoch durchaus Möglichkeiten, Extrawünsche und persönliche Präferenzen zu berücksichtigen. Werden Lehrkräfte entsprechend ihren Wünschen und Neigungen in Abteilungen eingesetzt oder mit Zusatzaufgaben betraut, trägt dies bei den Betroffenen ebenfalls zu einer positiv erlebten Arbeitswelt bei. Dasselbe gilt für eine sorgfältige und zielorientierte Weiterbildungspolitik innerhalb der Schule.

- Soziale Anreize

Hier steht die Qualität der zwischenmenschlichen Beziehungen im Mittelpunkt. So kann eine stützende Teamkultur am Arbeitsplatz Gesundheit, Motivation und Leistungsfähigkeit aufrechterhalten. Sie ermöglicht Stressabbau und Belastungsreduktion und erzielt damit eine höhere Zufriedenheit und ein besseres Klima. Anstrengungen in diesem Bereich sind kaum mit finanziellen Aufwendungen verbunden.

Auch wenn sich einzelne Elemente des privatwirtschaftlichen Anreizsystems nicht auf Schulen übertragen lassen, können andere sehr wohl zur Erhaltung und Motivation der Lehrerinnen und Lehrer beitragen. Manche sind sogar im Rahmen der aktuellen Gesetzgebung und mit geringen finanziellen Aufwendungen realisierbar. Es ist an *Heinz Frey* in seiner Funktion als Rektor, diese situativ und zielorientiert einzusetzen.

Weiterführende Literatur
Bildungsdirektion des Kantons Zürich 1999a; Dubs 1990; Dubs 1996: 51 ff.; Erziehungs- und Kulturdepartement des Kantons Luzern 1998; Kappel 1993; Thom/Ritz 2000: 306 ff.

6 Modul D: Qualitätsmanagement

6.1 Was ist Qualität?

Die Frage nach der Qualität hat das Handeln an der KBS Musterthal in den vergangenen Jahren zwar stets beeinflusst, gezielt ist das →Qualitätsmanagement, d. h. →Qualitätssicherung und →Qualitätsentwicklung bisher jedoch nicht angegangen worden. *Heinz Frey* und *Christine Moser* können sich noch an die folgende Aussage der Referentin im Kurs der Erziehungsdirektion erinnern:

„Am Anfang jeder systematischen Qualitätsentwicklung steht eine bewusste Auseinandersetzung mit der Frage, was in der Organisation unter Qualität verstanden wird und welche Qualitätspolitik verfolgt werden soll. Dabei geht es nicht nur um die Qualität der Dienstleistungen oder der →Produkte, sondern auch um die interne Qualität, um Abläufe, Zusammenarbeit und Zufriedenheit der Mitarbeitenden." (Fröhlich/Thierstein 1997: 9)

Vor diesem Hintergrund entscheiden sich die beiden, die Frage „Was wird an der KBS Musterthal unter Qualität verstanden?" anzugehen. Dazu konsultieren sie Fachliteratur und stellen fest, dass es eine allgemein gültige Definition von Qualität nicht gibt. Zwei Definitionen notieren sie sich schliesslich:

- „Qualität ist nicht einfach das Beste, sondern das der Situation Angemessene, das den Erwartungen Entsprechende." (Goetze 1995: 6)

- „Qualität ist, was den Anforderungen entspricht." (ISO 9000 ff.)

Heinz Frey und *Christine Moser* erkennen, dass sie – gemeinsam mit dem Kollegium – selber festlegen müssen, was für die KBS Musterthal Qualität bedeutet, und dass dabei die Anforderungen ihrer Kundinnen und Kunden an die Schule eine wichtige Rolle spielen. Sie beschliessen, sich mit der Qualität des Unterrichts, dem Kerngeschäft der Schule, auseinanderzusetzen. Sie planen folgendes Vorgehen: Zuerst soll eine Arbeitsgruppe die „Kundinnen und Kunden" benennen, welche an eine einzelne Lehrkraft und ihren Unterricht Ansprüche stellen. Danach soll die Arbeitsgruppe – u. U. nach einer Befragung dieser Bezugsgruppen – deren Anforderungen an eine Lehrkraft und ihren Unterricht erfassen. Das Kollegium soll anschliessend auf Grund dieser Zusammenstellung – in Übereinstimmung mit dem Leitbild der Schule sowie den Lehrplänen – Qualitätsleitsätze für den Unterricht an der KBS Musterthal erarbeiten.

➲ *Aufgabe 6.1a*

Benennen Sie die Kundinnen und Kunden der KBS Musterthal und geben Sie je mindestens ein Beispiel der Qualitätsanforderungen, die diese an eine Lehrkraft und ihren Unterricht stellen.

Beispiellösung 6.1a

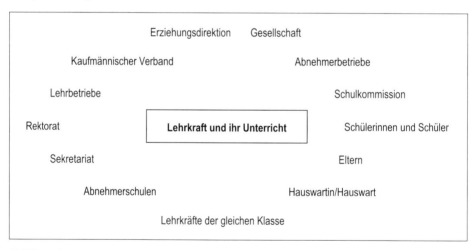

Abbildung 4:   Die Kundinnen und Kunden der KBS Musterthal

Um die einzelnen Ansprüche an die Lehrkraft und ihren Unterricht gewichten zu können, muss die Schule den Stellenwert der einzelnen Bezugsgruppen festlegen.

Kundinnen und Kunden	Mögliche Ansprüche
Abnehmerbetriebe	Selbstständiges Arbeiten fördern Praxisbezogenen Stoff vermitteln
Abnehmerschulen	Im Lehrplan vorgegebenen Stoff vermitteln Vernetztes Denken fördern
Eltern	Als Ansprechperson verfügbar sein Disziplin aufrechterhalten
Erziehungsdirektion	Lehrplan einhalten Gesellschaftliche Werte und Normen vermitteln
Gesellschaft	Aktiv am politischen Leben teilnehmen Verantwortungsbewusstsein fördern
Hauswart	Im Klassenzimmer Ordnung halten Mit dem Mobiliar sorgfältig umgehen
Kaufmännischer Verband	Image der Ausbildung hochhalten Gute Berufsleute für die Wirtschaft ausbilden
Lehrbetriebe	Unterricht praxisbezogen gestalten Selbstständigkeit fördern
Lehrkräfte der gleichen Klasse	Vereinbarungen einhalten Fächerübergreifend zusammenarbeiten
Lehrkräfte der Schule	In den Fachschaften aktiv mitarbeiten Zusätzliche Aufgaben übernehmen
Rektorat	Engagement für die Schule zeigen Sich für Schülerinnen und Schüler einsetzen
Schülerinnen und Schüler	Umfassend auf Lehrabschlussprüfung vorbereiten Abwechslungsreich unterrichten
Schulkommission	Aktiv am Schulgeschehen teilnehmen Im Schulentwicklungsprozess konstruktiv mitarbeiten
Sekretariat	In administrativen Belangen zuverlässig sein Umgänglich sein

Tabelle 13: Mögliche Ansprüche der Kundinnen und Kunden der KBS Musterthal

➲ *Aufgabe 6.1b*

Im vorangehenden Abschnitt wurde den Schülerinnen und Schülern die Rolle von Kundinnen und Kunden einer Schule zugewiesen. Diese Rolle unterscheidet sich aber in wesentlichen Punkten von der Kundschaft einer Unternehmung. Reflektieren Sie den Unterschied zwischen einer Unternehmung und einer Schule.

Beschreiben Sie dann die besondere Stellung der Schülerinnen und Schüler innerhalb des Kerngeschäftes Unterricht und – daraus abgeleitet – die Konsequenzen für die Beurteilung der Unterrichtsqualität einer einzelnen Lehrkraft. Überlegen Sie sich ebenfalls, wo die Schwierigkeit liegt, wenn die Qualität des Unterrichts lediglich über die Qualitätsanforderungen der Schülerinnen und Schüler definiert wird.

Beispiellösung 6.1b

Im Gegensatz zu einer Unternehmung ist eine Schule „nicht einfach eine ökonomisch-technische Produktionseinheit, deren Ergebnis durch Anwendung des ökonomischen Prinzips mit einem Vergleich von Input und Output saldierbar ist". Viele Ziele der Schule sind – im Gegensatz zu denjenigen der meisten Unternehmungen – reflexiv, d. h. die Lehrerinnen und Lehrer können sie nicht direkt, sondern nur indirekt durch Anregung und Gestaltung der Umgebung einsetzen. So kann ein Lehrer einen Schüler nicht direkt zur Mündigkeit erziehen. Im Weiteren ist die Erreichung der Ziele nur zum Teil messbar: Die grossen pädagogischen Ziele kann man nicht operationalisieren und quantifizieren. Dazu kommt, dass die eigentliche Arbeit von Lehrkräften nur begrenzt reglementierbar und standardisierbar ist. Dies hat zur Folge, dass Lehrpersonen im Vergleich zu Beschäftigten von Unternehmungen über eine erhöhte Autonomie verfügen. (Vgl. Rolff 1993: 124 ff.)

Je nach Standpunkt wird den Schülerinnen und Schülern die Rolle von Mitarbeitenden oder von Kundinnen und Kunden zugeschrieben. Sie werden ebenfalls als „Produkt und Rohmaterial" angesehen. Bei der Diskussion um die Qualität von Unterricht muss in jedem Fall einbezogen werden, dass Schülerinnen und Schüler als Mitglieder der Organisation Schule eine tragende Rolle spielen: Die meisten Schweizer Schulen haben lediglich einen beschränkten Einfluss auf die Auswahl der Schülerinnen und Schüler, die sie auszubilden haben. Im Gegensatz zu einer Unternehmung ist die Schule also in der Wahl des „Rohmaterials" nicht frei. Zusätzlich sind die Schülerinnen und Schüler am Unterricht, also an der Produktion, sehr stark mitbeteiligt, können also das Resultat beeinflussen. Schliesslich sind Schülerinnen und Schüler auch das Produkt des Unterrichts. Wichtig ist in diesem Zusammenhang ebenfalls die Tatsache, dass die Schülerinnen und Schüler fortwährend Umwelteinflüssen ausgesetzt sind, welche die Schule nicht steuern kann.[17]

All diese Überlegungen müssen mitberücksichtigt werden, wenn der Unterricht einer Lehrkraft beurteilt werden soll.

Die Qualität von Unterricht kann nicht allein über die Anspruchserwartungen der Schülerinnen und Schüler definiert werden. Denn Lerneinheiten, die keine unmittelbare Begeisterung auslösen, können durchaus sinnvoll und notwendig sein und somit unter Qualitätsaspekten positiv beurteilt werden. Deshalb müssen aus ethischen und pädagogischen Überlegungen heraus in der Diskussion um Bildungsqualität auch andere Aspekte und Bezugsgruppen berücksichtigt werden. Übergeordnete Interessen haben dabei auf dem Gebiet der Berufsbildung insbesondere der Staat und die Wirtschaft.

Weiterführende Literatur
Dubs 1998; Goetze 1995; Gonon/Hügli/Landwehr et al. 1998; Kempfert/Rolff 1999; Posch/Altrichter 1997; Schedler 1996: 21 ff.; Specht/Thonhauser 1996; Spiess 1997.

6.2 Eine Evaluation

Die Lehrkräfte und die Schulleitung der KBS Musterthal wählen jedes Jahr einen Aspekt aus dem Leitbild als Schwerpunktthema aus. Dieses Jahr steht folgender Satz im Zentrum:

„Wir tragen dem unterschiedlichen Lernverhalten der Schülerinnen und Schüler Rechnung, indem wir im Unterricht der Methodenvielfalt einen hohen Stellenwert einräumen."

Ein Ziel für das kommende Schuljahr – abgeleitet aus dem oben zitierten Satz aus dem Leitbild – lautet: Die Lehrkräfte setzen ihr Methodenrepertoire so ein, dass die drei Lernarten Hören, Sehen, Handeln gleichmässig berücksichtigt werden (vgl. Buhren/Killus/Müller 1998: 93).

---

[17] Bsp.: Werte und Normen der Eltern; Peer groups; Massenmedien.

Es wird eine Arbeitsgruppe mit dem Auftrag gegründet, den Evaluationsprozess zu planen. Diese entschliesst sich für folgendes Vorgehen (vgl. Dubs 1998: 137 ff.):

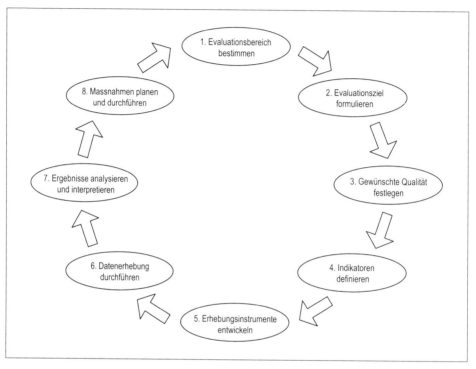

Abbildung 5: Der Plan des Evaluationsprozesses

Da →Evaluation ein zyklischer Prozess ist, wird die Arbeitsgruppe am Ende dieses Zyklus überprüfen, ob die gesetzten Ziele erreicht worden sind, und – je nach Resultat – weitere Massnahmen planen und durchführen. Sie wird jedoch auch fragen, ob die Erhebungsmethoden und die →Indikatoren den Zweck erfüllt haben.

➲ *Aufgabe 6.2*

Die Arbeitsgruppe entscheidet sich für ein Vorgehen in acht Schritten (vgl. obenstehende Abbildung). Wie könnte die konkrete Planung für die einzelnen Schritte aussehen?

Schritte in die schulische Teilautonomie

1	Evaluationsbereich	Unterricht
2	Evaluationsziel	Die drei Lernarten Hören, Sehen, Handeln werden im Unterricht gleichmässig berücksichtigt.
3	Qualität	
4	Indikatoren	
5	Erhebungsinstrumente	
6	Datenerhebung	
7	Datenauswertung	
	Dateninterpretation	
8	Massnahmen	

Tabelle 14: Acht Schritte des Evaluationsprozesses

Beispiellösung 6.2

1	Evaluationsbereich	Unterricht
2	Evaluationsziel	Die drei Lernarten Hören, Sehen, Handeln werden im Unterricht gleichmässig berücksichtigt.
3	Qualität	*Jeder der drei Bereiche Hören, Sehen, Handeln nimmt mindestens 20 % der Aktivitäten der Schülerinnen und Schüler ein.*
4	Indikatoren	*Aktivitäten der Schülerinnen und Schüler während des Unterrichts.*
5	Erhebungsinstrumente	*Teilnehmende Beobachtung/Hospitation; Dokumentenanalyse der Unterrichtsvorbereitung.*
6	Datenerhebung	*Evtl. Pretest.[18] Wichtig: Befragte/Beteiligte/Beobachtete über Ziel der Datenerhebung und Art der Auswertung informieren.*
7	Datenauswertung	*Festhalten/beschreiben der Resultate (quantitative und/oder qualitative Aussagen).*
	Dateninterpretation	*Auf Grund der vorhandenen Daten eine Bewertung vornehmen. Nach Ursachen forschen.*
8	Massnahmen	*Aufzeigen von Möglichkeiten, wie bis anhin vernachlässigte Lerntypen vermehrt berücksichtigt werden können.*

Tabelle 15: Konkrete Planung der acht Schritte des Evaluationsprozesses

---

[18] Vgl. Fussnote 14.

Weiterführende Literatur

Bildungsdirektion des Kantons Zürich 1999b; Buhren/Killus/Müller 1998; Dubs 1998; Fröhlich/Thierstein 1997; Meier 1997; Rolff/Buhren/Lindau-Bank et al. 1999: 216 ff.

6.3 Evaluationskultur

An der KBS Musterthal hat sich in den vergangenen Jahren viel verändert und ihre Mitglieder haben im Zuge der Schulentwicklung einen differenzierten Zugang zu Unterricht, Qualität und →Evaluation gewonnen. Sie stehen den aktuellen Entwicklungen durchwegs positiv gegenüber und erachten neue Aufgaben als Herausforderung. Die Schülerinnen und Schüler schätzen die fächerübergreifende Zusammenarbeit im Kollegium und das Klima der gegenseitigen Wertschätzung. Die →Steuergruppe mit *Silvio Fonti, Sybille Habegger* und *Peter Wyss* wird oft durch gezielt eingesetzte Arbeitsgruppen entlastet und kann sich mehrheitlich der langfristigen Planung des Veränderungsprozesses widmen. *Heinz Frey* und *Christine Moser* haben ein neues Verständnis von Schulleitung verinnerlicht und führen ihre Schule umsichtig in die Zukunft. Die Schulbegleiterin *Agnes Schmid* steht noch auf Anfrage zur Verfügung, tritt aber an der Schule nicht mehr in Erscheinung.

Auf ihrem mehrjährigen Weg in die Teilautonomie ist die KBS Musterthal jetzt an einem wichtigen Punkt angelangt: In einigen Wochen wird sie zusammen mit der Erziehungsdirektion eine Leistungsvereinbarung ausarbeiten. Darin wird sie sich verpflichten, eine umfassende Selbstevaluation mit dem Ziel der →Qualitätssicherung und →Qualitätsentwicklung durchzuführen.

Die Schule hat schon ein Qualitätsmanagementkonzept erarbeitet, das die systematische Überprüfung und Verbesserung von Qualität sicherstellen soll. Ein solches Konzept erfüllt aber seinen Zweck nur vor dem Hintergrund einer →Evaluationskultur, die von allen Beteiligten mitgetragen wird.

➲ *Aufgabe 6.3*

Unter der Leitung der →Steuergruppe sind →Evaluationen an der KBS Musterthal zu einem festen und selbstverständlichen Bestandteil geworden. Welche Aspekte tragen zu einer tragfähigen →Evaluationskultur bei? Differenzieren Sie zwischen der Ebene der einzelnen Lehrperson, der Schulleitung und der Schule als Institution.

Beispiellösung 6.3
- Die Ebene der einzelnen Lehrperson

Die einzelne Lehrkraft muss die Evaluation als Instrument der professionellen Selbstreflexion aufnehmen, d. h. als hilfreiche Unterstützung für eine differenzierte Selbstbeurteilung und für eine Optimierung ihres Unterrichts. Um sich jedoch auf Evaluation einlassen zu können, sind einige Grundvoraussetzungen nötig. Die Lehrkräfte müssen:

- „eine grundlegende Bereitschaft zum Erkennen und Behandeln von Problemen aufweisen und daran interessiert sein, evtl. notwendige Veränderungen einzufordern oder zu initiieren [...].

- im grossen und ganzen sich selbst sicher sein, d. h. dass z. B. nicht jede durch Evaluation festgestellte ungünstige Handlung oder Wirkung in der Schule [...] die Betroffenen in eine Krise stürzen darf. [...]

- grundsätzlich von der Qualität ihrer Arbeit überzeugt sein, denn niemand verkraftet eine völlige Herabwürdigung des eignen Tuns. [...]

- ein hohes Mass an Lern- und Veränderungsbereitschaft aufweisen [...].

- mit Kritik im aktiven und passiven Sinn umgehen können, sie [müssen] in der Lage sein, Kritik zu üben und Kritik anzunehmen. [...]

- bereit sein, die gewonnenen Erkenntnisse umzusetzen [...]." (Allgäuer 1997: 22 f.)

Menschen, die gewillt sind, Stärken und Schwächen zu sehen, und die fähig sind, wünschenswerte Veränderungen umzusetzen, sind somit Voraussetzung für eine Evaluation. In diesem Zusammenhang ist es unumgänglich, sich mit ablehnenden Reaktionen von Lehrkräften zu befassen, ihre Ängste aufzuspüren und ernst zu nehmen, um dadurch Barrieren abbauen zu können.[19]

Neben der grundsätzlichen Bereitschaft zur Evaluation muss jede Lehrkraft aber auch mit den Voraussetzungen, Methoden, Instrumenten, Rollenverteilungen, Zielen und Folgen der Evaluation vertraut sein, denn es ist ausserordentlich wichtig, dass „trial und error" wegen der hohen Frustrationsrate und des betriebenen unnützen Aufwandes die Ausnahme bleibt.

Soll eine Evaluationskultur aufgebaut werden, müssen Lehrkräfte über soziale Kompetenzen verfügen und Teamfähigkeit entwickeln. Denn Evaluation führt dazu, dass man sich mit anderen Menschen auseinandersetzen muss: Einerseits zwingen die Ergebnisse die Betroffenen, mit einander in Kontakt zu treten, zum anderen braucht man Hilfe und Unterstützung von Menschen, auf die sich die Beteiligten verlassen können, damit sie eine Evaluation überhaupt aushalten. (Vgl. Allgäuer 1997: 27)

- Die Ebene der Schulleitung

Der Aufbau einer Evaluationskultur ist eine Führungsaufgabe. Es kommt jedoch zu Akzeptanzproblemen, wenn die Schulleitung Evaluation verlangt; wenn Evaluation also nichts Gewachsenes ist, sondern dem Kollegium aufgestülpt wird und bei den Betroffenen die Einsicht in die Notwendigkeit fehlt. Voraussetzung für eine Evaluationskultur ist deshalb eine Schulleitung, die gemeinsam mit den Lehrpersonen eine Evaluation angeht und dabei positive und negative Veränderungen dieses Prozesses thematisiert. Sie muss die Stärken und Schwächen des Kollegiums erkennen, damit sie die richtige Unterstützung bieten kann.

- Die Ebene der Schule als Institution

Eine Schule kann die Motivation zur Evaluation oder die Durchführung von Evaluation nicht an eine höhere Hierarchiestufe delegieren, sie muss diese Aufgaben selbst leisten. Die Institution Schule muss also die Rahmenbedingungen für Evaluation gewährleisten, indem sie unter anderem

---

[19] Oft verändert sich die Einstellung zur Evaluation stufenweise. Dabei können folgende Schritte festgestellt werden: „Abwehr und Ablehnung; Skepsis; Einsicht in die Notwendigkeit; Befassung mit der Thematik; Akzeptanz; Durchführung; Verinnerlichung des Gedankens: Evaluation ist ein Teil meiner Arbeit" (Allgäuer 1997: 213).

- Lehrkräften die Möglichkeit gibt, kleinere Projekte zu realisieren und zu evaluieren, damit ihnen die Angst vor Evaluation genommen wird, und indem sie ihnen gleichzeitig die Sinnhaftigkeit von Evaluationsprozessen und -erkenntnissen vermitteln kann und ihnen somit zu einer positiven Einstellung zukünftigen Evaluationsprojekten gegenüber verhilft sowie
- Ressourcen für Evaluation bereitstellt.

Auch „die Wertschätzung der Evaluationsaktivitäten von Seiten der übergeordneten Instanzen [...] und die Schaffung von motivationalen Voraussetzungen sind wichtige Aspekte auf dem Weg zu einer Evaluationskultur" (Gonon/Hügli/Landwehr et al. 1998: 95).

Weiterführende Literatur

Allgäuer 1998; Altrichter/Posch 1999; Erziehungs- und Kulturdepartement des Kantons Luzern 1998; Gonon/Hügli/Landwehr et al. 1998; Kempfert/Rolff 1999.

7 Schlussbetrachtung

Schrittweise hat sich die KBS Musterthal mit ihren Mitgliedern der Teilautonomie genähert. Seit dem Entscheid von *Heinz Frey*, die Schule in einen Entwicklungsprozess zu führen, sind mehrere Jahre vergangen und sowohl innerhalb als auch ausserhalb der Schule hat sich viel verändert. Das Schulklima wurde mancher Belastungsprobe ausgesetzt. Einige Lehrkräfte waren von den neuen Anforderungen, andere vom Tempo des Wandels überfordert; oftmals erreichten die Schulleitung und das Kollegium ihre Ziele nur über zeitraubende Umwege.

Es zeigt sich in der Praxis, dass „trial and error" sowie Höhen und Tiefen in der Zusammenarbeit zur Schulentwicklung gehören. Im Rahmen dieser Fallstudie konnte diese Problematik nur exemplarisch und punktuell behandelt werden.

Das folgende Zitat eines bekannten deutschen Forschers im Bereich Qualität des Bildungswesens mag die Leserinnen und Leser in ihrer künftigen Auseinandersetzung mit schulischer Teilautonomie begleiten:

„Die Qualität des Lehr-Lern-Prozesses ergibt sich weder aus strukturellen Vorgaben allein noch ausschliesslich aus den persönlichen Haltungen und Qualitäten der Lehrer. Beide Faktoren wirken ineinander. Damit ist die Frage nach der Qualität des Bildungswesens auch eine Frage nach der Interaktion von Struktur und Person im sozialen System des Bildungswesens." (Fend 1998: 374)

Glossar

Ablauforganisation: Sie bezweckt eine systematische Strukturierung von Arbeitsabläufen, die der wiederholten Erfüllung der schulischen Aufgaben dienen (vgl. Korndörfer 1995: 160).

Anreizsysteme: Instrument des Personalmanagements, genauer der Personalerhaltung und -motivation. Als Instrument der Personalerhaltung sollen sie das vorhandene Personal weiterhin an die Unternehmung binden und verhindern, dass es zu Austrittsentscheidungen kommt. Als Instrument der Personalmotivation beinhalten sie für die Betroffenen zum einen die Hoffnung auf eine Verbesserung der Arbeitssituation (z. B. höhere Zufriedenheit, mehr Geld, Beförderung). Zum andern können sie aber auch eine Angst beinhalten, das bisher Erreichte teilweise zu verlieren, wenn die verlangte Leistung nicht erbracht wird. Zusätzlich werden Anreizsysteme auch zur Gewinnung von Arbeitskräften auf dem externen Arbeitsmarkt eingesetzt.

Aufbauorganisation: Ihr Ziel ist eine klare Gliederung und Abgrenzung der betrieblichen Aufgaben, eine planmässige Festlegung der Aufgabenverteilung und eine bestimmte Ordnung der Beziehungszusammenhänge zwischen den Aufgabenträgern, deren Zuständigkeit und Verantwortung (vgl. Korndörfer 1995: 160).

Benchmarking: „Dauernder, systematischer und überbetrieblicher Vergleich von Leistung, Prozessen und Ressourcenverbrauch mit dem Ziel, von den Besten zu lernen" (Erziehungsdirektion des Kantons Bern 1998: „Glossar New Public Management NPM ERZ"). Benchmarking definiert „im Vergleich mit anderen die Bestleistung, analysiert die eigene Leistung, identifiziert Leistungsdefizite und beseitigt eigene Schwachstellen. [...] Gesucht ist also „beste Praxis", die sich an den Leistungen der Besten im gleichen Bereich orientiert. Dabei soll aber nicht nur der Beste ermittelt und imitiert werden, sondern man will verstehen, warum er so gut ist und wie er mit noch besseren eigenen Ideen und Leistungen übertroffen werden kann." (Dubs 1996: 27)

Betriebskostenautonomie: Die Schule kann frei über den Mitteleinsatz bei den Betriebskosten verfügen (vgl. Dubs 1995: 318 f.).

Client System: Dabei handelt es sich um die vom Veränderungsprozess direkt Betroffenen. Sie sollen diesen Prozess aktiv mitgestalten; das beinhaltet, dass sie wünschenswerte Soll-Zustände selber definieren. Ihre detaillierten Kenntnisse der Ist-Zustände und der möglichen Hindernisse auf dem Weg zum Ziel (Soll-Zustände) bilden die Grundlage für eine zielorientierte Zusammenarbeit mit dem →Change Agent und dem →Change Catalyst.

Change Agent (Prozess- und Fachpromotor): Er hat grundsätzlich eine Beratungs- und Unterstützungsfunktion inne. Als Prozesspromotor ist er Repräsentant und Anwalt des Veränderungsprozesses und hat eine zentrale Koordinations- und Kommunikationsfunktion inne. Als Fachpromotor ist er Kompetenzträger, der das fachliche Instrumentarium für Veränderungen zur Verfügung stellt und weiterentwickelt. Die beiden OE-Prinzipien „Hilfe zur Selbsthilfe" und „Betroffene zu Beteiligten machen" zeigen klar, dass der Change Agent als Veränderungshelfer, jedoch keinesfalls als dominierender Veränderer auftreten darf.

Change Catalyst (Machtpromotor): Er nimmt eine Vermittlerrolle zwischen →Client System und →Change Agent ein. Dabei hilft er zum einen dem Change Agent, die Problemursache besser zu verstehen, und zum andern dem Client System, die gemeinsam erarbeiteten Problemlösungen effizienter umzusetzen. Seine Rolle als Machtpromotor hilft ihm dabei, ist er doch auf Grund seiner in der Regel höheren hierarchischen Stellung in der Lage, den Veränderungsprozess nach oben abzusichern und die grundlegenden Rahmenbedingungen (z. B. finanzielle und personelle Ressourcen) für eine Veränderung zu schaffen.

Change Management (Management des Wandels)**:** Das Change Management ist eines der bedeutendsten Elemente im Zuge eines Reformprozesses. Seine Aufgabe ist es insbesondere, „ein Reformprogramm so einzuführen, dass die Betroffenen zielgruppengerecht informiert und für die Neuerungen qualifiziert sind, die Mitarbeitenden sich mit den Reformzielen identifizieren können und diese von einem reformunterstützenden Klima und dafür bereitgestellten Ressourcen getragen werden" (Thom/Ritz 2000: 115).

Controlling: Erfolgsversprechende Gestaltung aller Führungs-, Planungs- und Reportingaktivitäten. Im Gegensatz zur Kontrolle ist Controlling immer zukunftsorientiert und unterstützend. Im internen Controlling stellt die Leitung sicher, dass sie für sich über die nötigen Führungsinformationen verfügt. Das externe Controlling (wahrgenommen von der Erziehungsdirektion) stützt sich in erster Linie auf verdichtete Daten des internen Controllings. Massstab sind die in den Leistungsvereinbarungen/ -aufträgen festgelegten Ziele sowie die Ergebnisse des externen Benchmarkings und der zentralen Evaluation. (Vgl. Erziehungsdirektion des Kantons Bern 1998: „Leitpapier Reporting/Controlling")

Controlling vs. Qualitätsmanagement: „Unter Bildungscontrolling verstehen wir das Insgesamt der Massnahmen zur Steuerung eines Systems im Bildungsbereich. Qualitätsmanagement und Controlling hängen eng zusammen. Man könnte sagen, dass es beim Qualitätsmanagement mehr um die Zielausrichtung und die Inhalte von Bildungsangeboten, beim Controlling um die Informationsbeschaffung zum Zwecke der Erreichung der Qualitätsziele geht." (Goetze 1995: 34)

Evaluation: „Systematische Sammlung, kriterienorientierte Aus- und Bewertung von Daten über Dokumente, Handlungen und Personen zum Zweck weiterer Entscheidungen und Umsetzungen. Sie ist ein systematischer und kontinuierlicher Lern- und Arbeitsprozess, welcher der Selbstreflexion, der Selbstkontrolle, der Verbesserung, der Entwicklung/Steuerung und der Rechenschaftslegung dient." (Aeschbach/Meyenberg 1998: 23) Eine Selbstevaluation liegt vor, wenn die Angehörigen einer Schule die Evaluation ihrer Institution selbst durchführen, wird sie an Dritte übertragen, handelt es sich um eine Fremdevaluation.

Evaluationskultur: Die Gesamtheit der im Laufe der Zeit in einer Organisation entstandenen und akzeptierten Werte und Normen, die über bestimmte Denk- und Verhaltensmuster das Entscheiden und Handeln der Mitglieder im Zusammenhang mit Evaluationen prägen.

Finanzautonomie (umfassende): Der Staat stellt jeder Schule eine jährliche Budgetsumme zur Verfügung (z. B. anhand der Anzahl Schülerinnen und Schüler), über die die Schule völlig frei verfügen kann, d. h. sie verteilt die erhaltenen Mittel auf die Löhne, Investitionen und Betriebskosten (vgl. Dubs 1995: 318).

Fringe Benefits (Indirekte finanzielle Anreize): „Sammelbegriff für alle Nebenleistungen einer Firma an das Personal, die sie freiwillig und ohne gesetzliche Verpflichtungen erbringt. Diese Zusatzleistungen stehen in keinem direkten Zusammenhang mit der Qualifikation des Mitarbeiters, berücksichtigen jedoch den firmeninternen Status des Empfängers." (Kappel 1993: 178)

Funktionendiagramm: Es zeigt in einer Matrixdarstellung, „welche Personen und Gruppen bei der Erledigung bestimmter Aufgaben zusammenwirken; listet die wichtigsten Aufgaben auf und macht die ihnen zugeordneten Kompetenzen transparent; bietet eine gute Grundlage, um gemeinsam zu klären, wer bei einer gemeinsamen Aufgabe (mit)entscheidet, Vorschläge macht, die Initiative ergreift, Beschlüsse ausführt und ihre Umsetzung kontrolliert" (Erziehungsdirektion des Kantons Zürich 1998: 8).

Indikator: „Beobachtbare Grösse, die einen wichtigen Aspekt des interessierenden Merkmals erfasst" (Meier 1997: 33).

Investitionsautonomie: Die Schule kann frei über den Mitteleinsatz bei den Investitionen verfügen. Diese Art der Autonomie umfasst jedoch meistens nur Betriebseinrichtungen (also z. B. keine Bauinvestitionen). (Vgl. Dubs 1995: 318)

Leadership/Leader: Leadership beinhaltet die normative und strategische Führung und will erreichen, dass die Lehrkräfte „von der Zukunft ihrer Organisation überzeugt sind und aus eigenem Willen an deren Weiterentwicklung mitwirken. Sie schafft die Voraussetzung, damit die Mitarbeiterinnen und Mitarbeiter im Interesse ihrer Organisation zielgerichtet aktiv werden können und werden wollen. Sie stellt sicher, dass sich die Organisation dauernd erneuert." (Dubs 1994: 126 f.) Im Unterschied zu →Managern erkennen Leader künftige Herausforderungen und erarbeiten innovative Ideen für die Lösung zentraler Zukunftsprobleme. Bsp.: Visionen entwickeln, Werte vorleben, Leitbild entwickeln, Strategien und Prozesse für den Wandel einleiten, Richtung festlegen und bekanntgeben, kommunizieren, motivieren, inspirieren. Vgl. →Management vs. Leadership.

Lehrplanautonomie: Der Staat gibt Minimallehrpläne vor, damit die Übergänge von einer Schulstufe zur andern garantiert sind. Die Organisation des Lehrplanes, die methodische Gestaltung des Unterrichts sowie z. T. die Verfahren der Schülerbeurteilung sind in der Kompetenz der Schule. (Vgl. Dubs 1995: 319)

Linie: Das Prinzip der Linienorganisation besagt, dass eine Stelle lediglich von einer einzigen, ihr direkt vorgesetzten Stelle Anordnungen erhält und dieser allein verantwortlich ist.

Management/Manager: Management umfasst somit die operative Führung, d. h. „die administrative Führung (Aktivitäten im Zusammenhang mit Schuladministration), die pädagogische Führung (Aktivitäten im Zusammenhang mit dem Curriculum und dem Unterricht und dem Verhalten der Lehrerschaft) sowie die konkrete Ausgestaltung aller organisatorischen Abläufe" (Dubs 1994: 22). Der Manager sorgt dafür, dass Aufgaben effizient erfüllt werden. Bsp.: Ressourcen zuteilen; Budget erstellen und überwachen; Prozesse und Personal koordinieren und kontrollieren; Mitarbeiterinnen und Mitarbeiter einsetzen; überzeugen, befehlen, anordnen.

Management vs. Leadership: „Manager tun die Dinge richtig, Leader tun die richtigen Dinge" (Dubs 1994: 126). Management und Leadership ergänzen sich gegenseitig, d. h. Schulleiterinnen und Schulleiter sind als Führungspersönlichkeiten zugleich Manager und Leader. Dabei müssen sie zwischen den zwei Eigenschaften eine ausgewogene Balance finden.

Schritte in die schulische Teilautonomie 379

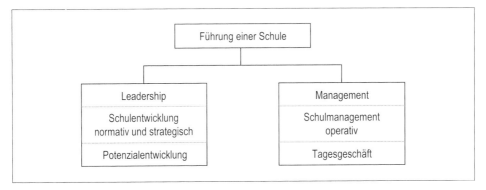

Abbildung 6: Führung einer Schule als Balanceakt zwischen Leadership und Management (in Anlehnung an Dubs 1994: 19)

Matrixorganisation: In der Matrixorganisation überschneiden sich zwei Weisungslinien. Es handelt sich also – im Unterschied zu den Organisationsformen →Stab oder →Linie – um eine zweidimensionale Form. Die Einheit der Auftragserteilung der Linienorganisation ist hier nicht mehr gegeben.

Mitarbeiterinnen- und Mitarbeitergespräch: Dabei handelt es sich um ein periodisch (meist jährlich) zwischen Vorgesetzten und Mitarbeitenden stattfindendes Gespräch über Aspekte des Beschäftigungsverhältnisses, der Leistung und der Zusammenarbeit. Wesentliche Kennzeichen von solchen Gesprächen sind Feedback und konstruktiver Dialog. Sie haben zum einen Informations- und Motivationsfunktion, dienen zum andern aber auch der Äusserung von (möglichst konstruktiver) Kritik. Darüber hinaus können sie Personalbeurteilungen, Zielsetzungen, Förderung und Entwicklung der Leistungsfähigkeit und -bereitschaft der Mitarbeitenden sowie Gehaltsverhandlungen zum Inhalt haben. (Vgl. Hentze/Kammel/Lindert 1997: 425)

Organigramm: „Einfache, übersichtliche Darstellung der Organisationsstruktur. In Stammbaumform werden die einzelnen Stellen (oft mit ihren Stelleninhabern) in ihrer hierarchischen Ordnung dargestellt." (Dubs 1994: 64)

Organisationsautonomie: Die Schule kann ihre Organisation nach ihren eigenen Vorstellungen gestalten. Die Organisationsgrundsätze sind im Führungshandbuch festgehalten. (Vgl. Dubs 1995: 320)

Organisationsentwicklung (OE): Beim evolutionären Ansatz der OE handelt es sich um eine „partizipative Konzeption zur Planung, Initiierung und Durchführung von Wandlungsprozessen" (Thom/Ritz 2000: 108).

Personalautonomie: Die Personalautonomie umfasst das Recht der Anstellung und Entlassung von Lehrkräften und weiterem Schulpersonal sowie der Festsetzung der Gehaltsordnung (vgl. Dubs 1995: 318 f.).

Produkt: „Ein Produkt ist eine einzelne Leistung der Verwaltung, die einem feststehenden Bedarf von Dritten entspricht; als Ganzes an Dritte abgegeben wird und als Gesamtheit genutzt wird; einen berechenbaren Preis hat (auch wenn er nicht weiterverrechnet wird); erzeugt wird in einer Organisationseinheit mit abgrenzbarem Verantwortungsbereich. Die Tätigkeiten der Verwaltungseinheit werden lückenlos in Produkten abgebildet." Die Produkte werden in Produktgruppen „so zusammengefasst, dass eine übergeordnete Zielsetzung pro Gruppe Sinn macht. [...] Eine für die Steuerung ideale Übersicht ergibt sich mit 2-4 Produktgruppen mit insgesamt 8-12 Produkten." (Erziehungsdirektion des Kantons Bern 1998: „Hinweise zur Produktdefinition")

Projekt: Ein Projekt zeichnet sich aus durch eine konkrete Zielsetzung, eine innovative und komplexe Aufgabenstellung, begrenzte zeitliche, personelle und finanzielle Ressourcen sowie eine fach-, abteilungs- und hierarchieübergreifende Zusammensetzung des Projektteams (vgl. Schiersmann/ Thiel 2000: 81).

Projektmanagement: Es umfasst alle willensbildenden und durchsetzenden Aktivitäten im Zusammenhang mit der Abwicklung von Projekten und soll ermöglichen, die definierten Projektziele unter Einhaltung der geplanten Ressourcen (zeitliche, personelle und finanzielle) zu erreichen (vgl. Schiersmann/Thiel 2000: 85).

Qualitätsmanagement: „Das Qualitätsmanagement an Schulen umfasst systematisch eingesetzte Verfahren, mit denen ihre Qualität verbessert und gesichert wird. Sein Ziel ist also die Qualitätsentwicklung oder Qualitätssicherung, wobei diese beiden Begriffe die gleiche Bedeutung haben." (Dubs 1998: 100) Im Gegensatz zu Dubs unterscheidet Spiess (1997: 12) zwischen Qualitätssicherung als „statisch und normierend" und Qualitätsentwicklung als „dynamisch, offen und nach vorwärts gerichtet". Diese Verfahren werden in einem Qualitätsmanagement-Konzept oder in einem Qualitätshandbuch beschrieben. Vgl. →Controlling vs. Qualitätsmanagement.

Qualitätssicherung: Sie „sorgt dafür, dass definierte Qualitätsanforderungen erfüllt werden. Dazu werden Kriterien von „Qualität" festgelegt und →Indikatoren als Messgrössen bestimmt. Standards definieren die Mindestanforderungen und die Grenzwerte. Regelmässige Messungen überprüfen die Erfüllung der Qualitätsstandards. Qualitätssicherung ist statisch und normierend." (Spiess 1997: 12)

Qualitätsentwicklung: Hier „geht es um einen dauernden Verbesserungsprozess. Regelmässig werden die notwendigen Informationen beschafft und aufgearbeitet, um Stärken, Schwächen und Potentiale festzustellen, um sich eine auf Fakten begründete Meinung zu bilden und um Massnahmen zur Verbesserung treffen zu können. Qualitätsentwicklung ist dynamisch, offen und nach vorwärts gerichtet." (Spiess 1997: 12)

Reporting: „Berichtswesen. Teil des Controllings. Erfassung und Aufbereitung für die Betriebsführung entscheidender Daten. Zeigt auf, ob die Ziele der Leistungsvereinbarung erreicht wurden. Beinhaltet einen Ausblick auf die kommende Entwicklung und liefert damit frühzeitig Informationen über Schwachstellen, Risiken und Chancen." (Erziehungsdirektion des Kantons Bern 1998: „Glossar New Public Management NPM ERZ")

Stab: Beim Stab handelt es sich um die Stelle in der Unternehmensorganisation, die einer Linieninstanz zugeordnet ist und diese bei der Erfüllung ihrer Aufgaben unterstützt, ohne jedoch gegenüber anderen Organisationseinheiten weisungsbefugt zu sein. In der Realität erhalten Stäbe oft fachlich beschränkte Weisungsrechte, so dass die Abgrenzung zwischen Linie und Stab verwischt wird.

Standard: „In der Leistungsvereinbarung festgelegter Zielwert des Leistungsindikators" (Erziehungsdirektion des Kantons Bern 1998: „Glossar New Public Management NPM ERZ").

Stellenbeschreibung: Sie legt die Aufgaben (inkl. Leistungsanforderungen), die Kompetenzen, die Verantwortung, die organisatorische Einordnung sowie die Kommunikationsbeziehung der Stelleninhaberin oder des Stelleninhabers fest.

Steuergruppe: Sie sollte die Teamaktivitäten innerhalb des Kollegiums koordinieren und den Prozess der Organisationsentwicklung an der Schule steuern. Dabei ist es wichtig, dass keine Parallelstruktur neben der Schulleitung entsteht. Letztere sollte zwar in der Steuergruppe vertreten sein, sie aber nicht leiten. Weiter ist es wichtig, dass sich alle Gruppierungen in der Steuergruppe repräsentiert fühlen. (Vgl. Rolff 1995: 43 f.)

Team: Es hat „idealerweise zwischen fünf und sieben Mitglieder, die eine gemeinsame Leistung anstreben, ein Verständnis vom Ziel haben, eine Dynamik der Zusammenarbeit entwickeln, sich Struktur gegeben und ein Klima des konstruktiven Miteinanders entwickelt haben" (Schley 1998: 116).

Literaturverzeichnis

Aeschbach, Peter/Meyenberg, Beat (1998): Evaluation von Schule und Unterricht am Beispiel berufsbildender Schulen, Aarau u. a. 1998.

Allgäuer, Ruth (1998): Evaluation macht uns stark! Zur Unverzichtbarkeit von Praxisforschung im schulischen Alltag, Frankfurt a. M. u. a. 1998.

Altrichter, Herbert/Posch, Peter (1999): Wege zur Schulqualität: Studien über den Aufbau von qualitätssichernden und qualitätsentwickelnden Systemen in berufsbildenden Schulen, Innsbruck u. a. 1999.

Bildungsdirektion des Kantons Zürich (1999a): Leitfaden für die Durchführung der Mitarbeiterbeurteilung von Lehrkräften der Zürcher Volksschulen, 2. Aufl., Zürich 1999.

Bildungsdirektion des Kantons Zürich (1999b): Teilautonome Volksschulen – ein WiF!-Projekt: Handreichung Selbstevaluation, Zürich 1999.

Brägger, Gerold (1995): Schulleitung gestalten. Impulse zur Entwicklung örtlich angepasster Team- und Leitungsformen, Ebikon 1995.

Buhren, Claus G./Killus, Dagmar/Müller, Sabine (1998): Wege und Methoden der Selbstevaluation. Ein praktischer Leitfaden für Schulen, Dortmund 1998.

Criblez, Lucien (1996): Schulreform durch New Public Management. In: schweizer schule, 83. Jg. 1996, Nr. 11, S. 3-22.

Dalin, Per/Rolff, Hans-Günter/Buchen, Herbert (1996): Institutioneller Schulentwicklungs-Prozess. Ein Handbuch, 3. Aufl., Soest 1996.

Dubs, Rolf (1990): Qualifikationen für Lehrkräfte. Ziele, Probleme, Grenzen und Möglichkeiten. In: Schweizerische Zeitschrift für kaufmännisches Bildungswesen, 84. Jg. 1990, Nr. 4, S. 115-141.

Dubs, Rolf (1994): Die Führung einer Schule. Leadership und Management, Zürich 1994.

Dubs, Rolf (1995): Autonome Schulen und Organisationslernen: Ideale und Realität. In: Dialog Wissenschaft und Praxis. Berufsbildungstage St. Gallen, 23. bis 25. Februar 1995, hrsg. v. Rolf Dubs und Roman Dörig, St. Gallen 1995, S. 310-331.

Dubs, Rolf (1996): Schule, Schulentwicklung und New Public Management, St. Gallen 1996.

Dubs, Rolf (1998): Qualitätsmanagement für Schulen. In: Schweizerische Zeitschrift für kaufmännisches Bildungswesen, 92. Jg. 1998, Nr. 3, S. 98-191.

Erziehungsdirektion des Kantons Bern (1996): Grunddokument New Public Management im Bildungsbereich, Bern 1996.

Erziehungsdirektion des Kantons Bern (1998): Ordner NPM ERZ. Grunddokument, Leitpapiere, Rahmenbedingungen, Bern 1998.

Erziehungsdirektion des Kantons Zürich (1998): Teilautonome Volksschulen – ein WiF!-Projekt: Handreichung zur Schaffung des Organisationsstatuts, Zürich 1998.

Erziehungs- und Kulturdepartement des Kantons Luzern (1997): Schulen mit Profil: Teamarbeit, Luzern 1997.

Erziehungs- und Kulturdepartement des Kantons Luzern (1998): Schulen mit Profil: Beurteilung der Lehrpersonen. Ein Modellvorschlag, Luzern 1998.

Erziehungs- und Kulturdepartement des Kantons Luzern (1999): Schulen mit Profil: Schulleitung an der Volksschule, Luzern 1999.

Fend, Helmut (1998): Qualität im Bildungswesen: Schulforschung zu Systembedingungen, Schulprofilen und Lehrerleistung, Weinheim u. a. 1998.

Fischer, Walter A./Schratz, Michael (1999): Schule leiten und gestalten: mit einer neuen Führungskultur in die Zukunft, 2. Aufl., Innsbruck 1999.

Fröhlich, Elisabeth/Thierstein, Christof (1997): Qualitätsentwicklung in Bildungsorganisationen, Luzern u. a. 1997.

Goetze, Walter (1995): Ausbildungscontrolling und Qualitätsmanagement, Luzern u. a. 1995.

Gonon, Philipp/Hügli, Ernst/Landwehr, Norbert/Ricka, Regula/Steiner, Peter (2001): Qualitätssysteme auf dem Prüfstand, 3., aktualisierte Aufl., Aarau 2001.

Hentze, Joachim/Kammel, Andreas/Lindert, Klaus (1997): Personalführungslehre: Grundlagen, Funktionen und Modelle der Führung, 3. Aufl., Bern u. a. 1997.

Horster, Leonard (1996): Wie sich Schulen entwickeln können. Der Beitrag der Organisationsentwicklung für schulinterne Projekte, 3. Aufl., Soest 1996.

Horster, Leonard (1998): Auftakt und Prozessbegleitung in der Entwicklung einer Schule. In: Handbuch zur Schulentwicklung, hrsg. v. Herbert Altrichter, Wilfried Schley und Michael Schratz, Innsbruck u. a. 1998, S. 54-85.

Kappel, Heinz (1993): Organisieren, Führen, Entlöhnen mit modernen Instrumenten: Handbuch der Funktionsbewertung und Mitarbeiterbeurteilung, 4. Aufl., Zürich 1993.

Kempfert, Guy/Rolff, Hans-Günter (1999): Pädagogische Qualitätsentwicklung: ein Arbeitsbuch für Schule und Unterricht, Weinheim u. a. 1999.

Korndörfer, Wolfgang (1995): Unternehmensführungslehre: Einführung, Entscheidungslogik, soziale Komponenten, 8. Aufl., Wiesbaden 1995.

Lohmann, Armin (1999): Führungsverantwortung der Schulleitung. Handlungsstrategien für eine innere Schulentwicklung, Neuwied 1999.

Lotmar, Paula/Tondeur, Eduard (1994): Führen in sozialen Organisationen. Ein Buch zum Nachdenken und Handeln, 4. Aufl., Bern u. a. 1994.

Meier, Claudia (1997): Leitfaden für die Selbstevaluation der Projektarbeit, Lausanne 1997.

Personalamt des Kantons Luzern (1998): Wegleitung zum Beurteilungs- und Fördergespräch. Anregungen und Instrumente, Luzern 1998.

Posch, Peter/Altrichter, Herbert (1997): Möglichkeiten und Grenzen der Qualitätsevaluation und Qualitätsentwicklung im Schulwesen, Innsbruck u. a. 1997.

Rolff, Hans-Günter (1993): Wandel durch Selbstorganisation. Theoretische Grundlagen und praktische Hinweise für eine bessere Schule, Weinheim u. a. 1993.

Rolff, Hans-Günter (1995): Autonomie als Gestaltungs-Aufgabe. Organisationspädagogische Perspektiven. In: Schulautonomie – Chancen und Grenzen: Impulse für die Schulentwicklung, hrsg. v. Peter Daschner, Hans-Günter Rolff und Tom Stryck, Weinheim u. a. 1995, S. 31-54.

Rolff, Hans-Günter/Buhren, Claus G./Lindau-Bank, Detlev/Müller, Sabine (1999): Manual Schulentwicklung. Handlungskonzept zur pädagogischen Schulentwicklungsberatung (SchuB), 2. Aufl., Weinheim u. a. 1999.

Schedler, Kuno (1996): Ansätze einer wirkungsorientierten Verwaltungsführung: von der Idee des New Public Managements (NPM) zum konkreten Gestaltungsmodell. Fallbeispiel Schweiz, 2. Aufl., Bern u. a. 1996.

Schiersmann, Christiane/Thiel, Hans-Ulrich (2000): Projektmanagement als organisationales Lernen. Ein Studien- und Werkbuch (nicht nur) für den Bildungs- und Sozialbereich, Opladen, 2000.

Schley, Wilfried (1998): Teamkooperation und Teamentwicklung in der Schule. In Handbuch zur Schulentwicklung, hrsg. v. Herbert Altrichter, Wilfried Schley und Michael Schratz, Innsbruck u. a. 1998, S. 111-159.

Schratz, Michael (1998): Schulleitung als *change agent*: Vom Verwalten zum Gestalten von Schule. In: Handbuch zur Schulentwicklung, hrsg. v. Herbert Altrichter, Wilfried Schley und Michael Schratz, Innsbruck u. a. 1998, S. 160-189.

Schratz, Michael/Steiner-Löffler, Ulrike (1998): Die Lernende Schule. Arbeitsbuch pädagogische Schulentwicklung, Weinheim u. a. 1998.

Specht, Werner/Thonhauser, Josef (Hrsg.) (1996): Schulqualität: Entwicklungen, Befunde, Perspektiven, Innsbruck u. a. 1996.

Spiess, Kurt (1997): Qualität und Qualitätsentwicklung: eine Einführung, Aarau 1997.

Thom, Norbert/Ritz, Adrian (2000): Public Management. Innovative Konzepte zur Führung im öffentlichen Sektor, Wiesbaden 2000.

Verzeichnis der Herausgeber

Prof. Dr. Dr. h. c. Norbert Thom

Ordinarius für Betriebswirtschaftslehre und Direktor des Instituts für Organisation und Personal der Universität Bern.

Studium der Betriebswirtschafts- und Volkswirtschaftslehre sowie der Soziologie an der Universität zu Köln; 1972 Diplom-Kaufmann, 1976 Promotion zum Dr. rer. pol. und 1984 Habilitation für das Fach Betriebswirtschaftslehre. Wissenschaftliche Laufbahn: Assistent (von Prof. Dr. Dr. h. c. mult. Erwin Grochla), Projektleiter und Privatdozent an der Universität zu Köln (bis 1984), Vertreter einer ordentlichen Professur für Betriebswirtschaftslehre an der Justus-Liebig-Universität Giessen (1984/85), vollamtlicher Professor (1985-91) an der Universität Freiburg/Schweiz für die Fächer Führungs-, Organisations- und Personallehre in deutscher und französischer Sprache. Ab 1991 ordentlicher Professor für Betriebswirtschaftslehre, Gründer und Direktor des Instituts für Organisation und Personal der Universität Bern. Mehr als 270 Fachaufsätze in Zeitschriften und Sammelwerken, über 330 kleinere Beiträge in Zeitungen, Magazinen und Fachzeitschriften, rund 30 selbst verfasste oder herausgegebene Bücher. Insgesamt Übersetzungen einzelner seiner Publikationen in zwanzig Sprachen. Vize-Rektor der Universität Bern (1995-97), Mitglied des Schweizerischen Wissenschaftsrates (1997-2000), Mitgründer des Kompetenzzentrums für Public Management der Universität Bern (2001), Dozent an mehreren Executive Master-Programmen, u. a. beim Executive Master of Public Administration der Universität Bern. Ehrendoktor (Dr. h. c.) der Rechtswissenschaftlichen Universität Litauens (Mykolas Romeris Universität in Vilnius), u. a. für Beiträge zum New Public Management (2005).

Dr. Adrian Ritz

Dozent und Mitglied der Geschäftsleitung am Kompetenzzentrum für Public Management der Universität Bern. Lehrbeauftragter an der Wirtschafts- und Sozialwissenschaftlichen sowie Rechtswissenschaftlichen Fakultät der Universität Bern. Zudem ist Adrian Ritz Programmleiter des Executive Master of Public

Administration der Universität Bern (MPA). Nach Abschluss des Studiums zum Lehrer für Wirtschaft und Recht an der Universität Bern Praxistätigkeit im Personalmanagement der ABB Kraftwerke AG Baden-Schweiz und bei American Laubscher Corp. New York USA.

Ab 1997 wissenschaftlicher Assistent am Institut für Organisation und Personal der Universität Bern und Bearbeitung seiner mit dem Preis für die beste Dissertation 2004 der Schweizerischen Gesellschaft für Organisation und Management ausgezeichneten Dissertation zum Thema „Evaluation von New Public Management". Seine Forschungs- und Publikationsschwerpunkte sind Public Management, Führung und Personalmanagement, Evaluationsforschung, Verwaltungsreformen und Bildungsmanagement. Lehrtätigkeiten an den Universitäten St. Gallen, Lausanne, Krems und an der Fachhochschule Nordwestschweiz. Beratungstätigkeiten im Bildungswesen (u. a. Erziehungsdirektion Kanton Bern), bei Verwaltungen des Bundes (u. a. EFD, EVD), der Kantone (u. a. Bern, Freiburg), von Gemeinden (u. a. Bern, Cham) sowie im Ausland (Sino-Swiss Management Training Programm Peking).

Dr. Reto Steiner

Reto Steiner ist Dozent für Betriebswirtschaftslehre und Mitglied der Geschäftsleitung am Kompetenzzentrum für Public Management der Universität Bern. Er nimmt Lehraufträge an den Universitäten Rom, Krems (Wien) und Svizzera Italiana wahr sowie an den Fachhochschulen Zentralschweiz und Basel und am Schweizerischen Public Relations Institut in Zürich. Zu Steiners Forschungsschwerpunkten gehören Gemeindeforschung, Public Management und Bildungsmanagement.

Steiner berät und schult die Eidgenossenschaft (u. a. Direktion für Entwicklung und Zusammenarbeit, Bundeskanzlei) sowie verschiedene Schweizer Kantonsverwaltungen (u. a. Bern, Luzern, Zürich) und Kommunalverwaltungen (u. a. Luzern, Riehen, Risch). Steiner ist Vorstandsmitglied der Schweizerischen Gesellschaft für Verwaltungswissenschaften und Prüfungskommissionspräsident des NDS Hotelmanagement von Hotellerie Suisse. Schliesslich ist der Wissenschafter auch politisch aktiv: Er ist Mitglied des Parlaments der Stadt Langenthal im Kanton Bern, das er im Jahr 2005 präsidierte.

Verzeichnis der Autorinnen und Autoren

Dr. Adrian Blum

Partner der Unternehmensberatung empiricon, AG für Personal- und Marktforschung in Bern (www.empiricon.ch).

Studium der Wirtschaftswissenschaften an der Universität Bern. Nach dem Studium Betriebswirtschafter in einer Schweizer Grossunternehmung. Anschliessend wissenschaftlicher Assistent bei Prof. Dr. Norbert Thom am Institut für Organisation und Personal der Universität Bern. Dissertation zum Thema „Integriertes Arbeitszeitmanagement". Seit 1998 selbstständiger Unternehmensberater, Forscher und Autor im Human Resource Management. Verschiedene Mandate im Bildungssektor.

Rahel Bodor-Hurni, lic. et mag. rer. pol.

Betriebswirtin und Lehrerin für Wirtschaft und Recht.

Ausbildung zur Betriebswirtin und zur Handelslehrerin an der Universität Bern (Studienabschluss Ende 2000). Vertiefungen im Bereich Marketing, Personal und Organisation. Lizentiatsarbeit am IOP zum Thema „Wirkungsorientierte Führungsstrukturen zur Umsetzung von New Public Management an Schulen – Fallstudie Kantonsschule Bülach". Ab 1996 Anstellungen als Lehrkraft für Wirtschaft und Recht an verschiedenen Berufsschulen und Gymnasien. Seit dem Frühjahr 2001 in der Privatwirtschaft tätig.

Christoph Buerkli, lic. et mag. rer. pol. / dipl. NPO-Manager Uni Freiburg

Betriebswirt und Lehrer für Wirtschaft und Recht.

Ausbildung zum Betriebswirt und zum Handelslehrer an der Universität Bern. Vertiefungen im Bereich Personal und Organisation. Lizentiatsarbeit am IOP zum Thema „Beurteilung und Entlöhnung von Lehrpersonen". Seit 1996 Anstellungen als Lehrkraft für Wirtschaft und Recht an verschiedenen Berufsschulen und Gymnasien. Seit dem Frühjahr 2002 in der Beratung von Nonprofit-Organisationen bei der Unternehmensberatung Walker *Management* AG (www.walker-management.ch) tätig. Nebenamtlicher Dozent auf der Tertiärstufe.

Prof. Dr. Dres. h. c. Rolf Dubs

Dipl. Handelslehrer, ehemaliger Rektor der Universität St. Gallen, emeritierter Professor für Wirtschaftspädagogik und ehemaliger Direktor des Instituts für Wirtschaftspädagogik an der Universität St. Gallen.

Längere Lehr- und Forschungsaufenthalte an den Universitäten Harvard, Stanford, Austin sowie Michigan State (USA). Beratungstätigkeit in Wirtschafts- und Bildungsfragen für die öffentliche Hand und Privatunternehmungen in Europa, Afrika sowie Ost- und Südostasien. Präsident und Mitglied mehrerer Verwaltungs- und Aufsichtsräte. Langjähriges Mitglied des St. Galler Kantonsparlaments. Kommandant einer Festungsbrigade. Forschungsbereiche: Schulmanagement, Lehrverhalten, Lehr- und Lerntheorie sowie Didaktik der Wirtschaftswissenschaften.

Prof. Dr. David H. Hargreaves

Direktor der britischen Akkreditierungs- und Qualitätssicherungsbehörde für das Bildungswesen in London. Die Institution ist verantwortlich für die Akkreditierung und Überwachung aller durch öffentliche Gelder unterstützten Ausbildungsgänge vom Kindergarten bis zu höheren Berufsbildungsgängen in Grossbritannien.

Nach einer Ausbildung in Psychologie an einem College in Cambridge Lehrer auf der Sekundarstufe II. Erste Forschungstätigkeit an der Universität Manchester an der Abteilung für soziale Anthropologie und Soziologie. Es folgte ein Lektorat an der Abteilung für Erziehungswissenschaften. 1988 Ruf zum Professor für Erziehungswissenschaften an der Universität Oxford. Die aktuellsten Publikationen befassen sich insbesondere mit Personal- und Organisationsentwicklung an Schulen (1991: The Empowered School, 1994: The Mosaic of Learning und 1998: Creative Professionalism: the role of teachers in the knowledge society). Hargreaves war an einem Forschungsprojekt der OECD zum Thema Wissensmanagement bei Ärzten, Ingenieuren und Lehrern beteiligt. Er ist in verschiedenen internationalen Gremien im Bereich der Forschung und der Bildungspolitik aktiv, u. a. als Gründungsmitglied der Akademie für Sozialwissenschaften.

Monika Pätzmann, lic. phil. I

Lehrtätigkeit an einer Kaufmännischen Berufsschule.

Ausbildung am Sekundarlehramt der Universität Bern (phil. hist.) und Teilpensum an einer Berufsschule. Sechs Jahre Lehrtätigkeit an einer internationalen Hotelfachschule, gleichzeitig zuständig für die Koordination des Fremdsprachenunterrichts. Anschliessend Studium der Pädagogik sowie der Volks- und Betriebswirtschaftslehre an der Universität Bern mit Schwerpunkten in den Bereichen Schulentwicklung, Qualitätsmanagement an Schulen, Bildungsökonomie und Transitionsforschung (Lizentiatsthema). Während des Studiums Tätigkeit in einer Bibliothek der Bundesverwaltung sowie als Lehrerin an einer Berufsschule.

Prof. Dr. Kuno Schedler

Ordinarius für Betriebswirtschaftslehre unter besonderer Berücksichtigung des Public Managements und Direktor am Institut für öffentliche Dienstleistungen und Tourismus an der Universität St. Gallen; wissenschaftlicher Beirat der PuMaConsult GmbH, Bern.

Studium der Betriebswirtschaftslehre mit Vertiefung Banking & Finance an der Universität St. Gallen. Praktische Tätigkeit bei der Schweizerischen Bankgesellschaft sowie im Executive Search-Bereich, beide Zürich. Wissenschaftliche Tätigkeit an der Universität St. Gallen mit Gastaufenthalten an der Naval Postgraduate School, Monterey, sowie am IFF, Wien. Experte in zahlreichen Reformprojekten im öffentlichen Sektor im In- und Ausland. Mitgründer des International Public Management Network (IPMN) und Co-Editor des International Public Management Journal (IPMJ).

Dr. Esther Schönberger-Schleicher

Rektorin an der Wirtschaftsschule KV Baden-Zurzach.

Studium der Anglistik und Germanistik an der Universität Zürich. Nach Auslandsemester an der University of Irvine, California, Doktorat an der Universität Zürich im Bereich englische Literatur. Lehrtätigkeit an der Kantonsschule Sursee und nach fünf Jahren Prorektorin an derselben Schule. Schwerpunkte im Schulleitungsteam im Bereich Wirkungsorientierte Verwaltungsführung, Qualitätsmanagement, Schulinterne Lehrerfortbildung, Erweiterte Lernformen und Schulentwicklung. Nebenberufliche Tätigkeiten als Schulpflegepräsidentin und Grossrätin im Kanton Luzern. Seit August 2001 Rektorin an der Wirtschaftsschule KV Baden-Zurzach.

Dr. Anton Strittmatter

Leiter der Pädagogischen Arbeitsstelle des Dachverbands Schweizer Lehrerinnen und Lehrer LCH (Biel) und freiberuflicher Berater für Schulen.

Gymnasiallehrerausbildung und erziehungswissenschaftliche Studien mit Promotion an der Universität Fribourg. 12 Jahre Leiter der Pädagogischen Arbeitsstelle der Innerschweizer Kantone. Lehraufträge an den Universitäten Fribourg, Bern und Klagenfurt. Chefredaktor der Schweizerischen Lehrerinnen- und Lehrer-Zeitung. Zahlreiche Publikationen vor allem zu Fragen des Lehrberufs, der Schulaufsicht und Qualitätsentwicklung und der Ausgestaltung von Schulleitung.

Priv.-Doz. Dr. Robert J. Zaugg

Dozent am Institut für Organisation und Personal (IOP) der Universität Bern sowie Partner der Unternehmungsberatung empiricon, AG für Personalforschung in Bern (www.empiricon.ch).

Studium der Wirtschaftswissenschaften an der Universität Bern (Lizentiat: 1991, Promotion: 1996, Habilitation: 2005). Wissenschaftlicher Assistent von Prof. Dr. Norbert Thom am Seminar für Unternehmungsführung und Organisation der Universität Freiburg/Schweiz und am Institut für Organisation und Personal (IOP) der Universität Bern. Kaderfunktion in einer schweizerischen Grossbank. Bearbeitung eines Habilitationsprojektes zum Thema „Nachhaltiges Personalmanagement". Stiftungsrat der Stiftung der Schweizerischen Gesellschaft für Organisation und Management (uniscope). Verfasser mehrerer Bücher und Artikel zum Personal- und Organisationsmanagement. Referententätigkeit. Managementberatung und Coaching.

Hauptthema: Wirtschaft

Norbert Thom / Andreas P. Wenger / Robert Zaugg (Hrsg.)

Fälle zu Organisation und Personal

Didaktik – Fallstudien – Lösungen – Theoriebausteine

4., durchgesehene Auflage 2003. XX + 400 Seiten,
38 Abb, 45 Tab., kartoniert
CHF 38.00 / € 24.90
ISBN 3-258-06634-5

Das bewährte Fallstudienbuch. Es enthält zehn Fälle und Lösungen aus der Praxis, die zur Verwendung in der Lehre überarbeitet und im Rahmen von Prüfungen getestet wurden. Thematisiert werden u.a. die organisatorische Gestaltung, die Aufbau- und Ablauforganisation, das Personalmanagement, die Unternehmungskultur und das Ideenmanagement. Im Vordergrund stehen die Vertiefung vorhandenen Fachwissens, die Beherrschung von Managementtechniken und die Verdichtung problemrelevanter Informationen. Das Werk richtet sich an Studierende, Dozierende und Praktiker.

«Es ist den drei Herausgebern ... In vorbildlicher Weise gelungen, zehn interessante Fallstudien, die in der Schweizer Wirtschaft erarbeitet worden sind, in didaktisch gut aufbereiteter und theoretisch untermauerter Form zu präsentieren.»
Frankfurter Allgemeine Zeitung

⁞ Haupt   **Verlag Paul Haupt** Bern • Stuttgart • Wien
verlag@haupt.ch • www.haupt.ch